플랫폼의 생각법 2.0

모두가 꿈꾸지만 누구도 쉽게 얻을 수 없는
플랫폼 기업만의 지속가능한 가치창출법

플랫폼의
생각법 2.0

이승훈 지음

한스미디어

플랫폼, 그 진화의 속도

《플랫폼의 생각법》을 내용이라는 측면에서 탈고한 것이 2018년 10월이었으니 벌써 시간은 1년하고도 반이 더 지나버렸다. 플랫폼이라는 세상이 갖는 속도감은 1년도 긴 시간이기에 일찌감치 개정에 대한 생각을 가졌으나 게으름이 책의 개정을 더디게 만들었다. 1년 반이란 시간 동안 플랫폼 세상에서는 너무도 많은 사건들이 벌어졌기 때문이다.

먼저 몇 개의 플랫폼과 관련된 사건들이 발생했었다. 가장 큰 사건은 쿠팡이 상거래 플랫폼의 대세로 등장했다는 것이다. 전작의 서문을 쓰면서 쿠팡에 대한 소프트뱅크 비전펀드의 2조 원이라는 투자는 한국 상거래 플랫폼의 생태계를 바꿔버릴 것이라고 예측했는데. 결국 이 예측은 빗나가지 않았다. 이것은 단지 쿠팡이 잘 될 것이라는 전망의 차원을 넘어 공급자 시장에서 쿠팡으로의 쏠림이 가속화되고, 그 결과 한국 전자상거래 시장에서 교차 네트워크 효과가 발현되는 트리거 포인트로 2조 원이라는 돈이 작용하였기에 더 의미가 있었다. 가장 큰 경쟁자였던 이베이는 매각을 선언했고, 11번가는 우왕좌왕했다. 롯데는 궁지에 몰렸으며 신세계는 SSG의 분사와 대규모 투자라는 맞불작전으로 대응했다. 하지만 이론적으로만 존재할 것 같았던 교차 네트워크 효과는 실제로 작동했고 쿠팡은 2019년 기준 실질적인 거래액에서 정상의 자리를 차지한 것으로 보인다.

하지만 쿠팡이 가야할 길은 여전히 쉽지 않아 보인다. 경쟁자 중 어느 누구도 쉽게 백기를 들지 않을 것이기 때문이다. SSG과 롯데는 오프라인의 전선이 무너지는 것을 보면서도 자신의 본진인 유통을 쉽게 포기하지 않을 것이다. 여전히 오프라인이 전체 유통에서 차지하는 비중이 80% 수준이기 때문이다. 11번가도 이익을 관리하며 장기전에 들어간 것으로 보이고 위메프나 티몬은 오프라인 강자들과 연합을 꾀하고 있다. 마켓컬리와 같은 새로운 세그먼트 사업자와의 경쟁이나 배달 시장으로의 진출 등 쿠팡은 짧은 시간 동안 너무도 전선을 넓혀 놓은 느낌이다. 하지만 여기에 가장 큰 변수는 검색을 장악하고 있는 네이버의 본격적인 커머스 진출이다. 스마트스토어를 통한 30만 셀러의 확보와 네이버페이라는 주문장을 장악하는 새로운 방식의 커머스 사업자가 등장한 것이다. 네이버의 등장은 조용했지만 모든 오픈마켓 대 네이버라는 새로운 경쟁구도를 만들지도 모른다.

또 하나의 사건은 배달의민족이 딜리버리히어로와 합병을 선언한 것이다. 이제 한국의 음식배달 시장은 배달의민족, 요기요, 배달통이라는 브랜드가 하나의 회사에 의해 운영될 수 있는 상황이 된 것이다. 우리가 우버에서 보았던 '작은 네트워크 크기는 한 플랫폼으로의 쏠림을 어렵게 만들기 때문에 경쟁은 계속된다'는 작은 네트워크의 원칙을 배달의민족 경영진들은 냉정하게 이해한 듯하다. 보다 매력적인 플랫폼 도구를 만들어 경쟁을 할 수 없다는 판단이 너무 빨리 나왔다는 점과 이후 플랫폼 노동이라는 문제가 가장 첨예하게 드러날 영역에 한국 기업이 존재하지 않는다는 아쉬움은 그냥 아쉬움일 뿐이다.

한국에서도 엄청난 존재감을 보여줬던 위워크의 상장 실패는 플랫폼이라는 단어를 부여받기가 얼마나 어려운지를 단적으로 보여줬다. '비즈니스 커뮤니티 플랫폼'이라는 또 다른 의미에서의 플랫폼이라는 단어를 갖고 싶었던 위워크는 나름의 노력을 보였고 위워크라는 공간에서 많은 비즈니스들이 협업할 수도 있으리라는 가능성을 보여주었다. 하지만 협업을 위한 플랫폼 도구가 무료 맥주와 커피 외에는 명확히 없었기에 플랫폼이라는 단어는 성립되지 않았다. 450억 달러라는 희망가격은 80억 달러로 내려앉았고 아담 뉴만^{Adam Newman}이라는 CEO의 이해되지 않는 행적들은 결국 상장 실패라는 결과를 만들었다.

그 외에 한국에서도 주목할 만한 사건은 틱톡의 고속성장 정도일 것이다. 하지만 한국에서 틱톡의 존재감은 중국이나 미국만큼 높지는 않다. 어쩌면 한국이라는 시장은 틱톡과 같은 'Short Video' 형식으로 만족시키기에는 너무 앞서가고 있는 것이 아닐까 하는 생각이 든다. K-Pop, 유튜브, 게임과 게임중계 그리고 페이스북 등 한국 학생들이 해야 하는 공부의 양과 봐야 할 콘텐츠가 너무 많다는 뜻이다.

　이러한 사건들과 더불어 주목할 만한 사실은 플랫폼 기업들의 전성시대가 열렸다는 점이다. 2020년을 맞이하면서 마이크로소프트, 애플, 아마존, 구글이 1조 달러라는 기업가치에 도달함으로써 실질적으로 플랫폼 경제가 경제의 중심으로 올라설 수 있으리라는 가능성을 보이기 시작했다. 글로벌 저성장이라는 공급의 포화, 수요의 정체로 상징되는 시장에서 플랫폼 기업들은 차분히 시장을 점령하면서 인류역사상 존재하지 않았던 기업가치를 만들어냈던 것이다. 마이크로소프트는 PC 시장에서의 장악력을 바탕으로 클라우드 시장을 차지하기 시작했고, 과거 소프트웨어의 제조와 판매라는 패러다임에서 '구독'이라는 패러다임으로 전환Transforming하면서 자신의 플랫폼으로서의 본질가치를 최대로 끌어내고 있다. 아무도 부정하지 않는 PC 시장에서의 마이크로소프트의 네트워크 파워가 '구독'이라는 새로운 사업방식과 결합되어 모든 기업과 개인들을 마이크로소프트의 고객으로 만들어내고 있는 것이다. 마이크로소프트에 있어 서비스라는 새로운 형태의 매출은 이제 반을 넘었다.

　2020년 하반기 애플의 기업가치는 인류역사상 처음으로 2조 달러를 넘어섰다. 1조 달러를 넘어선 지 채 1년이 지나지 않아 애플의 기업가치는 두 배 상승한 것이다. 이는 단순히 새로운 아이폰의 성과가 좋아서가 아니다.

애플이 제조업에서 서비스업으로의 변화라는 새로운 시도를 성공적으로 만들어내고 있다고 보기 때문이다.

애플의 매출액에서 아이폰이 차지하는 비율은 이제 60%로 떨어졌고 우리가 알지 못하는 사이에 서비스 매출은 14%로 상승했다. 아이폰과 매킨토시라는 기기와 iOS라는 운영체계를 통해 모아 놓은 7억 명의 가입자를 서비스 가입자로 전환하려는 노력이 애플의 가치성장을 만들어냈다. 애플TV+를 통해 〈The Morning Show〉라는 'The Apple Original' 콘텐츠가 제작되어 상영되었고 뮤직, 뉴스, 게임, 클라우드 전 서비스 영역에서 애플의 전진이 시작되었다. 기기의 구입이 곧 가입인 애플에게 이 시도는 마이크로소프트처럼 기존의 판매모델을 서비스 모델로 전환시키는 것이 아니라 판매 위에 서비스를 얹는 것이기에 그 성장의 단단함은 누구에게도 비할 수 없는 것이었다.

구글은 우리가 알아차리지 못하는 사이에 1조 달러의 벽을 넘어섰다. 다른 경쟁자들과 달리 인터넷만 연결되면 가능한 구글의 사업모델은 안드로이드와 검색 그리고 광고 네트워크라는 무형의 인프라를 통해 세계로 확산되기 시작했고 그 결과 구글이 지식이라는 영역에서 아무도 대적할 수 없는 지위를 갖게 된 것으로 보인다. 독점이라는 자리에 올라서면서 구글의 가치는 시장의 자연스런 성장을 모두 소유하게 되었던 것이다. 안드로이드가 장착된 스마트폰을 구매한다는 것은 구글의 세상에 들어간다는 것이고 동시에 구글 검색을 한다는 것은 구글의 지식 생태계에 참여한다는 의미와 더불어 구글 네트워크가 만들어 놓은 광고모델을 지원한다는 의미이다. 즉 전 세계 75%의 인류는 자연스레 구글의 안드로이드를 선택하면서 구글의 광고를 시청하는 단계로 넘어가고 있는 것이다. 물론 EU로부터의 독점규제와 같은 위험요소가 존재하는 것은 사실이지만 누구도 구글의 자리를 넘보지 못할 것이라는 사실에 쉽게 이견을 갖기 어렵다.

아마존에게 제3자 셀러라는 존재는 구색을 채워주는 존재였다. 하지만 이제 그들이 아마존에서 차지하는 비중은 70%를 넘어서고 있다. 아마존이 직접 사서 판매하는 직접판매가 이제 구색으로 전환되고 있는 것이다. 이 변화는 아마존이 플랫폼으로 전환하는 것을 의미하고 아마존의 FBA는 플랫폼의 도구로 다시 자리 잡았다는 것을 의미한다. 전작에서 말한 제한적 개방이라는 의미가 이제는 '완전한 개방'에서 개방을 보조하기 위해 자체 판매를 하는 것으로 바꿔 해석해야 하는 상황이 된 것이다. 오픈마켓과 달리 물류라는 온라인 상거래의 단점을 적극적인 개입으로 해결한 아마존은 이제 스스로를 플랫폼으로 자리매김하고 있는 것이다. 더욱이 아마존의 고객 측 도구인 아마존 프라임^{Amazon Prime}은 이제 1.5억 명이라는 가입자를 확보하고 있다. 미국의 대다수 가정들은 매년 아마존 프라임을 구입하면서 거의 모든 상품을 아마존에서 구매하겠다고 약속하고 있는 것이다. 우리는 이를 '해자'라 부른다. 해자는 성을 둘러싸고 있는 물을 의미하는데 이 물을 건너야 아마존이 쌓아 놓은 성벽을 오를 수 있기 때문이다. 전자상거래라는 영원한 전장에서 아마존은 높은 성벽을 쌓았고 그 둘레로 물길을 만들어 경쟁자가 근접조차 하지 못하게 만들고 있다는 뜻이다.

과거에 'FAANG'으로 표현되었던 미국의 테크 타이탄에서 페이스북과 넷플릭스가 빠지고 마이크로소프트가 추가된 'MAGA'가 새로운 테크 타이탄의 표현으로 등장하고 있다. 하지만 이제 이들에게 테크 타이탄이라는 표현보다는 플랫폼 타이탄이라는 표현을 쓰는 것이 올바를 듯하다. 가장 중요한 이유는 이들이 만들어내고 있는 변신이 바로 플랫폼이라는 비즈니스 모델의 진화와 연결되어 있기 때문이다.

구독이라는 개념이 새로이 떠오르고 있지만 이는 플랫폼 기업들에게는 이미 익숙한 개념이다. 제조와 판매라는 개념은 단선적인 기존의 선형 사업 모델에서 적용되던 표현이었고 평면이라는 플랫폼적 사고에서는 공급자와 소비자를 모두 지향했었다. 즉 그 동시지향의 행위는 공급자와 소비자가 모두 떠나지 못하도록 만드는 도구와 원칙의 이야기였고 이 과정에서 만들어지는 독점적 지위였다. 1조 달러의 기업가치를 넘어선 MAGA는 모두 이 원칙에 의해 자신의 플랫폼에 들어온 모든 고객들을 자신의 구독자로 만들어낸 것이다.

개정판을 쓰면서 이론적 관점에서의 추가적인 방점은 '구독'이라는 단어에 두었다. 양면시장이라는 기존의 기본원칙과 더불어 구독이라는 단어를 플랫폼이라는 영역에서 어떻게 이해해야 할지를 말이다. 물론 플랫폼 경제라는 관점에서의 균형 즉 '시소'에 대한 개념도 정리해 보았다. 하지만 이 균형이라는 단어에서 정리해야 할 플랫폼 노동의 문제는 개정판에서 다루기에는 너무 큰 문제로 보이기에 방점이라는 표현보다는 관점을 추가했다 정도가 어울릴 것이다. 아울러 《플랫폼의 생각법》에 이어 2020년 2월 출간한 《중국 플랫폼의 행동방식》에서 언급되었던 중국 플랫폼에 대한 이야기들을 대폭 추가함으로써 미중 플랫폼 간의 차이점을 구분하도록 노력하였다.

플랫폼에 대한 이야기는 유기체처럼 빠른 속도로 변화한다. 그리고 세상은 새로운 이야기들로 기존의 현상들을 해석하려 한다. 《플랫폼의 생각법》은 그 속도를 따라가기 위해 노력할 것이고 이 개정판은 그 의미에서의 따라잡음이다.

지은이 이승훈

차 례

Chapter
2

광장 플랫폼

Chapter 3

시장 플랫폼

Chapter
4

인프라 플랫폼

Chapter 5

중국 플랫폼

Chapter 6

한국의 플랫폼

플랫폼의 미래

구독경제와 플랫폼

Chapter 1

플랫폼의
생각법

01

Thinking of Platform 2.0

플랫폼의 생각법:
양면

플랫폼이라는 단어

이 책은 플랫폼에 대한 책이다. 이야기를 시작하기에 앞서 플랫폼이라는 개념을 먼저 정의해보자. 플랫폼이라는 용어는 최근 가장 핫한 키워드 중 하나다. 기업도 정부도 각종 신규 플랫폼 구축에 발벗고 나서고 있고 어떤 단어라도 플랫폼과 조합해서 검색하면 쉽게 결과를 확인할 수 있을 정도이다. 과잉 정보의 시대에는 좀 더 예리하게 칼날을 벼려야 그 안에서 진정 필요한 지식을 얻을 수 있다.

이 책에서 '플랫폼'이란 용어는 '양면 시장을 대상으로 한 새로운 사업모델'로 정의한다. 이 정의는 사뭇 단순해 보이지만 기업가치 기준 세계 10대 기업 중 7개 기업이 이를 기반으로 한 사업모델을 가지고 있다는 점을 인정하

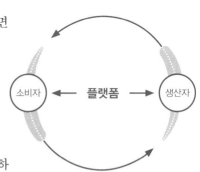

는 순간 이를 받아들이는 것은 어렵지 않다. 또 하나, 이러한 정의가 중요한 이유는 개념의 모호성을 실행 실패의 이유로 삼으려는 수많은 플랫폼 조직의 시도를 사전에 차단하기 위해서는, 이론적으로 완전하지는 않지만 명확한 정의를 조직 내에 공유하는 것이 필요하기 때문이다.

구글, 페이스북, 아마존 등의 플랫폼 기업은 생산자와 소비자라는 두 개의 시장을 대상으로 하여 지식과 정보, 미디어, 유통 등 다양한 분야에 새로운 사업모델을 도입하였다. 이 외에도 애플과 같이 새로운 디바이스를 창조하여 그 하드웨어를 중심으로 생산자와 소비자를 확보하는 방식의 폐쇄적 플랫폼을 구축한 기업도 있고, 중국이라는 폐쇄적이면서도 자유롭고 특수한 시장의 성질을 활용하여 구글, 페이스북, 아마존을 아우르는 슈퍼 플랫폼을 구현하려는 텐센트 같은 기업도 있다. 여기에 중국의 아마존이라 할 수 있는 알리바바 그리고 아주 오래전부터 PC 시장을 장악해 왔던 마이크로소프트를 더하면 어느새 세계 7대 플랫폼 기업의 목록이 완성된다.

플랫폼이 지녀야 할 최소한의 요건은 양면시장$^{two sided market}$이다.

양면시장에 대한 이야기는 이론적으로도 이미 어느 정도 기반을 갖고 있다. 1998년 투쉬만은 플랫폼을 하나의 안정적인 핵심요소$^{Core component}$와 여러 개의 보조요소$^{Complementary Component}$의 집합으로 정의했다.[01] 플랫폼의 개념이 생산의 영역에서 만들어진 흔적이다. 당시 투쉬만은 무언가를 생산함에 있어 핵심요소를 기반으로 다양한 보조요소를 결합함으로써 다양한 생산이 가능하도록 만든 것을 플랫폼이라 정의하였다. 아마도 이에 가장 근접한 사례는 대량생산을 위한 공장이었을 것이다.

이러한 생산 플랫폼의 개념에 생태계$^{Eco system}$의 개념이 더해지면서 플랫폼의 의미는 한 기업이 외부와 협력하기 위한 생태계를 조성하여 사업을 영위하는 형태로 진화한다. 이는 우리가 지금까지도 많이 사용하고 있는 플랫폼이란 단어의 용례이다. 예컨대 플랫폼 기업이 되겠다고 선언하는 국내 기업이 생각하는 플랫폼은 이러한 생태계의 중심에서 핵심 기능을 제공하는 그런 역할 정도인 경우가 대부분이다. * 이 개념에 개방의 개념이 추가되면서 경쟁자와 소비자가 플랫폼에 참여하는 모습이 나타난다.[02] 플랫폼이 가진 진정한 가치를 끌어내기 위해서는 소비자뿐 아니라 경쟁자까지도 플랫폼에 포함시켜야 한다는 생각이 반영된 것이다. 이렇게 확장된 개념은 리눅스와 같은 개방형 플랫폼 형태가 나타나기 시작하는 Web 2.0 시대의 플랫폼 개념과 부합된다. 리눅스라는 플랫폼에는 경쟁은 없고 협업만 존재한다. 생산자와 소비자가 명확히 구분되지 않으며, 소비자가 생산에 직접 참

---

* 국내 대표 IT기업인 네이버는 2016년 말 '검색과 포털 서비스 제공'에 머물러 있던 기업의 정체성을 '기술 플랫폼'으로 변화시키겠다고 발표하였으며, 현재 인공지능, 로보틱스, 자율주행, 기계번역 등 차세대 핵심기술 연구에 집중하는 모습을 보이고 있다.

여하는 모습을 보인다.

　플랫폼의 개념이 소비자에게까지 뻗어 나감에 따라 소비자의 참여를 통한 네트워크 효과가 플랫폼의 핵심 특징으로 포함되기 시작한다. 네트워크 효과는 더 많은 소비자를 플랫폼 내로 끌어들이는 역할을 하고, 소비자 수의 증가는 생산자에게 플랫폼의 매력을 더욱 증가시킨다. 즉 플랫폼 내에서 네트워크 효과로 인한 자발적 선순환이 발생하는 것이다. 이렇게 양면시장에서 나타나는 네트워크 효과는 플랫폼의 매력을 올려주면서 플랫폼의 기본 특징으로 언급되기 시작한다.

　이처럼 플랫폼의 개념은 시간의 흐름에 따라 생산 플랫폼에서 생태계 플랫폼으로 그리고 한 발 더 나아가 생산자와 소비자를 아우르는 양면시장 플랫폼으로 개념적 진화를 해온 것이다.[03 04 05 06] 그렇다면 이 플랫폼 기업이 갖는 특징은 무엇이고 왜 이토록 큰 기업가치를 인정받고 있는 것일까? 플랫폼이라는 단어가 갖고 있는 양면시장이라는 특징은 이 모든 것을 설명해주고 있다.

　우리가 일상적으로 보아왔던 기업들은 플랫폼의 두 개의 시장이 아닌 고객이라는 하나의 시장을 중심으로 존재했다. 가치사슬이라는 하나의 선위에서 기업이라는 공급자가 존재했고 기업은 소비자를 지향했다. 당연히 다수의 기업이 하나의 외나무다리 위에 올라가 같은 소비자를 지향하니 경쟁은 언제나 존재했고 영원한 승자도 존재할 수 없었다. 하지만 플랫폼 기업들은 각자 고유한 영역을 형성하고 그 안에서 자리를 잡고(성립되고) 나서는 성장 일변도의 길을 걷고 있다. 그리고 그 근간에 양면시장 지향이라는 가장 본질적인 차이가 존재한다.

플랫폼의 필수요소,
양면시장 지향

우리는 플랫폼의 정의에 이미 '양면시장'의 개념을 포함시켰다. 기존의 전통적인 기업들이 소비자라는 단일 시장만을 상대로 비즈니스를 발전시켰다면, 플랫폼 기업들은 소비자뿐 아니라 생산자 역시 하나의 시장으로 정의하여 양쪽 모두에게 이익을 창출할 수 있는 모델을 만들어내는 데 집중한 것이다. 앞에서 언급한 대표적인 플랫폼 기업인 마이크로소프트, 구글, 페이스북, 아마존, 애플, 텐센트, 알리바바가 갖는 가장 큰 공통점은 이들이 생산자와 소비자 모두를 대상으로 하는 양면시장을 지향했다는 점이다.

이 양면시장 지향성이 이해하기 어렵다면 동일한 영역에서 단면시장 비즈니스를 영위했던 삼성전자, 포항제철, 조선일보, 이마트 등과 비교해보면

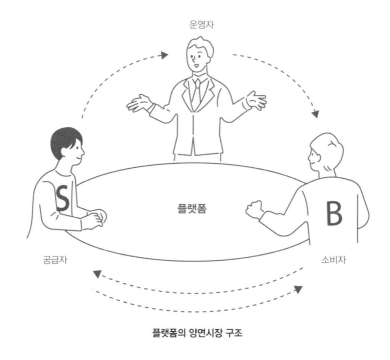

플랫폼의 양면시장 구조

차이가 명확히 드러난다. 지금 언급한 기업들은 모두 훌륭한 기업이긴 하지만 각각의 영역에서 오로지 공급자의 역할만을 수행한다. 이 기업들은 소비자를 대상으로 제품을 제조하여 공급하거나 서비스를 제공하는 기업이다. 가장 고전적인 사업방식이고 모든 경영학은 이러한 단면시장을 중심으로 만들어져 왔다. 혹자는 이를 파이프라인이라는 용어로 표현하지만 여기서는 양면시장에 대응하는 단면시장 지향이라 정의한다.

플랫폼 기업은 양면시장을 지향한다. 양면시장을 지향한다는 것은 생산자와 소비자 모두를 자신의 고객으로 생각한다는 것을 의미하며, 이 아이디어를 실행함에 있어 핵심은 플랫폼 운영자가 생산자나 소비자로 참여하지 않는 것이다. 축구에서 심판이 경기 자체에 참여하지 않아야 하는 것과 같은 이치이다. 플랫폼 운영자는 플랫폼이 잘 운영되도록 원칙을 정하고 도구를 제공할 뿐, 직접 플랫폼에 참여하지 않는다. 많은 기업들이 플랫폼 기업임을 주장함에도 진정한 의미의 플랫폼이 되지 못하는 이유가 여기에 있다. 대부분의 경우 단면시장에서 생태계 조성을 위한 인프라나 환경을 제공하는 것을 플랫폼의 역할로 혼동하고 있는 것이다.

양면시장을 지향한다는 아이디어는 아주 간단해 보이지만, 기존의 전통적인 사업방식과는 완전히 다른 접근법이다. 단면시장만을 바라보던 생산자 관점의 경영방식과는 전적으로 다른 접근이 필요하다. 생산도 영업도 마케팅도 필요 없고 오로지 플랫폼 운영자로서의 역할에 충실하는 것이 사업의 핵심이다. 즉 매출이나 이익 중심적인 생각을 넘어서 검색이 잘되도록 돕거나, 회원들 간의 소통을 활성화시키거나, 거래를 편리하게 하는 등 각각의 플랫폼이 지향하는 가치에 집중하는 접근만이 유효하다.

성공적인 플랫폼의 가장 쉬운 예로 월드컵이라는 국가 간 축구경기를 운영하는 FIFA를 들 수 있다. FIFA는 어느 국가에 소속된 기관도 아니고 유엔 UN 산하 기구도 아니다. 단지 국가 간 축구경기를 위해 만들어진 조직이다. 이 조직은 어떻게 하면 월드컵이라는 경기를 보다 성공적으로 운영할지를 고민한다. 이 플랫폼의 공급자는 월드컵에서 좋은 성적을 거두기 위해 노력하는 국가들의 국가대표 축구팀이고 소비자는 축구를 좋아하는 관객들과 시청자들이다. 어떻게 하면 재미있는 경기가 만들어질 수 있을지 고민하는 것이 FIFA의 역할이다.

이제 이러한 양면시장 지향을 위해 기업들이 어떻게 플랫폼을 설계하고 어떤 도구와 원칙을 소비자와 생산자에게 제공해야 하는지에 대해 알아보자.

플랫폼의 첫 단계, 양면구조 설계

네이버에 플랫폼이라는 단어로 검색을 해보면 수많은 기사들을 확인할 수 있다. 하지만 플랫폼이라는 단어를 적용하기 위해서는 양면시장이라는 단어를 명확히 이해해야 한다. 이 양면시장이라는 단어야말로 플랫폼과 비플랫폼(일반적으로는 서비스)을 구분하는 가장 중요한 단어이기 때문이다. 양면시장은 생산자와 소비자, 판매자와 구매자 등 기존의 시장을 구성했던 양면을 의미한다. 그리고 플랫폼은 그 양면시장을 대상으로 새로운 구조를 만들어낸 새로운 사업형태이다.

이 양면구조는 가장 단순하게는 중계 혹은 연결 서비스의 모습으로 나타난다. 차량공유 서비스라 일컬어지는 우버Uber를 살펴보면 이해가 쉽다. 우버는 차량을 소유하고 이동 서비스를 제공하고자 하는 서비스 공급자와 이동수단이 필요한 소비자를 연결해주는 서비스이다. 우버는 중간에서 양쪽을 연결하고 수수료를 받는다. 기존의 시장구조가 공급자인 택시와 소비자인 승객 간의 단면적인 구조였다면, 우버가 새로이 양면시장을 대상으로 한 플랫폼 구조를 설계한 것이다.

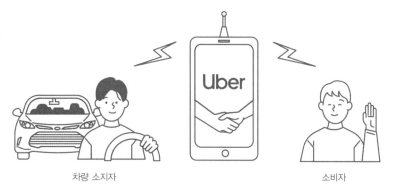

차량 소지자   소비자

우버의 플랫폼 설계

우버의 양면시장이 설계된 모습을 보면서 우리는 과거 생산자와 판매자를 연결했던 중개상을 떠올린다. 이미 존재했으나 정보가 풍부해지고 연결이 용이해지면서 사라진 과거의 모델로 생각할 수도 있다. 하지만 여기서 중요한 것은 플랫폼이라는 개념이 많은 곳에 적용되면서 만들어지는 변화의 폭이 매우 크다는 점이다. 우버는 기존의 택시 중심의 이동시장을 완전히 바꾸어 버렸기 때문이다.

한국에서 아주 큰 이슈로 떠올랐던 '타다'는 혁신인가 아닌가라는 논쟁을 만들어냈다. 혁신이라는 단어는 두 가지 관점에서 의미가 있다. 첫째는 기술적 진보를 만들어냈는가, 그리고 둘째는 사업모델이 혁신적인가에 있다. 여기서 플랫폼이라는 개념은 사업모델적 관점에서 혁신으로 인정되고 있다. 따라서 기술적으로 아무런 혁신성을 갖지 못했던 타다가 혁신의 아이콘이 되기 위해서는 사업모델상의 혁신성이 보여야 했다. 하지만 타다는 사업모델 측면에서 볼 때 기존의 법인택시와 다른 점이 하나도 없었다. 단지 기존 택시가 제공하지 못했던 차원 높은 서비스를 제공했을 따름이다. 결국 타다는 기존에 제공되는 서비스를 개선하면서 혁신을 주장했고 실패로 막을 내렸다. 단면시장만을 대상으로 하는 서비스는 혁신이라는 타이틀을 붙이기에는 많이 부족했다.

반면에 우버는 아직도 엄청난 적자를 만들어내고 있지만 수많은 유휴 노동력과 차량을 가치 있는 생산도구로 전환시켰다는 혁신성을 인정받고 있다. 그리고 그 혁신성은 양면시장을 기반으로 하고 있다.

이런 맥락에서 양면구조의 설계는 플랫폼의 가장 기본이자 최소한의 요건이다. 플랫폼이 성립되기 위해서는 공급자와 소비자 모두가 플랫폼에 참여하는 구조가 만들어져야 한다. 이 양면시장이라는 특징은 플랫폼과 서비스를 구분해줌과 아울러 플랫폼 간의 경쟁에서의 규모가 갖는 의미, 독점으로의 지향, 그리고 선한 독점의 수익모델 등 플랫폼의 거의 모든 것을 결정하기 때문이다. 따라서 플랫폼의 첫 단계이자 최소한의 요건은 양쪽 시장 참여자 모두가 인정할 만한 구조, 즉 플랫폼을 설계하는 일이다.

매력적인 도구

양면시장을 대상으로 플랫폼을 설계하기 위해서는 양쪽의 시장을 만나게 해줄 도구가 필요하다. 그 도구는 우버의 경우처럼 모바일 애플리케이션으로 나타나는 경우도 있지만, 페이스북처럼 SNS 서비스 내의 뉴스피드^News Feed라는 세부 기능이 될 수도 있다. 혹은 아마존의 경우처럼 아마존 프라임 ^Amazon Prime과 같은 멤버십이 될 수도 있고, 물류센터^Fulfillment Center와 같은 실물 인프라가 될 수도 있다. 어떤 모습이든 이 도구는 양면시장의 참여자들을 유혹할 만큼 충분히 매력적이어야 한다.

매력적인 플랫폼의 도구

플랫폼의 도구를 설명하기 위한 가장 좋은 사례는 아마존이다. 모두가 알다시피 아마존은 전자상거래 서비스를 제공하는 기업이다. 그리고 세상에는 아마존 외에도 수도 없이 많은 전자상거래 서비스들이 존재한다. 사실 그들 역시 플랫폼이라는 개념에 부합하는 서비스를 제공한다. 서비스에 따라 약간의 차이는 존재하지만 판매자와 구매자를 하나의 구조 안에 엮어냈다는 점에서 이들은 모두 플랫폼이라 할 수 있다.* 단지 그 플랫폼의 도구가 얼마나 판매자와 구매자에게 매력적인가에 따라 플랫폼의 성공적인 설계가 결정되는 것이다.

---

* 유통이라는 영역은 태생적으로 양면시장을 지향한다. 공급자와 소비자를 연결해주는 것이 유통의 본질이기 때문이다. 그렇기에 유통 시장에서는 플랫폼들 간의 경쟁이 치열하게 벌어진다.

일반적인 오픈마켓Open Market인 G마켓을 살펴보자. G마켓이 가진 플랫폼 도구는 오픈마켓이 제공하는 마켓플레이스(시장)와 이 안에 존재하는 결제 기능이 대부분이다. 오픈마켓은 사이트에 상품을 배열하고, 이를 검색할 수 있는 기능을 제공하면서 구매자와 판매자 간의 신뢰 가능한 결제 서비스를 제공한다. 이를 통해 판매자와 구매자라는 양면시장을 지향했고 결국 성공적으로 플랫폼이 성립되었다. 그리고 우리는 이를 오픈마켓 플랫폼이라 부른다.

아마존은 여기에 두 가지 핵심적인 도구를 추가하고 있다. 첫 번째는 판매자를 위한 도구인 FBAFulfilment by Amazon이다. FBA는 판매자를 위해 상품의 보관 및 배송을 대행해주는 아마존의 제3자 물류 서비스로, 아마존의 유통센터와 물류 서비스를 중소 판매자들이 활용할 수 있도록 해주는 것이다. 또 한 가지 도구는 소비자를 위한 것으로 아마존 프라임Amazon Prime이다. 아마존 프라임은 멤버십 서비스로 1년에 119달러를 내면 FBA 상품을 포함한 전체 아마존 프라임 상품에 대해 2일 내 배송을 무료로 제공한다.* 배송비에 대한 소비자의 고민을 없앰으로써 온라인 구매에 대한 매력도를 높이기 위한 방안이다. 게다가 무료배송 이외에도 온라인 음악, 영상, 전자책 서비스 등도 무료로 제공한다. 아마존 프라임은 이미 미국에서 1억 명, 전 세계에 1.5억 명 이상의 멤버를 보유**하고 있다.

이 두 가지 도구가 결합되면서 아마존의 전자상거래 플랫폼의 양면구조

---

* 아마존 프라임은 2019년 말 'One day delivery'를 선언하고 그 대상지역을 넓혀가고 있다.
** 아마존은 공식적으로 아마존 프라임 멤버 숫자를 발표하지는 않는다. CIRP(Consumer Intelligence Research Partners)의 추정에 따르면 아마존의 프라임 멤버십은 2019년 12월에 미국에서만 1.12억 계정을 돌파했다고 한다. 아마존에 의해 공식적으로 밝혀진 숫자는 2018년 말 전 세계에 아마존 프라임 계정이 1억 개라는 것이 유일하다.

는 완벽에 가까운 매력을 갖추게 되었다. 또한 이 도구들은 모두 엄청난 투자를 필요로 하기에 경쟁자가 손쉽게 복제할 수 없다. 아마존이 플랫폼 간의 경쟁에서 보여주고 있는 압도적인 모습은 이 매력적인 도구들에 기인한다. 이후 천천히 설명하겠지만 아마존은 전자상거래 시장에서 오픈마켓 플랫폼을 압도하는 아마존만의 진보된 상거래 플랫폼을 만들어낸 것이다.

아마존과 또 다른 형태의 도구로는, 구글처럼 기술 기반으로 누구나 쉽게 복제할 수 없는 검색엔진과 같은 기술을 플랫폼의 도구로 사용하는 경우이다. 구글이 개발한 검색 알고리즘인 페이지랭크는 서비스를 시작했던 시점에는 아주 차별화된 도구는 아니었을 것이다. 하지만 구글 검색이 시장을 지배하기 시작하면서 구글의 검색엔진에는 엄청난 투자가 이루어졌고, 그 결과 이제는 누구도 쉽게 복제할 수 없는 수준의 알고리즘을 보유하게 되었다. 20년 동안 수많은 박사급 인력이 넓디넓은 지식의 바다를 탐구하면서 발전시켜 온 검색 알고리즘을 바탕으로 단기간에는 그 누구도 따라잡을 수 없는 독점적인 위치를 점유한 것이다. 뿐만 아니라 구글은 0.1초 내에 수백 수천만 개의 검색결과를 보여주기 위해 데이터센터를 비롯한 기술적 영역에도 그에 걸맞은 투자를 더하고 있다.

이처럼 플랫폼의 도구는 다양한 형태로 존재한다. 하지만 이 모든 성공적인 도구들의 공통점은 양면시장 참여자들에게 엄청나게 매력적이라는 데에 있다.

공정한 운영원칙

플랫폼이 구조화되기 위해 도구는 필수적이다. 하지만 그 도구를 활용함에 있어 더 중요한 것은 어떤 원칙을 가지고 플랫폼을 운영할 것인가에 있다.

꼭 플랫폼이 아니더라도 모든 조직과 서비스에 이런 운영원칙은 중요하다. 하지만 플랫폼의 운영은 기존 시장에서 내 사업 방식을 정하는 나 홀로의 의사결정과는 다르다. 내가 정한 원칙이 양면시장을 대상으로 하기에 이 원칙은 한번 정하면 쉽게 수정될 수 없기 때문이다. 플랫폼 운영의 원칙은 플랫폼을 구성하는 핵심요소로서, 일종의 사업 설계와 같이 초기부터 양쪽의 시장 참가자에게 선포되어야 하며 꾸준히 지켜져야 한다.

공정한 운영원칙

예를 들어 내가 레스토랑을 운영한다면 어떤 음식을 팔고 어떻게 서비스할 것인가를 언제든지 시장의 요구나 나의 의지에 따라 바꿔 나갈 수 있다. 하지만 푸드코트를 운영한다면 푸드코트에 입점하는 다양한 공급자와 이를 이용하는 소비자에게 이 푸드코트가 어떤 곳이고 어떻게 운영될 것인가를 처음부터 명확하게 알려야 하며 그 원칙을 손쉽게 바꿀 수는 없다.

좀 더 현실적인 예들을 살펴보자. 오직 구글 로고와 검색어를 입력할 공간뿐인 구글의 검색 화면은 매우 단순해 보인다. 특히 뉴스부터 쇼핑까지 각종 서비스로의 접근 경로를 메인 페이지에 모아둔 네이버 검색에 길들여진 한국의 사용자들에게 구글의 메인 페이지는 성의가 없어 보일 지경이다. 하지만 구글이 검색 서비스를 운영함에 있어 가장 중요하게 여기는 덕목은 바로 '공정성'이다. 공정하고 정확한 검색결과를 제공하는 것이 구글의 검색 서비스가 가진 목표이기에, 블로그나 카페와 같은 부가적인 서비스

Gmail Images   Sign in

Google

Google Search   I'm Feeling Lucky

Advertising   Business   About   Privacy   Terms   Settings

구글 로고와 검색어 입력 공간 외에 불필요한 메뉴는 극단적으로 생략한 구글의 검색 화면

나 이를 통한 검색결과의 개입은 오히려 불필요한 요소가 되는 것이다.

구글은 검색결과를 제공함에 있어 검색엔진 이외에는 어떤 개입도 차단한다. 즉 구글에는 검색결과를 만들어내는 팀이 존재하지 않는다. 언뜻 들으면 당연한 일이 아닌가 생각이 들 수도 있지만 네이버의 상황을 보면 이해가 간다. 구글과 달리 네이버는 검색결과를 만들어내기 위해 1,000명이 넘는 직원이 일하고 있기 때문이다.[*]

구글은 검색결과에 관여하지 않음으로써 검색결과가 공정하고 정확하다는 인식을 얻어냈고 이를 통해 현재의 시장지위를 만들어냈다. 구글이 중국에서 검색 서비스를 포기한 이유를 보면 구글이 이 원칙을 지키기 위해

---

[*]   네이버의 자회사인 '서치엔 클로버'는 네이버 검색의 검색결과를 만들어내기 위한 검색운영 회사이다.

들이는 노력을 확인할 수 있다.[*]

또 다른 예로 페이스북의 SNS 운영원칙은 '개입 없는 자유로움'으로 요약할 수 있다. 흡사 언론의 자유를 이야기하는 것으로 느껴질 정도로 실명 기반의 페이스북은 자유로운 운영을 원칙으로 한다. 즉 페이스북은 개인정보 관리와 같은 개인의 이익이 침해될 수 있는 영역에서의 간섭(가이드) 이외에 어떤 가이드도 제공하지 않는다.[**] SNS의 공급자이자 소비자인 참여자들은 자유롭게 콘텐츠를 제작하고 그 콘텐츠들은 페이스북이 제공한 공유의 도구인 뉴스피드를 통해 배포된다. 콘텐츠가 얼마나 많은 사람에게 전달될 것인가는 온전히 그 콘텐츠의 내용과 품질에 의해 좌우되며 그 결정은 SNS에 참여하는 사용자에 의해 결정된다.

페이스북은 이 원칙을 만들고 지켜나감에 있어서 많은 어려움을 겪었다. 뉴스피드라는 콘텐츠 유통도구를 처음 만들자마자 페이스북은 개인정보의 유출이라는 거대한 장벽을 만났다. 뉴스피드의 알고리즘에 의해 사용자의 의도와 상관없이 개인적인 사진이나 글이 게시자가 공개를 원치 않는 이들에게까지 배포되었고, 이로 인해 다양한 사건 사고가 만들어졌기 때문이다. 뉴스피드에 반발을 가진 사람들은 페이스북 내에 '뉴스피드를 반대하는 사람 모임'을 만들었으며 이 그룹에 참여하는 회원들의 숫자는 순식간에 수십만에 달하는 상황에 이르렀다. 페이스북의 직접적인 관여 없이 EdgeRank[***]와 같은 자체 알고리즘을 통해 콘텐츠가 배포되고 유통되기를 바랐던 페이

---

[*]   물론 최근에는 구글이 '드래곤플라이'라는 코드명의 중국 정부의 검열 정책을 수용한 중국 맞춤형 검색엔진의 개발을 진행 중이라는 소문이 드러나며 내외부의 강한 반발로 논란이 확산되고 있기도 하다.

[**] 최근에는 다양한 가짜뉴스 이슈로 홍역을 앓으며 최소한의 가이드를 제시하려는 움직임도 보이고 있다. 하지만 가이드가 일관되게 적용되지 않는다는 주장도 있어 논란은 여전하다.

[***] 페이스북 뉴스피드 선정의 기본 알고리즘으로 친밀도(Affinity), 가중치(Weight), 시의성(Decay)이라는 핵심 속성 외 머신러닝에 기초해 약 10만 개 이상의 요소를 고려해 뉴스피드를 결정한다.

스북의 생각이 예상치 못한 장애물을 만난 것이다. 이 사건은 창업자 마크 저커버그의 사과와 추후 개인이 뉴스피드에 대한 공개설정을 보다 편리하게 할 수 있게 개선하겠다는 약속으로 큰 타격 없이 마무리된다. 이용자들도 페이스북이 추구하는 원칙이 기업의 수익추구가 아닌 이야기, 즉 콘텐츠의 자유로운 유통에 있다는 점을 이해하고 있었기 때문이다.

뉴스피드는 이제 페이스북에서는 없어서는 안 되는 가장 중요한 플랫폼의 도구로 자리 잡고 있다. 자유롭고 공정한 미디어가 되기 위해서는 뉴스가 추천되는 방법이 누군가의 개입이 아닌 원칙을 가진 알고리즘에 의해서 정해져야 하기 때문이다. 페이스북이 뉴스피드라는 미디어 도구를 지켜낸 것은 미디어를 바라보는 원칙이 있었음을 보여준다.

플랫폼에서 원칙이 중요한 이유는 플랫폼이 서로 다른 이해관계를 가진 두 개의 시장을 대상으로 하기 때문이다. 생산자와 소비자를 한 곳에 모아 새로운 가치를 창출하기 위해서는 시장의 원칙이 명확해야 한다. 그 시장의 원칙이 곧 생산자와 소비자가 시장에의 참여를 결정하는 요인이 되기 때문이다. 따라서 플랫폼이 성립하기 위해서는 잘 만들어진 도구와 더불어 그 플랫폼을 운영하기 위한 원칙이 처음부터 명확히 서야 한다. 그리고 이 원칙은 대상으로 하는 시장에 따라, 제공하는 가치에 따라, 그리고 창출되는 가치에 따라 다르게 설계되어야 한다.

'배달의민족'은 배달 애플리케이션을 만들어 플랫폼 형성을 시도했다. 초기에는 신선한 개념과 파격적 마케팅으로 수백만의 다운로드를 이끌어냈지만 식당들의 수수료에 대한 반발로 플랫폼의 매력도가 떨어지는 현상이 나타났다. 하지만 이후 수수료의 폐지를 통해 공급자들의 불만을 가라앉혔고 배달이라는 영역에서 플랫폼으로 양면구조를 만들어냈다. 배달의민족의 플랫폼이 구조화되기 위해서 초기의 수수료라는 원칙은 플랫폼 성립의 장애요인이었던 것이다.*

반면에 차량공유 플랫폼인 우버의 경우를 보면 배달의민족과는 조금 다른 모습이 관찰된다. 우버는 서비스 초기부터 20~25%라는 높은 수수료를 책정했음에도, 이에 대한 반발 없이 플랫폼을 성공적으로 정착시켰다. 물론 수수료가 더 낮거나, 아예 없었다면 보다 빠른 플랫폼의 구조화가 가능했을 것이다. 하지만 우버 서비스의 공급자인 기사들의 입장에서 우버의 탄생은 기존에 없던 수익을 만들 수 있는 새로운 플랫폼의 탄생이었으므로 반발할 이유가 없었다. 배달의민족의 경우 낮은 수익률을 가진 음식배달업을 대상으로 수수료를 책정한 것이 플랫폼의 매력도를 낮춘 행위였다면 우버는 기존에 없던 수익을 새로이 만들어냈기에 그들의 수수료가 정당성을 부여받을 수 있었던 것이다.

플랫폼 성립에 있어 가장 기본적인 요소는 양면시장을 대상으로 새로운 구조를 만드는 것이다. 생산자와 소비자라는 기존의 구조를 바탕으로 두 개의 시장이 모두 만족할 만한 새로운 구조를 만드는 것이다. 내가 공급자가 되어 새로운 서비스 혹은 상품을 공급하는 것은 지극히 상식적이어서 결과를 막론하고 시작하는 것이 어렵지 않다. 하지만 플랫폼을 지향한다는 것은 이와는 차원이 다른 시도이다. 먼저 두 개의 시장에 대한 철저한 이해가 필요하다. 현재 이 시장이 갖고 있는 문제가 무엇인지를 명확히 이해해야 새로운 플랫폼 설계가 가능하다.

한국의 많은 은퇴한 직장인들이 선택하는 사업은 치킨집이다. 그리고 이

---

* 물론 최근 벌어진 합병 이후에 수수료체계로의 전환 시도와 실패는 많은 사람들에게 실망을 안겨주었다.

는 가장 흔히 실패하는 사업이기도 하다. 평범하기 짝이 없는 수많은 공급자 중의 하나가 되는 것은 가장 단순하고 치열한 단면시장의 경쟁에 뛰어드는 일로, 손쉬운 실패의 길이기도 하다. 배달의민족은 이러한 시장에 대해 플랫폼이라는 다른 방식의 이해를 통해 양측의 시장을 이어주는 배달 어플을 만들어냈다. 플랫폼에 참가하는 여타 치킨집들과는 달리 이 플랫폼은 그리 쉽게 단명하지는 않을 것이다.

플랫폼 성립의 의미

양면시장이라는 개념은 단지 대상으로 삼아야 하는 시장이 두 개라는 의미를 훌쩍 넘어선다. 공급자와 소비자를 모두 아우르는 사업자로 자리매김한다는 것은 마치 산업의 새로운 그림을 그리는 것과 같다. 애플과 구글이 만들어낸 모바일 플랫폼과 같이 플랫폼의 존재는 그 영역에서 새로운 가치창조라는 진보적 변화를 만들어내기 때문이다.

배달의민족이 제공하는 상품 혹은 서비스는 무엇일까? 아마도 배달음식을 찾는 소비자와 공급자의 연결일 것이다. 우리가 이미 알고 있는 일종의 알선, 중개업이 배달의민족 서비스이자 상품인 것이다. 그런데 우리는 배달의민족을 알선, 중개업이 아니라 배달음식 사업 자체로 인식하고 있다. 배달의민족 광고를 봐도 소개업자가 아니라 배달음식 사업자로 느껴진다. 흡사 다양한 배달메뉴를 가진 음식사업자로 우리는 배달의민족을 인식하고 있다. 이는 우리가 아마존과 쿠팡을 유통사업자로, 구글과 네이버를 지식사업자로, 페이스북을 미디어로 인식하는 것과 같다. 비록 이 플랫폼 기업들이 공급자로서의 역할은 하나도 하지 않지만 우리는 이들을 자연스레 공급

성립된 플랫폼은 공급자의 역할을 대체

자로 인식하는 것이다. 우리는 쿠팡에서 물건을 샀고 페이스북에서 그 소식을 들었고 우버를 타고 왔고 구글에서 지식을 얻어낸 것이다.

이러한 착시를 만들어낸 이유는 무엇일까? 그것은 플랫폼이 가진 지향점이 결국 공급자와 동일하기 때문이다. 단지 플랫폼은 단일 공급자가 아니라 그 산업 전체를 대표하는 것을 지향점으로 삼는다는 점이 다를 뿐이다. 때문에 플랫폼에서는 '경쟁'이라는 개념 대신 '성립'이라는 개념을 이해해야 한다. 즉 플랫폼이 성립되는 것은 이전에 존재하지 않았던 새로운 사업모델이 나타나는 것이다. 그래서 플랫폼에서 첫 번째 성공은 경쟁을 통해 이기는 것이 아니라 일단 시장에서의 인정을 통해 성립되는 것이다. 플랫폼이 성립되기 위해서는 기존의 산업 행위보다 편리하거나, 고품질이거나, 공평하거나 보다 많은 가치를 창출하거나, 이전에 없던 가치를 만들어내거나 무언가 이전보다는 발전했다는 사실을 인정받아야 한다. 즉 이전보다 진보했다고 양면시장의 참여자들이 느끼는 순간 플랫폼은 성립된 것이다.

배달의민족은 음식배달 산업에서 편리라는 진보를 만들어냈고 플랫폼으로 성립되었다. 구글은 지식산업에서 검색을 통해 정확하고 공정하게 지식을 얻을 수 있다는 새로운 가치를 창조했고, 페이스북은 수많은 이야기들이 공정한 과정을 통해 전파된다는 가치를 만들어내어 미디어 플랫폼으로 성립되었다. 아마존도, 우버도 마찬가지다. 그래서 플랫폼은 성립되는 것이 무엇보다 중요하다. 아무리 스스로를 플랫폼이라 주장해도 소비자가 인정해주지 않으면 플랫폼으로 성립되지 않고 공급자들도 곧 자리를 뜨게 된다. 수많은 기업들이 스스로를 플랫폼이라 주장하지만 진정한 플랫폼이 많지 않은 것은 이런 이유이다. 플랫폼에게는 현재라는 강력한 경쟁자가 존재하기 때문이다.

이베이가 오픈마켓을 만들어 세상에 등장했을 때 인터넷 상거래 플랫폼이 성립되었다. 인터넷이라는 새로운 환경과 웹사이트에서 개인과 개인이 거래를 할 수 있게 한 것은 큰 가치의 창출이었기에 시장은 플랫폼이 성립되었음을 인정했다. 유사한 플랫폼들이 경쟁자로 등장했지만 이베이는 경쟁을 물리치고 독보적인 거래 플랫폼으로 자리 잡았다. 그런데 아마존이 등장한다. 아마존은 이베이가 만들어 놓은 오픈마켓에 새로운 플랫폼 도구인 물류 인프라라는 또 다른 가치를 얹음으로써 한 단계 높은 플랫폼으로 시장의 인정을 받는다. 새로운 플랫폼이 성립된 것이다. 이런 의미에서 플랫폼에서의 경쟁에는 두 종류가 있다. 하나는 현재 존재하는 서비스를 누르고 새로운 플랫폼을 성립하는 것이고 또 하나는 현재의 플랫폼을 누르고 진보하려는 새로운 플랫폼과 경쟁하는 것이다.

플랫폼에서의 균형

플랫폼은 양면시장의 인정을 통해 성립된다. 이 성립의 과정은 기술적 진보를 통해 이뤄지기도 하고 엄청난 인프라 투자를 통해 이뤄지기도 한다. 물론 아이디어와 간단한 웹 페이지를 통해서도 만들어지기도 한다. 그래서 플랫폼의 성립에서 정답은 없다. 단지 양면시장의 참여자들로부터 성립이라는 인식과 인정을 만들어낼 수 있으면 되는 것이다. 한 번 성립된 플랫폼이 영구적인 경쟁우위를 갖는 것은 아니다. 아마존의 경우처럼 현재의 플랫폼보다 한 단계 높은 가치창출이 가능하다면 플랫폼의 진화도 가능하다.

하지만 다른 플랫폼과의 경쟁을 이야기하기 전에 플랫폼은 먼저 성립되어야 한다. 그리고 그 성립의 필수조건은 양면시장의 균형이 맞아야 한다. 어느 한쪽으로 균형이 쏠리면 그 역시 플랫폼의 안정성을 해치기 때문이다. 그런 의미에서 시소 이론이 적용된다. 시소라는 놀이기구는 양쪽의 균형이 맞아야 즐길 수 있다. 마찬가지로 양면시장이 모두 만족하는 원칙이 만들어질 때 플랫폼은 비로소 성립된다. 시소의 양쪽에 앉아 있는 두 사람이 모두 만족해야 시소가 동작되고 한 쪽이 시소에서 내려버리면 시소는 동작되지 않는다.

공급자   플랫폼   소비자

플랫폼의 성립을 위한 균형 필요

균형이 맞지 않는다는 것은 구글의 지식생산자들이 구글의 검색 플랫폼 운영에 불만을 갖거나 페이스북에서 콘텐츠를 유통하는 미디어 회사들이 페이스북의 새로운 뉴스피드 원칙에 동의하지 않는 것을 의미한다. 또한 아마존에서 상품의 판매자들이 아마존을 약탈적 플랫폼이라 생각하면 아마존에 그렇게 많은 상품이 공급되지 못할 것이다. 반면에 우버의 기사들은 우버가 상장하던 날 우버 앱을 끄는 디지털 파업을 단행했다. 플랫폼의 한 축이 불만을 표시한 것이다.

구글은 자신의 광고수입에서 검색결과를 만들어내는 지식 생산자의 몫을 늘려가려는 의지를 표시하고 있다. 반면에 페이스북은 아직 단 한 푼의 광고수익도 콘텐츠 생산자와 나누지 않는다. 두 개의 플랫폼이 다른 역할을 담당하지만 광고수익이라는 시각에서 보면 페이스북이 뭔가 잘못하고 있는 것으로 보인다. 네이버에서 뉴스를 운영할 때 광고수익을 어떻게 할 것인가가 매우 중요했던 것처럼 페이스북은 자신의 시소가 기울어지는 것을 언젠가는 막아야 할 것이다.

플랫폼이 일반화되면서 이제 지식, 미디어, 거래 영역을 넘어서 이동, 배달 영역까지 플랫폼 모델들이 나타나고 있다. 그 결과 플랫폼의 균형이라는 문제가 본격적으로 대두되기 시작했다. 특히 인간의 노동이 플랫폼의 핵심 요소로 등장하면서 플랫폼 노동자라는 개념도 본격적으로 논의되기 시작했다. 플랫폼이란 단어만이 아닌 플랫폼 비즈니스가 일반화되기 시작한 것이다.

Thinking of Platform 2.0

플랫폼의 생각법:
경쟁

플랫폼의 경쟁전략.
거대화

플랫폼이 성립되고 나면 플랫폼은 본격적인 성장을 하게 된다. 시장이 인정한 새로운 사업방식이기에 성장을 방해하는 요소는 거의 없다. 흡사 모두가 품질과 가성비를 인정하는 신제품처럼 플랫폼은 시장에 그렇게 받아들여진다.

미국에서 우버가 처음 시장에 소개됐을 때의 반응은 폭발적이었다. 하지만 이러한 행복은 경쟁자가 시장에 들어오면서 사라진다. 동일한 방식으로 시장에 들어오는 경쟁 플랫폼이 존재하기 때문이다. 플랫폼은 비즈니스 모델이라는 특성상 일반 제품이나 서비스처럼 지식재산권으로 보호되지 않는다.* 그런 이유로 플랫폼이 성립되면 많은 유사한 플랫폼들이 생겨난다. 즉 플랫폼 간의 경쟁이 시작된다. 플랫폼이 시장으로부터 인정받아 성립되

---

* 비즈니스 모델 특허라는 것이 존재한다. 하지만 현실적으로 BM이 특허로 보호받는 경우는 그다지 많아 보이지 않는다.

는 첫 번째 단계를 돌파하고 나면 경쟁이라는 보다 어려운 단계가 기다리고 있는 것이다. 배달의민족이 성립되자 요기요와 배달통을 비롯한 수많은 배달앱이 등장한 것이 그랬고, 오픈마켓 시장에서 아직도 G마켓, 11번가, 쿠팡, 옥션, 티몬, 위메프 등이 치열한 경쟁을 지속하고 있는 것 또한 그런 모습이다. 이 플랫폼 간의 경쟁은 흡사 일반 시장에서 기업 간의 경쟁과 유사해 보인다. 하지만 플랫폼 경쟁은 기존의 경쟁과 본질적으로 다르다.

플랫폼 경쟁은 두 가지 측면에서 기존 단면시장과의 경쟁과 구별된다. 첫째는 이후에 설명하겠지만 교차 네트워크 효과로 인해 경쟁의 결과가 독점으로 이어진다는 점이고 둘째는 이런 이유로 규모의 경제가 경쟁에 있어 가장 중요한 요소로 작용한다는 점이다. 또한 플랫폼 경쟁은 매년 시장점유율로 평가받는 장기전이 아니라 첫 싸움의 승자만이 살아남는 단기전이다.

경쟁의 본질이 규모의 경제이고 그 결과가 독점이며 누구보다도 빠르게 규모를 확보하는 것이 중요하기에 모든 참여자들은 스프린터처럼 달려야 한다. 즉 수익을 추구할 수도 없고 장기적 관점에서 플랫폼 도구의 품질을 올리는 것도 경쟁과 동시에 진행해야 한다.

미국의 차량공유 플랫폼 시장에서는 플랫폼 간의 경쟁이 장기화되면서 우버와 리프트라는 두 개의 사업자가 모두 깊은 적자의 늪에 빠져 있다. 두 기업 모두 나스닥에 상장하는 절반의 성공*을 거두었지만 이후 지속되는 적자로 주가는 상장시점보다 많이 하락한 모습을 보이고 있다. 물론 두 플랫폼 간의 경쟁이 언제 끝날지 알 수도 없는 상황이다.

---

* 금융시장에서 두 기업의 상장을 허용했다는 것은 플랫폼이 성립되었다는 증거로 볼 수 있다.

우버 리프트

우버와 리프트 간의 경쟁은 수익악화와 주가하락을 초래

주가의 하락

따라서 플랫폼 간의 경쟁을 바라볼 때 가장 중요한 점은 플랫폼 경쟁의 특징을 이해하고 그에 알맞게 전략을 수립해야 한다는 점이다. 이제 그 두 가지 특징을 살펴보자.

승자가 모든 것을 가진다

양면구조가 적절히 설계되고 양측의 참여자가 플랫폼에 들어오면 플랫폼은 성립된다. 그런데 그 플랫폼에는 우리가 쉽게 생각하지 못하는 또 하나의 특징이 있다. 바로 승자독식의 원칙이다. 단면시장의 경우에는 시장을 공유하는 것이 가능하다. 소비자들의 취향이 있고 또 소득수준도 있기에 다수의 혹은 적어도 소수의 사업자가 동시에 시장에 존재할 수 있다. 하지만 플랫폼에서 시장의 공유는 불가능하다. 양면시장, 즉 생산자와 소비자 모두를 대상으로 하기에 플랫폼 간의 경쟁은 하나의 플랫폼이 남을 때까지 계속된다. 조금 덜 좋은 플랫폼이라는 개념이 존재할 수 없고 오로지 가장 좋은 플랫폼이 선택된다는 의미다. 그리고 하나의 플랫폼이 시장을 차지하게 되면 더 이상의 경쟁이 일어나지 않는다.

승자독식의 원칙

  플랫폼을 가장 손쉽게 표현할 수 있는 것이 아마도 시장일 것이다. 현실에서는 거리상의 제약, 크기의 제약으로 남대문시장도 동대문시장도 존재한다. 하지만 인터넷이라는 세상에서는 그 모든 것이 의미가 없다. 시장은 가장 큰 시장 하나가 존재하는 것이 공급자나 소비자 입장에서 보면 가장 효율적이고 이상적이기에 가장 우월하고 가장 큰 시장만이 살아남는다. 이것이 플랫폼을 이해할 때 반드시 기억해야 하는 요소이다.

  이러한 플랫폼 간의 경쟁을 지배하는 개념이 있다. 바로 네트워크 효과이다. 플랫폼 경쟁에 있어서 가장 중요한 것은 누가 가장 빠르게 전체 시장을 장악하느냐에 있으며 그 규모의 경쟁에 있어서 반드시 기억해야 하는 것이 네트워크 효과이기 때문이다. 규모는 플랫폼 간의 경쟁에서 선형으로 작용하는 것이 아니라 기하급수적으로 작용한다. 즉 한번 앞서간 경쟁자를 따라잡기 위해서는 엄청난 자원이 필요하다는 의미다.

네트워크 효과

네트워크 효과는 네트워크가 커져감에 따라 네트워크에 속해 있는 참여자들의 가치가 커져가는 현상을 의미한다. 플랫폼은 네트워크를 소유하는 주체이고 따라서 네트워크가 커져간다는 것은 플랫폼의 가치가 커져감을 의미한다. 그리고 이 확대는 가속도를 가질 뿐만 아니라 경쟁자를 무력화시키는 역할을 하기도 한다. 따라서 성립된 플랫폼이 달성해야 할 첫 번째 목표는 네트워크 효과를 만들어내는 수준의 규모이다.

다시 말해 플랫폼이 성립되면 가능한 빨리 두 개 시장의 참여자 모두를 의미 있는 수준의 규모까지 성장시켜야 한다. 예를 들어 우버와 같은 차량 공유의 경우, 서비스를 제공하고자 하는 공급자 수도 충분해야 하고 이를 사용하고자 하는 사용자 수도 충분해야 한다. 그렇지 못하면 양면시장 모두이 플랫폼에서 매력을 느끼지 못하기 때문이다. 우리는 공급자와 소비자가 적절히 맞아 들어 성장하는 것을 플랫폼의 선순환 성장이라 부른다.

이런 선순환 성장을 위해 오픈마켓은 공급자인 셀러를 모으면서 동시에 미디어 마케팅을 통해 소비자에게 새로운 오픈마켓의 등장을 알리는 작업을 병행한다. 충분한 셀러 없이 시장을 여는 것은 물건 없는 시장을 오픈하는 것과 같고 충분한 고객 없이 좋은 셀러를 모집하는 것도 불가능하기 때문이다. 플랫폼의 운영이 서비스 운영 대비 난이도가 높은 이유는 두 시장을 균형 있게 성장시켜야 하기 때문이다. 어느 한순간 양면시장이 동시에 성장하는 것이 아니기에 하루하루 양쪽 시장의 균형을 유지하며 성장시켜야 한다. 어느 한쪽에 마케팅이 치우치게 되면 균형이 상실되고 큰 투자가 이뤄진 마케팅이 부정적인 결과로 이어지기 때문이다. 공급자와 소비자 시장에서 균형을 맞춰 성장하는, 하지만 그 속도가 빨라야 하는 것이 플랫폼

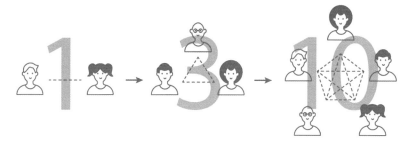

일반적 네트워크 효과

성장의 핵심이다.

여기에 교차 네트워크 효과라는 개념이 등장한다. 구매하고자 하는 소비자가 많아지면 보다 많은 셀러가 모이고 셀러가 많아지면 상품의 구색이 늘어나므로 오픈마켓의 매력은 올라가서 방문하는 고객이 많아지게 된다. 일반적으로 네트워크 효과는 한 개의 시장에서 네트워크가 커져감에 따라 그 네트워크의 힘이 커지는 것을 의미하지만 플랫폼에서는 두 개의 시장의 네트워크가 서로 지원하면서 성장하는 교차 네트워크 효과가 발생한다.

교차 네트워크 효과

교차 네트워크 효과는 플랫폼 경쟁에 있어 가장 중요한 역할을 한다. 플랫폼이 양면시장을 지향하기에 교차라는 단어가 의미 있으며, 그 의미는 '의외의' 결과로 이어진다. 단면시장에서의 네트워크 효과는 그 네트워크를 가진 기업의 경쟁력으로 나타난다. 상품이 시장에 나와 네트워크 효과를 만들면 경쟁력이 올라가고 시장에서 위치가 강화된다. 하지만 새로운 상품이 나타나고 그 상품의 네트워크가 더 강해지면 내 시장에서의 지위, 즉

시장 지위는 낮아진다. 그러나 교차라는 단어가 들어가는 순간 그 의미는 완전히 바뀐다.

교차의 의미를 오픈마켓에 적용하면 이렇다. 판매자가 많아지면 구색이 늘어나고 가격이 내려간다. 상품의 종류가 많아지고 가격이 내려가면 보다 많은 소비자들이 그 오픈마켓으로 모여든다. 소비자가 많다는 정보는 판매자들을 그 플랫폼으로 더욱 모이게 만든다. 그 결과 가격은 더 내려간다. 교차 네트워크 효과는 이런 식으로 선순환을 만들어낸다. 단지 단일 네트워크에서의 효과와 다른 것은 경쟁자가 이 과정을 중단시킬 방법이 거의 없다는 것이다. 한번 기울어진 운동장을 다시 돌이키려면 이전과는 비교할 수 없는 자원이 투입되어야 한다.

플랫폼의 대상 시장에 따라 소비자 규모를 먼저 키워야 할 때가 있고 공

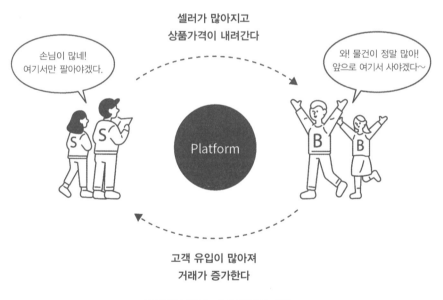

플랫폼에 나타나는 교차 네트워크 효과

급자 규모를 먼저 키워야 할 때가 있다. 하지만 규모를 키운다는 측면에서 더 어려운 곳은 공급자 영역이다. 교차 네트워크에서 소비자 시장은 일반적인 경영학의 원칙이 적용 가능하다. 플랫폼의 도구와 원칙이 매력적이면 플랫폼은 시장원칙에 의해 소비자의 선택을 받게 된다. 어려운 부분은 공급자 시장이다. 단면시장에 익숙한 공급자들을 플랫폼으로 끌어들이는 것은 모두가 처음 겪어보는 일이기 때문이다. 이런 이유로 검색, 거래, 미디어 등 모든 성공한 플랫폼들은 고품질의 충분한 공급자 규모를 만들어내는 데 집중했다.

구글의 검색이 좋은 평판을 얻기 위해서는 검색결과들이 풍부하고 정확해야 했기에 구글은 광고라는 수익원을 공급자와 공유하는 방식을 만들어내고 인터넷상의 지식 생태계를 키우기 위해 노력한다. 광고를 핵심수익원으로 삼는 구글이 검색광고 수익의 68%를 광고게재자에게 지불하는 것은 바로 공급자 시장을 만들어내기 위함이다.

페이스북은 단순한 SNS가 아닌 미디어 플랫폼이 되기 위해 수많은 콘텐츠 제작자들이 페이스북을 편하게 이용할 수 있도록 손쉬운 콘텐츠 제작 도구를 만들고 외부 제작자들과 협력하기 위해 자신의 모든 API를 공개한다.*
SNS는 단지 사람들 간의 관계 네트워크이기에 그 네트워크를 풍성하게 만들기 위해서는 콘텐츠의 공급이 반드시 필요하기 때문이다. 페이스북은 API를 공개하였을 뿐만 아니라 동시에 페이스북 내부에 존재하던 애플리케이션 개발팀을 해산했다. 내부에 개발팀이 존재할 경우 페이스북이 온전한 개방을 했다는 이미지를 제공할 수 없기에 내부 개발팀을 없앤 것이다. 수

---

*   페이스북의 API(Application Programming Interfaec) 공개는 타 기업의 공개와는 다른 차원의 노력이다.

많은 인터넷상의 개발자들이 가장 원하는 것이 무엇인가를 알고 이를 적극적으로 공유함으로 엄청난 아군을 만들어가는 것이 페이스북의 공급자 확보 전략인 것이다.

11번가 역시 G마켓이 굳건히 지키고 있는 오픈마켓 시장에 진입하기 위해 수많은 프로모션을 통해 기존의 셀러들이 11번가에도 상품을 올리도록 유도하는 과정을 다른 무엇보다도 선행하였다. 상거래 플랫폼에서 무엇보다 중요한 것은 경쟁력을 가진 공급자를 많이 확보하는 것이다. 현재 쿠팡으로 공급자들이 몰리고 있는 상황은 플랫폼 관점에서는 아주 자연스러운 일이다.

공급자 시장확대 전략의 좋은 예로 모바일 플랫폼 구축에 있어 애플의 앱스토어나 구글의 플레이스토어는 기존의 폐쇄적이었던 PC 소프트웨어 유통과 달리 획기적이며 상이한 접근방식을 선택했다. 마이크로소프트는 개인용 컴퓨터 시장에서 윈도우라는 운영체제를 보유하면서 오피스$^{MS Office}$와 인터넷 익스플로러^{Explorer}, 비주얼 스튜디오$^{Visual Studio}$ 등을 비롯한 핵심 소프트웨어를 직접 개발하여 시장을 장악하고 있다. 하지만 이와 반대로, 모바일 시장에서 애플과 구글은 소프트웨어 시장을 외부에 개방함으로써 그보다 상위 플랫폼인 운영체제 시장에서의 양면구조를 만들어냈다. 수많은 개발자가 새로 열린 모바일 소프트웨어 시장에 앞을 다투어 애플리케이션을 출시했고 이는 스마트폰이 모두에게 필수 불가결한 디바이스로 자리 잡는 데 크게 공헌하게 된다. iOS와 안드로이드 두 개의 운영체제는 하드웨어와의 결합이라는 측면에서는 서로 정반대의 전략을 구사하고 있지만, 모바일 생태계를 만들어 나간다는 측면에서는 동일하게 네트워크 개방전략을 선택한 것이다.

프로슈머 플랫폼의 개방전략

물론 페이스북이나 유튜브처럼 흡사 두 개의 시장이 아니라 하나의 시장으로 생각되는 네트워크도 있다. 하지만 이들도 자세히 살펴보면 생산자와 소비자의 양면시장을 대상으로 구조화된 플랫폼이다. 단지 하나의 플랫폼 안에 생산자와 소비자가 하나의 모습으로 동시에 존재하기 때문에 이 혼선이 발생한다. 즉 생산자가 소비자이기도 하고 소비자가 생산자이기도 한 특성을 갖고 있기 때문이다. 이런 특성을 감안하여 일반 참여자(일반적 의미에서의 소비자)는 콘텐츠를 보다 쉽게 생산하고, 콘텐츠를 전문적으로 만들어낼 수 있는 참여자(일반적 의미에서의 공급자)들은 보다 편리하게 페이스북에서 콘텐츠를 유통시킬 수 있게 만들어주는 노력이 바로 페이스북과 유튜브의 네트워크 확대전략이었던 것이다.

프로슈머가 존재하는 플랫폼에서의 공급자 확대전략은 구글이나 아마존처럼 공급자가 명확한 시장과는 조금 다르다. 전문적인 콘텐츠 생산자를 위한 정책보다 플랫폼 참여자들을 위한 보편적인 정책이 보다 중요하기 때문이다. 페이스북은 정치광고를 허용한다. 트위터가 정치광고를 불허하는 것과 비교했을 때 정치광고를 통해 수익을 추구한다는 혹은 가짜뉴스를 공식적으로 만들어낼 수 있는 통로를 제공하는 맥락에서 페이스북은 많은 비판을 받고 있다. 하지만 페이스북은 언론의 자유라는 가치가 더 중요하고 존중되어야 한다는 플랫폼의 추구가치를 강조하고 있다. 정치광고는 유권자들에 의해 판단될 것이고 페이스북은 수많은 주장들이 공유되고 선택되는 미디어가 되어야 한다는 원칙을 견지하고 있다. 정치광고를 허용하는 페이스북과 포르노를 허용하는 트위터 중에 누가 더 선한 미디어 플랫폼인지는 대중이 결정할 문제이기도 하다. 수많은 대중이 의견을 나누는 미디어 플랫폼 영역에서 플랫폼이 지향하는 철학이 중요한 이유는 공급자와 소비자가 중첩되기 때문이다. 페이스북이 '언론과 표현의 자유'를 주장하는 이유는 보다 많은 사람들이 자유롭게 참여할 수 있게 플랫폼을 운영하겠다는 뜻이다.

공급자 네트워크 확대라는 시각에서 페이스북의 반대편에 서 있었던 서비스가 우리의 싸이월드였다. 실명 기반 SNS인 싸이월드는 철저하게 폐쇄적인 서비스였다. 모든 서비스는 내부에서 기획, 개발되었고 싸이월드의 일촌 네트워크는 그 누구도 접근할 수 없는 싸이월드만의 핵심자산이자 보물이었다. '사이좋은 사람들'이라는 캐치프레이즈에서 보듯이 싸이월드의 착하고 선한 이미지를 유지하기 위해 방해가 되는 모든 위험한 요소는 철저하게 배제했다. 그 결과 내 친구의 콘텐츠를 제외한 그 어떤 콘텐츠도 싸이월드에서는 찾아볼 수 없게 되었다. 마치 세상의 더러움으로부터 나의 아이를 보호하기 위해 세상과 단절시키는 듯한 노력이 싸이월드 내에는 존재했다. 싸이월드라는 걸출한 서비스가 세계적인 서비스로 성장하지 못한 것은 그 태생이 한국이어서가 아니라 공급자 네트워크를 성장시키지 못했기 때문이다.

플랫폼 경쟁에 있어 가장 중요한 것은 양면시장의 규모를 빠르게 성장시키는 것이다. 이를 통해 양면시장이 충분히 커지면 교차 네트워크 효과가 발현되고 플랫폼의 성장은 가속도가 붙게 된다. 플랫폼의 구축에는 최소 규모라는 진입장벽이 존재하기에 일반적인 완전경쟁시장처럼 경쟁자가 지속적으로 나타나지는 않는다. 이런 이유로 플랫폼 경쟁에서 승리한 플랫폼의 지위가 위협받기는 쉽지 않다. 중국이라는 거대한 시장에서 알리바바의 타오바오가 오픈마켓 시장^{C2C}에서 80%에 육박하는 시장점유율을 보이고 있는 것이 이에 대한 가장 좋은 예라 할 수 있다.

초기 시장에서의 플랫폼 간 경쟁은 앞에서 언급한 플랫폼의 도구와 운영 원칙의 매력도에 의해 좌우되기도 하지만, 어느 정도 성숙한 플랫폼 기반 시장에서는 규모라는 요소의 영향을 크게 받는다. 아무리 매력적인 도구를 가졌다 해도 새로이 시장에 나타난 SNS가 24억 명의 회원을 보유하고 있는 페이스북을 넘어서는 것은 어렵기 때문이다. 규모가 플랫폼 경쟁에 있어 가장 강력한 무기가 될 수 있기에 플랫폼 성장전략의 제1원칙은 빠르게 몸집을 키우는 것이다. 즉 플랫폼이 일단 성립되고 나면 최대한 빠른 시간에 규모를 키우고 시장을 장악하는 것이 필요하다.

플랫폼의 경쟁전략, 개방

플랫폼의 성공을 위한 가장 중요한 요소는 빠르게 일정 규모에 먼저 도달하는 것이고 그를 위한 가장 좋은 방법은 내가 가진 가장 좋은 것, 즉 나의 핵심자산을 나누는 것이다. 즉 개방이 규모의 경제를 만들어냄에 있어 가장 쉬운 길이라는 뜻이다. 그러기에 플랫폼을 성장시키는 전략은 기본적으로 개방전략이다.

개방전략의 첫 단계는 플랫폼이 제공하는 서비스의 가격을 최소로 제한하거나 무료로 제공하는 것이다. 비용이라는 제한이 사라지면 양면시장의 참여자들은 보다 편하고 쉽게 플랫폼에 참여하게 되고 그 규모의 형성도 빨라진다. 무료라는 전략은 플랫폼 초기에 활용되기도 하지만 플랫폼의 수익모델이 무료라는 가격정책으로 굳어지기도 한다. 규모의 확보라는 플랫폼 경쟁에서의 목표가 그 무엇보다 중요하기 때문이다.

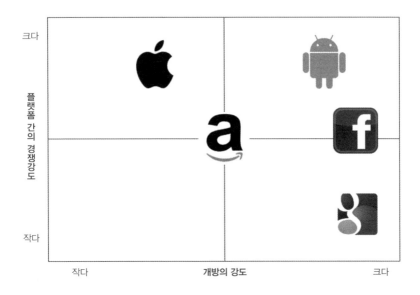

하지만 무료라는 전략은 상대적으로 누구나 선택할 수 있는 옵션이다. 나의 수익을 포기하고 공짜 플랫폼으로서 자세를 갖는 것은 어려운 선택이고 장기적인 투자가 필요한 일이지만 전략의 실행이 어려운 것은 아니다. 이런 이유로 플랫폼 간의 경쟁에 있어 무료를 통한 개방전략은 제한적 개방전략이라는 진화형태를 만들어냈다. 개방을 하되 플랫폼의 운영원칙에서 일부를 제한하는 그런 전략이 만들어진 것이다.

모든 것이 공유되고 개방되는 곳에서 제한을 한다는 것은 플랫폼의 품질을 관리한다는 뜻이다. 완전한 개방과 자유는 규모를 확보하고 네트워크 효과를 발동시키는 데 최적의 수단임은 분명하지만 이로 인한 혼돈과 플랫폼의 품질 저하를 불러오기 때문이다. 제한적 개방전략은 본질적으로는 개방전략이다. 하지만 플랫폼의 대상에 따라 플랫폼 운영자는 이러한 선택을 하기도 한다.

제한적 개방전략과 폐쇄전략

개방과 공유의 개념은 플랫폼이 성립되고 규모를 갖추게 되면 성장전략이자 운영원칙의 핵심으로 작동하게 된다. 플랫폼은 지속적으로 성장해야 하기에 양면시장의 문을 모두 열어 두어야 할 뿐만 아니라 양쪽 시장의 네트워크가 교차하여 유지 발전되도록 지혜롭게 운영되어야 한다.

검색 서비스를 핵심으로 삼고 있는 구글은 검색엔진의 고도화를 통해 스패밍을 막아냄으로써 이 원칙을 지켜 나간다. 인터넷상에 존재하는 모든 문서를 대상으로 하기에 개방이라는 원칙은 품질저하라는 결과를 가져오기 쉽기 때문이다. 지식 서비스의 특성상 자정작용이 중요한 역할을 하기에 상대적으로 지식 영역에서의 개방을 통한 성장은 비교적 손쉽게 이뤄졌다. 어쩌면 구글은 플랫폼이 가진 긍정적 특성의 수혜자라 이야기해야 할 수도 있다.

하지만 페이스북과 같은 미디어 플랫폼은 성장과 함께 가짜뉴스와 같은 공급자 네트워크에서 발생하는 문제를 통제해야 한다. 개방을 통해 수많은 뉴스와 콘텐츠가 플랫폼을 풍부하고 윤택하게 만들지만 그 반대급부로 가짜뉴스와 저질 콘텐츠가 플랫폼을 더럽히기 때문이다.

페이스북이 개방이라는 맥락에서 갖는 또 다른 문제는 가짜와 진짜를 구분하는 것이 어렵다는 점이다. 미디어의 본질은 주장이기에 그 주장의 진위를 구분하는 것은 뉴스가 생산되는 시점이 아니다. 이런 이유로 페이스북은 트위터와는 달리 정치광고를 허용하고 있다. 한국의 정치를 보더라도 얼마나 많은 주장이 근거 없이 만들어지는지를 알 수 있듯이 페이스북의 정치광고 배포는 엄청난 사회적 파장을 만들어내고 있다. 하지만 과연 개방과 통제라는 관점에서 어떤 선택이 미디어 플랫폼으로 적절한지는 아무도 이야기하지 않는다. 개방이 가져오는 가치와, 통제가 막아내는 가치 중 어느 것이 큰지는 아무도 결정할 수 없기 때문이다.

개방의 반대말이 폐쇄이지만 플랫폼에서 폐쇄의 의미는 통제를 통한 품질관리이다. 플랫폼에서 양면시장의 참가자들을 통제하기 시작하면 플랫폼이 제공하고자 하는 가치의 품질이 올라가기 때문이다. 미디어 영역에서 페이스북은 하고 싶어도 할 수 없지만 상거래 영역에서는 이러한 제한적 개방 혹은 다른 표현으로 폐쇄가 가능하다.

아마존은 태생적으로 오픈마켓이 아니었다. 사업 초기에는 도서 전문몰로 모든 책을 아마존이 구입해서 소비자에게 판매하는 방식이었다. 아마존이 본격적으로 커머스를 시작하고 10년이 지난 2007년에서도 오픈마켓 의존율은 30%에 불과했다. 대부분의 상품은 아마존이 직접 판매했고 구색의 확보를 위해 외부 셀러들을 활용한 것이다. 이러한 공급자 측면에서의 제한적 개방은 FBA라는 새로운 도구를 도입하면서 2019년 제3자 판매비중이 65%까지 확대된다. 즉 이제 아마존 거래에서 2/3는 오픈마켓에 의존하고 있다. 아마존의 공급자 시장에 대한 개방은 상품의 직접적인 통제라 할 수 있는 FBA가 어느 정도 궤도에 오른 후에 이뤄졌으니 아마존은 충분히 품질관리가 가능하다는 판단이 설 때까지 개방을 미룬 것으로 해석할 수 있다.

FBA의 안정화와 더불어 소비자 측면에서도 약간의 제한이 만들어졌다. 소비자가 연간 119달러라는 금액을 지불하면 아마존 프라임에 해당되는 상품을 모두 2일 내에 받아볼 수 있는 서비스가 제공되는 것이다. FBA를 기반으로 한 아마존 프라임 상품은 모두 아마존 창고에 보관되어 있다가 고객의 주문이 이뤄지면 즉시 아마존 박스에 담겨 아마존의 통제하에 배송이 이뤄진다. 이는 단순히 책임배송이라는 가치만을 만들어낸 것이 아니다. 이로 인해 아마존에서는 다른 오픈마켓처럼 하나의 상품에 수많은 셀러들이 유사한 가격으로 상품을 올리는 혼잡함이 사라지고 아마존의 통제하에 상품의 소싱부터 배송까지 이뤄지는 훌륭한 고객경험을 구현해낸 것이다.

| 원칙이 강한 정돈된 플랫폼 | 개방된 자유로운 플랫폼 |

네트워크가 커지면 혼잡이 발생하고 그 혼잡은 고객에게 좋지 않은 경험을 제공한다. 이러한 네트워크의 부정적 효과를 아마존은 적절한 도구를 추가함으로써 최소화한 것이다. FBA와 아마존 프라임이라는 새로운 도구는 아마존을 다른 오픈마켓 플랫폼과 완전히 차별화시켰고 플랫폼 간의 경쟁에서 아마존을 승자의 자리에 올려주었다.

한국의 전자상거래 시장에서 쿠팡이 선택한 길은 오픈마켓 시장을 떠나 아마존과 같은 한 차원 높은 서비스를 제공하는 플랫폼이 되려는 것이다. 오픈마켓 시장에서 네트워크 효과를 누리고 있는 G마켓과 마케팅 경쟁을 하는 것이 의미 없다는 판단과 더불어 아마존 모델이 갖는 우월성이 상거래 플랫폼 간의 경쟁에서 승리의 가능성을 보여주기 때문이다. 완전한 개방에서 부분적 폐쇄성을 선택함으로써 우월한 플랫폼을 지향하기 시작한 것이다. 2020년 쿠팡의 독주에 롯데가 선택한 전략은 개방을 포기한 고품질 전략이다. 모든 상품은 롯데가 소싱하여 롯데가 고객에게 제공한다. 롯데가 가진 1만여 개의 오프라인 거점을 활용하여 쿠팡이라는 온라인몰에 대응하려는 것이다. 완전한 통제는 고품질을 만들어내지만 그 운영을 위한 비용은 상승한다. 한국의 상거래 플랫폼에서 롯데는 자기만의 독특한 전략을 선택한 것이다.

같은 맥락에서 폐쇄적 플랫폼의 원조는 애플이다. 아이폰이라는 애플의 스마트폰을 구매하는 것이 애플이 제공하는 플랫폼에 들어오는 유일한 통로이기 때문이다. 모바일 시장의 진보가 정체에 빠졌을 때 애플은 하드웨어와 소프트웨어 그리고 플랫폼을 모두 함께 개발하면서 모바일 혁명을 만들어냈다. 기존의 모바일에서 주지 못했던 경험을 제공하기 위해서는 모든 요소들에 철저한 품질관리가 필요했다. 혁명적 변화를 위해서는 폐쇄적인 운영이 필수적이었던 것이다. 물론 애플이 개방을 추구하지 않은 것은 아니다. 폐쇄 속의 개방이란 표현처럼 앱스토어나 아이튠즈에서 애플은 자신이 정한 룰 안에서의 개방을 통해 플랫폼의 규모를 키워낸 전형적인 플랫폼인 것이다.

하지만 최근 애플이 겪고 있는 여러 가지 문제 특히 새로운 아이폰의 판매부진이나 중국과의 무역분쟁으로 인한 시장의 감소 등은 폐쇄적인 플랫폼을 운영함에 기인한다. 다른 플랫폼처럼 기본적으로 개방된 시장에서 품질관리를 통한 운영을 하는 것이 아니기에 스마트폰이라는 스스로 제한한 시장으로부터 부정적 영향을 직접 받고 있는 것이다. 이 맥락에서 애플의

폐쇄적 플랫폼 애플

서비스 기업으로의 전환, 즉 구독을 통한 자신의 고객들에게 자신만의 다양한 서비스를 제공하는 노력은 이제 애플을 다음 단계로 성장시키고 있다. 폐쇄적이기에 문제도 많지만, 상대적으로 품질유지가 쉽다는 것은 이를 바탕으로 한 새로운 시장개발이 가능함을 의미하기 때문이다.

여전히 개방과 공유는 중요하다

아마존이 선택했던 제한적 개방전략과 달리 전자상거래 영역에서 완전한 개방전략으로 시장을 지배하고 있는 플랫폼도 존재한다. 바로 중국의 알리바바이다. 알리바바의 타오바오는 온전히 오픈마켓의 형태를 갖고 있으며 모든 물류도 물류기업들과의 협업을 통해 진행한다. 즉 자체 물류 시스템을 갖추는 것이 아니라 중국 내에 존재하는 거의 모든 물류기업들과의 협력 체계를 통해 자체 물류 시스템을 갖춘 것과 유사한 수준의 품질을 제공하고 있는 것이다. 이 협업에 있어 가장 중요한 차별점은 물류센터와 같은 실물 자산이 아닌 정보 네트워크를 공유한다는 점이다. 타오바오의 개방전략은 비용면에서 효율적이며 보다 많은 아군을 나의 플랫폼에 끌어들일 수 있다. 아마존이 자신의 물류 파트너들과 언제나 대립각을 세우고 있는 것과 다른 모습이다.

개방의 다른 말은 공유이다. 하지만 한국에서는 개방과 공유라는 의미를 사업에 적용시킨 기업을 찾아보기 힘들다. 시장이 작고 경쟁이 치열했기에 나의 핵심자산을 개방하고 공유한다는 개념이 성립되기 어려웠을 것이다. 하지만 플랫폼으로 성공하기 위해서는 개방과 공유의 개념이 반드시 필요하다. 이는 기존의 경쟁시장에서 나의 경쟁우위를 경쟁자에게 내어주는 것이 아니기에 '생각법'이 바뀌어야 가능하다. 그리고 이 개방과 공유의 생각법은 플랫폼 간의 경쟁에 있어서 가장 중요한 핵심요소이다. 플랫폼을 시장에 성립시키고 나면 경쟁 플랫폼이 따라오기 전에 빨리 독점적인 규모를 만들어야 하기 때문이다. 그리고 그 규모는 시장에서 나를 지켜주는 가장 중요한 방패가 될 것이다.

페이스북은 개발자회의Developers Conference의 타이틀을 'f8'이라 명명했다. 단순히 페이스북이 가진 API를 개발자에게 설명하기 위한 행사가 아니라 페이스북이 성장하기 위해서는 외부 개발자가 페이스북을 완전히 이해해야 한다는 의미에서 개방과 공유를 페이스북의 운명fate이라 생각했기에 f8 이라 이름 지은 것이다. F8을 빠르게 발음하면 'fate'가 되기 때문이다.

플랫폼 경쟁의 목표, 독점

플랫폼 경쟁의 목표는 독점에 이르는 것이다. 구글도 페이스북도 아마존도 그리고 마이크로소프트도 모두 독점이라는 위치에 올라섰다. 대부분의 플랫폼들이 각자의 영역에서 80~90%의 시장을 점유하고 있다. 물론 아마존은 미국 인터넷 쇼핑 시장에서 겨우 50% 정도의 점유율을 가지고 있을 뿐이지만 아마존이 가진 독점적 이미지를 무시할 수는 없다.

독점은 경제학 서적에서 찾아보면 자본주의 경제에서 반드시 피해야 할 형태이다. 즉 독점은 모든 권력이 사업자에게 주어지기에 소비자의 후생은 파괴되고 혁신도 이뤄지지 않는다. 경쟁을 통해 만들어졌던 품질개선, 서비스개선, 마케팅 노력도 사라지고 단지 단일한 공급자의 선택에 시장은 내몰리게 되는 것이다. 따라서 플랫폼이 경쟁에서 승리한 후 갖게 되는 독점이라는 자리는 경제의 모든 주체들이 경계하는 그런 자리이다. 이 맥락에서 플랫폼들은 선한 독점이라는 새로운 개념을 만들어내고 있다. 단면시장에서 독점은 공급자 영역을 장악했기에 독점의 폐해가 새로운 공급자로 대체되기 힘들다. 하지만 플랫폼에 있어서 선하지 못한 독점은 새로운 플랫폼 등장의 빌미가 되기도 한다. 어렵게 얻은 독점이라는 지위를 가장 쉽게 잃어버리는 방법이 바로 선함을 포기하는 것이기에 독점을 얻어낸 플랫폼들은 한껏 선량하고자 노력한다. 플랫폼을 제외한 공급자, 소비자 그리고 정부라는 규제기관들까지 모두 이 플랫폼의 행태를 주시하기 때문이다.

독점에 이르는 또 다른 방법

플랫폼 경쟁을 하지 않고 독점에 이르는 방법이 존재한다. 배달의민족이 요기요, 배달통과 합병을 통해 독점적 지위에 이른 것이 바로 그런 경우이다. 한국이나 미국과 같은 자본주의 국가에서 이러한 합병을 통한 독점의 달성은 공정거래위와 같은 정부기관에 의해 감시를 받는다. 정정당당한 경쟁을 통해 시장을 얻었다면 정부도 이를 문제 삼는 것은 불가능하다. 하지만 기업결합을 통해 독점적 지위에 이르는 것은 정부의 허가라는 단계가 필요하다. 배달의민족의 기업합병을 정부가 승인하지 않는다면 최근 배달의민족이 선택한 몇 가지 경영적 판단이 그 이유가 될 수 있을 것이다.* 이에 대해서는 다음 장에서 이야기하도록 하겠다.

배달의민족 경우와 달리 중국에서는 기업결합을 통한 합병이 자연스레 일어나고 있다. 중국에서 승차공유 시장의 시작은 2012년이다. 택시호출 앱을 바탕으로 디디다처(嘀嘀打车)가 설립된 후 텐센트의 투자를 유치했고, 알리바바는 독자적인 택시호출 서비스인 콰이디다처(快递打车)를 출시했다. 각각 미화로 6억 달러와 7억 달러라는 자금을 유치하고 격렬한 시장경쟁을 벌였다. 승차공유의 양면시장인 기사와 승객을 모집하는 과정에서 '과도한' 프로모션이 지속됐고 두 사업자 모두 큰 적자를 감수해야 했다. 두 사업자가 보기에 이 경쟁은 쉽게 끝나지 않을 것으로 보였고 중국의 IT업계를 이끄는 텐센트와 알리바바는 2015년 2월 디디다처와 콰이디다처의 합병을 결정한다. 싸우지 않고 이기는 법을 선택한 것이다.

이후 합병을 통해 만들어진 디디콰이디(滴滴快的)는 택시호출 서비스에 차량공유 서비스를 추가한다. 즉 우버X와 같은 카풀 서비스가 도입된 것이다.

---

* 아마도 배달의민족과 딜리버리히어로 간의 합병 계약에 수수료방식으로의 변경이 포함되어 있을 가능성도 있다. 요기요는 수수료방식을 유지하고 있었고 배달통은 배달의민족에 대항하기 위해 수수료방식에서 광고방식으로 전환해 있었다. 합병을 통해 3개 서비스가 통합되지는 않더라도 그 운영방식을 단일화시키는 것은 필수적이기에 합병 조건에 수수료체계로의 전환이 명시되었을 가능성이 크다.

새로이 탄생한 디디추싱*(滴滴出行)은 플랫폼 간의 경쟁을 종식시키기 위해 막대한 자금을 시장에 쏟아 부어 2015년 8월 기준 차량공유 시장의 80%, 택시호출 시장의 99%를 장악하게 된다. 하지만 여전히 새로운 경쟁자 우버 차이나가 존재했기에 플랫폼 경쟁이 완전히 종료된 것은 아니었다. 2014년 우버가 북경과 상해에서 서비스를 시작함으로써 경쟁은 다시 촉발된다. 하지만 우버 차이나는 2016년 20억 달러에 육박하는 손실을 기록한 채 디디추싱에 합병된다. 우버는 우버 차이나를 디디추싱에게 매각한 후 디디추싱의 지분 17.7%를 소유하는 것으로 만족해야 했다. 중국 차량공유 플랫폼 시장에서의 경쟁의 결말은 명확한 승자 없이 시장을 나눠 갖는 선택으로 마무리되었다. 우리가 배달의민족에서 보았던 수수료의 인상과 같은 변화는 없었지만 경쟁이 종식되면서 기사들에게 배분되었던 인센티브가 사라지는 모습이 나타나면서 기사들의 불만은 커져갔다. 경쟁이 존재했을 때보다 기사들의 소득이 거의 반 정도로 감소된 것이다.

플랫폼 간의 경쟁은 결국 독점이라는 결과를 만든다. 그리고 플랫폼이 독점이라는 지위를 갖게 되면 플랫폼의 참여자들은 보다 많은 권력을 플랫폼 운영자에게 부여하게 된다. 그리고 그 운영자가 선량하기를 기대한다. 많은 성공한 플랫폼들이 여전히 수익보다는 시장을 키우는 데 집중하고 있기에 아직은 욕심 많은 플랫폼의 모습은 보이지 않고 있다. 일부 소수의 예외를 제외하고 말이다.

---

*   합병을 통해 만들어진 디디콰이디는 이름을 현재의 디디추싱으로 변경한다.

03

Thinking of Platform 2.0

플랫폼의 생각법:
가치

플랫폼의
수익모델

2019년 5월 유니콘*의 상징이었던 우버가 미국의 나스닥에 상장했다. 우버는 플랫폼 기업이었고 구글, 페이스북, 아마존 등에 이어 이동이라는 영역에서 플랫폼을 성립시켰다. 그런데 우버가 80조 원이라는 기업가치를 공식적으로 인정받는 순간 앞에서도 말한 바와 같이 우버 기사들은 우버 앱을 껐다. 일시적인 행위였지만 플랫폼의 한 축을 이루는 기사들이 우버의 잔칫날에 불만을 표한 것이다. 비록 주가가 회복되기는 했지만 우버의 상장은 실망스럽게 끝났고 상장 후 주가는 하락 일변도였다.

우버는 과연 성공한 플랫폼일까? 우버가 이동이라는 영역에서 플랫폼으로 성립된 것은 사실이다. 활용되지 못했던 차량과 기사들을 시장으로 끌어

---

*   유니콘이란 10억 달러 이상의 기업가치를 인정받은 스타트업을 의미한다.

들여 택시의 부족분을 채움으로써 양면시장 모두가 환영하는 진보를 이루었지만, 현재의 우버는 소비자에게 받는 사랑에 비해 공급자로부터는 원망과 질시를 받고 있다. 원망은 우버로부터 벌 수 있는 소득이 적다는 것이고 질시는 상장을 통해 수백억 원을 벌어가는 우버의 경영진들에 대한 것이다. 이러한 현상이 벌어지는 것은 우버의 수익이 수수료라는 형태로 만들어지기 때문이다. 우버는 승객이 지불하는 운임의 20~25%를 수수료로 공제하고 나머지를 기사들에게 지급한다. 우버는 아직도 엄청난 적자의 늪에서 빠져나오지 못하고 있는데도 불구하고 상대적으로 높은 수수료율로 기사들로부터 미움을 받고 있다.

반면에 카카오 모빌리티의 회사 소개에는 수익에 대한 이야기가 단 한 줄도 보이지 않는다. 단지 하루에 몇 번의 이동을 만들어냈는지 얼마나 많은 사람을 실어 날랐는지만을 이야기한다. 이 기업이 추구하는 가치는 이동을 편리하게 하는 것이지 이를 통해 수익을 얻는 것이 아니라는 웅변이다. 이미 강조했지만 플랫폼은 이익을 목적으로는 성립되기 힘들다. 양면시장을 대상으로 플랫폼으로 성립되기 위해서는, 그리고 치열한 플랫폼 경쟁에서 이기기 이해서는 플랫폼의 수익이라는 것을 주장하는 게 어렵다. 우버가 당면하고 있는 문제는 그 수익이 수수료라는 양면시장을 연결하는 대가이기 때문이다.

즉 플랫폼의 역할과 이익을 동시에 강조하면서 성공적인 플랫폼을 만들어 내기란 어렵다. 게다가 플랫폼 경쟁의 결과로 얻어낸 독점이란 지위는 더더욱 수익이란 단어를 입에 담기 어렵게 만든다. 플랫폼 수익의 증대는 참여자들의 후생의 감소라는 등식이 성립되기 때문이다. 그런 이유로 플랫폼은 이익이 아닌 다른 가치를 추구해야 하고 그 가치가 무엇이던 플랫폼이 존재하는 이유는 그 가치에 기인해야 한다는 뜻이다. 플랫폼이 그 가치와 멀어지는 순간 독점적 플랫폼의 모든 행위는 수익추구로 이해될 것이기 때문이다.

우리는 최근 배달의민족의 사태에서 그런 모습을 정확히 목도했다. 배달의민족의 의도가 선량했다 하더라도 어느 누구도 배달의민족의 입장을 옹호하지는 않았다. 아무도 배달의민족 편에 서지 않은 이유는 배달의민족이 선택한 수수료방식이 적절하지 않아서도 아니다. 방식의 변경에 따라 손해를 보는 식당도 있을 것이고 또 그 변화에 따라 식당주들이 적절한 의사결정을 하면 되는 일이었다. 단지 문제는 배달의민족과 요기요 그리고 배달통이 가진 시장 지배력을 합하면 '독점'이라는 단어가 출현한다는 것이었다. 배달의민족은 과거의 경쟁이 존재하는 시장에 있는 또 하나의 플레이어가 아니라 시장을 독점하고 있는 사업자이기에 그의 어떤 행동도 환영받기 어렵기 때문이다. 특히 수익이라는 단어가 연관되는 순간 독점은 횡포라는 단어와 결합하게 된다.

추구가치와 수익가치의 분리

물론 플랫폼 역시 기업의 형태를 취하기에 수익이 필요하다. 그리고 우리가 보고 있는 대다수의 성공한 플랫폼들은 막대한 규모의 이익을 창출한다. 하지만 이러한 이익은 플랫폼이 성공한 결과이지 플랫폼이 처음부터 추구한 바는 아니다. 오늘날 대부분의 성공한 플랫폼들은 플랫폼의 수익을 통해 성장한 것이 아니라 미국의 VC$^{Venture Capital}$ 투자 생태계의 도움을 받아 수익 창출은 거의 없는 상태에서 플랫폼을 성립시켰기 때문이다.

플랫폼의 양면구조를 설계함에 있어 플랫폼 운영자가 수익을 추구하게 되면 양면시장의 그 누구도 환영하지 않는다. 전통적인 시장 구조에서 생산자나 판매자는 당연히 수익을 추구하며, 그 규모는 이들 간의 경쟁을 통해 결정된다. 하지만 어떤 플랫폼에서 플랫폼 운영자가 수익을 추구한다는 것은 시장의 수익 일부를 플랫폼 운영자가 자신의 몫으로 떼어간다는 의미이다. 생산자는 이에 민감하게 반응할 수밖에 없으며, 플랫폼은 소비자뿐 아니라 생산자까지도 고객으로 삼아야 하기에 플랫폼의 매력도를 유지하기 위해 수익이라는 이야기를 쉽사리 꺼낼 수 없다.

여기서 나타나는 개념이 '수수료'이다. 수수료의 정의는 중개업자나 알선업자에게 제공한 대가를 의미한다. 가장 대표적인 예가 부동산 중개인에게 지불하는 '중개수수료'이다. 플랫폼은 양면시장을 대상으로 하기에 플랫폼이 그 대가로 양쪽의 시장으로부터 수익을 만든다면 '수수료'라는 표현이 적

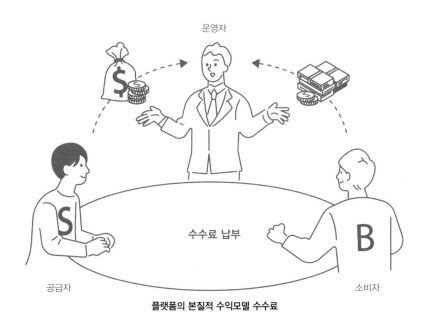

플랫폼의 본질적 수익모델 수수료

합할 것이다. 양쪽 시장을 만나게 해주고 받는 수익, 즉 수수료가 플랫폼의 가장 기본적인 형태의 수익이다.

문제는 여기에 있다. 수수료라는 플랫폼의 자연스런 수익모델은 플랫폼의 성립을 어렵게 한다. 수수료를 받는 소개, 알선, 중개의 모델은 이전에도 존재했고 그 모습을 인터넷에 대규모로 구현했다 해서 그 본질은 바뀌지 않는다. 그 대상이 지식이던 거래이건 말이다. 물론 지식과 뉴스와 같은 콘텐츠의 경우 수수료를 적용하는 것은 매우 어렵고 광고라는 수익모델이 주종을 이루고 있다. 하지만 광고라는 수익모델도 수수료처럼 명시적이지는 않지만 사용자의 마음을 불편하게 한다. 더욱이 예로부터 수수료가 일반적이었던 시장형 플랫폼에서 수수료는 없앨 수도 숨기기도 어렵다. 그런 이유로 거래가 이뤄지는 플랫폼에서 운영자들은 수수료를 뛰어넘는 플랫폼의 가치를 언제나 주장해야 한다. 그 주장이 인정되면 플랫폼은 수익이라는 측면에서 안정을 찾게 되고 실패할 경우 수수료는 계속해서 플랫폼의 불안요소로 남게 된다. 게다가 독점이라는 플랫폼의 최종적인 시장위치는 플랫폼의 수익추구를 매우 어렵게 만든다.

그런 이유로 플랫폼에는 언제나 돈이 아닌 다른 가치가 추구된다. 즉 플랫폼에서는 플랫폼의 추구 가치와 수익을 분리 시키는 것이 플랫폼이 성공하기 위해 필요한 마지막 요소인 것이다.

구글의 추구가치

구글은 검색 서비스를 제공하면서 그 서비스 제공의 대가로 검색 사용자로부터 수익을 취하지 않는다. 검색에 참여하는 지식공급자와 지식소비자를 연결시킴으로써 창출되는 가치는 '지식과 정보의 공유'라는 경제적 개념을 초월한 공리적인 가치이다. 구글은 이 가치를 추구하면서 거대한 플랫폼으로 성장했고 그 이면에 광고라는 비즈니스 모델을 독립적으로 구축해낸다. 즉 가치를 창출하는 플랫폼의 고유기능과 수익을 창출하는 기능을 분리하여 설계한 것이다. 언뜻 보기에 광고와 검색 서비스는 아무런 관련이 없어 보인다.

구글의 애드워즈^{AdWords}와 애드센스^{AdSense}는 이처럼 가치와 수익의 분리를 돕는 또 다른 도구이다. 검색결과와 어울릴 만한 광고를 선별하여 게재하고 그 광고수익을 지식 생산자에게 분배하는 시스템은 검색이라는 '지식과 정보의 공유'라는 가치와는 분리된 숨겨진 비즈니스 모델이다. 덕분에 구글은 경제적인 수익을 추구하는 것이 아니라 지식 공유라는 본질가치를 추구하고 있는 것처럼 비춰진다.

페이스북의 경우도 마찬가지다. 참여자의 지지를 통해 콘텐츠를 유통시키는 페이스북의 미디어 플랫폼은 공정하고 중립적이며 독립적인 이야기가 유통될 수 있는 장소이다. 누구나 미디어에 참여할 수 있고 유통되는 콘텐츠를 무료로 향유할 수 있다. 페이스북이 제공하는 가치는 '새로운 미디어'로서의 가치이지 수익이 아니다. 수익은 뉴스피드를 통해 제공되는 콘텐츠 중에 슬그머니 들어오는 'Sponsored' 광고로 만들어진다. 구

난 '모두의 미디어'라는 가치를 추구하고 있어.

페이스북의 추구가치

글의 애드워즈와 마찬가지로 회원의 성향에 맞추어 거슬리지 않을 수준의 광고가 집행된다. 페이스북이 만들어내는 가치는 미디어로서의 가치이며, 광고를 통한 수익은 역시 가치와는 분리되어 있다.

유통 플랫폼인 아마존의 플랫폼은 거래 플랫폼의 특성상 중간자로서 수수료라는 수익을 취한다. 명시적으로 플랫폼이 수익을 취하는 모습을 보일 수밖에 없다. 하지만 아마존은 두 개의 시장 즉 공급자와 소비자 시장 각각을 대상으로 아마존의 역할 주장에 성공함으로써 플랫폼으로 안정적인 자리를 잡았다. 먼저 공급자를 대상으로는 그들이 가장 어려워하는 오더의 완성, 즉 풀필먼트^{fulfilment}를 해결해 주었다. 전자상거래가 갖는 가장 큰 부담인 물류와 고객 서비스를 아마존이 대행하는 체계를 갖춤으로써 아마존의 역할을 공급자들이 인정하게 한 것이다. FBA^{Fulfilment by Amazon}는 이런 맥락에서 아마존이 공급자로부터 마켓플레이스 수수료를 받아낼 수 있는 근거가 된 것이다.

오픈마켓이 단순히 판매자와 구매자를 연결시킴으로써 수수료를 받는다면, 아마존은 고객을 위한 가게를 만들기 위해 투자를 하고 판매자와 구매자들로부터 그 인프라를 사용한 대가를 받는다. 소비자를 찾아준 대가로 거래 수수료를 받는 것이 아니라 나의 인프라를 활용한 대가를 받는다는 의미이다. 종잇장 한 장의 차이로 느껴지지만 아마존의 고객지향과 인프라 지향이라는 원칙이 이런 이미지를 만들어내고 있다.

아마존은 또 하나의 시장, 즉 소비자에 천착함으로써 아마존이 무엇을 추구하는가를 세상에 주장하고 있다. 유통사업 역시 다른 사업과 다를 바 없이 경영의 제1목표는 수익창출에 있다. 하지만 아마존은 스스로를 'unStore'라 명명하며, 소비자에 대한 철저한 집중을 바탕으로 수익을 제로에 맞추려는 노력을 지속해왔다. 즉 아마존이 지향하는 추구가치는 소비자를 위한 거래이며 기존의 공급자 중심의 유통 혹은 거래를 소비자 중심으로 옮겨가고자 하는 것이다. 하지만 이처럼 추구가치와 수익가치를 분리하는 것이 언제나 가능한 것은 아니다.

우버의 사례를 살펴보면 보다 명확해진다. 우버는 플랫폼을 통해 이뤄진 운행 매출의 20~25%를 플랫폼 수익으로 가져간다. 플랫폼이 설계되는 시점부터 정해진 원칙이고 이 원칙을 가지

저희는 소비자 중심의 서비스를 추구합니다.

아마존의 추구가치

고도 충분히 매력적인 양면구조를 설계해냈다. 이러한 설계가 어떻게 가능했을까? 차량공유 서비스가 처음 시작된 미국의 서부 지역은 이동 서비스라는 측면으로 보면 시장실패가 발생한 곳이다. 사람들의 이동에 대한 니즈는 많았지만 택시 공급은 충분하지 못했고 서비스도 훌륭하지 못했다. 즉 개인들이 제공하는 차량공유라는 서비스가 성공할 수 있는 가능성은 충분했지만 애초에 그러한 기회가 없었던 시장이었다. 그래서 우버의 등장은 양면시장 모두에게 이동이라는 영역에서 새로운 가치를 창출했다. 우버는 이중 일부를 플랫폼의 몫으로 가져갔기에 이익을 추구하는 플랫폼의 성립이 가능했던 것이다.

우버는 이동이라는 가치를 창출한다. 그리고 플랫폼의 수익 역시 이동이라는 가치창출을 통해 발생하는 구조이다. 하지만 이처럼 추구가치와 수익의 근간이 동일하게 되면서 경쟁의 초점은 품질이 아닌 수수료에 맞춰진다. 신규 진입자의 주장은 언제나 낮은 수수료에 맞춰지게 되고 가격 경쟁은 플랫폼의 생존을 어렵게 만든다.

본질가치의 추구는 플랫폼이 존재하는 모든 영역에서 시장을 지키는 수단이다. 한국의 오픈마켓 시장경쟁에서 가격경쟁이 지속되는 것과 달리 아마존이 미국 시장에서 독점적인 지위를 획득한 것은 이 추구가치의 수준에 기인한다. 아마존의 거래가 주는 고객중심 서비스라는 가치가 한국의 오픈마켓이 주는 가격이라는 가치보다 높기 때문이다. 마찬가지로 구글이나 페이스북이 제공하는 지식과 정보, 미디어 영역에서의 노력들 역시 그들 각자의 영역에서의 지위를 공고히 해주는 역할을 한다. 단순히 착한 마케팅의 경우처럼 사회적 책임을 강조하는 것과는 분명 많은 차이가 있다.

애플의 경우는 단말기 판매와 앱스토어를 통한 수익을 명시적으로 드러내고 있다. 단말기의 가격은 100만 원을 훨씬 넘어가기 시작했고 앱스토어를 통한 수수료는 30%로 결코 낮지 않은 수준이다. 하지만 애플은 애플이 만들어내는 차별화된 고객경험을 강조한다. 애플이 싫으면 애플을 떠나면 그만이고 그 선택은 소비자의 몫이다. 하지만 아직은 애플이 만들어내는 고객경험을 사랑하는 소비자의 숫자가 7억 명에 이르고 있다. 그리고 7억 명이라는 숫자는 공급자들에게는 무척이나 매력적인 숫자이다. 비록 모바일 OS 시장에서 안드로이드 대비 25%라는 절대적으로 낮은 점유율을 보이고 있지만 모바일 소프트웨어 개발자들의 우선순위는 애플의 iOS에 있다.

애플은 아이폰의 가격을 지속적으로 상승시켜 이제는 150만 원을 넘어가기 시작했다. 기존의 새로운 아이폰을 출시하면서 가격은 유지했던 스티브 잡스의 철학이 애플에서 사라진 것이다. 이 선택을 감당할 만한 애플의 지속적인 혁신이 이뤄질 것인지가 관전 포인트이긴 하지만 애플은 여전히 압도적인 고객경험을 자신의 추구가치로 갖고 있다.

독점의 대가

성공한 플랫폼은 독점적인 시장 지위를 갖게 되고 이 독점적이라는 지위는 시장과 규제집단으로부터 견제를 받게 된다. 독점은 경제학적으로 부정적인 의미를 가진다. 독점기업은 언젠가 자신의 지위를 이용해서 시장의 후생을 저해할 것이라 예상되기 때문이다. 구글이 EU로부터 10조 원이 넘는 벌

독점 플랫폼의 규제

금처분을 받은 이유는 모바일, 검색, 광고라는 세 가지 영역 모두에서 독점적 지위를 가졌기 때문이다. 하지만 EU의 주장대로 독점적 지위를 이용해 기업으로서 수익극대화를 위해 노력했다는 증거는 많지 않다. 다만 안드로이드라는 전 세계 75% 스마트폰을 지배하는 모바일 플랫폼 위에서 돌아가는 검색 플랫폼과 검색 플랫폼을 기반으로 한 광고 플랫폼 간에 아무런 연관성이 없다고 주장하는 것도 설득력을 갖기 어렵다.

구글에 이어 페이스북도 EU의 주목을 받아 2조 원의 벌금을 받았고 이후 모든 플랫폼 기업이 동일한 잣대에서 독점이란 평가를 받을 가능성이 크다. 플랫폼 기업들이 수익이 아닌 다른 가치를 추구해야 하는 또 하나의 이유는 독점이라는 성공의 대가가 달콤하지만 쓰기 때문이다. 이런 이유로 성공적 플랫폼 기업들은 수익이 아닌 다른 무언가 다른 가치를 추구하는 모습을 보여야 한다. 이를 단순히 이미지 마케팅이라 보기에는 이들이 이 가치를 추구하기 위해 보이는 행동이 일반 기업들과는 많이 다르다.

2020년 2월 배달의민족을 가진 '우아한형제들'은 요기요와 배달통을 가진 딜리버리히어로에게 사업의 매각을 결정한다. 3개의 서비스가 갖고 있는 시장 점유율을 합하면 90%에 육박하기에 그 결합은 독점이라는 결과를 만들어냈다. 하지만 매각된 이후에 배달의민족의 몇 가지 결정들은 독점적 플랫폼이 만들어낼 수 있는 폐해를 여실히 보여준다. 공정위에 의해 합병이 불허된다면 예상되는 독점의 폐해가 소비자의 후생을 저해할 것이라는 판단 때문일 것이다. 물론 이런 이유로 배달의민족은 사과와 계획철회로 고개를 숙여야 했다.

배민사화

배달의민족은 자신의 수익방식을 기존의 광고방식에서 매출대비 정률의 수수료방식으로 변경을 시도했다. 배달의민족의 플랫폼에서 공급자인 식당들은 기본적으로는 수수료 없이 등록이 가능했다. 단지 매출 증대를 위해서는 울트라콜이라는 8만 원짜리 광고상품을 구매했어야 했다. 얼마의 광고비를 지출할지는 공급자의 선택이었다. 이런 방식을 새로운 오픈서비스라는 수수료방식으로 전환하여 광고를 통한 노출을 평가*에 따라 랜덤으로 만들고, 수수료는 전체 매출의 5.8%로 일괄적용하기로 한 것이다. 오픈서비스를 가입하면 배달의민족의 알고리즘에 따라 광고가 추천의 형태로 노출되고 식당들의 광고에 대한 자율권은 상실되는 것이다.

배달의민족 입장에서 보면 모바일이라는 화면에서 광고라는 수익은 분명히 한계가 있고 플랫폼의 성장과 비례한 수익의 증대를 기대하기 힘들다. 모바일이 갖고 있는 지면의 한계와 더불어 광고비 집행의 결정권은 광고주인 공급자 즉 가게사장님들의 것이기 때문이다. 하지만 일괄적인 수수료를 적용하게 되면 모든 통제력을 플랫폼이 갖게 된다. '오픈서비스'에 가입하지 않는 롱테일의 끝에 존재하는 조그만 가게들은 배달의민족의 고려대상이 아니다. 하지만 보다 많은 주문을 원하는 가게들은 무조건 '오픈서비스'에 가입해야 하고 가입이 이뤄지고 난 이후에 모든 권력은 플랫폼으로 모이게 된다. 물론 공정한 원칙이 적용되겠지만 어떤 가게를 검색의 상단에 올릴지도 배달의민족의 결정이고 어떻게 메뉴를 개편할지도 배달의민족이 결정한다. 플랫폼에 권력이 집중되는 것이다.

---

* 물론 얼마나 주문이 많은가, 평가는 우수한가 등의 다양한 요소를 고려하여 노출은 결정될 것으로 보인다.

절대적인 수수료 수준으로 보면 5.8%는 그다지 높은 수준은 아니다. 오픈마켓이 10~15%의 수수료를 취하고 홈쇼핑이 30%가 넘는 수수료를 받는 것에 비하면 차라리 낮은 수준이다. 문제는 배달의민족이 수수료체계로 변경한 시점이 독점이라는 플랫폼의 완성단계 바로 직후라는 점이다. 모바일이라는 환경에 광고모델은 분명히 한계가 있다. 구글처럼 하루에 30억 건의 검색이 있는 경우라면 모를까 배달의민족의 광고모델은 분명 성장의 한계가 있다. 아무리 거래규모가 늘어도 광고는 한계가 있기 때문이다. 즉 배달의민족은 성장을 위해 수수료 모델로의 변경을 선택했다. 이 선택은 배달의민족에 길들여진 공급자들에게는 어쩔 수 없는 선택을 강요하게 되고 이 수수료 시스템을 거부하는 공급자들의 이탈은 소비자들에게 선택의 감소라는 손실을 가져올 것이다. 배달의민족은 이제 충분히 독점적인 힘을 갖추었으니 양쪽 시장의 참여자들의 손실을 바탕으로 자신의 이익을 추구해도 된다는 판단을 한 것이고 이는 결국 오판으로 판명되었다.

배달의민족의 경우처럼 플랫폼이 독점적인 지위를 차지하면서 플랫폼 참여자들의 불만이 커져버린 경우는 다른 곳에서도 찾을 수 있다. 중국의 디디추싱은 배달의민족과 마찬가지로 경쟁이 아닌 합병을 통해 독점적인

배달의민족은 잘못된 판단으로 양면시장 모두로부터 비판을 받고 있다.

지위에 이르렀고, 현재 중국 차량공유시장의 90% 이상을 점유하고 있다. 경쟁이 격렬하게 벌어지던 시점에 기사들과 소비자들은 수많은 프로모션의 혜택을 경험했다. 하지만 경쟁이 사라지자 이 모든 혜택은 순식간에 사라져버렸다. 기사들의 평균수익은 반으로 급감했고 소비자들은 더 이상 할인 쿠폰을 기대할 수 없게 되었던 것이다. 플랫폼이 독점에 이르는 순간 자연적으로 나타나는 경쟁부재는 이런 모습을 분명하게 보여준다. 독점에 이르는 순간 이 변화를 양면시장의 참여자들에게 어떻게 설명하고 이해시켜 나가야 하는가는 플랫폼이 진정한 성공을 얻어내기 위한 숙제이다.

우버와 리프트는 아직도 미국에서 경쟁 중이며 그 경쟁의 결과로 두 기업 모두 엄청난 적자를 쌓고 있다. 만약 두 기업이 합병을 선언하고 미국 정부가 이를 승인한다면 합병기업이 해야 하는 가장 중요한 일은 수수료율을 올리거나 프로모션을 중단하는 일이 아니라 장기적으로 고객의 마음을 어떻게 얻어낼 수 있을지 고민하는 것이 되어야 한다.

플랫폼의 미래를 예상함에 있어 가장 중요한 것은 독점으로 존재하는 플랫폼이 선한 모습을 보여야 한다는 것과 함께, 그 선함을 기반으로 지속적인 혁신을 만들어야 한다는 점이다. 현실적으로 구글, 페이스북, 아마존 등이 만들어낸 독점적인 지위가 새로운 플랫폼에 의해 위협받을 가능성은 거의 없어 보인다. 이 플랫폼들에게 유일한 위협은 스스로에게 있을 것이다. 스스로 선하지 않은 플랫폼 혹은 수익을 추구하는 플랫폼이 되기를 선택하는 순간 그 플랫폼의 위기가 시작될 것이기 때문이다. 물론 그 순간 플랫폼 기업의 적은 양면시장의 참여자와 이를 바라보고 있는 규제 기관일 것이다.

플랫폼은 앞서 이야기한 세 가지 생각법에 근거하여 만들어졌다. 가장 중요하고 기본적인 양면시장 지향은 플랫폼의 본질이며 전제조건이고, 개방을 통한 성장과 독점이라는 지향점은 플랫폼이 시장에서 성공하기 위한 기본 경쟁전략이다. 그리고 마지막으로 수익이 아닌 가치의 추구는 플랫폼이 기업이라는 형태를 유지하면서 '선한 독점'이라는 플랫폼의 숙명을 극복해 나갈 수 있는 유일한 방법인 것이다.

04

Thinking of Platform 2.0

플랫폼의 생각법:
구분

플랫폼은 어떻게 구분되고 나뉘는가?

플랫폼은 다양한 영역에서 나타나고 시장에서 중요한 역할을 담당하기 시작했다. 이를 어떻게 구분하고 그 특징을 정의할 것인가는 플랫폼을 좀 더 세부적으로 이해하는 데 있어서 매우 중요하다. 플랫폼은 개방 정도와 운영자의 개입 수준을 기준으로 다음과 같은 세 가지 형태의 플랫폼으로 정의할 수 있다. 광장 플랫폼, 시장 플랫폼, 그리고 인프라 플랫폼이 그것이다. 그리고 이에 따라 수익모델 역시 광고, 수수료, 사용료와 같이 서로 다른 형태로 구분된다. 각각의 시장이 갖는 특징과 경쟁에서의 차이점을 살펴보자.

가장 개방된 플랫폼은 광장의 형태를 가지며 그 주요 대상은 지식이나 콘텐츠와 같은 디지털 콘텐츠이다. 이 콘텐츠를 필요로 하는 누구라도 이 광장에 진입할 수 있다. 도시의 광장에서 사람들이 자유롭게 만나 이야기를 주고 반드시 이 만남 자체에 금전이 오가지는 않는다. 그런 이유로 광장 플랫폼들은 거래에 따른 수익이 아닌 광고와 같은 다른 수익모델을 찾게 된다.

두 번째로 시장 플랫폼은 전형적인 거래가 이뤄지는 플랫폼으로 일반적인 시장의 모습을 가지며 수익의 창출은 거래를 연결한 대가인 수수료로 나타난다. 하지만 플랫폼 간의 경쟁으로 수수료를 정당화시키기 어려워지고 따라서 플랫폼이 추가적인 가치제공의 대가를 받는 방식으로 수익모델이 개발되고 있다. 마지막으로 인프라 플랫폼은 만남이나 거래가 아닌 환경을 제공하는 모습으로 나타난다. 우리가 익히 알고 있는 모바일 플랫폼들도 모바일 개발환경이라는 맥락에서 인프라 플랫폼으로 이해할 수 있다. 모두가 사용할 수 있는 인프라를 만들어 공급자와 소비자가 쉽게 만날 수 있게 만들어주는 그런 형태이다. 여기서 수익모델은 수수료 혹은 사용료의 개념으로 나타난다. 이 세 가지 플랫폼의 형태에 대해 조금 더 들어가 살펴보도록 하자.

시끌시끌한 광장 플랫폼

먼저 광장 플랫폼은 표현 그대로 광장에서 많은 사람들이 나와서 토론하고 이야기를 나누는 그런 모습의 플랫폼이다. 지식이나 뉴스와 같은 미디어, 그리고 콘텐츠는 광장이라는 특성을 갖고 있다. 한마디로 광장의 특징을 정의하자면 개방이다. 누구나 참여할 수 있기에 시끄럽고 번잡하지만 플랫폼은 원칙에 의해서 운영되고 조정된다. 구글, 페이스북, 유튜브, 인스타그램, 트위터 등이 여기에 속하며 구성원의 참여와 알고리즘에 의해 매칭이 이뤄지고 동시에 정화가 이뤄진다. 가장 자유로운 시장이면서 동시에 가장 문제가 많은 시장이기도 하다. 우리가 현재 경험하고 있는 가짜지식, 가짜뉴스, 그리고 가짜 콘텐츠의 이슈는 이런 맥락에서 광장 플랫폼의 본질이다.

광장 플랫폼의 가장 중요한 첫 번째 성립의 요소는 얼마나 많은 사람들이 쉽게 접근할 수 있는가에 있다. 즉 개방을 통한 규모의 확보에 있다. 그런 이유로 구글, 페이스북, 유튜브에서 모든 참여는 아무런 제약이 없고 자유롭다. 만약 진출입에 제약이 있다면 광장 플랫폼의 대상에서 제외될 것이다. 소수를 위한 유료정보 서비스와 같은 형태는 이미 광장에 있기를 포기한 모습이다. 둘째로 가장 중요한 요소는 모두가 인정할 수 있는 운영원칙이다. 그리고 이 운영원칙은 광장 참여자 모두를 만족시켜야 하기에 대부분의 경우 인간이 아닌 컴퓨터 알고리즘에 의존하고 있다. 나의 검색결과, 나에게 추천되는 콘텐츠, 나에게 제공되는 뉴스 이 모든 것들은 참여자들이 자연스레 받아들일 수 있는 기계학습을 통한 알고리즘에 의해 이뤄진다. 자연스럽다는 말은 그 원칙에 동의한다는 뜻이고 그래서 광장은 시끄럽지만 무언가 원칙에 의해서 운영되는 안정된 느낌을 제공한다.

플랫폼 운영자의 역할은 중요하지만 그 개입은 최소한으로 유지된다. 운영자가 너무 자주 출현하는 순간 광장은 그 본질이 퇴색되기 때문이다. 물론 아주 깨끗하게 운영되는 광장도 있다. 중국의 검색 바이두를 광장 플랫폼에 포함시키지 않는다면 아마도 운영자의 검열이 너무 강하기 때문일 것이다.

광장 플랫폼의 가장 대표적인 수익모델은 광고이다. 개방된 광장에서 입장료를 받을 수도 없고 광장에서의 만남과 대화에 수수료를 부과할 수도 없기에 온전히 광고라는 수익에 집중한다. 광고라는 모델로 플랫폼이 유지되고 더 나아가 수익을 창출할 수 있는 기반은 개방이 만들어낸 엄청난 양의 트래픽이다. 구글의 하루에 60억 건이 넘어가는 검색횟수나 페이스북의 17억 명이라는 일사용자[DAU]는 작은 돈을 모아 큰돈으로 만드는 수익모델을 가능케 한다. 광장에서의 광고라는 모델은 수많은 만남과 대화를 통해 얻어진 참여자들의 정보를 바탕으로 정확하게 목표를 찾아 제공되기 때문에 지금도 발전하고 있다. 그런 이유로 광장 플랫폼들의 운영자들은 이제 새로운 광고시장의 강자로 등장하고 있다.

광장 플랫폼은 이런 이유로 지속적인 독점의 이슈에 시달리고 있다. 플랫폼의 원칙이 가장 정확히 들어맞는 영역이기에 독점의 정도도 가장 강하게 나타난다. 따라서 이제 광장 플랫폼들의 경쟁자는 시장이 아닌 규제당국에 있는 경우가 많다. 구글의 OS, 검색, 광고독점 이슈나, 페이스북의 정치광고 이슈, 트위터의 성인물 이슈 등이 대표적인 예이다. 광장이기에 다양한 사회적 책임이 요구되고 그를 해결하는 방법으로 본질가치 추구 노력이 플랫폼에서 진행되고 있다. 구글이 프로젝트 룬을 통해 인터넷 사각지대를 해소하고 페이스북이 저널리즘 프로젝트를 통해 로컬 신문사를 되살리려는 노력이 바로 이런 모습이다. 가장 교과서적인 플랫폼이기에 가장 빠르게 진화하는 영역이 바로 광장 플랫폼이다.

돈이 오가는 시장 플랫폼

시장 플랫폼은 말 그대로 거래가 이뤄지는 플랫폼이다. 아마존과 같은 인터넷 쇼핑몰이 가장 대표적이며 우버와 같은 이동, 에어비앤비와 같은 숙박, 배달의민족과 같은 음식배달 플랫폼도 여기에 속한다. 양면시장의 한 축은 재화나 서비스를 공급하고 한쪽은 이를 소비한다. 그리고 그 과정에서 금전적 거래가 이루어진다. 즉 공급자와 소비자가 명확히 구분되며, 거래를 필요로 하는 주체들이 시장에 참여한다. 따라서 광장 플랫폼에 비해 대상이 되는 타깃층이 좀 더 세분화, 구체화되어 있다. 이 거래에 있어서 필요한 신뢰를 플랫폼 사업자가 제공한다. 광장에서의 신뢰가 전체 운영원칙에 대한 포괄적 관점에서 이뤄진다면 시장에서의 신뢰는 하나하나의 거래에서 작동되어야 한다. 따라서 플랫폼 운영자의 통제는 좀 더 강해지고 참여와 간섭도 심해지며, 시장에서 보다 자주 플랫폼 운영자의 모습을 보게 된다. 물론 금전이 오가기 때문에 트래픽의 양은 광장처럼 많지는 않다.

시장 플랫폼의 성립에 있어 가장 중요한 것은 신뢰의 확보에 있다. 광장과 달리 참여자의 금전적 이해가 관련되기에 플랫폼은 두 시장 간의 거래에 보다 밀접하게 관여하게 된다. 이런 의미에서 오픈마켓에서의 에스크로 서비스는 시장에서 플랫폼 사업자가 가장 기본으로 제공해야 하는 신뢰제공의 방법이었다. 두 시장을 연결하면서 신뢰할 수 없는 양면을 중개해준 것이다. 여기에 아마존과 쿠팡과 같은 플랫폼들은 자신의 역할에 배송이라는 영역, 고객 서비스라는 영역 등을 추가함으로 신뢰의 정도를 높이고 있다. 심지어 중국의 알리바바는 돈이 부족한 고객을 대상으로 구매 순간에 신용평가와 그를 바탕으로 한 대출을 제공하기도 한다. 거래라는 시장에서 우리가 상상할 수 있는 모든 서비스가 플랫폼에 의해 제공되고 있는 것이다. 물론 그 목적은 플랫폼의 존재가치를 올리고 궁극적으로 플랫폼의 지위를 공고히 함에 있다. 아마존의 아마존 프라임과 같은 구독형 멤버십 서비스도 이런 맥락에서 이해해야 한다.

시장 플랫폼에서의 수익모델은 수수료이다. 우리가 잘 알고 있는 중개인들은 거래를 연결해주고 수수료를 받는다. 아마존은 15%를, 우버는 25%를, 에어비앤비는 10%를 수수료로 받는다. 하지만 배달의민족이 최근 만들어낸 해프닝에서 볼 수 있듯이 플랫폼 참여자들은 본질적으로 수수료를 좋아하지 않는다. 앞서 말한 것처럼 배달의민족이 그토록 질타를 받았던 수수료는 거의 5.8%였다. 이처럼 시장 플랫폼에서 수수료는 언제나 문제를 안고 있다. 참여자들은 언제나 보다 낮은 수수료를 요구하며 그런 이유로 시장 플랫폼들은 참여자들이 이 수수료를 인정할 만한 서비스를 제공하기 위해 노력한다. 그 노력은 보다 정교한 마케팅 도구이기도 하고 빠른 결제, 또는 새로운 기능이 되기도 한다. 우리 주변에 있는 쿠팡만을 보아도 우리가 전혀 눈치 채지 못하는 다양한 서비스를 개발하여 제공하고 있다.

배달의민족이 시장에서 플랫폼으로 성립되기 위해 선택했던 광고모델은 충분하지 못한 광고공간과 시장이라는 덜 개방된 플랫폼의 특징*으로 성장의 한계를 만들어내고 있다. 시장 플랫폼이 자신에게 적합한 수익모델인 수수료가 아닌 광고로 성장을 기대하는 것은 분명히 한계가 있다. 단지 그 과정이 부적절했고 시의적절하지 못했을 따름이다.

환경을 만들어 주는 인프라 플랫폼

인프라 플랫폼의 핵심은 환경을 제공한다는 데에 있다. 인프라 플랫폼은 앞서 설명한 광장, 시장 플랫폼에 비해 초기 투자비용이 크고 진입장벽이 높다. 이 플랫폼들은 플랫폼에 참여하는 양면시장의 참여자들이 어떤 서비스를 영위할 수 있도록 그 환경을 제공하는 역할을 한다. 이때의 환경은 광장

---

* 상대적으로 광장보다 적은 양의 트래픽이 가장 큰 문제이고 광고가 직접적인 매출로 이어져야 하기에 광고가 플랫폼의 품질을 저하시키는 결과를 낳기도 한다. 배달의민족이 이야기하는 깃발 꼽기가 바로 그것인데 품질이 떨어지는 식당이 깃발 꼽기를 통해 많은 광고지면을 장악하게 되면 소비자는 광고로 인해 나쁜 경험을 갖게 된다는 점이 가장 큰 문제이다.

이나 시장 플랫폼이 제공하는 것보다 훨씬 구체적이고 적극적이다. 간략한 예시를 통해 살펴보자.

인프라 플랫폼의 가장 대표적인 예로는 모바일 운영체계를 꼽을 수 있다. 안드로이드와 iOS로 대표되는 모바일 운영체계는 스마트폰의 기반 소프트웨어로서의 역할을 담당하면서 동시에 다양한 애플리케이션들이 유통되는 시장으로서의 역할을 한다. 구글과 애플은 모바일이라는 환경에서 다양한 컴퓨팅 기능이 원활히 이뤄질 수 있도록 Operating System이라는 소프트웨어를 시장에 제공하여 기반 플랫폼으로서의 역할을 하고 있다. 구글과 애플이 모바일 운영체계를 제공하는 이유는 조금 다르지만 모바일이라는 환경을 제공한다는 측면에서는 동일하다. 인프라 플랫폼은 모바일 컴퓨팅을 위한 환경을 제공할 뿐만 아니라 개발자들이 자신들의 소프트웨어를 유통시킬 수 있는 시장환경도 제공한다. 안드로이드의 플레이스토어나 애플의 앱스토어가 바로 이런 모습이다. 모바일 플랫폼에서 가장 중요한 것은 운영체계이지만 운영체계가 존재하는 목적은 다양한 애플리케이션들이 작동할 수 있는 환경을 제공하기 위함이다. 애플과 구글은 모바일 플랫폼에서 환경을 만들고 또 시장을 만들었다. 스토어라 불리는 시장은 모바일에서 작동하는 애플리케이션들을 사고파는 오픈마켓인 것이다.

이 애플리케이션 오픈마켓의 운영자인 구글과 애플은 자신이 정한 원칙에 따라 애플리케이션을 평가하고 시장에서 유통시킬지 말지를 결정한다. 구글이 상대적으로 유연한데 반해 애플이 보다 깐깐한 평가를 하는 것은 운영체계에서 보이는 특징과 같다.

모바일 OS 외에도, 클라우드 플랫폼 역시 인프라 플랫폼의 한 예로 꼽을 수 있다. 이 플랫폼은 일종의 IT환경을 제공해주는 역할을 담당한다. 클라우드 플랫폼이 제공하고 있는 양면시장의 구성은 IT인프라를 필요로 하는 수요자 측 즉 사용자들과, 클라우드 서비스사에서 제공하는 하드웨어 위에서 운영할 수 있는 모든 종류의 소프트웨어를 개발하는 개발사 측으로 나누어 볼 수 있겠다. 클라우드 플랫폼은 그 존재로써 개발자들에게 새로운 시장을 만들어 주기도 하고, 소비자들에게는 필요에 따라 탄력적으로 인프라 사용량을 조절할 수 있게끔 도와주어 비용절감 효과를 주기도 한다. 마이크로소프트나 아마존이 만들고 있는 클라우드 플랫폼은 이런 맥락에서 우리가 사용하는 정보통신 서비스의 개발, 운영을 위한 환경을 만들어주고 있다. 플랫폼의 개념이 좀 더 확대된 느낌을 준다.

사실 이 같은 인프라 플랫폼은 일반 사용자들의 눈에는 존재감이 잘 드러나지 않는다. 예컨대 클래시 오브 클랜Clash of Clans을 즐기는 게임유저는 슈퍼셀Supercell이 어떤 클라우드 플랫폼에서 이를 개발하고 제공하는지 알지도 못하고 알려고 하지 않는다.* 흡사 게임개발사가 서비스를 제공하고 있는 것 같은 모습이다. 하지만 클라우드 사업자는 그 중간에서 이 게임이 원

클래시 오브 클랜 전략

SUPERCELL에서 만든 스마트폰용 모바일 게임. 마을을 꾸려서 자원을 생산하는 건물을 짓고, 마을을 요새화하고, 다른 마을과 클랜을 공격하여 자원을 약탈하고 더욱더 강해지는 전략게임이다. 더보기

제작	슈퍼셀	배급	슈퍼셀
등급	12세이상 이용가	출시	2012. 8. 2.
업데이트	2019. 8. 27.	가격	부분유료화
공식	공식사이트 · 네이버TV · 페이스북 · Youtube	정보	인벤 · 헝그리앱

---

* 클래시 오브 클랜은 아마존의 AWS에서 제공되고 있다.

활하게 움직일 수 있도록 최선을 다하고 있다. 즉 클라우드라는 인프라 플랫폼은 모든 IT기반 서비스들을 위해 존재하는 플랫폼이다. 단지 그 모습이 잘 보이지 않을 따름이다. 클라우드 플랫폼이 존재하지 않았다면 세상에 등장하기 힘들었을 수많은 애플리케이션들이 세상에 존재하는 것은 이 플랫폼이 만들어낸 새로운 가치이다.

클라우드의 역할은 과거 IT설비와 같은 인프라를 빌려주는 데서 이제는 개발환경을 제공하는 방향으로 진화·발전했다. 지금은 개발자들이 마이크로소프트가 제공하는 개발환경에서 모든 것을 시작할 수 있게 되었다. 여기서 중요한 것은 클라우드 플랫폼 사업자들이 모든 개발자들의 인프라가 되는 것이 플랫폼 성립의 핵심이라는 점이다. 마이크로소프트가 윈도우라는 자신의 PC운영체계를 대상으로 한 클라우드에서 안드로이드를 포함한 모든 운영체계로 확대한 것은 바로 클라우드 플랫폼이 본질이기 때문이다.

인프라 플랫폼은 모바일 플랫폼과 같은 운영체계 플랫폼을 뛰어 넘어 모든 운영체계를 아우르는 플랫폼으로 성장하고 있고 그 추세는 이제 모두가 인정하고 있다. 단지 인프라 플랫폼은 양면시장이 아닌 공급자 시장에 집중하고 있는 것이 플랫폼의 기본적인 특징과 조금 달라 보인다. 소비자와는 일정부분 괴리되어 일종의 B2B 사업자와 같은 모습을 보이기 때문이다. 하지만 조금 다가가 상거래 플랫폼이 진화하고 있는 모습을 보면 아주 유사한 모습을 보인다. 아마존은 셀러를 위해 FBA를 제공하기도 하지만 AWS라는 IT인프라 역시 제공하기 때문이다. FBA가 선택이라면 AWS는 필수라는 것이 다르다. 그리고 AWS는 아마존만을 위한 플랫폼이 아니란 점도 다르다. 하지만 지식, 미디어, 콘텐츠, 거래를 뛰어 넘어 IT를 토대로 한 모든 행위의 기반을 제공한다는 맥락에서 바라보면 분명히 양면시장이 보인다.

특히 마이크로소프트의 비전을 보면 그 변화의 방향이 보인다. 궁극적으로 인공지능, 양자컴퓨팅 등 새로운 영역에서 플랫폼으로서의 역할을 추구하는 것을 보면 이들의 지향점이 단순히 렌탈과 같은 B2B 임대업에 국한되어 있지 않다는 것을 이해할 수 있다.

플랫폼 구분의 이유

굳이 플랫폼을 구분하는 이유는 다양한 플랫폼을 하나의 틀로 설명하는 것에 한계가 있기 때문이다. 물론 양면시장이라는 기본적인 특징과 경쟁을 통해 독점을 지향한다는 점은 동일하다. 하지만 플랫폼이 지향하는 시장과 목적에 따라 수익모델과 운영방식은 달라지게 된다. 다음 장부터는 이 구분을 바탕으로 광장 플랫폼, 시장 플랫폼 그리고 인프라 플랫폼으로 나누어 대표적인 플랫폼에 대해 살펴보도록 하겠다. 중국 플랫폼을 설명함에 있어서는 이 구분보다는 중국이라는 국가가 갖는 특징을 중심으로 설명하고 대표적인 플랫폼 기업인 알리바바와 텐센트에 대해 이야기하도록 하겠다. 중국에서 두 기업은 광장, 시장, 인프라 플랫폼을 모두 소유하고 있기 때문이다.

Chapter 2

광장
플랫폼

광장 플랫폼에는 지식의 구글, 미디어의 페이스북, 그리고 영상 콘텐츠의 유튜브가 들어간다. 세 플랫폼 모두 진입의 제한이 없고 플랫폼이 제공하는 가치를 향유함에 있어 아무런 대가를 요구하지 않는다. 완전한 개방을 추구하고 플랫폼 운영자의 개입은 최소한으로 제한된다.

구글의 지식 플랫폼에서는 가입이라는 개념이 존재하지 않는다. 구글이 비록 다른 방식으로 가입자를 모으고 있지만 검색이라는 영역만 분리하여 생각하면 완전히 열려 있는 플랫폼이다. 나의 의지에 상관없이 내가 만든 지식은 구글의 검색결과로 노출되기도 하므로 개방이라는 단어를 사용하는 것마저도 이상하다. 단지 구글 검색의 영향력이 커지면서 검색의 상단에 노출되기 위해서는 보다 많은 노력이 필요하고 그 결과는 광고수익으로 보

광장 플랫폼

답된다. 즉 플랫폼 운영자는 제한 혹은 통제를 통해 공급자를 제한하는 것이 아니라 보상을 통해 공급자를 육성한다.

미디어 플랫폼인 페이스북은 SNS이기에 사용자는 가입이라는 과정이 필요하다. 물론 실명일 필요는 없다. 오프라인 인간관계가 온라인으로 넘어오는 SNS의 특성상 실명이 노출되고 형식적이나마 가입과정이 필요하지만 미디어 플랫폼적 관점에서는 그 어떤 글이나 사진, 영상도 용납된다. 물론 사회적 가치규범을 깨지 않는 범위 내에서는 말이다. 전문 미디어 기업뿐 아니라 블로거, 나아가 일반인들의 어제 이야기도 미디어 콘텐츠가 된다. 완전히 개방된 플랫폼이다.

유튜브는 콘텐츠라는 영역에서 플랫폼 역할을 한다. 페이스북만큼 제작이 쉽지는 않지만 조금만 노력하면 영상을 만들어 올릴 수 있고, 그 노력의 대가가 유명세와 광고비로 보답되기도 한다. 콘텐츠를 공급하기 위해서는 본인 인증과 가입이라는 절차가 필요하다. 영상이라는 콘텐츠의 특성상 한걸음 더 나아간 관리가 필요하기 때문이며 이는 광고 수익을 배분하기 위한 정보이기도 하다. 이 플랫폼의 운영원칙으로 인해 수많은 양질의 콘텐츠가 생산될 뿐만 아니라 저급한 영상물도 넘쳐나게 된다. 물론 플랫폼 운영자는 최소한의 기준으로 콘텐츠를 제한한다. 광고를 유인하기 위한 가짜뉴스나 선정적 채널에는 광고를 게재하지 않는 정책도 존재하지만 여전히 매우 개방적인 것은 분명하다.

광장 플랫폼은 콘텐츠의 특성에 따라 약간씩은 달라지지만 기본적으로 개방성을 지향하며 가입이라는 프로세스를 통해 플랫폼의 통제 정도를 조금씩 조정한다. 구글이 거의 통제가 없다면 페이스북은 조금, 유튜브는 조금 더 있는 그런 수준으로 말이다. 이 통제는 질서유지를 위한 최소한의 통제이다. 광장에 모인 사람들이 어떤 행동을 하더라도 사회의 질서유지에 방해가 되지 않는 선이라면 별다른 통제가 없는 모습을 상상하면 된다.

광장 플랫폼의 수익모델은 많은 사람이 만들어내는 트래픽을 바탕으로 한 광고가 기본이 된다. 지식, 미디어, 콘텐츠를 나누는 행위 그 자체에는 가격이 매겨지지 않지만 이를 이용하기 위해 모인 수많은 사람들 그 자체가 수익발생의 계기가 되는 것이다. 사용자 입장에서는 무료로 광장을 이용하는 대신 광장에 설치된 입간판의 광고와 프로모션을 봐야 한다. 이 거래가 성립하기 위해서는 이 서비스가 갖는 매력도가 광고의 피로를 견딜 만큼 충분히 매력적이어야 할 것이다. 매력적인 서비스 제공을 통해 트래픽의 규모를 성장시키고, 이 트래픽의 매력도를 활용해 광고주를 지속적으로 영입하고 매출을 발생시키는 한편, 광고로 인한 피로도를 관리하여 다시 사용자 이탈을 막는 것이 광장 플랫폼 사업모델에 있어 중요한 관리전략이 된다고 할 수 있다.

01

Thinking of Platform 2.0

지식의 패러다임을 바꾸다: 구글의 생각법

지식에서의 플랫폼 생각법

과연 지식이란 무엇일까? 수많은 궁금증과 물음에 대해 수많은 사람들이 고민하여 주장하고 답을 찾아가는 과정이 아마도 지식추구의 과정이었을 것이다. 지식은 절대적인 답이 없었기에 추구라는 과정이 의미 있었고 많은 영역에서 절대적인 답이 나오기 시작하면서 정보라는 영역이 넓어지기 시작했다. 수많은 검증을 통해 많은 지식들이 정보가 되었고 이전에 접근이

지식 생산자   공정하고 정확한 검색엔진   지식 소비자

불가능했던 수많은 정보들이 대중에게 개방되기 시작했다. 지식과 정보의 범람은 다시금 지식과 정보에 대한 신뢰를 떨어뜨렸고 얻기는 쉽지만 믿기는 어려운 상황이 벌어지기 시작했다. 더욱이 인터넷의 등장은 수많은 쓰레기 정보와 지식을 양산하는 부작용도 만들어냈기에 지식이라는 영역에서의 변화는 반드시 필요했다.

지식혁명은 검색이라는 서비스를 통해 아주 간단히 해결되었다. 검색이라는 서비스가 데이터베이스를 통해 검색사업자(인간)가 결과를 제공하는 단계에서 검색엔진(기계)을 통해 원칙에 의한 검색결과를 보여주는 단계로 진화함에 따라 검색결과에 대한 객관성이 생기기 시작한 것이다. 역설적이지만 검색결과에 사람이 개입하지 않고 알고리즘으로 검색결과를 제공하는 구글의 검색방식은 순식간에 검색시장을 장악하게 된다. 지극히 상식적이었고 논리적이었기에 많은 사람들이 그 결과에 동의했던 것이다.

이러한 구글 검색 서비스의 등장은 우리가 모르는 사이에 지식이라는 영역에서 큰 변화를 만들어냈다. 우리가 무언가 모르는 지식이 있었을 때 과거에는 어떻게 행동했을까? 아주 멀리 가지 않더라도 우리의 기억을 더듬어 보면 다양한 형태의 해결방식을 갖고 있었다. 논쟁을 통해 논리적인 답을 찾아보기도 했고 시간이 걸리더라도 도서관에 있는 전문서적을 뒤적여 답을 찾아내기도 했다. 물론 가장 쉬운 방법은 답을 알 것 같은 사람에게 물어보는 것이다.

예를 들어 "유럽의 중세시대가 끝나고 르네상스가 시작된 이유가 무엇일까"라는 질문에 한마디로 대답하기는 쉽지 않다. 그래서 대학마다 전공학과가 존재했으며, 위에 언급한 르네상스에 대한 정답은 아마도 서양사학을 전공한 교수에게서 나왔으리라 생각된다. 즉 가장 믿을 만한 답을 알고 싶다면 가장 신망 높은 서양사학과 교수의 저술을 참조하거나 그에게 묻는 방법이 최선이었을 것이다.

이러한 방식의 지식에 대한 욕구해결은 이전에도 비슷한 방식으로 이뤄졌던 것으로 보인다. 권위를 가진 학자가 답을 제공하는 방식으로 말이다. 그리고 고대나 중세시대에 이러한 권위는 권력에 기반을 두었다. 하지만 현대에 오면서 지식을 결정하는 이러한 원칙은 변화된다. 민주주의 원칙처럼 다수의 학자가 지지하는 학설이 정설이 되기 시작했고, 다수결의 원칙에 의해 지식의 옳고 그름이 결정되었던 것으로 보인다. 다수설과 소수설이 있어서 보다 많은 학자들이 지지하는 의견이 다수설이 되고 해답이 되는 그런 방식이었을 것이다. 구글 검색은 이 다수설의 원칙을 검색엔진에 적용하게 된다.

구글의 다수결

'Reason for Renaissance'라고 구글 검색을 해보면 다음과 같은 검색 결과가 나온다. 그림과 같이 5,000만 개 이상의 문서가 결과로 도출되고 thoughtco.com이라는 사이트에서 제공하는 문서를 맨 위에 보여주고 있다. 구글 검색엔진의 로직에 의하면 가장 많은 페이지에 의해서 참조되고

About 55,100,000 results (0.69 seconds)

It has been called the earliest expression of the Renaissance and is described as both a product and a cause of the movement. Humanist thinkers challenged the mindset of the previously dominant school of **scholarly** thought, Scholasticism, as well as the Catholic Church, allowing the new **thinking** to develop. Oct 8, 2017

Humanity Bloomed During the Renaissance - ThoughtCo
https://www.thoughtco.com/causes-of-the-renaissance-1221930

'Reason for Renaissance'의 검색결과 화면

있고 가장 공신력 있는 사이트에서 제공한 글이라는 의미이다. 즉 지식의 옳고 그름을 따짐에 있어 다수결의 원칙을 따르고 있다는 의미다. 이 글을 누가 썼는지는 페이지에 들어가서 읽어보면 알 수 있겠지만 구글은 이 글이 내가 찾고 있는 르네상스 시대 시작의 이유에 대해 가장 정확한 답을 제공해 줄 것이라고 판단하고 있는 것이다.

구글의 이러한 검색결과를 받아들이고 한 발자국 더 나아가 생각해보면 엄청난 변화를 발견할 수 있다. 더 이상 우리는 지식을 찾기 위해 도서관에 가지도, 서양사학과 교수의 책을 읽지 않아도 된다는 사실이다. 구글은 세상의 거의 모든 인터넷상의 문서를 검색하여 가장 많은 사람들이 지지하는 글을 검색결과의 최상단에 올려 주기 때문이다. 물론 인터넷상에 모든 지식이 올라와 있다는 가정하에서 말이다. 이러한 가정은 구글이 지식이라는 가치를 완성하기 위해 하고 있는 수많은 노력의 이유를 설명해준다(이에 대한 이야기는 구글의 가치 추구에서 자세히 설명하겠다).

과연 전기차와 수소차 중 어떤 차가 더 친환경적인지? 지구의 온난화 속도는 얼마나 빨리 진행되고 있는지? 지구상에 살아남아 있는 황제펭귄의 개체 수는 몇 마리인지? 등 다양한 질문에 대한 답은 구글을 통해 얻을 수 있으며 그 답은 현재 얻을 수 있는 그 어떤 방법보다 객관적이고 공정하며 가장 정확하다.

상상해보자. 전기차와 수소차 중 어떤 차가 더 친환경적인지 답을 얻기 위해 우리가 할 수 있는 최선의 방법은 무엇일까? 각 방면의 전문가 100명을 모아서 100분 토론을 한들 우리가 당장 쓸 수 있는 결론은 나오지 않는다. 모두가 자신이 더 정확하다고 주장할 것이기 때문이다. 하지만 구글은 인터넷상에서 존재하는 모든 페이지를 검토하여 지금의 다수설을 알려준다.

물론 이러한 결과를 믿기 위해서는 구글 검색엔진의 작동방식을 이해하고 신뢰해야 한다. 그리고 이를 믿는다면 지식이라는 영역에서의 혁명은 이미 이뤄진 것이다. 기존에 도서관이나 책 혹은 대학에 한정돼 있던 지식이 이제는 모두에게 개방되었음을 의미한다. 구글은 과거 황희정승이나 랍비가 해줬던 지식의 판관 역할을 담당할 뿐만 아니라 그 모든 결과를 아무 대가 없이 모두에게 제공하고 있기 때문이다. 이를 구글이 만들어낸 지식혁명이라 말한다.

양면구조 설계

양면시장의 관점에서 보면 구글 검색은 아주 자연스럽게 지식의 공급자와 소비자를 연결시켰다. 지식 공급자는 지식을 생산하여 인터넷상에 올리고 소비자는 검색을 통해 지식을 찾아내어 소비하면 되는 자연스런 플랫폼을 만들어낸 것이다.

하지만 지식 플랫폼은 단지 두 개의 시장을 연결한다고 완성되지는 않는다. 플랫폼으로 자리 잡기 위해서는 양면시장의 공급자와 소비자가 모두 만족하는 도구와 원칙이 제공되어야 했다.

구글은 검색엔진이라는 도구를 통해 지식을 공급하는 시장과 소비하는 시장의 연결을 시작했고, 애드센스와 애드워즈와 같은 광고도구를 통해 플랫폼 참여자를 폭발적으로 증대시켰다. 구글의 성공에 있어 이러한 도구들은 편리성이나 우월성을 통해서 생산자와 소비자에 의해 선택되었지만 구글의 플랫폼으로서의 성공의 중심에는 지식을 대하는 운영원칙이 존재했다. 구글의 검색 서비스가 지배적 위치를 차지할 수 있었던 가장 중요한 이유 중의 하나가 바로 이 원칙이자 철학이었다.

구글 검색 서비스의 운영원칙은 공정성, 투명성 그리고 정확성이다. 지식의 공급과 소비는 공정하고 투명하며 그리고 정확해야 한다는 어쩌면 아주 선언적인 원칙일 수 있다.

검색엔진은 검색결과에 사람의 개입이 불가능하다는 점과 세상의 모든 문서를 기반으로 결과를 제공한다는 점이 이 원칙들을 뒷받침하였고, 광고라는 본질적으로 공정성과 부합하지 못하는 비즈니스 모델이 공정해질 수 있는 방향을 제시함으로써 두 시장의 참여자가 모두 동의할 만한 플랫폼을 형성시킨 것이다. 즉 검색이라는 지식 플랫폼은 모두가 인정할 만한 편리성과 우월성을 가지면서도 한편으로는 모두의 동의를 받을 수 있는 원칙을 견지했기에 성립이 가능했다는 의미이다.

먼저 구글의 가장 기본적인 철학을 담고 있는 플랫폼 도구인 검색엔진, 페이지랭크에 대해 살펴보자.

구글 검색엔진의 알고리즘,
페이지랭크

구글이 처음 설립된 것은 1998년 9월 27일이다. 스탠포드대학에서 컴퓨터 공학 박사학위 과정에 있던 래리 페이지와 세르게이 브린은 페이지랭크라는 이론을 바탕으로 학위 논문[07]을 준비하는 과정에서 구글을 설립하게 된다. 그 당시는 야후가 검색시장에서 독보적인 1위를 지키고 있었다. 하지만 2002년, 구글 창립 4년 만에 1위 자리는 구글의 차지가 되었다. 그리고 20여 년이 지난 2020년 1월 기준 구글의 전 세계 검색시장 점유율은 92.5%에 달한다. 전 세계 대부분의 국가에서 압도적인 차이로 1위 자리를 차지하고 있으며 뒤따르는 2위 Bing*의 점유율은 고작 2.45%밖에 되지 않는다. 무엇이 구글을 이토록 빠른 시간 안에 지금과 같은 특별한 지위에 가져다 놓았을까? 이에 대한 답은 구글이 만들어 놓은 검색 플랫폼을 이해하면 알 수 있다.

Search Engine Market Share Worldwide	
Search Engines	**Percentage Market Share**
Search Engine Market Share Worldwide - January 2020	
Google	92.51%
bing	2.45%
Yahoo!	1.64%

2020년 1월 기준 세계 검색엔진 시장에서 구글은 92.51%의 시장을 점유하고 있으며 뒤를 이어 마이크로소프트의 Bing이 2.45%, 야후가 1.64%의 시장을 점유하고 있다.
출처 : Stat Counter Global

---

* 현재 글로벌 검색엔진 시장 2위는 중국의 바이두(Baidu)로 약 12%의 점유율(2018년 2월 기준)을 가지고 있으나 이는 중국이라는 국가의 특수성에 기인한 결과이므로 예외로 구분하였다.

기본적으로 웹 검색은 크게 크롤링과 인덱싱 그리고 랭킹이라는 3단계 과정을 거친다. '크롤링'은 '스파이더' 혹은 '크롤러'라 불리는 소프트웨어 로봇이 웹 링크를 따라다니며 전 세계 웹에 존재하는 웹 페이지들을 모으는 것이다. 크롤링crawling은 '긁어서 모은다'는 의미를 갖고 있다.

웹 검색의 3단계

'인덱싱'은 크롤링을 통해 모아진 웹 페이지들을 특정 검색어가 입력되었을 때 손쉽게 찾을 수 있도록 일종의 색인을 만드는 과정이다. 마지막으로 '랭킹'은 검색어와 색인을 종합적으로 비교하여 사용자가 원하는 내용에 가장 가까워 보이는 웹 페이지들을 순서대로 나열하는 과정이다. 이러한 3단계 과정은 알타비스타와 같은 초기 웹 검색 프로그램이 등장했던 때부터 지금까지도 큰 변화 없이 유지되고 있다. 하지만 각각의 단계가 동작하는 방식은 시간이 지남에 따라 확연히 달라져왔는데, 가장 큰 변화는 지금의 구글을 만든 '페이지랭크' 알고리즘의 등장이었다.

구글이 등장하기 이전 웹 검색을 이끌던 리더는 알타비스타라는 프로그램이었다. 그 당시 검색의 기본 방식은 스파이더가 웹 링크를 따라다니며 긁어모아 저장해 놓은 웹 페이지의 내용에서 사용자가 원하는 내용에 가장 가까워 보이는 결과물을 선택해 제공해 주는 것이었다. 검색결과를 나열하는 데에 있어서는 키워드의 등장 빈도 및 위치, 텍스트의 크기 등이 고려되었다. 예를 들어 더 큰 사이즈의 폰트로 작성되어 있거나 키워드가 타이틀 위치에 존재하거나 또는 본문 내에 더 많은 빈도로 등장할수록 해당 페이지가 더 높은 점수를 얻는 방식이었다. 그리고 웹은 빠른 속도로 성장하고 있었기에 크롤링의 속도를 향상시키고 많은 수의 페이지를 저장하고 인덱스화하는 것이 검색시장에서 경쟁하는 데에 있어 매우 중요했다.

하지만 기존의 방식에는 성능 향상에 한계가 존재했다. 먼저 인터넷 사용이 활발해지면서 웹 페이지의 수가 급격하게 증가했다. 예상보다 훨씬 빠른 웹 페이지의 증가에 모든 웹 페이지를 크롤링하는 것이 불가능해진 것이다. 모든 페이지를 수집하기 위해서는 그만큼 많은 시간과 큰 용량의 하드디스크 그리고 높은 성능을 가진 서버가 필요했다. 크롤링 속도의 향상은 전 세계 웹 페이지 수의 증가세를 따라가기에 버거웠고, 어렵게 페이지들을 모두 긁어모은다 해도 저장할 공간 역시 부족했다. 결국 웹의 규모가 점점 커질수록 크롤링의 비효율성 역시 커져 점점 더 감당하기가 어려워졌다.

뿐만 아니라 시간이 지남에 따라 검색결과 순위를 결정하는 알고리즘을 파악한 웹 페이지 관리자들은 방문자 수를 늘리기 위해 자신의 웹 페이지에 인기 키워드를 몰래 숨기기 시작했다. 배경과 같은 색으로 키워드를 무한히 반복하여 기입하거나, 글의 내용과 관계없는 키워드를 반복적으로 써넣는 식이었다. 즉 스패밍*이라는 행위가 나타나기 시작한 것이다.

이로 인해 검색결과에는 입력된 검색어와 크게 관련도 없고 고객에게 무익한 스팸 페이지가 검색결과로 노출되는 일이 잦아졌다. 검색의 품질에 직접적으로 악영향을 끼칠 수 있는 문제였다. 검색 서비스를 제공하는 기업들은 이러한 검색결과의 품질 하락 문제를 해결하기 위해 직접 검색결과에 손

---

*　의도된 메시지의 노출을 강화하고자 검색결과 순위에 영향을 미치기 위해 검색엔진의 가이드라인을 위반하는 행위. 검색엔진의 가이드라인을 준수하는 범위에서 검색결과에 긍정적인 영향을 미치려고 노력하는 검색엔진 최적화(Search Engine Optimization, SEO)와는 다른 의미이다.

을 대기 시작했다. 검색엔진의 개선 없이 고객의 필요에 들어맞는 검색결과를 내놓으려 하다 보니 다른 대안은 없었다. 이후 검색엔진 발전의 역사는 스패밍 행위를 막아내기 위한 검색엔진 알고리즘 업데이트의 역사라고 해도 과언이 아닐 것이다.

구글은 이 모든 비효율적인 행위를 근본적으로 해결하기 위해 기존과는 전혀 다른 새로운 방식을 선택했다. 먼저 구글은 크롤링 과정에서 수집한 페이지들을 일일이 저장하는 행위를 그만두었다. 즉 크롤링 단계에서 링크를 따라 페이지들의 정보는 수집하지만 각각의 페이지들을 서버에 저장하지는 않았다. 단지 페이지랭크라는 랭킹 알고리즘을 통해 검색어 사전별로 랭크값만을 저장하기 시작했다. 또한 스패밍 행위를 막아내고 검색결과의 품질을 높이기 위해 검색결과에 손을 대는 것이 아니라 검색엔진 자체를 개선하였다. 검색엔진의 개선을 통해 검색의 정확성을 높이고자 한 것이다. 구글의 목표는 별도의 조작을 가하지 않고 검색엔진의 성능만으로 얻는 검색의 결과가 90% 이상의 정확성을 담보할 수 있도록 만드는 것이었다.

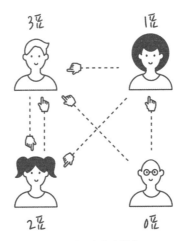

페이지랭크의 운영 원리

'페이지랭크'는 구글이 검색엔진의 개선을 위해 제시한 새로운 검색 알고리즘이다. 이 알고리즘은 전 세계에 존재하는 모든 웹 페이지 각각에 대해 특정 검색어에 해당하는 점수를 부여하는 방식을 일컫는다. 예컨대 'Volkswagen(폭스바겐)'이라는 단어를 검색한다고 가정하자. 이때 사용자가 검색하기 전에 이미 전 세계 모든 웹 페이지들에 'Volkswagen'이라는 단어에 대한 점수(페이지랭크)가 알고리즘에 의해 미리 계산되어 있고, 사용자가 해당 검색어로 검색을 시도하면 점수 순서에 따라 1위부터 순차적으로 보여준다. 다른 서비스들처럼 미리 갈무리해 놓은 페이지에서 입력된 검색어를 찾는 것이 아니라, 각 단어에 대한 관련성을 사전에 검토하여 각 페이지에 점수를 부여해 놓았기 때문에 페이지랭크를 계산하는 원칙은 검색결과의 품질을 결정하는 핵심이라 할 수 있다.

페이지랭크의 계산방식은 학계에서의 '논문 인용 횟수'를 따지는 방식과 유사하다. 학자들이 학계에 논문을 발표하면 다른 학자들이 해당 논문을 얼마나 자주 인용하는가에 따라 논문의 가치가 매겨진다. 즉 그 논문의 내용이 정확하고 근거가 있기에 다른 논문을 쓸 때에도 자주 근거로 활용된다고 여기는 것이다. 페이지랭크는 키워드와 관련 있는 사이트들에서 해당 웹 페이지를 얼마나 자주 링크하는지를 검토하여 페이지에 점수를 부여한다. 예를 들어 Volkswagen의 공식 웹 페이지는 Volkswagen의 시승 후기나 자동차 동호회 사이트 등에서 다른 웹 페이지에 비해 더 자주 링크될 것이다. 이경우 Volkswagen의 공식 웹 페이지는 높은 점수를 부여 받아 Volkswagen이라는 검색결과에서 최상위에 노출되는 것이다.

이해를 돕기 위해 다른 예를 하나 들어보자. 먼저 두 명의 작가가 유사한 주제로 유사한 내용의 글을 썼다 가정하자. A 씨는 100명의 독자를 가진 페이스북 일반인 유저이고, B 씨는 정기 구독자가 5만 명에 이르는 블로그를 오랜 기간 운영해 온 블로거이다. 글의 내용은 유사하다 해도 B 씨의 글은 A 씨의 글보다 훨씬 많은 독자를 확보하고 있기에 확률적으로 더 많은 참조를 받을 것이고, 그 결과 A 씨의 글에 비해 더 높은 검색 가능성을 갖는다. 이에 더해 글을 읽은 독자 중에 아주 많은 구독자를 가진 파워 블로거가 포함되어 있다면 해당 페이지의 페이지랭크는 더욱 올라가게 되어 검색결과의 상단을 차지하게 될 것이다. 그런 의미에서 페이지랭크는 매체로서의 영향력 역시 평가하고 있다고 할 수 있다.

이것이 페이지랭크 알고리즘의 내용 전부이다. 구글은 단지 전 세계의 모든 웹 페이지들과 가능한 모든 검색어에 대해 알고리즘에 따라 미리 페이지랭크 값을 계산해 놓고 있다가, 검색어가 입력되면 검색어에 맞는 페이지랭크 값으로 정렬하여 순서대로 페이지를 나열하는 것이다. 물론 20여 년이 지난 지금은 단순히 페이지랭크 값만을 비교하는 것이 아니라 그 사이의 많은 튜닝을 통해 약 200여 가지의 다른 요소들을 함께 고려하여 검색결과를 보여주고 있다고 한다. 하지만 가장 핵심이 되는 알고리즘은 여전히 페이지랭크 알고리즘*이다.

구글은 페이지랭크의 도입으로 검색시장의 큰 그림을 완전히 바꾸어 놓았다. 기존과는 전혀 다른 방식으로의 접근을 통해 당시의 검색 서비스가 직면하고 있던 문제를 정면 돌파한 것이다. 페이지랭크를 이용하면 기존 방식과 같이 모든 웹 페이지를 저장하기 위한 비효율적인 크롤링 작업을 할

---

* 구글은 현재 약 200여 개의 검색 룰(Rule)을 사용 중인데 그 자세한 내용은 공개하지 않고 있다. 하지만 최근 인터뷰에서 그중 인공지능 알고리즘인 랭크브레인(RankBrain)이 세 번째로 중요한 신호라고 언급했다. 현재 대부분의 사람들은 첫 번째가 페이지랭크일 것으로 추측하고 있다.

필요가 없다. 그와 더불어 시스템 구축을 위해 필요했던 컴퓨터와 하드디스크 구입비용도 절감할 수 있게 되었다. 물론 검색엔진의 개선을 통해 그 당시 검색결과의 상위를 차지하던 스팸도 쉽게 걸러낼 수 있었다.* 사용자에게 정말로 유용한 정보를 보다 효율적으로 제공할 수 있게 된 것이다.

하지만 구글이 만들어낸 진정한 변화는 검색에 대한 사용자들의 인식을 완전히 바꿔버린 데 있다. 이전의 검색 서비스가 인터넷의 발달 과정에서 명확한 목표 설정 없이 설계된 단순한 서비스였다면, 구글의 검색 서비스는 시장의 니즈에 대한 정확한 파악을 바탕으로 검색 서비스 사용자들을 위한 최적의 결과물을 제시할 수 있게 만든 플랫폼이다. 이를 통해 구글이 제공하는 검색결과는 명확한 원칙에 의거해 공정하고 정확하다는 인식을 만들어 내는 데에 성공했다. 검색의 결과에 그 어떤 조작이나 개입도 이루어지지 않고, 투명하고 공정한 과정을 거쳐 검색결과가 제시되어야 한다는 믿음이 구글에 의해 검색 서비스의 근본적인 원칙으로 정립된 것이다.

검색시장에서의 독점의 고착화

구글이 검색이라는 서비스를 통해 지식 플랫폼을 성립시킨 이후 구글의 독점은 아주 빠른 시간에 만들어졌다. 이러한 독점이 만들어진 데는 두 가지 요인이 존재한다. 첫 번째는 전형적인 교차 네트워크 효과이고 두 번째는 구글이 만들어낸 안드로이드라는 또 하나의 플랫폼이다.

---

* 물론 페이지랭크 알고리즘 방식도 문제점은 존재한다. 예를 들어, 지금은 많이 개선되었지만 다른 페이지를 참조할 때 링크를 거는 것이 아니라 글 자체를 복사하여 붙여넣기를 하면 페이지랭크 계산에 기여할 수가 없다. 국내의 경우 구글 검색이 도입되었던 당시 링크를 거는 것에 대한 개념이 정립되어 있지 않아 구글 검색결과의 퀄리티가 해외에 비해 좋지 않았다.

지식 플랫폼은 지식의 공급자와 지식의 소비자를 연결시켜준다. 그런데 이 시장은 '분산'이라는 특징을 갖는다. 물론 모든 사람들이 어느 순간 관심을 갖는 정보 혹은 지식이 있을 수는 있지만 대부분의 지식은 공급과 소비 모두가 매우 분산되어 존재한다. 대학에 존재하는 수많은 학과를 보면 이를 쉽게 알 수 있다. 즉 이 분산이라는 특징은 교차 네트워크 효과를 극대화하는 방향으로 영향을 미친다. 즉 하나의 검색 플랫폼이 시장을 장악하기 시작하고 모든 영역의 지식에 정확한 답을 제공하기 시작하면 후발 주자가 이를 따라잡기 쉽지 않다는 뜻이다. 물론 인터넷이라는 무료의 영역에서 모든 지식은 모든 검색 플랫폼에 제공될 수 있다는 주장이 있을 수도 있지만 이는 검색되기 위해 필요한 노력을 모르기 때문이다. 즉 구글에 검색되기 위해서는 나의 웹 페이지가 구글에 등록되어야 하고 검색에 맞게 최적화되어야 한다. 즉 'Google Search Console'에 나의 웹 페이지를 등록하고 이 웹 페이지가 나의 소유임을 증명해야 할 뿐만 아니라 쉽게 검색되기 위한 다양한 활동을 해야 한다. 물론 그 과정이 엄청나게 어려운 것은 아니지만 모든 사람이 쉽게 할 수 있는 것도 아니다. 특히 지식 제공자의 경우 90% 이상의 시장을 갖고 있는 검색엔진 외에도 2~3% 내외의 시장을 가진 검색엔진을 위해 추가적인 노력을 할 필요가 없다.

검색 사용자 입장에서 이처럼 독점이 고착화된 결과는 더욱더 명확하

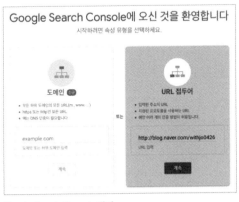

Google Search Console 화면

다. 현재 사용하고 있는 검색엔진의 성능이 훌륭하고 대다수가 사용하고 있다면 이 엔진이 제공하는 검색결과가 사회적으로 인정받는 결과이다. 이 결과를 바탕으로 글을 쓰거나 주장을 하는 것이 2~3%의 시장을 가진 검색엔진이 제공하는 결과를 쓰는 것 대비 몇 배 안전하다. 한번 이런 인식이 만들어지면 이를 뒤집기는 불가능하다. 특히 공급과 소비가 거의 완전하게 분산된 지식이라는 영역에서는 더욱더 그러하다.

안드로이드라는
모바일 플랫폼의 의미

교차 네트워크 효과와 더불어 구글 검색에게 영속성을 주는 또 하나의 요소는 구글이 만들어낸 안드로이드라는 모바일 플랫폼의 존재이다. 안드로이드는 우리가 사용하는 스마트폰에 사용되는 운영체계Operating System로 전 세계 스마트폰 시장의 75%를 장악하고 있다. 물론 나머지 25%는 애플의 iOS가 차지하고 있다. 안드로이드를 모바일 플랫폼이라 부르는 이유는 역시 개발자와 사용자라는 양면시장을 대상으로 개발환경을 구축했기 때문이다. 개발자를 위한 환경SDK과 프로그램 유통채널Google Play Store이라는 도구를 제공하는 플랫폼은 모바일이라는 새로운 세상을 우리에게 만들어 주었다.*

안드로이드는 'Open Handset Alliance'라는 구글이 중심이 된 조직에 의해서 개발되어 무료로 배포되고 있다. 즉 안드로이드를 사용함에 있어 통신사나 단말기 개발사가 추가적인 금액을 지불하지 않는다. 하지만 구글은 안

---

* 물론 이 시작은 애플의 iOS가 만들었고 구글은 애플의 뒤를 따랐다. 이에 대해서는 뒤에 모바일 플랫폼 애플에서 더욱 상세히 다룰 것이다.

드로이드 사용대가로 구글 검색을 스마트폰에 사전 장착[Pre loading]하도록 유도하고 있다. 구글의 검색이 이미 시장의 90%를 차지하고 있기에 스마트폰 메이커 입장에서 구글 검색을 선택하는 것은 약간의 강제가 있더라도 쉽게 받아들일 수 있는 일이다. 즉 모바일 시장에서 안드로이드의 위치는 모바일 검색에서 구글 검색을 당연하게 만들었고 이 연결고리는 쉽게 끊어지지 않을 것으로 보인다. 또 하나 스마트폰에서 제공되는 모바일 광고시장은 이런 이유로 구글이 구글 네트워크라는 서비스를 통해 완벽하게 장악하고 있다. 이처럼 구글은 모바일 검색이라는 영역에서 권력과 재력을 모두 갖고 있다. 즉, 이제 모든 정보생활의 대부분이 PC에서 모바일로 넘어가고 있는 상황에서 구글은 모바일 운영체계, 모바일 검색, 모바일 광고라는 세 가지 영역을 모두 장악하고 있기에 구글의 검색시장에서의 지배력이 흔들릴 가능성은 전혀 없어 보인다.

개방과 공유를 통한
지식 플랫폼의 성립

구글 검색에 있어서 개방은 지식이라는 영역에서 지식 생산자들의 자발적인 참여를 의미한다. 지식을 아무런 대가 없이 무료로 소비하는 것은 쉬운 일이다. 하지만 지식을 생산하는 사람의 입장에서 대가 없는 생산은 이상적인 모습이 아니다.

결국 검색을 통해 얻은 지식의 품질이 높아지기 위해서는 생산자 측면의 적극적인 참여가 반드시 필요하다. 검색엔진이라는 훌륭한 도구는 검색결과가 투명하고 공정하다는 인식을 만들어냈다. 하지만 투명하고 공정한 것이 바로 정확하고 풍부하며 고품질을 약속하는 것은 아니다. 이런 이유로 검색결과에 대한 참여 즉, 생산자 측면의 참여가 그 무엇보다 중요하다. 이 참여를 만들어낸 도구가 바로 구글의 광고 플랫폼인 애드센스^{AdSense}와 애드워즈^{AdWords}이다.

애드센스는 웹 페이지의 소유자가 온라인 콘텐츠로 수익을 창출하는 데 이용할 수 있는 광고 프로그램이다. 광고주들이 구글에게 광고를 의뢰하면 구글은 개인 또는 기업 홈페이지, 블로그 등 애드센스를 신청한 웹 페이지에 적절한 광고를 게시하고 광고료의 일정 비율을 웹 페이지의 소유자에게 광고료로 지급하는 방식이다.

광고는 인터넷 서비스를 제공하는 기업들에게는 가장 확실한 수익모델이다. 네이버나 다음과 같은 인터넷 포털/검색 서비스 업체들은 대부분의 수익을 메인 페이지를 통한 광고와 '검색 키워드 광고'를 통해 벌어들이고 있다. 포털 사이트는 많은 인터넷 사용자들에게 인터넷 접속의 문과 같은 역할을 하는 사이트인 만큼 메인 페이지에 접속하는 사람의 수는 매우 많고, 이에 비례하여 광고가격도 높아진다. 검색 키워드 광고의 경우에는 검색결과에 광고를 붙임으로써 엄청난 수익을 얻을 수 있다. 물론 이와 같은 광고들은 기존의 매스 미디어를 활용한 고가의 광고시장과는 구분되는 새로운 형태로, 인터넷을 새로운 도구로 활용하는 소상공인들에게 훌륭한 마케팅 채널로 기능했다. 매달 몇십만 원만 들여도 훌륭하게 홍보할 수 있는 검색광고는 이들에게 광고사용의 진입 장벽을 낮춰주었고 새로운 광고시장을 만들어냈다.

하지만 구글은 이와 같은 인터넷 서비스 업계의 룰을 따르지 않았다. 메인 페이지 광고나 검색광고가 아무리 소상공인들에게 새로운 광고채널로 기능했다 하더라도 소비자 즉 네이버나 다음과 같은 포털 및 검색 서비스를 이용하는 사람들에게는 단순히 스팸일 뿐이다. 본질적으로 소비자들은 광고를 보기 싫어하기 때문이다. 보기 싫은 광고가 메인 페이지에, 검색한 결과 페이지에 덕지덕지 붙어 있다면 그 서비스에 대한 그리고 그 검색결과에 대한 신뢰는 떨어지게 될 것이다. 그렇다면 검색결과에 있어서 정확성과 공정성을 최우선의 가치로 여기는 구글은 어떻게 했을까?

우선 구글은 메인 페이지 광고를 포기했다. 이러한 광고는 플랫폼에게는 수익을 제공하겠지만 사용자들에게는 사이트에 대한 신뢰를 떨어뜨린다.

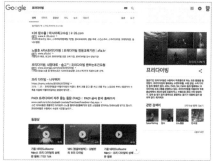

네이버(좌)와 구글(우)의 메인 페이지 및 검색결과 페이지

사용자들은 포털 메인 페이지에 나온 정보나 검색결과를 보아도 이 역시 광고일 것이라는 의심의 눈초리를 거두지 않을 것이다. 즉 해당 서비스를 이용했을 때 얻을 수 있는 결과를 100% 신뢰하기보다는 다시 한 번 자신의 눈으로 광고와 광고가 아닌 것을 구별하기 위해 촉각을 곤두세울 것이다. 그렇기 때문에 구글은 검색 사업자로서 온전히 기능하기 위해 이와 같은 광고모델을 포기했다.

그 결과 구글의 메인 페이지와 검색결과 페이지는 사용자들에게 보다 공정하고 객관적인 검색이 가능할 것이라는 인식을 준다. 오직 검색 기능에만 충실한 사이트라는 이미지를 획득할 수 있기 때문이다.

하지만 구글에게도 광고는 중요한 수입원이다. 안타깝게도 그것은 인터넷을 통해 서비스를 제공하는 기업들에게는 아직까지도 변하지 않은 불문율과 같다. 그래서 구글 역시 검색시장에서 신뢰와 공정성이라는 이미지를 구축한 이후 광고시장에 진출했다. 그리고 다른 인터넷 서비스 제공업체와 달리 애드센스라는 새로운 광고모델을 가지고 진출했다. 애드센스 광고 모델은 앞에서도 간단히 언급했지만 일종의 오픈광고 솔루션으로 웹 페이지의 운영자가 자신의 페이지 뷰를 활용하여 수익을 올릴 수 있도록 해주는 광고모델이다. 이는 기존 웹 광고대행 사업의 대상을 전 인터넷 콘텐츠 생산자로 확장시킨 것이라 할 수 있다.

웹 사이트를 운영하는 운영자가 애드센스를 통해 수익을 올리기 원한다면 구글 애드센스 페이지를 통해 양식에 맞춰 간단하게 신청만 하면 된다. 이후 구글의 적절한 심사를 거쳐 승인이 되면 페이지에는 다음 그림에서 표시된 박스와 같이 광고를 게재할 수 있는 창이 생성되고, 구글이 정한 원칙에 따라 광고가 게재되기 시작한다. 그리고 광고주가 해당 광고를 위해 지급한 광고료가 원칙에 의해 웹 페이지의 운영자에게 지급된다. 이로써 운영자는 콘텐츠 생성을 통해 수익을 올릴 수 있는 수단을 확보하게 되었다.

많은 지식의 소비자들이 해당 사이트를 방문할수록 운영자가 얻는 이익은 커지게 된

애드센스가 웹 페이지에 구현된 모습

다. 구글의 검색은 공정성과 정확성에 의거해 검색결과를 제공하기 때문에 사이트 운영자는 자신의 사이트에 보다 정확하고 유용한 콘텐츠를 생성하기 위해 노력할 것이다. 자연스럽게 이 노력은 구글의 검색을 거쳐 더 많은 방문자를 유입시킬 것이고, 그 결과는 더 많은 수익으로 연결되며 선순환을 이끌어낸다. 결국 애드센스로 더 많은 지식 생산자와 지식들이 나타나게 되었다. 실제 광고주 입장에서도 광고가 노출됨에 따라 광고비를 지불하는 포털의 광고와는 달리 클릭을 통해 광고주의 페이지에 도달했을 때 광고비를 지불하는 구글의 광고모델은 효율면에서도 상당히 매력적이었다.

하지만 애드센스로 더 많은 지식 생산자들이 나타나고 이들이 더 많은 지식 콘텐츠를 생성하여도 구글이 애드센스를 통해 제공하는 광고가 여전히 스팸이라면 이러한 선순환은 오래 유지되기 어려울 것이다. 스팸광고는 사이트에 대한 신뢰도를 떨어트릴 것이고 이는 결국 구글 검색결과의 퀄리티에 대한 인식에 영향을 줄 것이기 때문이다. 애드센스와 더불어 구글광고 플랫폼의 또 다른 축인 애드워즈[Adwords]는 이러한 문제를 해결하기 위해 구글에서 제공하고 있는 광고 솔루션이다.

애드워즈는 각 웹 페이지의 내용을 분석하여 키워드를 자동으로 도출하고 그에 가장 적절한 광고를 추천하는 시스템이다. 즉 광고조차도 가능한 정보의 영역으로 끌어들이기 위해 해당 페이지에서 제공하는 콘텐츠와 가장 관련성이 높은 아이템을 광고로 제공하는 것이다. 만약 검색결과 페이지에 적합한 광고가 존재하지 않는다면 그 광고 공간은 비워 둔 채로 운영되는 것을 원칙으로 갖고 있다.

한 가지 상황을 상상해보자. 나는 발리 여행을 준비 중이다. 그런데 발리에 대한 정보를 검색하는 도중 발리에 있는 화산의 폭발 가능성에 대한 뉴스를 접했다. 부랴부랴 화산이 폭발할 경우의 위험성과 만약을 위해 준비해야 할 준비물 등에 대해 검색을 시작했다. 검색 도중 화산 폭발의 위험성에 대한 A라는 페이지에 들어갔는데 옆의 광고창에 미세먼지 마스크나 안전고글에 대한 판매광고가 나와 있다. 이 광고가 사용자에게 어떻게 보일까? 분명 상품광고이긴 하지만 지금 나에게 필요할 수도 있는 적절한 제품을 소개해주고 있다. 분명 부정적인 스팸광고로는 인식되지 않을 것이다. 스팸이라기보다는 광고와 정보 사이의 그 어딘가에 있는 일종의 콘텐츠로 보일 것이다. 화산 폭발과 같이 거창하고 희귀한 케이스가 아니라 가벼운 여름여행을 생각해 보아도 마찬가지이다. 발리 여행을 위해 발리에서 무엇을 하면 좋을까를 검색하고 있다고 상상해보자. 발리 여행기 블로그를 보고 있는데 옆 광고창에 발리에서 운영 중인 한국인 서핑강습 광고가 나와 있다. 서핑으로 유명한 발리이니 거부감이 들기보다는 한번쯤 클릭해볼까 하는 생각이 들지 않을까?

대부분의 사업자들은 매력적인 키워드를 바탕으로 자신의 상품이나 서비스를 광고하고 싶어할 것이다. 그리고 높은 구매력을 지닌 사람들이 주로 방문하는 페이지에 자신들의 상품광고가 올라가는 것을 사업자들은 바랄 것이다. 물론 이런 페이지에 광고를 올리기 위해 더 많은 비용을 지불할 의사도 충분히 있을 것이다. 하지만 구글의 알고리즘은 광고와 키워드 사이의 연관성이 부족하다면 사업자의 바람이나 비용은 고려하지 않는다. 오로지 어떻게 하면 충분한 연관성을 가진 적절한 광고를 게재하여 해당 페이지의 지식과 정보가 제대로 평가받을까만을 고민한다. 그렇지 않다면 광고는 스팸으로 인식되고 사이트의 신뢰도는 떨어질 것이기 때문이다.

지금까지도 구글은 광고게재에 있어서 수익성을 높이려고 고민하는 대신 보다 나은 검색결과를 제공하겠다는 원칙을 고수하는 모습을 보이고 있다. 처음 검색 서비스를 시작할 때는 손대지 않았던 검색광고를 시작하면서도 이 원칙만은 포기하지 않았다. 검색결과 페이지에 게재되는 광고까지도 가능한 검색결과와 관련 있는 내용을 바탕으로 하도록 만듦으로써 검색 서비스의 질을 최대한 유지하려고 노력하고 있다.

이처럼 구글은 애드센스와 애드워즈라는 광고 솔루션을 통해서 기존의 서비스 제공 업체들에게는 양날의 검과 같았던 광고라는 대상을 자신들이 추구하고 있는 검색의 본질가치의 포기 및 희생 없이, 구축한 지식 생태계가 더욱 확대되고 선순환이 가능하도록 만들었다. 그 결과 스팸으로 보이기보다는 정보로 보이는 광고를 통해 손쉽게 내가 만든 콘텐츠로 수익을 얻을 수 있게 된 구글의 플랫폼 안에서 지식 생산자들의 자발적인 참여는 점점 더 커졌으며, 그 성장은 지식 소비자의 성장을 포함해 선순환하며 지식 플랫폼 자체의 규모를 빠르게 성장시키고 있다. 이것이 자발적인 공급자의 참여를 이끌어낸, 구글의 개방이 갖는 의미이다.

지식이라는 가치의 추구

구글이 지식이라는 영역에서 추구하는 가치는 지식의 공유화이다. 가능한 많은 사람들이 지식을 공유하고 이 지식을 통해서 좀 더 나은 세상이 될 수 있도록 추구하는 것을 구글의 미션으로 정의함으로써, 단순한 검색 서비스 제공자에서 지식 플랫폼 운영자, 지식 혁명자로 역할을 확대한다. 이러한 가치에 대한 천착은 단순히 'Mission statement'에 적힌 한 줄 글귀로서의 슬로건이 아니라 구글이 선택했던 다양한 선택의 구석구석에서 명확히 드러난다. 또한 그 결과가 명시적으로 지식의 공유라는 결과를 만들어냈기에 더욱 빛을 발하게 된다.

플랫폼이 추구하는 본질가치와 플랫폼의 수익모델을 분리하는 것은 플랫폼이 장기적으로 안정적 수익을 창출해낼 수 있는 유일한 방법이다. 구글은 이 맥락에서 광고라는 수익모델을 지식추구라는 본연의 서비스와 분리시킴으로써 성공적인 플랫폼으로 자리 잡았다. 플랫폼의 참여자인 지식공급자들은 자신이 만들어낸 지식을 통해 구글이 돈을 번다는 생각보다는 자신의 지식이 누군가를 위해 쓰인다는 생각을 보다 먼저 하게 되었다. 아울러 지식의 소비자들 역시 공정한 기준에서 무제한의 지식을 제공하는 구글을 지식의 판관이자 지식의 아버지 정도로 생각하게 되었다.

하지만 이 플랫폼의 구조만으로 구글이 창출하는 수십조 원*의 이익이 당연시되지는 않는다. 그런 이유로 구글은 기술을 통해 인류의 삶을 진보시킨다는 인식의 기반하에 다양한 활동을 진행하고 있다. 최소한 서구시장에서 구글이 욕심 많은 기업으로 인식되지 않고 있는 것으로 보아 구글은 시

---

* 구글의 2019년 매출은 1,620억 달러, 영업이익은 340억 달러였다. 한화로 환산하면 40조 원 수준의 이익을 창출하고 있다.

장이 인정할 만큼 충분한 노력을 하고 있는 것으로 보인다. 비록 유럽에서 반독점 소송결과 검색 서비스 사업과 광고 사업의 분리와 같은 심결(審決)이 이뤄지고 있지만, 아직은 대부분의 국가에서 구글이 지식이라는 영역에서 행하고 있는 노력을 인정하고 있는 듯하다.

프로젝트 룬, 프로젝트 파이, 픽셀 폰, 크롬 브라우저, 크롬 북, 주파수 경매 참여, 안드로이드, 구글 북스 라이브러리 프로젝트 등등 엄청나게 많은 지식공유라는 가치를 증대시킬 수 있는 선택들을 살펴보면 구글이 추구했던 가치의 의미를 이해할 수 있을 것이다. 지식은 구글을 통해서 세상에 공유되기 시작했고 구글은 그 지식의 양과 질을 늘리고 높이기 위해 노력해왔다. 즉 많은 사람들이 보다 편리하게 지식을 공유하고 향유할 수 있도록 해온 것이다.

가치 완결성 추구를 위한 몇몇 구글의 선택을 조금 더 자세히 알아보자.

프로젝트 룬 Project Loon

2017년 말 기준 전 세계의 인구수는 약 76억 명이다. 하지만 그중 인터넷에 접근이 가능한 사람들은 약 42억 명으로 글로벌 인터넷 보급률은 약 54% 수준이다.[08] 즉 아무리 구글이 정확하고 공정한 지식의 공유를 위해 노력을 해오고 있다고 해도 전 세계 인구의 절반에 가까운 약 34억 명의 사람들은 그 지식에 접근조차 할 수 없는 실정이다.

물론 가구 인터넷 보급률 98%에* 달하는 대한민국의 기준에서는 다소 당황스럽고 낯선 수치이긴 하겠지만 이것이 실제 현실이다. 하지만 다행히

---

* 가구 인터넷 보급률은 인터넷 보급률 지표에 이동통신망을 통한 모바일 인터넷 접속을 합산한 개념임(e-나라지표 참조).

국가별 인터넷 이용자 수(2019년 10월 17일)

국가	인터넷 이용자(백만 명)	비율(%)
아시아	2,300.47	50.713
유럽	727.56	16.039
북아메리카	327.57	7.221
남아메리카	453.7	10.002
아프리카	522.81	11.525
중동	175.5	3.869
오세아니아	28.64	0.631
합계	4,536.25	100

출처: www.statista.com
https://www.statista.com/statistics/265147/number-of-worldwide-internet-users-by-region/

도 구글, 페이스북을 비롯한 많은 인터넷 서비스 기업들은 이러한 상황을 올바로 인식하고 글로벌 인터넷 보급률을 높이기 위해 오래 전부터 다양한 노력을 해오고 있다. 프로젝트 룬은 그러한 노력들 중 하나로 구글이 2013년부터 진행해오고 있는 프로젝트이다.

프로젝트 룬은 일반적으로 인공위성을 사용하여 글로벌 인터넷을 제공하려는 방식과 다르게* 거대 풍선을 하늘에 띄워 무선 인터넷과 통신 서비스를 제공하려는 프로젝트이다.

직경 15m인 풍선은 최고 20km 상공에 올라가 약 3개월 동안 상공에 머물며 지름 40km 지역에 최대 10Mbps 속도의 무선 인터넷을 제공한다. 풍선을 20km 상공에 위치시키는 이유는 해당 성층권 구간이 거의 일정한 바

---

* 물론 구글도 처음에는 인공위성을 이용해 인터넷 서비스를 제공하려고 시도했다. 위성함대(Satellite Fleet) 프로젝트는 기존 인공위성보다 낮은 고도에 약 180개의 소형 인공위성을 띄워 글로벌 인터넷을 제공하려는 구글의 프로젝트였으나 현재 해당 프로젝트는 폐지되었다.

람방향과 속도를 가져 풍선의 이동경로 예측이 가능하고 풍선의 움직임을 어렵지 않게 제어할 수 있기 때문이다.

기본적으로 풍선은 잠수함의 원리와 같이 높낮이 위치를 변경하여 움직임을 제어한다. 하지만 구글은 기계학습을 통해 성층권 일대의 바람 방향과 속도를 예측하여 풍선이 성층권에 표류하는 것이 아니라 특정 지역에 머무를 수 있게 하였다. 이를 통해 풍선의 움직임 통제가 수월해졌으며 더 나아가 필요한 풍선 개수는 줄었고 경제성도 높아졌다. 약 100일이 지나면 풍선은 지상으로 하강하며 수거한 풍선은 재사용이 가능하다.

풍선은 통신중계기, 무선 안테나, GPS, 비행 캡슐, 펌프, 리튬 이온 배터리 등의 장비가 장착되어 있으며 태양광 패널로 에너지를 공급받는다. 또한 풍선은 다른 위치에 있는 풍선들과 서로 통신하면서 네트워크를 형성하는데, 지역 통신 제공업체가 설치한 특수 인터넷 안테나와 가장 가까운 곳에 위치한 풍선 사이에 통신을 주고받으며 신호를 중계한다. 예를 들어, 강원도 상공에 프로젝트 룬이 설치되어 있다면 이동통신사인 SK텔레콤의 강원

본부에서 풍선에 네트워크를 제공하고, 풍선은 강원도 주민들에게 무선인 터넷을 공급하는 방식이다. 그리고 룬 콘트롤센터는 각각의 풍선을 모니터 링하여 인터넷 혜택을 받지 못하는 지역이 없도록 풍선을 알맞은 장소로 이 동시키는 역할을 수행한다. 풍선은 항공기 위치 추적 및 정보 조회 프로그 램인 'Flightradar24'에서 추적이 가능하다.

2017년 10월 허리케인 마리아가 푸에르토리코 섬을 휩쓸고 가면서 통신 시설이 파괴되어 수백만 명의 통신 서비스가 차단되었으며, 휴대전화 기지 국 중 24%만이 정상화되었다. 이에 미국 연방통신위원회[FCC]는 구글의 프로 젝트 룬 풍선 30개에 피해 지역에 4G LTE 서비스를 제공할 권한을 부여하 고 미국 연방항공국, 미국 연방재난관리청 등과 협력해 푸에르토리코 지역 성층권에 풍선을 띄웠다. 풍선 배포 후 약 10만 명의 섬 주민들이 인터넷을 이용할 수 있게 되었다.

프로젝트 파이 Project Fi

프로젝트 파이는 2015년 4월 구글이 선보인 이동통신 서비스로 MVNO (가상이동통신망사업자)* 방식으로 운영되는 서비스이다. 국내의 알뜰폰과 비 슷한 방식이지만, 지원 국가가 소수로 제한된 일반적인 통신사 서비스와 달 리 전 세계를 대상으로 하는 이동통신 서비스이다. 현재 전 세계 약 170개 국 이상의(2018년 2월 기준) 국가를 지원하고 있어 해당 국가들을 여행할 때 로 밍을 위한 별도의 추가 요금이나 현지 유심의 개통과 같은 불편함 없이 자 유롭고 편리하게 사용할 수 있다는 특징을 지닌 서비스이다.

---

* 타 이동통신 회사가 구축해 놓은 망을 빌려 사용자에게 이동통신 서비스를 제공하는 통신사업

일상적인 하루를 상상해보자. 스트리밍을 통해 음악을 듣고, 이동 중에는 지도 어플을 통해 내비게이션 서비스를 받는다. 이메일과 SNS는 수시로 체크하고, 식사시간에는 근처 맛집을 검색한다. 중간중간 궁금한 것이 생기면 즉시 검색 서비스를 통해 궁금증을 해소하고, 인상적인 장면을 목격하면 즉시 사진을 찍어 개인 SNS에 업로드하기도 한다. 이 모든 행위들은 모바일 환경을 통해서 이뤄지고 있는 듯 보인다. 그러나 실제 그 기저에는 눈에 띄지 않지만 데이터 서비스와 같은 이동통신 서비스가 자리를 잡고 있다. 그렇기 때문에 해외여행이나 출장처럼 이동통신 환경이 바뀌게 되면 급격하게 이런 행위들의 빈도수는 줄어들게 된다. 해외 로밍을 위해 지불해야 할 비용이 상당히 비싸고, 무료 와이파이 등의 이용을 위해서는 비밀번호 등이 수시로 필요하며, 해당 국가의 이동통신 서비스를 제대로 받기 위해서는 현지 유심이 필요하기 때문이다. 즉 그 번거로움과 불편함 그리고 비용이 일상적일 수도 있는 행동들을 제약하는 것이다.

현재는 과거에 비해 해외여행이나 출장 등의 기회가 훨씬 자유롭고 빈번하게 주어지고 있다. 개인들의 일상에서도 모바일이 차지하는 비중은 점점 더 높아지고 있다. 번거로움과 불편함, 비용 때문에 일상적인 행동들을 제약하는 것은 점점 더 어려운 일이다. 그래서 기본적인 검색 서비스 이외에도 지도와 메일, 번역 등 다양한 서비스를 제공하고 있는 구글은 이와 같은 글로벌 환경에서도 사용자들이 편리하게 지식과 정보에 언제든 접근할 수 있도록 하기 위해 주파수 경매에도 참여*하는 등 많은 노력을 기울여왔다.

---

* 구글은 2008년 1월 있었던 미국 700MHz TV 주파수 경매에 보다 혁신적인 무선 서비스 제공을 목표로 참여하였다. 참여 전 입찰 규정에 대한 조건으로 망 개방과 재판매 조항을 요구하였으며, 경매 결과 구글이 참여한 C블록은 Verizon Wireless에 낙찰되었다.

프로젝트 파이는 이러한 상황에 걸맞은 이동통신 서비스를 제공하려는 노력의 하나이다.

구글은 프로젝트 파이 서비스를 위해 범위가 넓은 미국 전역에 통신망을 설치하는 대신 기존 이동통신 사업자들이 구축해 놓은 망을 빌려 쓰기로 하였다. 그리고 구글은 사용 가능한 망들 중에서 최적의 망에 자동으로 연결해 준다. 그 덕분에 사용자들은 타 이동통신사의 와이파이 네트워크를 사용하기 위해 비밀번호를 입력하거나 광고를 볼 필요도 없고 어떤 와이파이가 현재 최적의 속도와 강도를 가지고 있는지 신경 쓰지 않아도 된다. 특히 단순하고 저렴한 요금제와 전용 어플을 통한 손쉬운 제어는 각종 약정할인과 결합할인, 프로모션 등으로 얼룩진 기존 사업자들의 제공방식과 큰 차이를 갖는다.

아쉬운 점이라면 아직은 미국 내 지원 서비스라서 지원 가능한 기기가 대부분 구글에서 생산하는 북미판 픽셀과 넥서스 등으로 제한적이고, 미국 이외의 지역에서는 공식적으로 가입이 불가능하다.

구글 북스 라이브러리 프로젝트 Google Books Library Project

인류의 가장 오래된 미디어는 '말'이다. 인류는 이 말이라는 수단을 통해 그들의 선조들이 가지고 있던 지식과 정보를 물려받았다. 하지만 휘발성이라는 특징을 가지고 있는 말은 지식과 정보의 전달 매체로는 당연하게도 부족함이 많았다. 이후 최초의 글과 글을 기록할 수 있는 점토판과 파피루스 등의 도구 등이 등장하면서 기원전 약 2000년경 드디어 최초의 책이라고 할 수 있는 《길가메시 서사시》*가 등장하였다. 책의 등장으로 비로소 지식과 정보는 저장이 가능해졌고, 후대에게 보다 정확한 전달이 가능해졌다. 최근까지 책은 지식과 정보를 저장하고 전달하는 거의 독보적인 매체로 인식되고 있다. 현재 전 세계에 존재하는 책의 수는 약 1억 3,000만 권이 넘는 것으로 추정되고 있다.**

당연한 이야기지만 구글을 통한 검색은 인터넷상에 지식이 존재할 때 가능하다. 물론 기술과 인터넷의 발달로 상당수의 지식과 정보들이 인터넷상에 존재하고 있지만, 4000년이라는 기간 동안 만들어진 1억 3,000만 권의 책들에 쓰여 있는 모든 내용을 담고 있지는 못할 것이다.

구글 북스 라이브러리 프로젝트는 이처럼 전 세계에 존재하는 모든 책들을 디지털화하여 인터넷상에서 무료로 공유하기 위해 2004년부터 구글이 진행 중인 프로젝트이다. 전 세계의 모든 지식을 담은 일종의 디지털 도서관을 만들겠다는 이야기다. 현재 약 3,000만 권의 책을 디지털화하였으며 그 안에는 희귀본, 절판본, 일반인 열람이 제한된 책들도 포함되어 있다.

---

* 책을 어떻게 정의하느냐에 따라 기원전 1500~1300년경 이집트에서 제작된 《사자의 서》를 최초의 책으로 이야기하기도 한다.

** 2010년 구글은 전 세계에 존재하는 책을 모두 모아 목록과 색인을 만드는 과정에서 전 세계에 존재하는 모든 책의 수를 계산하였는데 도서관, 출판사, 출판관련 기관들로부터 받은 자료들과 나름의 로직을 통해 약 1억 2,886만 4,880권이 있다는 결론을 내렸다.

하지만 이 과정에는 몇 가지 문제점이 존재했다. 다양한 형태로 존재하는 책들을 제대로 스캔하고 검색이 가능하도록 디지털화하기 위한 기술적인 어려움과 더불어 스캔 및 무료 공유를 위한 저작권의 이슈였다.

우선 구글은 기술적인 어려움을 해결하기 위해 시간당 1,000쪽을 스캔할 수 있는 3차원 스캐너를 개발하였다. 이 스캐너는 4개의 카메라를 이용해 스캔 범위를 정하고 도서 굴곡도를 계산하여 보다 정밀한 스캔이 가능하다. 디지털화는 OCR 기술을 사용하였다. OCR은 광학 문자 인식으로, 스캐너로 획득한 필기문자와 인쇄문자 이미지를 기계가 읽을 수 있게 디지털화한다. 하지만 고서의 경우 다양한 필기체와 잉크자국 등의 오물 그리고 책의 낡음*으로 OCR과 3차원 스캐너로도 제대로 된 스캔이 불가능했다. 결국이는 일일이 오류를 찾아 수작업으로 해결해야 하는데, 사실상 수천만 권의 책을 처리하는 것은 불가능했다. 이를 해결하기 위해 구글은 리캡차를

---

* 약 50년이 지난 책은 현재 컴퓨터가 30% 정도를 제대로 해석하지 못한다.

2009년에 인수하였다.

구글이 인수한 리캡차의 작업 화면

리캡차[*]는 미국 카네기멜런 연구원들이 사람과 컴퓨터를 판별하기 위해 개발한 기술인 캡차[**]를 고서에서 제대로 인식이 안 된 글자를 해석하는 것에 활용하기 위해 적용한 일종의 집단지성 활용 아이디어이다. 기본적으로 캡차는 두 개의 이미지를 제시한다. 하나는 컴퓨터가 제대로 인식한 이미지이며 나머지 하나는 인식이 안 된 이미지이다. 캡차 입력을 요청 받은 사용자는 두 개의 이미지의 답을 모두 입력하며, 컴퓨터는 알고 있는 이미지의 답을 체크하여 인식이 안 된 이미지의 답의 올바름 여부를 판단한다. 즉 하나의 답이 맞으면 다른 답도 맞을 거라는 가정으로 사람과 컴퓨터를 구분하고, 고서에서 해석이 안 된 글자의 답을 얻어내는 것이다. 현재 하루에 약 2억 명의 사람들이 인증을 위해 리캡차를 사용하고 있는데 이를 통해 매일매일 새로 알게 되는 낱말의 수는 약 1억 개 수준이라고 한다.

두 번째 문제인 저작권 이슈와 관련해서는 미국 작가협회와 11년간의 긴 법정싸움 끝에 구글이 최종 승리했다. 미국 연방대법원은 2016년 4월 작가

---

[*] 구글의 홈페이지에 리캡차는 '책의 디지털화 작업을 돕는 스팸 방지 도구(Anti-bot Service that helps digitize books)'라고 소개되어 있다.

[**] CAPTCHA(Completely Automated Public Turing test to tell Computers and Human Apart)

협회가 구글을 상대로 낸 저작권 침해 손해배상소송에서 작가들의 상고 신청을 기각하면서 1심과 2심에 이어 마지막에도 구글의 손을 들어주었다. 구글 북스 라이브러리 프로젝트가 작가들의 저작권을 침해하지 않았고 오히려 가치를 더해주는 역할을 했다고 판단한 것이다. 구글은 처음부터 프로젝트는 '공정이용fair-free'을 위한 것이라고 주장했다. 스캔한 디지털 책을 돈을 받고 팔지도 않았고, 오히려 독자들이 책을 보다 편리하고 정확하게 이용할 수 있도록 도왔다는 이야기였다. 미국 연방대법원이 구글 북스 라이브러리 프로젝트가 공정이용이라고 판단한 이유는 다음과 같다.

- 구글 북스는 책을 찾는 어린아이, 학생, 연구자 등 여러 대상의 독자들에게 도움을 주었다.
- 구글에서 스캔한 책은 대부분이 역사서, 연구자료 등 비소설이다.
- 구글이 원본을 모두 스캔하지만, 구글 북스 사용자에게는 책의 일부만 보여준다.
- 구글이 책의 내용을 검색 가능하게 만든 덕분에 책의 가치가 더 높아졌다.

국내의 경우는 2018년 4월 국립도서관들을 대상으로 구글 북스 라이브러리 프로젝트 참여의 제안이 있었으며, 현재 찬반양론이 치열한 상태이다. 찬성 측은 도서관 본래 기능인 '열람'에서 사용자 편의가 향상되고 도서 이용률이 높아진다는 주장이며, 반대 측은 도서관 기능 축소의 우려와 구글에 세금으로 구축한 자료를 넘겨줘서는 안 된다는 주장이다.

지식 플랫폼으로서의 구글

플랫폼이 성립되었다는 의미는 아마도 사회의 인프라로 자리 잡았다는 말과 동일할 것이다. 구글은 이런 의미에서 이미 교육의 영역까지 영향력을 넓히고 있다. 미국의 초등학교에서 구글링을 하나의 교과과목처럼 가르치기 시작했기 때문이다. 구글을 활용하여 지식을 얻는 법을 가르치는 것이 교육에서 중요한 요소가 되기 시작한 것이다. 미래에 구글이 지향하는 사업영역이 어디까지 넓어질지는 알 수 없지만 지식이라는 영역에서 구글은 지식 플랫폼이라는 위치를 가짐으로써 인터넷상의 지식이 증가하고 인터넷을 통해 지식을 찾는 사용자가 늘어갈수록 하루하루 더 공고해질 것으로 보인다.

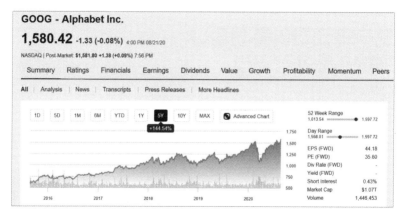

구글의 기업가치는 5년간 144% 상승하여 2020년 상반기 1조 달러를 넘어섰다.

02

Thinking of Platform 2.0

모두의 미디어를 만들다: 페이스북의 생각법

미디어에서의 플랫폼의 생각법

미디어는 콘텐츠를 소비자에게 제공하는 매개방식을 의미한다. 신문이나 방송이 대표적인 매체로 보이는 것은 전통적으로 이들이 콘텐츠를 만들어 대중에게 공급하기 때문이다. 대중은 미디어를 통해 세상의 이야기를 전달받고 생각을 형성한다. 그런데 최근 이러한 미디어 영역에서 혁명과도 같은 커다란 변화가 일어나고 있다.

기존 미디어인 MBC나 조선일보는 일방적으로 콘텐츠를 생산하여 대중에게 제공했다. 소비자는 콘텐츠를 제공하는 기업을 선택할 수 있었지만 스스로 콘텐츠를 제작하거나 유통하는 과정에 참여할 수 없었다. 변화는 소비자의 미디어 참여라는 관점에서 시작되었다.

현재 미디어 영역에서 발생하고 있는 가장 큰 변화는 두 가지이다. 첫 번째는 콘텐츠 생산자가 소수에서 아주 많은 다수로 늘어났다는 점이고, 두 번째는 콘텐츠 유통경로가 기존의 독점 체제에서 누구에게나 개방되었다는 점이다. 그리고 이러한 변화는 페이스북과 같은 인터넷 기반의 SNS에 의해서 이뤄졌다. 수동적이었던 소비자가 콘텐츠 생산에 참여하기 시작했고 생산된 콘텐츠는 제한 없이 유통되기 시작했다. 물론 기존의 미디어 기업이 여전히 존재하고 기존과 동일한 방식의 미디어 행위를 지속하고 있지만 그들이 미래가 아니라는 것을 우리 모두는 알고 있다.

SNS의 등장으로 소비자가 콘텐츠 생산에 참여하기 시작했다.

페이스북의 플랫폼으로서의 형성은 구글과 마찬가지로 매력적인 도구와 동의할 수 있는 원칙이 적절히 조합됨으로 완성되었다. 하지만 페이스북의 플랫폼으로서의 형성은 SNS가 갖는 네트워크 외부효과*에 많은 부분 기인했다. 즉 페이스북이 플랫폼으로 성공한 이유가 구글처럼 플랫폼 도구의 우월성 때문은 아니라는 것이다. 페이스북은 적절한 시기에 적절한 도구와 전략으로 규모를 달성했고 그 규모가 네트워크 효과를 일으켜 시장을 장악했다는 의미이다.

네트워크에 참가하는 참여자가 많을수록 그 네트워크의 영향력이 커지기 때문에 미디어라는 영역에서 성공적인 플랫폼이란 보다 많은 콘텐츠 생산자와 소비자가 참여할 수 있는 도구와 원칙을 제공하는 플랫폼이 될 것이다. 의미상 우월한 도구라기보다는 쉬운 도구의 성격이 강할 것이고 동의할 수 있는 원칙의 의미보다는 떠나지 않을 이유를 제공하는 것이 더 중요하다 할 수 있다. 물론 가장 중요한 것은 의미 있는 규모에 누가 먼저 도달하는가였다.

여기서 SNS와 미디어라는 페이스북을 상징하는 두 개의 단어에 대한 정리가 필요하다. 페이스북은 SNS이고 SNS를 통해 구축된 인적 네트워크를 바탕으로 한 미디어 플랫폼이기 때문이다. 페이스북은 SNS라는 서비스를 통해 24억 명의 가입자를 모았고 그 성장은 단순한 인간관계 유지를 위한 서비스가 아닌 미디어 플랫폼으로 스스로를 포지션했기에 가능했다. 싸이월드가 훌륭한 SNS였지만 미디어 플랫폼이 되지 못했거나, 트위터가 훌륭

---

* 네트워크란 노드와 링크로 구성된 일종의 관계망을 의미하며, 외부효과란 어떤 경제 활동과 관련해 당사자가 아닌 다른 사람에게 의도하지 않은 혜택이나 손해를 발생시키는 것을 의미한다. 네트워크 외부효과란 네트워크 내에서 발생하는 외부효과로 네트워크의 참여자는 자신이 의도하지 않은 편익을 네트워크에 기여하게 된다.

한 미디어였지만 규모를 이루지 못한 것을 생각하면 이를 쉽게 이해할 수 있다.

2000년대 한국에 있었던 누구라도 한번쯤 경험했을 서비스인 싸이월드는 전형적인 SNS이고 플랫폼 도구라는 측면에서 보면 가장 페이스북과 유사한 도구적인 특성을 갖고 있었다. 싸이월드는 미니홈피라는 약간은 젊은 취향이지만 쓰기 쉬운 UI를 제공했으며 실명공개를 통해서 사이좋은 사람들이라는 신뢰 네트워크를 구축했다. 한번 싸이월드가 대중의 선택을 받기 시작하자마자 네트워크는 아주 빠른 속도로 성장했고 단기간에 대상 고객의 90%가 참여하는 네트워크를 만들어냈다. 하지만 SNS로서 싸이월드의 성장은 거기까지였다. 싸이월드라는 서비스는 사용자 풀이 확장되고 핵심 사용자층이 나이가 들어가면서 경쟁력을 상실해 갔다. 싸이월드라는 틀 내에서 무언가 생산되고 소비되는 순환구조가 만들어진 것이 아니기에 사용자들은 싸이월드가 주는 가치가 소진되자 떠나기 시작했던 것이다.

트위터는 정치인들처럼 자신의 생각을 대중에게 이야기하고 싶은 미디어 피플에게는 매우 좋은 서비스이다. 하지만 그렇지 않은 대중들은 이 서비스에 참여하기보다는 미디어 피플들의 이야기를 듣는 방식으로 스스로의 참여를 제한한다. 기존 미디어만큼은 아니지만 이야기하는 사람과 듣는 사람이 구분되는 서비스이다. 트위터가 성공한 플랫폼으로 성장하지 못한 이유는 충분한 공급자와 충분한 소비자를 만들어내지 못한 이유였을 것이다. 미디어가 모두의 미디어가 되지 못한 기존 미디어의 한계를 완전히 극복하지 못한 탓이다. 대중의 미디어 활동에서의 참여가 어떤 의미인지는 페이스북의 운영원칙에서 그 의미를 설명하도록 하겠다.

페이스북의 플랫폼 운영원칙

SNS는 검색과는 달리 도구의 제공이 어렵지 않았기에 SNS 플랫폼 간의 경쟁이 치열했고 그 경쟁의 결과는 빠른 확장과 그 확장에 따른 적절한 대응에 있었다. 페이스북은 먼저 하버드대학에서 시작하여 하버드대학 내에서 대다수가 참여하는 네트워크를 형성한 후 이 명성을 바탕으로 예일, 스탠포드 등 다른 대학으로 단계적으로 확장하는 전략을 선택했다. 이는 네트워크의 성장 속도와 시스템 투자 속도를 조절하기 위함이었고 이로 인해 적절한 품질의 서비스를 제공할 수 있었던 것이다. 이러한 속도조절을 통해 페이스북은 규모의 네트워크를 만들어냈고 이는 신뢰할 수 있는 미디어 플랫폼으로 자리 잡게 된다.

미디어 플랫폼으로 자리를 차지하면서 보였던 페이스북의 운영원칙을 보면 두 가지 특징을 갖는다.

첫 번째는 단방향(1 to N) 미디어의 역할을 완전히 배제하고 다수 대 다수(1 to N)의 미디어 형태를 지향했다는 점이다. 미디어는 역사적으로 일 대 다의 형태를 취해왔다. 조선일보나 문화방송이 콘텐츠를 제작하고 신문이나 방송을 통해서 대중에게 전달하는 그런 방식이다. 전문가가 제작하면 전달 경로는 이미 확보되어 있으므로 콘텐츠는 빠른 속도로 대중에게 전달되었다. 하지만 미디어 기업이 어떤 성향을 가지느냐 혹은 미디어 기업의 콘텐츠 제작이 공정한가에 대한 의심은 언제나 존재해왔고 아울러 정치경제 집단이 미디어를 장악하려는 노력도 언제나 있어왔기에 미디어는 완전히 가치중립적이지도, 완전히 독립적이지도 그리고 완전히 공정하지도 않았다. 그러기에 언제나 권력의 미디어, 가진 자들의 미디어라는 의심이 존재해왔다.

페이스북이 만들어낸 미디어 플랫폼은 페이스북이라는 플랫폼의 운영자가 콘텐츠의 유통에 참여*하지 않는다는 사실 하나만으로 공정성, 가치중립성, 독립성이라는 미디어의 덕목을 얻어냈다. 누구나 미디어 플랫폼에 콘텐츠를 올릴 수 있고 이 콘텐츠는 플랫폼 참여자들의 지지를 통해 대중에게 전달, 전파되는 방식을 택한 것이다. 조선일보도 문화방송도 동일하게 한 표를 가진 콘텐츠 제작자가 되었고 공정한 경쟁이 기본원칙이 된 것이다. 이 공정한 원칙을 명시적으로 보여주는 것이 페이스북의 시작화면이다. 즉 www.facebook.com을 보면 페이스북은 기존 미디어처럼 자신들이 편집하는 메인 페이지를 운영하지 않는다. 네이버처럼 편집된 메인 페이지 없이 회원들 간의 소통을 도와주는 역할만을 담당할 따름이다.

페이스북은 네이버나 다음과 같은 특정한 메인 페이지가 존재하지 않는다.

---

*   이를 일반적으로 포털의 편집권한이라 이야기한다.

두 번째 원칙은 신뢰기반의 실명 SNS를 지향한다는 점이다. 페이스북상에서 가상의 이름으로 미디어 활동을 할 수는 있다. 하지만 SNS가 갖는 특성상 가명의 계정은 실제 오프라인상에서의 관계를 온라인상으로 가져오기 힘들고 동일한 이유로 제작한 콘텐츠에 대한 지지를 얻어내는 것도 어렵다. 네트워크에 참여하는 대부분의 참가자는 실제 존재하는 사람이고 제작된 콘텐츠는 그 실존인물의 관계 네트워크를 통해서 초기의 지지를 얻기 시작하기 때문이다.

네트워크 내에 참여하는 모든 사람이 실명으로 참여하면 네트워크 내의 신뢰는 상승하게 된다. SNS 서비스 내에서의 나의 명성이 나의 실제 세상에서의 명성에 영향을 끼치기 때문이다. 아울러 신뢰 네트워크 안에서의 콘텐츠의 확산은 콘텐츠에 대한 신뢰도 증대시키게 된다. 현재 많은 인기를 누리고 있는 인스타그램은 비실명 네트워크이고 유통되는 콘텐츠는 사진으로 한정되어 있기에 네트워크의 성장은 빠르지만 미디어로서의 역할은 제한적이다.

미디어 플랫폼의 특징은 기본적으로 플랫폼의 참여자가 많아야 한다. 아니 충분히 많아야 한다. 또한 네트워크가 충분히 커지게 되면 네트워크 효과로 네트워크의 성장은 지속된다. 페이스북은 훌륭한 도구와 전략 그리고 신뢰라는 원칙을 바탕으로 네트워크를 만들어 미디어 플랫폼의 자리를 차지한 것이다.

미디어 프로슈머 플랫폼

미디어 생산자 + 미디어 생산자 ---> 프로슈머

플랫폼을 통한 프로슈머의 등장

미디어 플랫폼에서 양면시장의 의미는 우리에게 프로슈머^{Prosumer*}라는 단어를 가져다주었다. 기존의 미디어 영역에서는 생산자와 소비자가 명확히 구분되어 있던 것과 달리 페이스북이 제공하는 미디어 플랫폼에서는 누구나 콘텐츠 생산에 참여할 수 있다. 여기서 콘텐츠는 의견일 수도, 사진·영상일 수도, 뉴스일 수도 있다. 조선일보와 같이 전문적으로 콘텐츠를 생산하는 참여자도 있고 자신이 방문한 식당의 음식 사진을 올리는 참여자도 있다. 여기까지는 기존에 이미 많이 언급되었던 마이크로 미디어의 개념과 다를 바 없어 보인다.

페이스북이 미디어 플랫폼으로 제공하는 또 하나의 기능은 콘텐츠를 제작하지 않는 사람이 콘텐츠 제작에 참여할 수 있는 메커니즘이다. 바로 '공유' 기능과 '좋아요' 기능이다.

좋아요(Like) 공유하기(Share)
소극적 동의의 표시 적극적 동의의 표시

페이스북에서 네트워크에 참여하는 사람은 누구나 콘텐츠를 공유하거

---

* 미국의 미래학자 앨빈 토플러가 처음 사용한 단어로, Producer(생산자)와 Consumer(소비자)의 합성어이다. 소비자이되 생산 활동에 관여하는 계층을 의미한다.

나 '좋아요'를 누를 수 있다. 과거 네이버 게시판과 같은 단방향 미디어에서는 콘텐츠를 지지하는 행위가 아무런 역할을 하지 못했던 것과 달리 페이스북에서의 '공유'나 '좋아요'는 하나하나가 미디어 활동으로 간주된다. '좋아요'가 많아지면 뉴스피드를 통해 전달될 가능성이 많아지고, 공유가 되면 이는 자연스럽게 친구 네트워크 내에서의 전파를 의미하기 때문이다. 비록 자신의 일상사만을 페이스북에 공유하는 참여자일지라도 뉴스피드에 올라온 글이나 뉴스에 대해 공유하고 지지할 권리를 갖고 있다는 뜻이다. 즉 기존의 미디어라는 측면에서 완전히 수동적 자세를 가졌던 대중들에게 보다 적극적으로 미디어 행위에 참여할 수 있는 방법을 제공한 것이다. 기존의 프로슈머라는 단어가 미디어라는 영역에서 진정한 의미를 찾은 것이다.

물론 이러한 미디어 활동이 기능하기 위해서는 기본적으로 회원들 간의 소통이 필수적이다. 기본적으로 회원들 간의 소통이 이뤄져야 네트워크가 형성되고 네트워크 효과를 통해 무언가가 빠르게 퍼져나갈 수 있을 것이기 때문이다. '좋아요'도 '공유'도 이러한 관계가 형성되어 있어야 미디어 도구로서 그 역할이 가능할 것이다. 그중 가장 대표적인 노력이 바로 페이스북의 뉴스피드이다.

뉴스피드는 페이스북 사용자의 홈페이지 메인에 위치한 기능으로 현재 페이스북에서 제공하고 있는 가장 핵심적인 기능이다. 친구 및 팔로우(또는 좋아요)되어 있는 대상(사람이나 페이지 등)들의 게시물이나 다양한 활동들이 자체 알고리즘(대표적인 알고리즘으로 엣지랭크가 있음)을 통해 선택되어 제공된다.

플랫폼 도구, 뉴스피드

뉴스피드는 이름에서 보이는 것처럼 뉴스를 피딩 즉 공급해주는 장치로, 페이스북을 사용하면 선택 없이 제공되는 서비스이다. 서비스의 내용은 아주 간단하다. 페이스북이 생각하기에 사용자에게 적합한 콘텐츠를 뉴스피드라는 탭에 나열해준다. 주로 친구와 가족이 올린 일상의 이야기도 있고 미디어 기업의 전문적인 기사도 있다. 물론 사용자가 팔로우를 하고 있는 기업의 페이지나 특정 그룹의 뉴스일 수도 있다. 이 콘텐츠들을 일종의 신문을 배달하는 것처럼 제공하는 것이 뉴스피드이다.

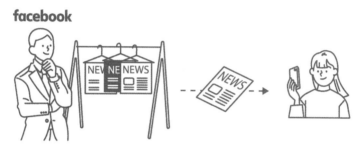

페이스북의 뉴스피드 기능

2006년 9월에 처음 서비스를 오픈하였으며 처음에는 '스토킹 서비스'라는 비난과 함께 500여 개의 안티 그룹까지 생겨났었다. 뉴스피드의 원래 의도와는 관계없이 알리고 싶지 않은 나의 포스팅이 네트워크를 타고 수많은 사람들에게 전파되는 결과를 낳은 것이다. 네트워크가 가진 확산의 힘을 잘 알지 못했던 사람들은 만들어진 결과에 분노했고 '뉴스피드'는 페이스북이 만들어낸 최악의 서비스로 인식되었다. 일반적인 기업이라면 즉시 폐기했을 수준의 반발에 직면했던 것이다.

하지만 페이스북은 CEO인 저커버그의 즉각적인 사과와 프라이버시 장치 개발의 약속을 통해 비난을 정면 돌파하였고 이후 뉴스피드는 급격한 미디어형 페이지뷰 증가와 그 가치를 인정하는 사용자들의 지지를 통해 지금의 페이스북 가치를 이끌어낸 핵심 기능으로 인정받게 되었다.

예를 들어 가족의 여행사진이든 명확한 정치적 성향을 가진 친구의 주장이든 나의 뉴스피드에 올라온 글이 마음에 들어 '좋아요'라는 아이콘을 누르면 어떤 일이 발생할까? 이 글은 뉴스피드 알고리즘에 의해 평가가 상승하게 되어 다른 이들의 뉴스피드를 통해 보다 많은 사람들에게 제공될 가능성이 올라간다. 보다 많은 사람에게 노출되면 보다 많은 '좋아요'를 받을 확률이 생기게 되고 결국 선순환을 통한 확산이 발생하게 된다. 이처럼 뉴스피드는 특정 이슈에 관심을 가지는 사람들에게 빠르게 뉴스를 확산시킬 수 있는 기능이며 이를 통해 페이스북은 가장 크고, 강력하며, 빠르고, 파급력 있는 미디어가 되었다. '좋아요'가 소극적인 지지를 표현한 것이라면 '공유하기'는 보다 적극적인 지지의 표시이다. 한두 줄의 의견을 달아서 공유를 하게 되면 내 친구들의 뉴스피드에 올라올 가능성은 훨씬 더 커지기 때문이다. 이런 맥락에서 '좋아요'와 '공유하기'는 페이스북이 만들어낸 가장 공정한 미디어 도구였다.

뉴스피드로 제공될 게시물을 선택하기 위해 페이스북은 엣지랭크를 비롯한 다양한 자체 알고리즘을 사용한다. 예를 들어 엣지랭크의 경우 비교적 초기에 공개한 알고리즘으로 핵심 요소는 친밀도, 가중치, 시의성이다. 친밀도는 내가 친밀감을 표시한 계정의 활동을 뉴스피드에 더 노출시키는 개념이다. 친밀감의 표시는 특정 포스트에 댓글, 좋아요, 공유 등의 활동을 표시한 경우이다. 가중치는 콘텐츠 형태에 따른 가중치이다. 비디오가 사진보

EDGERANK

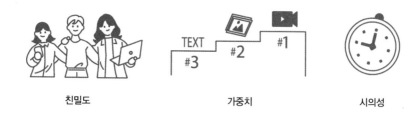

| 친밀도 | 가중치 | 시의성 |

다 높으며, 사진은 링크보다, 링크는 단순한 텍스트보다 높다. 즉 단순한 글보다는 이미지가 포함된 포스트가 뉴스피드에 올라올 확률이 높다. 마지막으로 시의성은 시간에 따른 가산점이다. 당연히 새로운 콘텐츠일수록 높은 점수를 받는다. 이 외에도 라스트액터[Last Actor*], 스토리범핑[Story Bumping**], 친구 우대 등 다양한 알고리즘을 조합***하여 뉴스피드를 결정한다.

페이스북의 미디어 플랫폼으로서의 양면시장 설계는 모든 SNS 참여자들이 미디어 활동에 참여할 수 있게 만들어준 것이다. 신문사에 비유하자면 SNS 참여자 모두가 오늘의 특종을 고르는 신문사의 데스크(편집국장)가 되어 뉴스를 편집하는 데 참여하는 것이다. 과거에 신문사 데스크가 수행했던 미디어로서의 선택권을 이제는 우리 모두가 나눠 갖게 만들었다는 의미이다.

물론 미디어로서 콘텐츠를 만드는 도구 또한 페이스북은 제공하고 있다. 글을 쓸 수도 사진을 올릴 수도, 동영상으로 방송을 할 수도 있다. 또한 외부 사이트와의 링크를 통해 글을 퍼 나를 수도 있다. 이 모든 콘텐츠들이 전달되는 미디어를 소수의 손에서 모두의 손으로 옮겨 놓은 것이 페이스북이

---

* 최근 게시물의 인터렉션을 분석해 다음 게시물에도 영향을 주는 알고리즘이다.

** 엣지랭크의 Decay와는 반대 속성으로, 시간과 관계없이 인기 있는 콘텐츠를 뉴스피드에 올려주는 알고리즘이다.

*** 페이스북은 머신러닝에 기초해 최소 10만 개 이상의 요소를 고려한다.

만들어낸 미디어 플랫폼이고 앞으로 만들어낼 미디어 혁명인 것이다.

개방과 공유를 통한 성장

페이스북에 있어서 개방은 일종의 운명이었다. 앞서 말한 바와 같이 마크 저커버그는 개발자 콘퍼런스를 처음 시도하면서 행사의 이름을 'fate(운명)' 와 발음이 비슷한 f8이라고 명명했다. 지금도 페이스북의 운명은 꾸준히 계속되고 있고 그 운명의 다른 이름이 바로 개방이다.

페이스북은 플랫폼의 성장에 있어 개방이 얼마나 중요한가를 가장 잘 알려주는 플랫폼 사례이다. 지식이 조금 딱딱하고 생산자가 제한적이라면 미디어 플랫폼의 주인공인 콘텐츠는 상대적으로 누구나 손쉽게 만들 수 있다. 미디어 콘텐츠는 간단한 몇 줄짜리 영화평이 될 수도 있고 영상으로 이루어진 뉴스일 수도 있다. 그러기에 보다 많은 사람이 참여할 수 있고 생산자와 소비자 간의 거리는 가까워질 수 있었다. 누구나 참여할 수 있다는 의미에서의 개방은 미디어 플랫폼에 있어서는 기본 중의 기본으로 볼 수 있다.

하지만 이 미디어의 본질만으로 페이스북의 개방을 다 설명할 수는 없다. 개방의 본질을 이야기할 때 참여라는 단어를 구글의 예를 들어 설명했다. 단순히 개방을 한다고 해서 모두가 참여하는 것은 아니며 참여해야 할 이유가 제공되어야 한다는 점을 이해해야 한다. 페이스북은 그 참여의 이유에 있어 엄청난 파격을 보여준다.

페이스북이 가진 핵심자산은 가입자이다. 그리고 가입자들이 만들어 놓은 친구 네트워크이다. 일반적인 기업의 경영방식에서 보면 이 자산을 활용하여 기업가치를 창출하지만 이 자산을 외부에 개방하지는 않는다. 그 기업만이 가진 일종의 고유기술이나 특허와 같은 의미이기 때문이다. 하지만 페이스북은 그 자산을 모두에게 개방하고 이를 어떻게 활용하는지 알리는 데 최선을 다했다. 페이스북이 그것을 위해 개최한 개발자 콘퍼런스가 앞서 말한 f8이다.

페이스북의 Open API

개발자 콘퍼런스인 f8은 페이스북이 창업된 지 얼마 안 된 2007년부터 페이스북을 오픈 플랫폼으로 만들겠다는 의지에서 API를 공개하고 개발자들에게 개발 가이드를 제공하기 위해 거의 해마다 열리고 있다. 처음에는 65명의 개발자와 함께 3주의 기간 동안 10개의 애플리케이션을 발표했으나 이후 6개월 만에 25만 명의 개발자들이 등록하면서 애플리케이션의 숫자도 2만 5,000개로 크게 늘어났다. 이후 페이스북 핵심자산이자 개방 정책의 핵심이라고도 할 수 있는 소셜그래프*를 오픈그래프라는 프로토콜을 통해 개

---

* 회원들 간의 인간관계도를 의미하며 일촌 네트워크의 그림 정도로 이해할 수 있다.

발자에게 개방했으며, 페이스북 커넥트와 같이 페이스북이 제공하는 신뢰라는 가치를 외부의 애플리케이션들도 이용할 수 있도록 해주는 기능의 공개를 거치면서 폭발적으로 증가해왔다.

페이스북의 소셜그래프

소셜그래프는 2010년에 열린 f8에서 공개한 내용으로 페이스북이 현재 가지고 있는 가장 큰 핵심자산인 사용자의 사회적 관계를 그래프 형태로 나타낸 것이다. 나와 연결된 친구들 그리고 그 친구들의 친구들로 이어지는 친구 네트워크 구조를 보여주는 것으로 초기 페이스북 성장의 원동력이었다. 그리고 이러한 소셜그래프 내에서 발생하는 활동들을 외부에 공유가 가능하도록 일종의 통신규약을 정한 것이 오픈그래프이다.

예를 들어 A와 B라는 사용자가 있고 A의 페이스북 친구인 B가 특정 음악 앱을 통해 음악을 듣고 있는 상황을 음악 앱 운영자가 페이스북에 공유했다면 아마도 A의 뉴스피드에 친구 B의 활동이 올라올 것이다. 이제 A는 같은 음악을 들을 수도 있고 댓글을 달거나 '좋아요'를 누를 수도 있다. 이러한 상황이 가능한 이유는 A와 B가 소셜그래프상에서 친구의 관계를 가지고 있고, 음악어플(예를 들어 멜론 같은)은 페이스북의 오픈그래프 기능을 사용하여 현재 듣고 있는 음악을 페이스북에 공유할 수 있었기 때문이다. 이처럼 소셜그래프는 페이스북 내에 있는 수많은 사용자들을 연결하였고, 오픈그래프는 수많은 외부 애플리케이션과 페이스북을 연결하였다. 그 결과 음악을 듣는 것과 같은 다소 정적인 행동조차도 사회적인 행동으로 전환할 수 있게 된 것이다. 이것이 페이스북이 갖는 미디어로서의 가치이다.

현재 페이스북은 오픈소스, 소셜 통합, 게시, 게임, 인공지능, 증강현실, 가상현실 그리고 비즈니스 도구 등 총 8개의 카테고리에서 약 40여 종류의 Open API와 SDK^{Software Development Kit}를 개발자들에게 제공하고 있다. 카테고리의 이름에서도 알 수 있듯이 인공지능, 증강현실, 가상현실 등은 비교적 최근에 새롭게 개방한 API들이다. 이런 경향을 통해 페이스북이 모바일 환경과 사진 동영상 중심의 콘텐츠에 머무르지 않고 더 나아가려는 모습을 적극적으로 보이고 있음을 알 수 있다.

여기서 다시 싸이월드로 돌아가서 싸이월드의 일촌 네트워크에 대한 철학을 생각해보면 페이스북과의 그 차이를 극명하게 알 수 있다. 싸이월드는 닫혀 있었고 그 누구도 그 일촌 네트워크에 접근할 수 없었다. 내부 개발자 100명으로 모든 개발이 이뤄졌고 싸이월드 내의 배경화면과 같은 콘텐츠만 선정된 소수의 외주업체에 공급이 허용되었다. SNS로 한국 시장을 완전히 장악했지만 그 네트워크가 활성화되기 위한 콘텐츠가 적었고 참여자들의 졸업, 취업 등의 변화와 더불어 네트워크 내의 온도가 낮아져갔다. 싸이월드가 지속적으로 성공하지 못한 이유는 SNS에서 미디어로 진화하지 못했기 때문이지만 모든 것을 혼자 만들어가려 했던 폐쇄전략 역시 이에 한몫을 담당했다.

또 하나의 개방, 페이스북 커넥트

다음으로 '페이스북 커넥트' 기능에 대하여 알아보자. 이 기능은 비교적 빠른 2008년에 열린 f8에서 처음 공개된 기능으로 페이스북의 프로필 정보를 이용해 외부 어플이나 사이트에 로그인할 수 있도록 한 일종의 간편 로그인 기능이다. 현재는 구글을 비롯해 네이버 등도 제공하고 있어 다양한 환경에서 쉽게 접할 수 있는 기능이다.

하지만 페이스북 커넥트는 구글이나 네이버와 달리 단순히 로그인 기능만 제공하는 것이 아니라 해당 어플이나 사이트에서의 활동을 나의 페이스북에 손쉽게 공유할 수 있다. 이로써 더욱 많은 콘텐츠들이 쉽게 뉴스피드에 들어오게 되고 해당 서비스는 나의 친구들에게 빠르게 전파된다. 이러한 선순환은 페이스북 페이지뷰의 급격한 성장을 이끌며 페이스북과 해당 서비스 가치의 동반 상승을 만들어낸다.

새로운 어플이나 서비스를 처음 론칭할 때를 생각해보자. 가입자 확보를 위한 회원가입 절차는 필수적이다. 하지만 사용자 입장에서 회원가입 과정은 해당 앱의 실행을 한 번 더 생각해보게 만드는 일종의 허들이다. 이는 번거로움이라는 문제도 있지만 어플에 대한 신뢰가 부족한 상황에서 개인정보를 제공하며 흔쾌히 회원가입을 하기가 쉽지 않기 때문이다. 그렇기 때문에 어플의 개발자 입장에서도 회원가입 과정은 풀어야 하지만 쉽게 풀기 어려운 큰 숙제 중의 하나이다. 하지만 이미 신뢰성이 보장된 페이스북이 회원가입과 로그인 과정을 대신하게 되면서 개발자들이 가지고 있던 많은 고민이 해결되었다. 게다가 과정의 단순화와 신뢰도의 증가로 이용자들의 편의성 역시 크게 증가하게 된다.

하나의 예로 와인을 좋아하는 필자의 애정 어플인 Vivino를 보면 가입

과정에 페이스북이 등장하는데, 페이스북 커넥트 기능을 통해 회원가입과 로그인 과정을 대신할 수 있다. 로그인 후에는 내가 Vivino로 와인에 대한 글을 쓰면 자동으로 나의 페이스북에 올라가고 와인을 좋아하는 나의 친구들에게 피드된다. 이 과정을 통해 Vivino라는 와인 어플은 순식간에 페이스북 네트워크에 알려지게 되고 페이스북은 와인 네트워크를 얻게 된다.

Vivino 어플의 로그인 화면

페이스북은 자신의 핵심자산을 개방함으로써 자신의 네트워크를 보다 풍성하게 만드는 전략을 택한 것이다. 지금 돌이켜 생각해보면 페이스북의 개방전략 자체가 미디어 전략이었고 SNS라는 친구 네트워크와 미디어가 적절히 조화되면서 긴 생명력을 갖게 된 것으로 보인다.

Vivino에 올라간 필자의 와인 감상평

SNS 기반의 미디어 가치추구

최근에 벌어진 일련의 사건들은 페이스북이 가진 SNS와 미디어로서의 역할 간의 충돌을 잘 보여준다. 2018년 1월 페이스북의 CEO인 마크 저커버그는 "커뮤니티, 브랜드, 기업 미디어 콘텐츠들이 많아지면서 뉴스피드에 노이즈가 높아졌다. 그러나 페이스북은 친구와 가족들을 연결하도록 유도하는 것이 더 중요하다"라고 밝히면서 뉴스피드에서 브랜드와 미디어 광고 등을 줄이고 개개인의 의미 있는 관계와 가족, 친구와의 연결을 강화하는 콘텐츠 노출을 강화하겠다고 발표했다.

페이스북은 친구들 간의 네트워크이자 미디어 네트워크이다. 미디어 네트워크라는 의미는 많은 콘텐츠들이 페이스북을 통해 전달되어야 제대로 작동된다. 하지만 미디어적 기능이 강해질수록 페이스북 친구 간의 네트워크 기능은 약화되게 된다. 친지의 소식이나 친구의 여행소식 등으로 채워져야 할 나의 담벼락이 정치, 경제, 스포츠 뉴스와 상품광고로 채워질 가능성이 크기 때문이다. 이런 이유로 페이스북은 기업의 페이지에서 만들어진 콘텐츠에 대해 '좋아요'나 '공유'가 역할을 하지 못하도록 내부 규정을 변경했다. 기업의 페이지를 팔로우하는 사람에게는 페이지에서 제작한 콘텐츠가 피드되지만 추가적인 '공유'나 '좋아요'를 통해 추가적인 확장은 제한시켰다는 의미이다. 이러한 제한은 소비자가 선택한 페이지와 페이스북이 사업목적으로 제공하는 광고 외에는 모두 친구들의 콘텐츠로 담벼락을 채우겠다는 의지의 표현이다.

이 사건을 통해 우리는 페이스북이 지향하는 가치를 이해할 수 있다. 미디어라는 가치는 페이스북이 24억 명이라는 네트워크를 형성했을 때 이미 거의 완성되었다. 페이스북이라는 미디어를 통해 작은 목소리들과 작은 콘

페이스북을 통해 뉴스피드 정책 변화를 알린 마크 주커버그

텐츠들이 세상에 알려질 수 있는 환경이 만들어졌고 그 변화는 이미 시작되었다. 이 변화는 페이스북이 페이스북 네트워크 안에서 어떻게 미디어로서의 역할을 적절히 수행하느냐에 달려 있다. 미디어 플랫폼으로서 페이스북이 중립적인 자세를 취하는 이상 페이스북이 미디어 플랫폼으로 도전을 받거나 의심받을 가능성은 없어 보인다. 단지 이 플랫폼이 얼마나 상업적인가에 대한 의심만이 남아 있을 뿐이다.

물론 미디어 플랫폼도 수익을 창출해야 하기에 광고라는 콘텐츠를 사용한다. 구글의 경우처럼 검색결과와 연관된 광고를 보여주는 방식은 광고로 보이지 않게 하는 것이 궁극적인 목표다. 그리고 구글은 어느 정도 성공한 것으로 보인다. 하지만 페이스북의 경우에는 명시적으로 '추천게시물'이라는 이름으로 광고를 게시하는 것 말고는 다른 방법이 없다.

'나의 친구 아무개가 좋아합니다'와 같이, 비록 광고지만 너의 친구가 좋아한다는 사족은 아무래도 변명으로밖에 보이지 않는다. 페이스북이 SNS로서의 지위를 공고히 유지할 수 있는 유일한 방법은 광고의 양을 줄이는 것이고 친구의 추천광고를 나의 담벼락에 적게 올리는 것이었다. 즉 친구가 특정 상품의 광고를 보고 '좋아요'를 누르면 나에게 그 광고가 피드되는 메커니즘이 사라져야 했다.

이러한 페이스북의 선택으로 페이스북의 주가는 폭락*했다. 주주의 입장에서는 페이스북의 전체 피드 중에 상업적인 콘텐츠가 적어지는 것이 페이스북 가치의 하락으로 이해됐기 때문이다. 하지만 2018년 상반기 주가의 폭락은 페이스북의 선택이 장기적으로 페이스북의 SNS로서의 가치가 증대될 가능성이 있고, 이를 통해 장기적 수익 유지가 가능할 것이라는 판단으로 다시 회복되었다. 그러나 한편으로 미디어 플랫폼이 갖는 본질적인 문제를 노출시켰다. 즉 미디어 플랫폼이 수익에 집착할수록 그의 본질가치가 상처받을 수 있다는 어쩔 수 없는 본질의 문제가 밖으로 노출된 것이다.

물론 페이스북이 미디어보다는 SNS의 역할에 더욱 집중하겠다고 해서 미디어가 가져야 할 본질가치 추구에 소홀한 것은 아니다. 최근 미디어 영역에서는 가짜뉴스의 유포 및 확산이 가장 큰 문제이다. 가짜뉴스가 세간의 주목을 받기 시작한 건 2016년 미국 대통령 선거부터다. 처음에는 가벼운 해프닝으로 끝나는가 싶었는데 가짜뉴스가 대선결과에 영향을 끼쳤다는 분석들이 이어지면서 순식간에 심각한 사회문제로 대두되었다. 그리고 그 문제의 중심에 페이스북이 있다. 그러나 24억 명의 사용자 네트워크와 자유로운 개방과 공유라는 플랫폼적 사고를 바탕으로 지금의 가치를 만들어낸 페이스북의 입장에서 보면, 미디어의 본질을 왜곡한다는 비판을 받는다

---

* 페이스북은 2018년 2사분기 실적발표 후, 무난한 수익이 발생했음에도 기대치에 미치지 못했다는 이유로 미국 증시 사상 최대폭인 19%가 폭락하여 하룻밤에 1,190억 달러가 사라졌다.

하더라도 그러한 콘텐츠의 유통을 막는 것은 어려운 일이다. 당연히 가짜뉴스 논란은 페이스북의 이미지에 큰 타격을 끼쳤고 그 결과는 또 한 번의 주가 하락으로 이어졌다.

가짜뉴스와의 싸움, 정치광고의 선택

미디어 영역에서 페이스북과 같은 SNS의 영향력은 상상 이상이다. 앞서 언급한 미국 대선과 같은 경우에는 뉴욕타임스나 워싱턴포스트 같은 주요 언론사들이 다양한 방식으로 후보들을 검증하고 확인된 팩트들을 다양한 경로를 통해 소비자들에게 제공한다. 하지만 이러한 언론사들의 노력에도 불구하고 현재 SNS를 통해 유포되는 가짜뉴스의 영향력은 이러한 노력을 쉽게 물거품으로 만들어버릴 만큼 파괴적이다. 전통적인 미디어가 가지고 있던 기존의 언론 검증 시스템이 SNS 플랫폼을 통해 너무도 쉽게 무너졌던 것이다.

또 하나 관심을 두어야 할 포인트는 정치광고에 대한 페이스북의 입장이다. SNS의 영향력이 증대되면서 과연 정치광고를 SNS상에서 유통하는 것이 적절한가에 대한 논쟁이 있었다. 대표적인 정치광고 대상인 페이스북과 트위터가 논쟁의 대상이었고 페이스북은 정치광고에 대한 판단을 하지 않기로 결정한다. 즉 정치광고를 허용한 것이다. 트위터가 정치광고를 배제한 것과 대조적인 모습은 페이스북을 의회로까지 끌고 갔고 많은 사람들의 비판을 받았다. 정치광고라는 것이 경쟁상대를 대상으로 한 가짜뉴스일 가능성이 높다는 점이 비난의 가장 큰 이유였다. 페이스북은 광고의 진위여부를 페이스북이 판단하는 것도 어렵고 그 판단은 참여자들에 의해 이뤄져야 한다는 점을 들어 정치광고의 게재를 지속하고 있다.

물론 페이스북은 이러한 왜곡을 바로잡고 가짜뉴스를 차단하기 위해 다양한 노력을 기울이고 있다. 2017년 가을에 도입한 가짜뉴스 판별 시스템은 인증된 외부 검증기관에 뉴스를 전달해 가짜뉴스인지를 판별하는 시스템이다. 이 분류 시스템을 통해 가짜뉴스로 판별되면 'Disputed'라고 표시하고

가짜뉴스로 판별되어 'Disputed' 표시가 붙은 포스트

해당 포스트는 뉴스피드에 올리지 않는다. 뿐만 아니라 텍스트를 넘어 사진과 동영상까지 검사하기 위해 사진 판독이 가능한 인공지능 시스템도 개발했다. 이 시스템은 머신러닝 기술과 AP통신 등 사진과 동영상의 원본을 가지고 있는 17개국 27개의 전문기관의 도움을 받는다. 페이스북에 올라오는 사진이나 동영상이 원본에서 어떻게 변형됐는지를 판별하겠다는 것이다.

페이스북 저널리즘 프로젝트

미국에서 페이스북이라는 새로운 매체의 등장은 현실적으로 많은 신문, 방송의 몰락을 가져왔다. 심지어 신문 미디어의 비영리법인화 법제화가 시도되고 있을 수준이다(세금으로 운영하자는 뜻이다). 이를 입증할 만한 데이터는 산발적이지만 여러 가지가 존재한다. 하나는 많은 신문사들, 특히 지방신문사들이 도산하여 그 숫자가 반 가까이 줄어들었다는 점이고 두 번째는 저널

리스트라는 언론인의 절대수가 감소했다는 점이다. 최근 페이스북의 저널리즘 프로젝트 관련 영상을 보면 과거 10년간 저널리스트의 숫자는 47% 감소했음을 이야기한다. 즉 뉴스를 글로 쓰는 사람의 숫자가 반으로 감소한 것이다. 'Free'라는 새로운 미디어 환경이 저널리즘의 근간인 뉴스 작가라는 직업을 소멸시키고 있는 것이다.

페이스북이 미국에서 언론이라는 산업을 거의 붕괴시키고 있는데 그 방향은 두 가지다. 첫째는 미디어 콘텐츠가 광고를 지향함에 따라 갈수록 뉴스 품질이 떨어진다는 점이고 둘째는 인터넷의 글로벌 특성으로 인해 로컬 혹은 커뮤니티 미디어가 죽어간다는 점이다. 첫 번째 이슈는 한국에서도 절실하게 깨닫고 있는 점이니 특별한 설명이 필요 없을 것이다. 가짜뉴스까지 안 가더라도 뉴스가 지향하는 바가 페이지뷰에 집중하다보니 뉴스의 품질보다는 선정적인 제목 그리고 부실한 내용으로 가득 채워져 있는 것이 현실이다. 두 번째 로컬, 혹은 커뮤니티 콘텐츠의 이슈는 동네뉴스의 이야기이다. 즉 모든 동네뉴스가 사라지고 있다는 점이다. 페이스북이라는 공간에서 모든 뉴스는 동일하게 취급되니 로컬 동네 뉴스는 주목을 받기 어렵다는 것은 사실이다. 이 두 가지 문제를 만들어낸 주체인 페이스북은 결자해지의 관점에서 '페이스북 저널리즘 프로젝트Facebook Journalism Project'를 2017년부터 시작했고 뉴스의 부활을 위해 3억 달러 수준의 장기적이고 안정적인 투자를 발표했다.

페이스북 저널리즘 프로젝트의 주요 내용은 3가지인데, 첫째는 커뮤니티 뉴스의 부활, 두 번째는 저널리즘 인력의 양성, 그리고 마지막은 파트너십을 통한 고품질 뉴스의 생산이다.

첫 번째 커뮤니티 뉴스의 부활은 망가져 버린 커뮤니티 미디어의 기능을

페이스북 저널리즘 프로젝트의 3가지 주요 사명

되살리기 위해 장기적으로 자금을 투입하겠다는 것이다. 이는 중앙 미디어가 아닌 로컬 미디어에 중점을 둔 것으로 페이스북이 가진 따뜻한 커뮤니티를 만드는 것과 궤를 같이 한다. 즉 우리의 주변에서 벌어지고 있는 일들을 알리는 뉴스로의 가치를 올리겠다는 것이다.

두 번째는 페이스북을 통해 진정한 의미에서의 저널리즘이 만들어질 수 있는 환경을 제공하겠다는 것이다. 저널리즘에는 뉴스도 있지만 논평도 있다. 즉 사실에 근거해서 올바른 논지를 펼치는 것이 진정한 저널리즘인데 현재는 그렇지 못하다는 것을 인정하면서 보다 많은 뉴스들이 올바른 저널리즘 원칙에 의해 만들어지도록 교육을 하겠다는 것이다. 여기에는 필자도 한번 참여해볼 생각이다.

세 번째는 미디어 기업, 비영리 단체들과 협업하여 가짜뉴스와의 전쟁과 함께 고품질의 뉴스가 만들어질 수 있는 인프라를 만들어 가겠다는 것이다. 이 과정은 두 가지로 나뉠 것으로 보인다. 하나는 200개 정도의 고품질 미디어와의 장기적인 협업을 통해 고품질 뉴스를 페이스북 생태계에 공급함으로써 뉴스 생태계에 자양분을 공급하는 것이고, 또 하나는 정규 미디어 진영과의 협업을 통해 가짜뉴스와의 전쟁에서 이기는 것이다.

이 페이스북 저널리즘 프로젝트는 아직 한국에는 상륙하지 않았다. 아니 어쩌면 네이버나 카카오에게 기회를 주고 있는지도 모르겠다. 한국의 언론은 이제 아주 소수만이 신뢰하는 영역이 되어버렸다. 이런 결과를 만들어낸 것은 언론에 소속된 구성원들도 아니고 인터넷 포털들도 아니다. 그냥 세상의 변화가 만들어낸 것이다. 하지만 미디어라는 역할은 민주주의 사회의 상징물이다. 믿을 만한 뉴스와 논평이 없고 그저 진영논리만 있는 미디어는 그 누구도 신뢰하지 않을 것이다. 누구나 이야기할 수 있고 또 주장할 수 있지만 이 역시 수준과 품위가 있어야 한다. 한국에서도 누군가가 이런 일을 해야 하지 않을까 한다.

현재 페이스북은 SNS 서비스 제공 기업으로서도 미디어 기업으로서도 많은 도전과 요구를 받고 있다. 그리고 플랫폼이기 전에 공개기업이기 때문에 주주들로부터 지속적인 수익의 성장까지 요구받고 있다. 현재 약 660조 원*에 가까운 기업가치를 가지고 있는 페이스북이 이러한 가치와 요구를 지속적으로 증명하고 만족시키는 것은 쉽지 않을 것이다.

현재 페이스북은 미디어로서의 역할보다는 본래의 가치인 SNS에 방점을 찍음으로써 사용자들의 관계가치를 오래 보존하고 이것을 기반으로 미디어로서의 자리를 지키려 하고 있다. SNS 기업이든 미디어 기업이든 660조 원이라는 가치는 너무도 큰 금액이다. 페이스북이 이러한 본질가치 추구를 통해 스스로의 가치를 지속적으로 유지할 수 있을지 지켜볼 일이다.

---

* 2019년 말 기준 페이스북의 주가는 660조 원 수준이다.

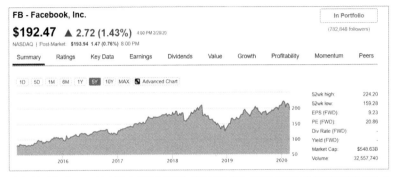

페이스북의 주가는 2018년 상반기 상업적 콘텐츠 제한 발표 이후 급격히 하락한 후 2020년까지 이전 수준을 회복하고 최고점을 유지하고 있다.

싸이월드는
왜 페이스북이 되지 못했을까

앞서 말한 것처럼 페이스북은 2019년 말 현재 24억 명의 회원을 가진 기업가치 660조 원의 거대한 기업이다. 이 페이스북을 보면서 많은 사람들은 싸이월드를 떠올린다. 2000년 초 한국을 휩쓸던 SNS 열풍을 기억하는 사람들은 왜 싸이월드가 페이스북이 되지 못했을까 이야기하곤 한다. 물론 페이스북이 싸이월드의 짝퉁이었다는 이야기도 거의 사실처럼 회자되고 있다.

과연 그랬을까? 싸이월드가 미국에서 만들어졌다면 지금의 페이스북의 위치를 차지할 수 있었을까? 2005년부터 2006년 말까지 싸이월드 사업본부를 맡았던 사람으로서의 답은 "아니다"이다. 싸이월드는 미디어 플랫폼이 되지 못했고 단지 SNS 서비스에 불과했기 때문이다.

싸이월드 초기에 가장 유명했던 서비스는 '투데이 멤버'라는 서비스였다. 매일매일 남녀 한 명씩 멤버를 선정해서 싸이월드 홈페이지에서 소개하는 서비스였다. 선정되면 많은 사람들이 그 멤버의 미니홈피를 방문했고 일약 유명인사가 되기도 했다. 선정은 싸이월드 운영진의 몫이었고 그 결과로 싸이월드 내의 온도는 매일매일 올라갔다. 그룹, 광장, 타운, 선물가게 등 수많은 서비스가 싸이월드 내부에서 개발되어 회원들에게 제공되었다. 싸이월드 전성기에 메인 페이지의 하루 평균 클릭 수는 5,000만 번을 웃돌았고 싸이월드는 네이버, 다음에 필적하는 '포털'로서의 영향력을 갖게 되었다. 이렇듯 싸이월드는 SNS를 기반으로 한 포털 즉 단방향 미디어였다.

싸이월드가 성장하면서 미디어로서의 역할은 다른 포털과 동일하게 진화했고 뉴스를 편집하고 회원들의 콘텐츠를 메인 페이지와 광장으로 모아오는 노력을 하게 된다. 1 대 N이라는 관계가 형성되고 싸이월드는 미디어로서의 영향력마저 갖게 된다. 하지만 이 미디어 권력이라는 독배는 유기적으로 생성되는 콘텐츠의 흐름을 제어해야 했고 그 결과는 콘텐츠의 내용과 성격이 싸이월드의 성향에 따라 좌우되는 경향을 갖게 되었다. 즉 모든 생각이 자유롭게 떠도는 그런 미디어가 아닌 싸이월드 경영진에 의해 절제된 미디어가 된 것이다. SNS에 특화된 일상의 가십이나 사랑 이야기를 중심으로 떠도는 그런 콘텐츠는 환영받지만 정치나 경제 등의 이야기는 찾아보기 힘든 그런 미디어로 남게 된다. 결국 싸이월드는 미디어로써 실패한 것이다.

플랫폼의 가장 중요한 특징은 양면시장을 지향하는 것이다. 그리고 포털은 정확히 그 반대편에 서 있었던 인터넷 서비스 방식이었다. 포털이 공급자가 되어 회원에게 모든 서비스를 제공하는 그런 형태이기 때문이다. 뉴스, 이메일, 검색, 카페, 블로그 등 모든 서비스가 포털에서 제공되었다. 서비스의 성공적인 기획과 개발이 포털의 성장에 가장 중요했고 싸이월드에서도 신규 서비스 기획이 가장 중요한 역할이었다.

엄청난 영향력을 자랑했던 싸이월드의 메인 페이지

싸이월드가 한국 시장에서 SNS로 엄청난 성공을 거둔 것은 사실이다. 하지만 페이스북이 지금까지의 성장을 만들어내게 했던 미디어로서의 지위를 확보하는 데는 실패했다. 그 이유는 포털이라는 한계와 폐쇄라는 철학에 기인했다. 이 실패의 원인들은 여전히 우리에게 남아 있다. 우리는 포털의 세상에 살고 있고 그 포털들의 기본 정책은 폐쇄적이다. 페이스북이 SNS에서 미디어로 변화해나간 것과 달리 싸이월드는 사이좋은 세상으로 남아 있었던 것이다. 페이스북이 싸이월드를 카피했다면 아마 이 자리에 오르지 못했을 것이다.

03

Thinking of Platform 2.0

동영상의 새 역사를 쓰다:
유튜브

2019년까지 글로벌 콘텐츠 서비스 시장의 패자는 넷플릭스이다. 넷플릭스는 오리지널 콘텐츠와 훌륭한 추천엔진을 통해 매력적인 콘텐츠를 소비자들에게 제공해왔다. 한국의 봉준호 감독의 〈옥자〉도 넷플릭스 오리지널로 소개되었고 한드*〈킹덤〉은 세계에 한국형 호러물의 존재를 각인시켰다. 새로운 형태의 가입형 콘텐츠 서비스 모델은 많은 사람들을 건당 구입에 대한 부담감으로부터 자유롭게 해주었고 2019년 상반기까지 짧은 기간에 190개 국가에

넷플릭스는 영화라는 콘텐츠를 소비하는 새로운 방식을 정착시켰다.

---

* 한국 드라마를 줄인 말이다.

서 1.5억 명의 가입자*를 모으는 데 성공했다. 한 달에 약 10달러(8~16달러)만 내면 무제한으로 3만 5,000시간 분량의 넷플릭스 콘텐츠 모두를 볼 수 있다는 것은 아주 매력적이었기 때문이다. 2019년 매출은 200억 달러고 이익은 18억 달러를 만들었다. 시장 측면에서도 65%의 미국 가구가 넷플릭스를 보고 있다는 사실은 어마어마한 성공을 의미한다. 넷플릭스는 이를 위해 2019년 150억 달러의 콘텐츠 소싱비용을 지출했고 2020년에는 170억 달러를 계획하고 있다. 콘텐츠 소싱에 들어가는 비용은 사전적으로 지급되고 매출은 사후에 천천히 유입되기에 넷플릭스의 현금흐름은 좋지 못하다. 2018년 순현금흐름은 마이너스 30억 달러고 2019년에는 35억 달러까지 늘어날 예상이다.

문제는 디즈니가 이 시장에 디즈니 플러스라는 이름으로 넷플릭스의 시장에 뛰어들기로 결정했을 때 나타나기 시작했다. 디즈니는 전통의 애니메이션뿐만 아니라 애니메이션의 전설 픽사^{Pixar}, 슈퍼히어로의 산실 마블^{Marvel}, 스

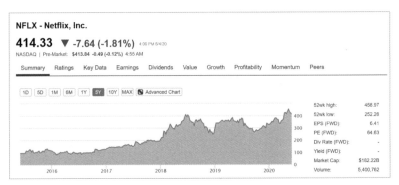

넷플릭스의 주가는 2019년 3사분기 디즈니의 시장진입 소식과 더불어 20% 이상 하락하는 모습을 보였으나 2020년 코로나 바이러스로 인해 최고가를 경신했다.

---

* 2020년 상반기 기준으로는 가입자가 1.8억 명까지 증가했다. 코로나 바이러스의 영향으로 재택 시간이 많아지면서 생겨난 현상이다.

타워즈 그리고 스포츠 프로그램의 대장 ESPN, 내셔널지오그래픽스 등을 소유하고 있다. 누구나 알고 있는 이들 콘텐츠들을 이제는 중간자(Middleman, 예를 들어 넷플릭스)를 거치지 않고 디즈니가 직접 소비자에게 공급하겠다는 것이다. 물론 넷플릭스와 같은 월정액 모델로 말이다. 게다가 가격은 매월 6.99달러[*]로 책정해두고 있다. 디즈니는 초기 사업전략을 그들이 가진 애니메이션, 마블, 스타워즈 등 모든 이들의 '최애 콘텐츠'를 바탕으로 하여 디즈니 플러스를 반드시 가입해야 하는 서비스로 포지션하려는 의도가 보인다. 현재까지 디즈니의 이러한 시도는 2020년 4월까지 5,000만이라는 가입자를 끌어 모아 성공적이라는 평가를 받고 있다.

소비자는 넷플릭스와 디즈니 간의 콘텐츠를 비교한 후 가입을 선택할 것인데, 이때 넷플릭스가 디즈니를 이기기는 힘들 것이라는 것이 일반적인 예상이었다. 하지만 넷플릭스가 가진 콘텐츠의 힘이나 이미 구축한 1.5억 명이라는 가입자 풀을 고려할 때 넷플릭스의 승리를 점치는 예상도 만만치 않다.

이제 돌아와서 넷플릭스와 디즈니의 콘텐츠 사업을 어떻게 정의할 것인가를 다시 생각해보자. 두 기업 모두 콘텐츠를 제작하거나 구매하여 상품을 만들어 고객에게 제공하는 사업을 하고 있다. 우리가 이미 잘 이해하고 있는 사업의 형태이고 우리는 이를 '서비스'라고 부른다. 즉 콘텐츠 서비스 사업자인 것이다. 좋은 콘텐츠가 만들어지면 서비스는 경쟁력을 갖게 되고 그렇지 않으면 경쟁자에게

---

[*] 디즈니 플러스와 훌루(Hulu), 그리고 ESPN을 번들할 경우 가격은 매월 12.99달러이다.

밀리게 된다. 최고의 콘텐츠 기업인 디즈니도 디즈니 플러스를 위한 '상시 업데이트'라는 표현을 사용하고 있듯이 새로운 것을 계속해서 공급하는 것이 경쟁의 기본인 것이다.

디즈니의 등장으로 넷플릭스가 긴장을 한다. 두 기업 모두 공급자이기에 보다 더 좋은 공급자가 되기 위해 하루하루 노력해야 한다. 전통의 콘텐츠 강자 HBO, 워너 브라더스^{Warner Brothers}도 동일한 서비스를 계획하고 있다. 또한 애플이 이 시장에 들어오겠다는 발표는 이들에게 좋은 소식이 아니다. 전 세계에서 가장 깊은 호주머니와 가장 많은 광팬을 가진 기업과 경쟁해야 하기 때문이다. 반면에 플랫폼인 유튜브는 시장을 점령한 후 그 어떤 누구의 도전도 받지 않고 있다. 이미 시장의 구성원인 공급자와 소비자로부터 인정을 받았고 그 인정이 누군가의 진입으로 쉽게 사라지지 않을 것이기 때문이다. 〈미이라〉라는 영화를 보면 영생하는 신과 인간이 나온다. 서비스가 'mortal'한 인간이라면 플랫폼은 죽지 않는 'immortal'인 것이다. 넷플릭스와 디즈니 플러스를 보면서 유튜브라는 플랫폼을 이해하면 플랫폼이 가진 의미를 가장 쉽게 이해할 수 있다.

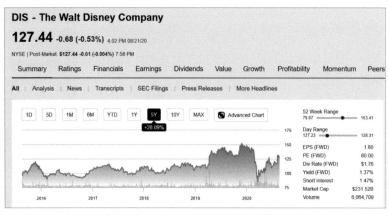

디즈니의 넷플릭스 시장 진출 선언은 디즈니의 주가에 긍정적 영향을 끼쳤다.

플랫폼 유튜브의 양면시장

콘텐츠 제작자　　　　　　　　　　　시청자

영상 스트리밍, 영상 추천

구글과 페이스북을 통해 양면시장의 개념이 이해되었으면 유튜브의 양면시장을 이해하는 것은 매우 쉽다. 공급자는 영상 콘텐츠를 생산하는 참여자들이고 소비자들은 생산된 콘텐츠를 시청하는 참여자들이다. 페이스북처럼 프로슈머를 쉽게 관찰할 수 있는 플랫폼이다. 수많은 콘텐츠들이 생산되고 그 유용성과 재미가 알려지면서 많은 소비자들이 유튜브에서 영상을 보며 시간을 보내고 있다. 소비자들이 많아지고 이를 통한 광고수익이 증가하자 너도나도 유튜브 콘텐츠 제작에 참여하기 시작하면서 전형적인 교차 네트워크 효과가 발현되기 시작했다. 마치 홍대 광장이 유명해지면서 수많은 아티스트들의 버스킹이 생겨나고 또 이들을 보기 위한 관광객과 젊은 친구들이 모여드는 것과 흡사한 모습이다.

유튜브는 구글도 페이스북도 차지하지 못했던 한국이라는 시장을 단시간 내에 장악해버렸다. 2019년 말 현재 한국인들이 가장 많이 사용하는 영상 플랫폼으로 자리매김했고 그 사용시간은 계속해서 상승하고 있다. 구글이나 페이스북이 주지 못했던 수익창출의 기회가 많은 한국인들을 유튜브로 몰고 간 듯하다. 물론 구글 검색 역시 애드센스로 수익을 만들 수도 있고 페이스북의 활용을 통해 매출을 올릴 수도 있었다. 하지만 유튜브처럼 평범한 사람을 성공한 사람으로 만들어 줄 수는 없었다.* 유튜브는 수많은 성공신화를 바탕으로 한국에서 완벽한 콘텐츠 플랫폼으로 자리를 잡았다.

유튜브라는 플랫폼에서 한국이 차지하는 비중은 무시할 수 없는 수준이다. 이는 공급자와 소비자 양면시장 모두에서 두드러진다. 먼저 공급자 시장에서는 수많은 K-Pop 콘텐츠들을 필두로 실력 있는 아마추어들의 참여가 이런 결과를 만들어냈다. 기획력과 실행력 그리고 창의력이 뛰어난 한민족의 잠재력을 발휘할 수 있는 그런 좋은 플랫폼이었다. 물론 소비라는 측면에서도 세계에서 가장 빠른 무선 인터넷 속도와 무제한 데이터 요금제를 바탕으로 유튜브는 거의 모든 잉여시간을 시청시간으로 바꿔버리는 결과를 낳았다.

유튜브의 영역확장

2020년 5월 기준 유튜브는 전 세계에서 매분 300시간 분량의 콘텐츠가 업로드되고 있고 매일 4.9억 시간의 분량의 콘텐츠가 시청되고 있다. 유튜브에는 TV 프로그램, 뮤직비디오, 다큐멘터리, 영화 예고편 등과 같이 미디어 기업에 의해 제공되는 프로페셔널 콘텐츠와 아마추어에 의해 올라오는 다양한 영상물**이 제한 없이 올라온다.

유튜브는 재미라는 콘텐츠의 가장 기본적인 영역부터 미디어, 더 나아

---

*   현대의 2019년 그랜저 광고에 유튜브에서 ASMR로 성공한 아들이 그랜저를 몰고 돌아오는 모습을 보여주고 있다.

**   유튜브의 영상에 대한 분류

가 교육이라는 가장 가치 있는 영역까지 그 영향력을 확대하고 있다. 즉 유튜브라는 플랫폼의 대상영역을 정의하면 재미, 주장, 학습이라 이야기할 수 있을 것이다. 이후에 이야기하겠지만 단순히 재미라는 사용이유만으로 플랫폼이 지속적으로 유지되는 것은 쉽지 않다. 다른 재미를 제공하는 요소들이 지속적으로 시장에 등장하기 때문이다. ASMR이라는 콘텐츠의 수명이 얼마나 갈 것인가에 대해 생각해보면 어렵지 않게 답을 얻을 수 있다.

먼저 미디어라는 영역에서는 자신의 주장을 보다 구체적으로 전달하는 노력이 유튜브에서 많이 나타나고 있다. 우리가 이미 많이 알고 있는 보수진보 유튜버들이 이에 해당할 것이다. 물론 정치 영역만이 아니라 다양한 주장이 존재하는 모든 영역에서 유튜브는 적극적으로 활용되고 있다.

교육이라는 영역에서 유튜브의 존재는 교육의 개념을 변화시키는 역할을 하고 있다. 어쩌면 멀지 않아 우리는 유튜브를 교육 플랫폼이라 칭하게 될지도 모른다. 물론 공교육이 차지하는 영역까지 유튜브의 영향력이 확대되지는 않았지만 이제는 거의 모든 것, 예를 들어 골프, 요리, 꽃꽂이, 언어, 코딩 등을 유튜브로 배우는 세상이 이미 되어버렸다. 유튜브는 단순히 재미를 즐기는 동영상 플랫폼이 아니라 주장을 듣고 공부를 하는 그런 플랫폼으로 자리매김한 것이다.

등록된 유저는 영상의 업로딩과 시청이 무제한으로 이뤄지며 등록을 하지 않아도 시청은 가능하다. 영상클립 하나의 길이는 15분으로 제한되지만 일정 수준의 가이드라인을 통과하면 실시간 방송과 12시간 이내의 영상물을 올릴 수 있다.

유튜브가 창의적인 공급자를 성공적으로 유인할 수 있었던 가장 큰 이유는 애드센스라는 구글이 가진 광고도구에 기인한다. 즉 콘텐츠 제작을 통해 수익을 만들 수 있는 기회를 제공함으로써 수많은 젊은이들이 콘텐츠 제작에 참여하기 시작했고 이는 보다 다양하고 재미있고 유익한 콘텐츠의 탄생을 가능케 했다. 전형적인 플랫폼의 선순환이 만들어진 것이다.

유튜브의 수익모델

유튜브의 거의 모든 콘텐츠는 무료로 시청이 가능하고 대신 콘텐츠 시청 중에 광고가 삽입되며 이 광고수익의 68%[*]는 제작자에게 배분된다. 영상 시청에 따른 매출은 평균 18센트 수준으로 한 번의 시청은 12센트의 수익을 제작자에게 가져다준다. 2013년 5월에 유튜브는 새로운 종류의 수익모델인 가입기반 프리미엄 채널Subscription based Premium Channel을 시작했는데 이는 채널 운영자가 유료 채널 운영을 가능하게 하는 모델로 'Patreon'과 같은 전문 아티스트를 위한 수익모델이다. 특정채널에 가입하면 매달 4.99달러를 채널 운영자에게 지불하게 된다. 유튜브가 광고에 기반하면서 광고에 특화된 콘텐츠가 양산되는 불균형을 없애기 위한 시도였다. 보다 고품질의 콘텐츠가 많이 생산되고 이를 통해 아티스트들이 수익을 창출할 수 있도록 환경을 제공한 것이다.

2015년 유튜브는 유튜브 프리미엄을 시작함으로써 광고 중심의 수익모델에 구독모델을 추가한다. 월정액을 지불하면 광고 없이 콘텐츠의 무제한 시청이 가능하며 유튜브가 제작한 오리지널 콘텐츠의 시청이 가능하다. 모바일 환경에서는 백그라운드에서 음악 청취가 가능하며 다운로드를 통해

---

[*]　이 68%라는 비율은 구글 검색광고의 배분율과 동일하다.

오프라인에서 시청도 가능하다. 이 프리미엄 서비스는 한국에서 월 7,900원에 서비스되고 있다. 유튜브 프리미엄이 제시하는 구독모델은 매우 폭넓은 시장에 대한 의미를 부여한다.

먼저 멜론과 같은 음악 중심의 구독형 서비스 시장으로의 진입을 의미한다. 기존에 유튜브 뮤직이라는 이름으로 제공했던 구독형 서비스를 통합한 것이므로 음악 시장으로의 진입은 자연스럽다. 구독이라는 관점에서 소비자 입장에서는 영상과 음악을 하나의 플랫폼에서 소비한다는 장점이 존재한다. 이는 넷플릭스와 같은 영상 구독 서비스에도 동일한 메시지를 던진다. 비록 넷플릭스와 비교하여 턱없이 부족한 콘텐츠를 갖고 있지만 여전히 유튜브의 이런 행보는 영상시장에도 적지 않은 영향을 끼칠 것으로 보인다. 어차피 영상 소비를 위한 시간은 제한되어 있고 음악은 옆에 있는 것으로 만족하는 소비자가 많기 때문이다.

여기에 구글의 구글 홈 솔루션이 유튜브와 연결되면서 막강한 파괴력을 보여준다. 구글 미니홈^{Mini}

구글 미니홈

Home은 우리가 익히 알고 있는 스마트 스피커이다. 단지 다른 점은 이 스피커가 유튜브와 연결되어 있다는 점이다. "Hey Google! 폴킴의 '안녕' 틀어줘"라고 하면 구글 미니홈은 유튜브에서 음악을 찾아 틀어준다. 물론 TV가 연결되어 있으면 영상을 음성으로 검색하는 것도 가능하다. 유튜브 프리미엄 서비스가 다른 음악 혹은 영상 서비스보다 경쟁력 있는 것은 구글이 가진 다양한 서비스와의 결합이 가능하기 때문이다.

2019년 말 기준 유튜브는 151억 달러의 광고매출 실적을 기록하며 구글 전체 매출의 10%를 차지하고 있다. 2017년의 81억 달러, 2018년의 111억 달러에 이어 지속적인 성장추세를 보이고 있으며 유튜브 뮤직을 포함한 유튜브 프리미엄의 가입자 수도 2,000만을 넘어섰다. 비록 연간 170억 달러어치의 콘텐츠를 공급하는 넷플릭스와 비교할 수 없지만 단지 광고 없이 콘텐츠를 볼 수 있다는 가치제안만으로 2,000만의 회원을 모았다는 것은 충분히 놀랄 만한 일이다.

진정한 동영상 플랫폼, 유튜브

유튜브는 프로페셔널과 아마추어들이 만들어내는 콘텐츠 영역에서 독점적인 위치를 차지했다. 그리고 공급자와 소비자 간의 교차 네트워크를 통해 다른 플랫폼이 접근하기 힘든 성벽을 쌓아버렸다. 이제 어느 누구도 동영상이라는 영역에서 유튜브에 대항하리라 생각하기는 쉽지 않다. 하루하루 계속해서 영상은 만들어지고 축적된다. 그리고 새로운 콘텐츠 창조자들은 유튜브에 모여든다. 전 세계의 모든 젊은이들은 이제 유튜브로 즐기고 공부하고 생활한다. 진정한 의미에서의 플랫폼이 완성된 것이다.

짧은 영상 콘텐츠 플랫폼, 틱톡

유튜브라는 영상 콘텐츠 플랫폼에 도전장을 내밀었던 사업자들은 많이 있었다. 하지만 틱톡만큼 강한 인상을 주고 있는 플랫폼은 없었다. 2019년을 가장 빛나게 보낸 틱톡의 미래를 이야기하는 것은 영상을 기반으로 한 플랫폼의 미래를 이야기하는 것과 같을 것이다.

15초라는 짧은 비디오를 주된 특징으로 하는 틱톡은 2019년 말 월 다운로드 1억 회라는 경이적인 실적을 보이면서 새로운 플랫폼 강자로 부상했다. 활용 측면에서도 2016년 9월 앱을 처음 발표한 후 5억 명의 월 방문자 수라는 결과를 3년 만에 만들어냈다. 중국어로 틱톡을* 분류할 때 두안슬핀(短視頻)이라 표현하는 것처럼 틱톡은 유튜브로 대표되는 영상 SNS의 짧은 버전 즉 단영상 플랫폼으로 이해하면 가장 쉽다.

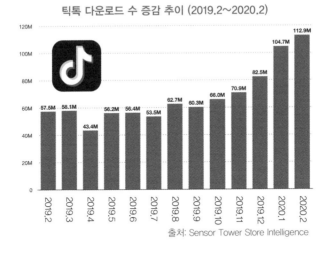

틱톡 다운로드 수 증감 추이 (2019.2~2020.2)

출처: Sensor Tower Store Intelligence

---

* 틱톡은 중국에서 시작되었고 중국어 서비스 이름은 더우인이다.

틱톡은 짧은 영상 서비스가 가치를 제공하는 이유에 대해 창업스토리에서 다음과 같이 이야기하고 있다.

"우리가 사는 현대사회의 생산력은 이미 극에 달했고 전쟁, 기아, 질병 등 생존의 문제를 고민할 필요가 없어졌다. 우리가 유일하게 고민해야 하는 것은 생활의 질의 문제이다. 그러나 지금 우리는 삶을 살아감에 있어서 생활의 문제에 너무 많은 시간을 낭비하고 있다. 가장 많은 시간이 무엇을 먹을까, 어떤 것이 좋을지, 이 옷이 예쁠지 등의 선택에서 낭비되고 있다. 보다 높은 수준의 삶을 추구하면 할수록 우리가 투자해야 하는 시간은 많아지고 낭비 또한 많아지고 있다. 틱톡은 젊은 사람들의 시간의 문제를 해결하기 위해 촬영 후 바로 플레이, 클릭 없는 재생, 그리고 전체 화면을 사용하는 15초짜리 짧은 영상 서비스를 출시하였다."

15초짜리 짧은 영상 서비스를 기획하면서 인류의 삶에 대한 문제를 이야기하는 것을 보면 대국의 풍모가 느껴진다. 이유가 무엇이던 틱톡은 중국을 넘어 글로벌 시장에서 중요한 영상 플랫폼으로 등장했다. 문제는 이러한 짧은 영상이 지속적 시장 지위를 가져갈 것인가에 있다.

틱톡이 제공하는 가치?

틱톡은 15초라는 아주 짧은 시간 안에 무언가를 전달하는 플랫폼이다. 콘텐츠를 생산하는 공급자의 입장에서 먼저 생각해보면 유튜브에서 보았던 재미, 주장, 학습이라는 3가지 중에 15초 만에 전달할 수 있는 것은 재미에 한정될 수밖에 없다. 그런 이유로 이 플랫폼에서 주로 활동하는 전문적인 공급자들은 엔터테이너들이 많다. 한국 Top 30 틱톡 셀럽 리스트를 보면 블랙핑크가 1위, BTS가 2위를 차지하고 있지만 의외로 유명하지 않은 댄서들이 많이 보인다. 15초가 가진 한계가 춤과 같은 임팩트 있는 콘텐츠에 맞는다는 뜻이다.

중국에서 틱톡을 사용하는 이유를 묻는 질문에 67.3%가 자신의 생활을 기록하기 위함이라 답한 것을 보면 처음의 기획 의도는 모르지만 누구에게 보여주기보다는 일기와 같은 개인 기록의 니즈가 기본적으로 작용한 것으로 보인다. 하지만 현재는 재미를 위해 콘텐츠를 제작하고 이를 친구와 돌려보는 데 있다. 일종의 같이 노는 도구로 활용되고 있는 것이다.

예상했던 대로 주장이나 학습을 위한 콘텐츠는 전혀 보이지 않고 마케팅이라는 측면에서도 약간의 한계를 보이고 있다. 15초가 일반적인 TV광고의 시간과 동일하지만 직접적인 광고는 즉시적인 스와이프^{swype}에 의해 자리를 잡기가 어렵다는 것이 일반적인 평가이다. 차라리 광고에 배경으로 쓰이는 멜로디를 활용한 챌린지, 혹은 광고에 쓰였던 댄스 따라하기와 같은 챌린지들이 보다 인기를 끌고 있는 것으로 보인다. 미국에서 단지 4%만의 소셜미디어 마케터(기업)들이 틱톡을 광고 플랫폼으로 사용하고 있다는 사실만으로도 틱톡이 가진 한계를 일부 보여준다.

사용자 입장에서 틱톡을 바라보면 동일한 한계가 보인다. 재미라는 한정된 사용 이유는 휴식이라는 한정된 시간을 다른 재미 제공자들과 나눠 쓴다는 뜻이다. 물론 틱톡을 사용하다 보면 시간이 빠르게 흘러가 버린다. 몰입도가 뛰어나고 스와이프라는 기능이 새로운 콘텐츠로 아주 쉽게 보내주기에 재미없는 콘텐츠에 머무를 이유가 전혀 없다. 하지만 이 역시 아무런 가치가 없는 전형적인 'Time Killing'용 콘텐츠일 따름이다. 인스턴트하고 빠르고, 유행에 민감하고 심각하지 않은 새로운 Z세대들에게 적합한 플랫폼 이긴 분명하지만 Z세대도 언젠가는 주장과 학습이라는 조금은 덜 인스턴트 하고 유행에 민감하지 않은 영역에 시간을 써야 한다는 점을 생각하면 사용 자 입장에서도 한계가 보인다.

짧은 플랫폼의 미래

유튜브가 상대적으로 콘텐츠를 만들고 플랫폼에 올리기 어려운 반면에 틱톡은 스마트폰으로 촬영 하고 편집 혹은 효과 삽입, 그리고 즉시 방송을 가 능케 하고 있다. 15초짜리 영상을 업로드하는 데 필요한 시간은 몇 분에 불과하다. 아주 인스턴트한 콘텐츠 제작방식이다.

콘텐츠 소비도 동일한 사고에서 구상되었다. 앱 을 열면 무작위*로 콘텐츠가 보인다. 물론 사용자 가 팔로우하는 친구 혹은 연예인의 콘텐츠일 가능 성이 높다. 그리고 아래위로 스와이프하면 다른 콘텐츠로 넘어간다. 아래 로 계속 내리면서 짧은 동영상을 보다 보면 어느새 시간이 흘러가 버린다. 짧은 자투리 시간에 뭔가를 본다는 관점에서는 매우 훌륭한 솔루션이다. 간 단한 제작의 니즈Needs, 그리고 바쁜 현대인의 습성을 잘 파악하여 만들어진 플랫폼인 것이다.

---

* AI 기반의 콘텐츠 리스팅으로 페이스북에서 제공하는 추천과는 다른 맥락이다. 하지만 어떤 원칙에 의해서 AI가 작동되는지가 정확히 설명되지 않고 있다.

틱톡은 분명 큰 성공을 거두었고 앞으로도 충분히 성장가능성을 갖고 있다. 문제는 공급자 네트워크의 성격이 불분명한 문제를 해결해야 할 것으로 보인다. 연예인이나 왕훙*들의 이름 알리기, 팔로워 모으기를 위한 미디어로 자리 잡는다면 볼만한 미디어 플랫폼으로 성장할 것이지만 트위터와 같이 성장의 한계에 부딪치게 될 것이고, 일반인들의 참여가 지속적으로 늘어난다면 싸이월드처럼 플랫폼이라기보다는 자신의 재미있는 일상을 저장하는 공간 서비스로 남을 가능성이 커 보인다.

짧다는 것은 분명 편리하다. 하지만 짧은 것이 가진 가장 큰 단점은 공허하다는 점이다. 틱톡은 짧음 속에서 무언가 가치를 창출해내는 것이 필요해 보인다.

---

* 　중국어로 '온라인상의 유명인'을 의미하는 왕루어홍런의 줄임말. 주로 웨이보, 샤오훙슈, 더우인 등 중국의 주요 SNS에서 활동한다.

Chapter 3

시장
플랫폼

시장 플랫폼은 광장 플랫폼과 달리 거래가 발생하는 곳이다. 즉 양면시장 참여자 간에 거래가 발생하고 그 과정에서 금전이 오간다. 따라서 시장 플랫폼에서 가장 중요한 것은 양면시장의 상대방에 대한 신뢰이

시장 플랫폼

다. 이 신뢰는 광장 플랫폼에서 보기 힘들었던 요소로서 서로의 이해가 걸려 있기에 더더욱 중요하다.

플랫폼이 얼마나 효과적인 방법으로 이 신뢰를 형성해주느냐에 따라 플랫폼의 성립이 결정된다. 또 하나 시장 플랫폼에서 중요한 것은 네트워크의 크기이다. 시장은 크기가 클수록 교차 네트워크 효과가 더 효율적으로 발현되는 모습을 보인다. 품목이 많을수록 많은 손님이 몰리고, 또 많은 손님이 몰리기에 다양한 상품 구색을 갖출 수 있는 선순환이 이어지는 것이다. 물리적인 현실 공간의 시장이 무한정 클 수는 없지만 랜선상에서는 무제한으로 확장될 수 있기에 인터넷 상거래 플랫폼의 크기는 훨씬 더 커질 수 있다. 하지만 물질적인 상품을 주고받는 상거래의 특성상 배송이라는 한계로 인해 '무제한'으로 큰 시장 플랫폼은 성립되기 어렵다. 알리바바와 같이 대담한 사례가 중국 내 하루 배송, 글로벌 48시간 배송을 목표로 하고

있긴 하지만 여전히 존재하는 물류의 한계와 더 나아가 국가 간의 담장으로 인한 통관 문제 때문에 이런 시도는 아직은 섣부른 것으로 느껴진다.

그런 이유로 상거래 시장의 기본적인 네트워크 단위는 아직까지 국가이다. 물론 당일배송이나 신선식품 배송과 같은 영역으로 가면 그 네트워크 크기는 좀 더 작아진다. 마켓컬리가 아직도 서울과 경기도에 집중하고 있는 사례를 보면 쉽게 이해할 수 있다. '신선'해야 한다는 상품의 특성은 배송에 소요되는 시간에 제한을 두게 되므로 네트워크의 크기가 작아지게끔 제약을 주기도 한다. 알리바바의 허마시엔셩(盒馬鮮生)의 경우는 허마췌(盒马区)*라는 단어가 만들어질 정도로 네트워크 크기를 작게 운영하고 있다. 같은 맥락에서 신선식품이 아니라 조리된 식품을 배달하는 배달의민족과 같은 음식배달의 네트워크 크기도 매우 작다. 이 역시 최대 1시간 거리를 네트워크 반경으로 생각하고 있으니 그 안에 존재하는 참여자들의 숫자 역시 제한된다.

전자상거래와 음식배달 사이에 존재하는 크기의 네트워크로는 승차공유 플랫폼을 들 수 있다. 일반적으로 우버와 같은 승차공유 플랫폼은 도시 단위로 운영된다. 사람이 아침에 일어나 집으로 돌아가는 생활반경이 일반적으로 도시 단위이기 때문이다. 즉 네트워크 크기순으로 보면 전자상거래,

---

* 허마췌는 허마시엔셩의 운영원칙인 30분 거리 안의 구역을 의미한다. 이런 이유로 허마췌의 임대료와 집값은 비싸다.

승차공유, 그리고 음식배달순으로 볼 수 있다.

　네트워크 크기를 이야기하는 이유는 네트워크 크기가 작을수록 교차 네트워크 효과로 인한 독점체제의 구축이나 경쟁자의 진입장벽 건설이 어렵기 때문이다. 로컬 네트워크로 이야기되는 작은 네트워크는 이런 이유로 경쟁을 통한 독점구축보다 인수합병을 통한 합의가 많이 이뤄진다. 물론 그 합의에 다다르지 못한 시장에서의 경쟁은 매우 치열하다.

　시장 플랫폼은 다양한 형태로 나타나지만 여기서는 아마존을 중심으로 한 전자상거래 플랫폼, 우버를 중심으로 한 공유경제 플랫폼 그리고 배달의민족으로 상징되는 음식배달 플랫폼에 대해 이야기해보겠다.

01

새로운 커머스의 시대를 열다:
아마존

경쟁이 존재하는 거래 플랫폼

이제 거래의 이야기로 넘어가 보자. 상거래는 시장이 있었던 시절부터 플랫폼의 개념을 갖고 있었다. 시장이 열리고 판매자와 구매자가 시장에 모여 거래를 하는 것으로 시장은 성립되었고 보다 많은 판매자와 구매자가 모여들게 되면 그 시장의 영향력은 커져갔다. 즉 거래라는 영역에서 플랫폼은 이미 본질 그 자체였다.

FBA, 아마존 프라임

현대에 들어 전문 유통기업들이 생기면서 생산자에 의한 직접유통이 쇠락하고 유통만을 전문으로 하는 기업들이 그 자리를 차지하게 된다. 유통기업은 제조사를 대신해서 상품을 판매하는 역할을 하는데 그 역할이 본질적으로 플랫폼과 동일하다. 즉 판매자와 구매자를 위한 틀을 제공한다는 측면에서 양면시장 지향이라는 플랫폼의 가장 중요한 특징을 갖고 있다. 미국의 월마트는 이러한 양면시장의 특성을 그대로 살려 미국 전역에 상점을 설치* 하고 이를 기준으로 물류기능을 재설계함으로써 시장에서 유통의 최강자로 자리 잡는 데 성공했다. 판매자와 구매자 간의 거래를 위한 장소와, 소비자가 만족할 만한 가격과 구색을 갖추기 위한 소싱 그리고 물류 시스템을 갖춘 것이다.

이러한 월마트의 성공이 플랫폼에 기반한 사고였다면 1995년 이베이의 등장은 온라인 상거래 플랫폼의 본격적인 시작이었다. 이베이는 '오픈마켓'이라는 개념을 만들어냈고 개인이든 기업이든 누구나 자신의 물건을 거래할 수 있는 C2C 상거래 플랫폼으로 성장하게 된다. 온라인으로 상품을 편

___

* 월마트는 전 세계 매출 부동의 1위 기업으로 현재 미국 내 약 5,000개, 전 세계 약 1만 2,000개의 매장을 운영하고 있는 오프라인 중심의 다국적 소매기업이다.

하게 살 수 있는 시대를 이베이는 본격적으로 열게 된다.

오픈마켓의 등장은 플랫폼의 양면시장의 본질을 기반으로 한다. 상거래 플랫폼인 오픈마켓은 거래를 위한 인프라인 검색, 결제, 인증을 제공하고 모든 거래는 판매자와 구매자 간에 이뤄진다. 판매자가 많아지다 보니 상거래의 가장 중요한 요소인 가격이 내려가게 되고 판매자에 대한 제한이 없어짐에 따라 월마트와 같은 오프라인 상점보다 많은 상품이 판매대에 등장하게 된다. 오픈마켓은 판매자와 구매자에 대한 신뢰 시스템을 만들고, 보다 많은 결제수단이 사용될 수 있도록 금융기관을 연결하며 판매자와 구매자의 트래픽을 만들어내기 위해 플랫폼을 홍보하는 역할을 하게 된다.

상거래라는 영역에서 플랫폼은 이미 당연한 개념이었기에 다수의 플랫폼이 탄생했고 그로 인해 플랫폼 간의 경쟁이 시작되었다. 돌아가서 생각해보면 지식과 미디어 영역에서 구글과 페이스북은 이렇다 할 플랫폼 간의 경쟁을 경험하지 못했다. 지식과 미디어라는 세상에서 플랫폼은 생경한 개념이었고 이들과 경쟁한 대상자들은 또 다른 플랫폼이 아니라 기존 방식의 지식 혹은 미디어 서비스 제공자들이었기 때문이다.

하지만 상거래 영역에서는 플랫폼 간의 경쟁이 존재했다. 경쟁압력이 유달리 강한 한국의 경우를 봐도 G마켓, 옥션, 11번가라는 전통적 오픈마켓 간의 경쟁이 치열할 뿐만 아니라 과거 소셜커머스라 불렸던 쿠팡, 티몬, 위메프 등도 오픈마켓과 거의 동일한 방식으로 경쟁에 참여하고 있다. 이러한 플랫폼 간의 경쟁은 상대적으로 진입이 쉽고 플랫폼 간에 차별적 요소를 찾기 어렵기 때문에 발생하는 현상이기도 하다. 물론 롯데와 신세계라는 전통의 오프라인 유통망 역시 온라인을 위협이자 기회로 생각하고 진입을 위해 노력하고 있다.

미국이라는 시장에서 플랫폼 간의 경쟁에서 승리한 기업이 바로 아마존이다. 아마존은 가장 큰 경쟁자였던 이베이를 압도적인 차이로 물리치고 시장의 대표 플랫폼으로 자리를 잡았다. 이번 이야기는 그 압도적인 차이가 무엇인가이다. 아마도 플랫폼 간의 경쟁이었으니 플랫폼의 양면시장적 특징이 아마존의 승리요소가 되지는 못했을 것이다.* 두괄식으로 답을 먼저 이야기하자면 아마존은 기존의 개방을 기반으로 하는 오픈마켓 플랫폼에서 한 단계 진화하여 제한된 개방을 선택한 것이다. 완전한 개방은 포기하지만 보다 매력적인 도구들의 제공을 통해 플랫폼이 제공하는 가치를 상승시키는 그런 전략 말이다.

아마존의 압도적인 시장 점유율(2019년 미국의 전자상거래 시장 점유율)

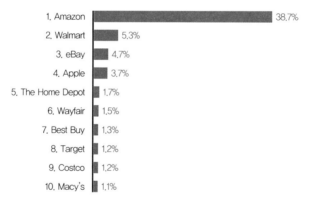

1. Amazon	38.7%
2. Walmart	5.3%
3. eBay	4.7%
4. Apple	3.7%
5. The Home Depot	1.7%
6. Wayfair	1.5%
7. Best Buy	1.3%
8. Target	1.2%
9. Costco	1.2%
10. Macy's	1.1%

미국 전자상거래 시장에서 아마존은 약 39%의 점유율로 압도적인 1위의 자리를 차지하고 있다.

출처: eMarketer

---

* 경쟁에 있어 양면시장적인 요소를 경쟁의 무기로 내세운 측은 오히려 이베이였다고 볼 수 있다. 현재 이베이의 주력 서비스는 개인 대 개인의 상거래이다.

한국 오픈마켓 플랫폼 간의 경쟁은 이미 언급한 대로 규모의 경쟁으로 나타났다. 구매고객이 많으면 판매자가 증가하고 판매자가 많으면 구매자가 늘어나는 교차 네트워크 효과를 얻기 위해 모든 오픈마켓 플랫폼들은 거래량을 늘리고자 지속적인 이벤트와 쿠폰 그리고 브랜드 마케팅을 진행해온 것이다. 그 결과는 아직 끝이 나지 않았지만 시장의 수익성은 지속적으로 하락하고 있고 후발 사업자들은 지속적으로 엄청난 손실을 경험해야 했다. 이러한 상황에서 자체배송을 기본으로 한 쿠팡의 행보는 오픈마켓 플랫폼 간의 규모의 경쟁이 아니라 아마존의 경우처럼 한 차원 높은 플랫폼으로의 변화라고 해석하는 것이 맞을 것이다.

쿠팡에 대한 시장의 신뢰와 추가투자의 결과는 어떻게 될지 모르지만 그 신뢰가 이어지고 또 다른 추가투자가 이뤄진다면, 그리고 그 자금이 아마존처럼 한 차원 높은 수준의 거래 플랫폼으로 구현된다면 아마도 한국에서 최후의 승자는 쿠팡이 될 수도 있어 보인다.

2020년 3월 이베이 코리아는 매각을 발표했다. 5조 원이라는 가격으로 이베이 코리아가 갖고 있는 옥션과 G마켓을 매각하겠다는 의사를 표현했다. 비록 현재 전자상거래 시장에서 선두를 유지하고 있지만 그 선두라는 자리는 멀지 않은 미래에 쿠팡에게 내어줄 것으로 보이고 현재 만들어내고 있는 큰 규모의 이익은 충분히 큰 매각금액으로 연결되리라는 생각일 것이다. 문제는 롯데와 신세계와 같은 오프라인 유통기업이나 오픈마켓 11번가를 가진 SK그룹이 5조 원이라는 금액을 '지고 있는' 고전적 오픈마켓 모델에 투자할 것인가이다. 이 책의 초판에 이어 또 한 번의 추정을 하자면 이베이 코리아의 매각은 그다지 성공적이지 못할 것으로 보인다. 이제부터 이야기할 아마존의 성공 이야기는 플랫폼 간의 경쟁에 있어서 매력적인 플랫폼 도구가 얼마나 중요한가에 대한 이야기이다. 현재까지는 규모 측면에서 우위를 점하고 있지만 이베이 코리아는 쿠팡 대비 명확한 플랫폼 도구를 만들지 못했기에 경쟁에서 우위를 점하고 있다고 볼 수 없고 그 플랫폼 간의 경쟁의 결과는 명확해 보인다. 쿠팡이 고객과 보다 밀접한 신뢰관계를 구축하는 동안 이베이 코리아는 별다른 변화를 만들어내지 못했기 때문이다.

다음 그림을 보면 아마존과 이베이의 거래량에 있어서 선두의 탈환은 2012년 말에 이뤄졌지만 그 추세는 이미 2008년에 시작된 것으로 보인다. 쿠팡이 지속적인 적자를 지속적인 투자로 해결하면서 거래량을 늘려간다면 시장은 이베이 코리아의 미래를 미국의 이베이와 동일하게 바라볼 가능성이 크다.

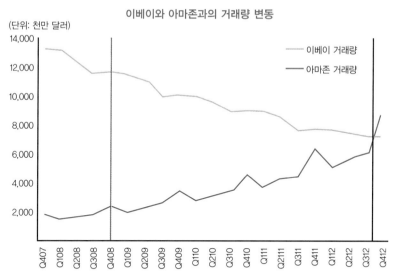

이베이와 아마존과의 거래량 변동

(단위: 천만 달러)

이베이와 아마존은 2012년 말에 1위 자리가 바뀌었지만 그 추세는 2008년에 이미 시작된 것으로 보인다.

완벽한 거래 플랫폼의 완성

한국의 오픈마켓 시장상황을 보면 모든 오픈마켓 사업자들이 적자를 면치 못하고 있지만* 그 혜택으로 소비자들은 저렴한 가격을 누리고 있다. 상식적으로 불가능한 거래가 이뤄지고 플랫폼 간의 퍼 주기 경쟁은 하나의 플랫폼이 남을 때까지 계속될 것으로 보인다. 문제는 그 경쟁의 주 요소가 가격이라는 데 있다. 쿠팡과 같은 일부 사업자가 배송과 같은 품질을 제고하기 위해 노력하고 있지만 아직은 제한적이다. 동시에 쿠팡의 거래액은 2017년 2조 6,000억 원, 2018년 10조 원, 2019년 13조 원을 기록하면서 지속적으로 성장하고 있다. 이 시각에서 아마존을 바라보면 플랫폼 간의 경쟁에서 무엇이 중요한지가 보인다. 아마존은 상거래가 갖춰야 할 본질에 천착함으로써 양면시장의 판매자와 구매자 모두로부터의 선택을 받았기 때문이다.

그렇다면 그 본질은 무엇일까? 상거래라는 영역은 양면시장을 기반으로 플랫폼을 구축하는 순간, 가격과 구색은 기본요소가 된다. 아마존의 가격로봇은 매 순간 인터넷을 돌면서 가격비교를 하고 언제나 최저가격을 유지한다.**

온라인 플랫폼이 형성되어 있기에 거의 모든 상품이 아마존에 등록되고 판매대에 올라가게 된다. 현재 32가지 카테고리에 4억 개 이상의 상품이 존재하니 구색이라는 경쟁은 이미 의미가 없다.***

가장 낮은 가격과 없는 것이 없는 상점이 더 갖춰야 할 것은 무엇일까? 아마존은 바로 그 '무엇'에 집중했다. 즉 가격과 구색이라는 모든 오픈마켓

---

* 쿠팡은 아마존의 전략을 부분적으로 따라가고 있지만 2016년에는 5,700억 원, 2017년에는 6,400억 원, 2018년에는 1조 1,000억 원, 그리고 2019년에는 조금 줄어들어 7,000억 원이라는 빨간 숫자를 기록하고 있다.

** 아마존은 PriceBot을 통해 소비자에게 항상 최저가를 제공하고 있는데, PriceBot은 24시간 365일 인터넷을 떠돌면서 끊임없이 상품의 가격을 체크하여 더 낮은 가격을 발견하면 자동으로 아마존 제품의 가격을 그에 맞추어 낮춘다.

*** 월마트가 온라인에서 판매하고 있는 물건의 종류는 약 6,000만 개 수준이다.

이 가질 수 있었던 본질 이외의 다른 본질에 집중하여 새로운 플랫폼 도구를 만들어낸 것이다.

전자상거래의 본질요소 4가지

첫 번째 본질, 서비스 품질

첫 번째 요소는 서비스 품질이다. 한국의 구매자들은 이미 많이 경험했지만 오픈마켓은 직접 배송을 책임지지 않는다. 구매라는 과정에 있어 배송은 구매가 완료되는 과정이다. 즉 구매자에게 배송이 안전하게 완료되는 시점이 구매가 종료되는 순간이다. 하지만 일반적인 오픈마켓은 이 과정에 존재하지 않는다. 배송하는 사람은 다양한 물류회사 직원이고 배송돼 온 상품이 담긴 박스도 제 각각이다. 물론 상품이 문제가 있거나 맘에 들지 않아도 그 해결의 대상은 오픈마켓이 아닌 물건의 판매자가 된다. 오픈마켓이 좋은 가격과 다양한 구색을 제공하지만 소비자는 마지막 단계에서 실망하기도 한다. 하지만 아마존은 대부분의 경우 이 과정에 존재한다. 그리고 이 참여를 위해 아마존은 두 가지 새로운 플랫폼 도구를 양면시장 참여자들에게 제공한다.

아마존이 이 구매의 전 과정에 존재했던 이유는 아마존의 태생에 근거한다. 온라인 서점으로 출발했던 아마존은 플랫폼이 아니라 '상점'이었다. 즉 우리가 아는 일반적인 가게처럼 상품을 매입하여 판매하는 가게로 시작했다. 아마존이 전자상거래를 본격적으로 시작한 2000년에 제3자 판매자, 셀러의 비중은 3%에 불과했다. 즉 전체 거래액의 대부분인 97%의 상품을 아마존이 직접 구매하여 판매한 것이다. 이 제3자 판매액 비중은 2005~2009년까지 30% 주위를 맴돌다가 2018년까지 꾸준히 상승한다. 즉 제3자 판매자의 판매비중이 증가하면서 아마존의 거래량과 시장점유율은 상승하기 시작했고 2012년에 이베이를 추월하게 된다.

2019년 아마존의 손익계산서를 보면 제3자 셀러 서비스 매출이 2017년부터 319억 달러, 427억 달러, 537억 달러로 지속적으로 성장하고 있는 것을 볼 수 있다. 아마존이 제공하는 셀러 서비스가 전체에서 차지하는 비중을 수수료율 20%로 가정하여 계산해보면 전체 거래액에서 차지하는 비중은 지속적으로 상승하여 65% 수준에 도달한 것으로 보인다. 즉 이제 아마존은 1/3 정도의 상품을 직접 판매하는 오픈마켓이라 불러도 무방하다는 의미이다. 단지 우리가 주목해야 하는 것은 아마존이 제3자 셀러에 대한 의

아마존과 제3자 간의 매출 및 거래액 비교

	2017년	2018년	2019년
아마존 직접 매출	108,354	122,987	141,247
제3자 서비스 매출	31,881	42,745	53,762
제3자 거래액	159,405	213,725	268,810
총 거래액	267,759	336,712	410,057
점유율	59.5%	63.5%	65.6%

(단위: 백만 달러)

존도를 높이면서 어떻게 상거래의 품질을 유지했느냐에 있다. 그 비밀은 바로 'Fulfilment by Amazon'이라는 제3자 셀러의 거래를 아마존의 거래로 만들어낸 플랫폼 도구이다.

공급자를 위한 도구, 아마존 풀필먼트

이 거래의 품질을 올리는 방법으로 아마존이 선택한 것이 거래의 모든 과정에 아마존이 관여하는 것이며, 그래서 탄생한 것이 'Fulfilment By Amazon^{FBA}'이다. 즉 제3자가 제공하는 판매를 아마존에 의해 완성되는 서비스로 만들어낸 것이다. 제3자 셀러 비중(앞으로는 오픈마켓 비중)이 증가해도 FBA의 비중이 따라서 증가하면 아마존이라는 플랫폼의 품질은 유지시킬 수 있다. 오픈마켓을 통해서 가격과 구색의 장점을 유지하면서 아마존이 배송 서비스를 직접 제공함으로써 고객은 아마존이라는 '스토어'에서 상품을 산다고 인식하게 된 것이다.

　FBA는 단지 이러한 품질의 제고와 더불어 판매자의 증가라는 플랫폼 측면에서의 긍정적인 결과도 만들어낸다. 아마존에서는 상품에 대한 아이디어와 기획력만 있으면 추가적인 운영부담 없이 셀러로 활동하는 것이 가능해진 것이다. 아마존의 풀필먼트 센터에 상품을 입고시켜 놓기만 하면 이후의 모든 운영은 아마존이 대행하기 때문이다. 한국의 많은 직장인들이 아마존의 셀러로 뛰어들 수 있었던 이유 역시 FBA가 존재했기 때문이다.

　FBA는 아마존이 제공하는 판매자 대상 서비스이다. 다시 말해 아마존이라는 플랫폼이 판매자를 대상으로 제공하는 플랫폼 도구이다. 거래를 위한

아마존 풀필먼트 센터 전경

플랫폼이고 이 플랫폼에서 물류와 고객 서비스라는 서비스를 판매자에게 제공하고 있는 것이다. 아마존은 북미에 110개, 전 세계에 175개의 아마존 풀필먼트 센터를 갖고 있으며 이 풀필먼트 센터는 판매자의 상품을 대량으로 보관 관리하며 오더가 발생하면 포장하여 고객에게 배송하는 역할을 담당한다.

　FBA에 대비하여 존재하는 용어는 FBM^Fulfilment by Merchant이다. 풀필먼트 즉 거래의 종결을 위한 배송과 고객 서비스를 누가 제공하는가에 따라 나뉘는데 FBA가 아마존에 의해 제공되는 서비스라면, FBM은 판매자가 직접 제공하는 서비스를 의미한다. 얼마나 많은 셀러가 FBA를 사용하는가에 정확한 통계는 발표되지 않았지만 아마존 시장조사 서비스 회사인 Jungle Scout에 따르면 거의 모든 셀러가 FBA를 쓰고 있으며 FBA만을 사용하고 있는 셀러의 비중은 이미 66%에 도달했다고 한다.^*

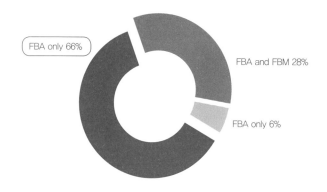

FBA only 66%

FBA and FBM 28%

FBA only 6%

FBA가 판매자를 위한 플랫폼 도구라면 아마존 프라임은 구매자를 위한 도구이다. 아마존 프라임에 가입하면 가장 중요한 혜택은 아마존 프라임 대상 상품의 배송을 무료로 이용할 수 있다는 점이다. 배송이 무료일 뿐만 아니라 차익일배송을 아마존이 보증한다. 이때 프라임 대상 상품은 아마존이 직접 취급하는 자체상품과 FBA를 통해 아마존에게 위탁 관리되는 상품들이다. 즉 FBA라는 판매자를 위한 도구를 사용한다는 것은 아마존 프라임의 대상이 된다는 의미이니 판매자가 FBA를 선택할 매력은 더욱 높아진다. 현실적으로 아마존에서 판매하기 위해서 FBA는 이제 필수라는 이야기가 나오고 있다. 고객의 입장에서, 특히 아마존 프라임 고객의 입장에서 아마존이 책임배송하는 상품과 그렇지 않은 상품은 차이가 있어 보이기 때문이다.

FBA 대상 상품이 되면 상품 이름 뒤에 'Prime'이라는 로고가 표시되고 아마존 프라임 고객을 대상으로 무료 차익일배송^{Two Day Delivery} 서비스가 제공된다. 물론 판매 이후의 고객 서비스와 반품도 아마존에 의해 운영되고 처리된다. 판매자로서는 판매에 있어 부가적인 기능을 모두 아마존에게 맡기면 되는 것이다.

prime

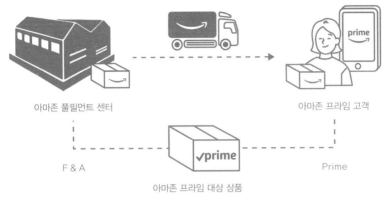

아마존 풀필먼트 센터   아마존 프라임 고객

F & A   Prime

아마존 프라임 대상 상품

아마존의 두 개의 플랫폼 도구

구매자를 위한 도구, 아마존 프라임

다시 아마존 프라임이라는 구매자를 위한 플랫폼 도구로 돌아가 보자. 여기서 우리는 구독이라는 요새 유행하는 단어를 만나게 된다. 프라임 멤버십은 1년에 119달러를 내면 아마존이 제공하는 다양한 서비스를 무료로 누릴 수 있는 멤버십형 구독 서비스이다. 내용을 보면 그 핵심은 쇼핑에 있다. 앞에서 설명한 프라임 대상상품(약 1억 개 상품)의 무료 차익일배송이 무제한 제공된다. 현재 추진 중인 익일배송(약 1,000만 개 상품)과 당일배송(약 300만 개 상품, 12시 전 주문, 35달러 이상), 즉시배송(약 1만 개 생필품) 역시 지역에 따라 제공된다. 물론 추가적인 비용지불은 없다. 이외에 지정일배송, 출시일배송 등 다양한 서비스를 제공하고 있다.

배송비가 무료라는 점과 더불어 아마존이 배송을 책임진다는 것은 온라인 쇼핑에 가질 수 있는 가장 불편한 요소를 제거한 것이다. 내가 구입한 물건이 언제 도착할지 알 수 있고 믿을 수 있다면 쇼핑이 제공해야 하는 품질이라는 또 하나의 본질이 비로소 해결되는 것이다.

단지 배송만으로 1년에 119달러라는 비용을 받는다면 많은 구매자들이 자신의 구매습관을 고민할 것이다. 무게에 따라 다르지만 평균 배송비를 10달러라 가정하면 12번의 구매를 아마존에서 해야 한다는 계산이 나오기 때문이다. 하지만 아마존 프라임은 이러한 계산을 하지 않도록 도와준다. 무료배송 서비스 이외에 119달러라는 비용을 합리화시켜주는 다양한 서비스들이 존재하기 때문이다. 먼저 아마존 Prime Video라는 넷플릭스와 유사한(콘텐츠 면에서는 조금 부족하다는 평가를 받고 있지만) 비디오 서비스를 무료로 제공한다. 1만여 편에 달하는 영상 콘텐츠를 무료로 감상이 가능하다. 여기에 더불어 아마존에서 제공하는 1,000여 권의 전자책을 무료로 볼 수 있고 역시 아마존에서 제공하는 음악 서비스(멜론과 유사한)를 역시 무료로 사용할 수 있다. 게이머에게는 Twitch.tv를 무료로 제공함으로 게임중계를 무료로 감상이 가능하다. 영역별로 가장 앞서가는 서비스 예를 들어 넷플릭스, 스포티파이, 그리고 아마존 e-Book 등 전체 서비스보다는 못하지만 영상, 음악, 도서, 그리고 게임까지 무료로 즐기는 데 월 비용이 10달러에 불과한 것이다.

이 멤버십 서비스의 특징은 구매 의사결정 단위인 가족이라는 시장을 대상으로 가치를 산출할 때 보다 큰 의미를 갖는다. 다양한 서비스가 다양한 가족 구성원과 매칭되었을 때 그 가치는 배가 되기 때문이다. 그리고 여기에 아마존의 핵심인 상거래배송이 무료라는 점이 포함되어 있다. 미국의 JPMe라는 조사회사는 평균적인 구매 횟수를 가정하여 아마존 프라임의 가치를 784달러로 계산하기도 했다.

Amazon Prime Component	Select Competitive Offerings		Estimated Prime Value		Change in Value
	Service	Price	Annual	Monthly	from 2017
① Prime Delivery: 2-Day, Same & 1-Day Free Shipping	ShopRunner Shipt Google Express Walmart	$79/year $99/year, $14/month No membership; shipping times vary & potential mark-ups No membership; ~2M items available for 2-day shipping	$125	$10.42	⬆
② Prime Now	Postmates Unlimited Instacart Express	$83.99/year, $9.99/month $149/year, $14.99/month	$180	$14.99	⬆
③ Prime Video	Netflix Hulu HBO Now Showtime	$7.99-$13.99/month $7.99/month (ads), $11.99/month (no ads) $14.99/month $10.99/month (non-Prime members)	$120	$9.99	⬆
④ Prime Music	Spotify Premium Apple Music Tidal Google Play Music Pandora Premium Amazon Music Unlimited	$9.99/month $9.99/month $9.99/month, $19.99/month (High Fidelity) $9.99/month $9.99/month $9.99/month (non-Prime members)	$60	$4.99	⬇
⑤ Prime Photos	iCloud Google Photos Google Drive Amazon Drive Dropbox Flickr	Free up to 5GB; $0.99/month for 50GB, $2.99/month for 200GB, $9.99/month for 2TB Free unlimited compressed photos (16MP) & videos (1080p) Free up to 15GB; $1.99/month or $19.99/year for 100GB, $9.99/month or $99.99/year for 1TB, $19.99/month for 2 TB Free up to 5GB; $11.99/year for 100 GB, $59.99/year for 1TB Free up to 2GB; Plus for 1TB $9.99/month or $99/year Free up to 1000GB; Pro $5.99/month or $49.99/year	$24	$1.99	⬌
⑥ Kindle Owners' Lending Library, Amazon First Reads, Prime Reading	Kindle Unlimited Scribd	$9.99/month $8.99/month	$108	$8.99	⬌
⑦ Audible Channels for Prime	Audible Channels Audible Gold	$4.95/month $14.95/month, $149.50/year	$59	$4.95	⬌
⑧ Twitch Prime	Twitch Turbo Twitch Channel Subscription	$8.99/month $4.99/month	$108	$8.99	⬆
Estimated Value of Prime			$784	$65	

아마존 프라임의 실제 가치를 각 상품별로 평가한 모습. 가장 하단의 합계를 보면 784달러로 평가되어 있다.
출처 : JPMe & company website

두 번째 본질,
편리한 인터페이스

일단 신뢰가 확보되었다면 그 다음 단계는 구매를 보다 편하게 만들어주는 것이다. 아마존의 고객편의에 대한 노력은 아주 다양한 모습으로 나타난다.

아마존 락커와 허브는 1인 가구가 많고 대부분이 일반 주택인 미국의 주거 형태에 맞춰 아마존이 제공하고 있는 무인택배 수령 시스템이다. 미국의 택배배송은 집에 아무도 없을 경우 주택의 문 앞에 그냥 두고 가는 경우가 많은데 택배상자가 외부에 쉽게 노출되어 분실이나 손실의 위험이 높다. 아마존은 인근 마트나 주유소 등과 연계해 상가 내에 보관함을 두거나 아파트 로비에 별도의 보관함을 두어 사람이 없어도 안전하게 택배를 수령할 수 있는 서비스를 제공하고 있다. 최근 국내에서도 편의점들과 연계한 유사 서비스를 제공하는 업체들이 나타나고 있어 낯설지 않은 시스템이다.

최근에는 별도의 락커에 무인 수령하는 시스템에서 한발 더 나아가 부재 중에도 스마트 도어락과 클라우드 캠을 이용해 배달원이 직접 집안에 물건을 배송해주는 아마존 키라는 서비스를 출시했다. 이 서비스는 스마트 도어락을 이용해 원격이나 임시번호로 배달원이 문을 열고 집안에 물건을 두고 나오는 서비스다. 클라우드 캠으로 실시간 영상을 고객에게 전달해 배송의 마무리와 보안까지 고객에게 직접 확인시킨다.

이 외에도 온라인 상점들의 가장 큰 단점인 고객 인터페이스 문제를 보다 적극적으로 해결하고 부족한 온라인 경험을 보완하기 위해 오프라인으

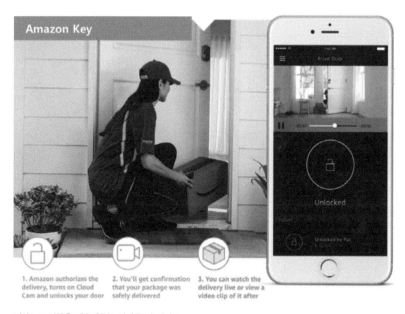

집안으로 상품을 배송해주는 아마존 키 서비스

로의 진출도 추진하고 있다. 그 시작이 2015년 시애틀에 첫 선을 보인 아마존 북스 오프라인 서점이다. 책은 아마존이 온라인 유통 사업을 시작하면서 처음으로 판매했던 아이템이기에 아마존에게 큰 의미가 있다.

아마존 북스는 20여 년간의 온라인 책 판매 경험을 살려 수많은 서적들이 빽빽이 서가에 꽂혀 있는 기존의 오프라인 서점과는 달리 온라인 아마존 북스의 오프라인 버전으로 만들어졌다. 가능한 많은 서적을 다루기보다는 의미 있고 인기 있는 서적만을 취급하며 책 표지가 전면에 드러나도록 전시되어 있다. 물론 가격은 온라인과 동일하다. 현재 캘리포니아, 뉴욕, 뉴저지 등 미국 전역에서 13개의 매장을 운영하고 있다. 지난 수년간 오프라인 서점들이 문을 닫고 있는 추세에서 아마존은 고객들에게 온오프라인의 경험의 확장과 통합을 제공하기 위해 일종의 역주행을 하고 있는 셈이다.

그 두 번째 시도는 아마존 고라고 불리는 계산대가 없는 일종의 무인편의점이다. 아마존의 오프라인 서점 진출과 최근의 식료잡화 리테일러인 '홀푸드' 인수 그리고 신선식품 배송 서비스인 아마존 프레시 등을 보면 아마

기존의 서점과는 차별화된 경험을 제공하는 아마존 북스

존의 오프라인 식료품 매장 진출은 어느 정도 예상이 가능했다. 하지만 아마존은 이조차도 철저히 고객편의 입장에서 접근하여 차별화를 시도하였다. 오프라인 마트에서 물건을 구입할 때 사용자 경험을 가장 떨어뜨리는 부분은 원하는 물건을 모두 선택한 뒤 마지막으로 계산을 위해 계산대에 줄을 서기 시작하면서부터이다. 물건을 들고 줄을 서고, 기다리고, 하나하나 계산을 하는 그 모든 과정이 고객 입장에서는 불편하기 짝이 없다.

아마존 고는 이러한 고객의 불편을 없애기 위해 아예 계산이라는 과정을 없애 버렸다. 사용자는 매장에 들어가면서 휴대폰으로 본인을 인증한 뒤 원하는 물건을 그냥 들고 나오면 끝이다. 계산은 자동으로 이루어진다. 얼마나 이상적인 프로세스인가? 아마존은 이를 위해 컴퓨터비전과 딥러닝, 센서퓨전 기술과 같은 첨단 기술을 매장에 적용했다. 한동안의 시범 서비스를 거쳐 현재 시애틀과 시카고에 3개의 정식 매장을 운영 중이며 2021년까지 약 3,000개의 매장을 오픈할 계획이다.

고객편의를 위하여 계산이라는 과정을 없앤 아마존 고

고객 인터페이스의 개발

구매라는 행위는 지식이나 미디어와 달리 실질적인 가치가 교환되는 과정이다. 즉 돈이 들어가는 과정이기에 신뢰, 편리와 같은 단어에 추가적으로 '소통'이라는 또 다른 요구가 더해진다. 우리가 백화점을 좋아하는 이유는 무언가를 물어볼 수 있는 '소통'의 대상이 존재하기 때문이다. "요새 뭐가 잘 나가나요?", "저에게 어떤 색이 잘 어울릴까요?" 등의 질문들은 오프라인 상점에서 많이 던져지는 질문이다. 이러한 질문을 온라인에서는 어떻게 해결할 수 있을까 아마존은 고민했고, 알렉사라는 일종의 인공지능 비서와 알렉사가 탑재된 스마트 스피커 솔루션을 시장에 내놓았다. 알렉사는 아마존이 시도하고 있는 고객 인터페이스의 궁극적인 모습이다. 유통이 가져야 할 4가지 덕목 중 가장 마지막인 고객 인터페이스를 인공지능 에이전트로 해결하고자 하는 것이다.

인공지능 비서 알렉사

알렉사Alexa는 2014년 말 아마존의 첫 스마트 스피커인 아마존 에코에 탑재되며 함께 출시된 개방형 인공지능 플랫폼이다. 기본 기능으로 음악재생, 쇼핑, 스케줄 관리, 알림설정, 위키검색, 스마트 홈 연동 등이 가능하며, 현재 에코 쇼를 비롯해 아마존에서 출시하고 있는 대부분의 하드웨어에 기본 탑재되어 출시되고 있다. 개방형 플랫폼이라는 이름답게 외부에서 사용 가능한 인터페이스를 비롯해 개발용 SDK까지 공개하여 제품에서 애플리케이션의 영역까지 다양한 파트너들을 끌어들이고 있다.

제품을 보면 가전기기에서 IoT 제품, 스피커, 노트북, 자동차까지 다양한

2019년 1월 아마존 디바이스 팀은 알렉사 지원 장치를 1억 개 이상 판매했다고 발표했다.

기기들에 연결되어 있는데 현재 약 3,500개의 브랜드에서 출시된 2만 개 이상의 제품들에서 사용 중이다(2018년 9월 기준). 애플리케이션 역시 수십만 명의 개발자들이 참여하여 5만 개가 넘는 스킬*들이 전용 스토어를 통해 제공되고 있는데, 이를 통해 기본 기능 이외에 뉴스, 게임, 교육, 날씨 등 다양한 영역에서 활용이 가능하다. 이는 마치 스마트폰에서 동작하는 어플과 유사한 개념이다. 즉 기본 기능으로는 탑재되어 있지 않지만, 어떤 피자 브랜드에서 자신의 주문 시스템과 연동되는 스킬을 개발하여 스토어에 올리면 사용자는 해당 스킬을 다운로드하여 음성으로 편하게 피자 주문을 할 수 있다.

물론 알렉사 이후 구글과 애플 등 많은 테크 기업들에서 출시한 다양한 스마트 스피커들이 줄을 잇고 있지만, 알렉사는 수많은 협력사**와 더불어 이 시장에서 선두자리를 지키고 있다. 그 이유는 아마존이 가진 구매라는 다른 어떤 누구도 복제할 수 없는 사용처를 갖고 있기 때문이다. 물론 구매

---

* 알렉사에서 활용 가능한 애플리케이션을 스킬(Skill)이라고 부른다.
** 아마존은 알렉사의 인터페이스를 개방하여 누구나 손쉽게 알렉사를 활용할 수 있도록 하였다.

라는 영역이 순식간에 오프라인에서 온라인으로 이동하기는 쉽지 않을 것이다. 실제로 2000년대 이후 온라인 구매 비중이 꾸준히 증가하고 있지만 미국의 전체 구매에서 온라인이 차지하는 비중이 아직도 11% 정도에 위치*하고 있다. 하지만 점점 더 발전하는 알렉사와 아마존이 이미 알고 있는 나의 구매내역 정보를 바탕으로 대화가 이뤄지면 인터넷 구매에서 '소통'이라는 새로운 가치가 더해질 것으로 생각된다.

인공지능 알렉사가 탑재된 아마존의 스마트 스피커

아마존은 플랫폼 간의 경쟁에서 승리를 차지한 플랫폼이다. 그리고 그 승리의 요인은 아마존이 선택한 상거래 영역에서 완벽을 지향했기 때문이다. 지금도 계속해서 시도되고 있는 아마존의 행보들은 모두 고객을 위한 편리, 신뢰, 소통, 품질 등의 단어에 천착하고 있다. 물론 이러한 소비자에 대한 집착은 보다 많은 고객, 그리고 그 고객에게 상품을 판매하고 싶은 판매자를 끌어들이고 있다.

---

* 2019년 기준 미국 총 소매 매출은 약 6조 달러이며, 이 중 전자상거래 매출은 5,129억 달러로 전체 매출의 약 11% 수준이다.

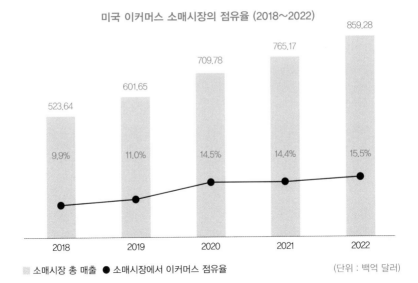

미국 이커머스 소매시장의 점유율 (2018~2022)

859.28

765.17

709.78

601.65

523.64

9.9% 11.0% 14.5% 14.4% 15.5%

2018 2019 2020 2021 2022

■ 소매시장 총 매출 ● 소매시장에서 이커머스 점유율   (단위 : 백억 달러)

2019년 기준 미국 전체 소매시장에서 이커머스가 차지하는 비중은 11%까지 상승했다.

다른 차원에서의 개방과 공유

거래가 이뤄지는 플랫폼과 지식 그리고 미디어 플랫폼이 갖는 가장 큰 차이점은 실질적인 가치 이전이 이뤄진다는 것이다. 즉 구매자들이 돈을 지불하고 상품을 구매하기에 그 거래에 있어 개방이라는 개념은 상대적으로 민감하다. 물론 지식에서도 잘못된 지식이나 미디어에서 가짜 뉴스와 같이 플랫폼의 신뢰를 떨어뜨리는 요소들이 존재한다. 하지만 지식이나 미디어는 완전한 개방을 통한 자정 시스템이 보다 효과적인 반면에 거래 플랫폼은 하나하나의 거래가 개개인의 가치를 손상시킬 수 있기에 완전한 개방은 불가능하다.

그런 이유로 거래 플랫폼에서의 개방은 제한적인 개방이 될 수밖에 없다. 아마존이 만든 이 제한적인 개방을 한마디로 표현하면 아마도 '아마존 풀필먼트'와 '아마존 프라임'이라는 일종의 멤버십으로 설명할 수 있을 것이다. 여기서 제한적이라는 의미는 아무런 조건 없이 시스템에 들어올 수 없다는 뜻이다. 공급자든 소비자든 최소한의 조건이 있고 그 조건으로 아마존은 플랫폼의 품질을 컨트롤하기 때문이다.

플랫폼에서 개방과 공유는 공급자와 소비자 모두를 대상으로 이뤄지며 그 목적은 규모를 키움에 있다. 태생적으로 양면시장이 본질적인 유통 플랫폼에서 공급자는 지식이나 미디어 영역에서 보다 자발적인 참여가 이루어진다. 판매의 기회를 제공하는 플랫폼은 공급자에게는 언제나 환영받는다.

그러나 무조건적인 참여는 서비스 품질의 질적 하락을 이끌기 때문에 아마존은 공급자들의 자발적인 참여에도 어느 정도의 제어가 필요했고 그 제어를 아마존 프라임이라는 시스템을 통해 이뤄냈다. 아마존 프라임에 연동된 FBA는 자연스럽게 판매자와 구매자를 제한하는 장치로 작동했다.

아마존이 만들어낸 한정된 개방은 한 차원 높은 가치를 만들어낸다. 즉 거래정보의 정교화이다. 많은 사람들이 오픈마켓에서 이뤄지는 거래정보의 가치를 높게 생각한다. 하지만 그 내실을 알고 보면 결코 그렇지만은 않다. 먼저 오픈마켓의 거래정보 중 공급자 측의 정보는 공급자 스스로가 입력한다. 물론 플랫폼이 검증할 수는 있지만 플랫폼이 정확하게 확인할 수 있는 정보는 상품의 가격정보뿐이다. 가격정보는 에스크로를 통해 플랫폼이 직접적으로 관리하기 때문에 이번 거래에서 판매자와 소비자 간에 오고간 금액이 얼마라는 것은 정확하다. 하지만 거래를 통해 오고 간 상품에 대해서는 완전한 정보를 갖고 있지 못하다. 유일하게 믿을 수 있는 정보는 오픈마켓이 제공한 상품의 대분류와 중분류에 한정된다. 물론 이 또한 플랫폼의 운영자가 100% 신뢰할 수 있는 것은 아니며, 물론 그 아래 소분류로 내려가면 신뢰도는 더 떨어진다. 그 이유의 상당부분은 소비자들이 분류가 아

| 조명 ▲ | 조명 ▼ | 주방등 ▼ |

브랜드패션	의류/잡화	뷰티	레저/자동차	식품	출산/육아
브랜드 여성의류	여성의류	스킨케어	스포츠 의류	농산	기저귀
브랜드 여성신발	남성의류	메이크업	등산/아웃도어	수산	출산/돌기념품
브랜드 시계	언더웨어/잠옷	선케어	캠핑	축산	유아목욕/스킨케어
디자이너 여성의류	신생아 의류	남성화장품	스포츠 잡화	반찬/간편가정식	장난감
브랜드 남성의류	아동/주니어 의류	클렌징/필링	자전거	김치	분유
브랜드 남성신발	유아의류	향수	골프	가공식품	이유용품
브랜드 쥬얼리	임부복/소품	헤어케어	스포츠 신발	커피/생수/음료	유아세제/위생용품

생활/건강	가구/인테리어	디지털/가전/컴퓨터	도서/취미/반려동물	여행/공연/e쿠폰	해외직구
주방용품	침실가구	TV	도서/음반	여행/숙박/항공	해외직구
수납정리용품	거실가구	계절가전	문구/사무용품	티켓/공연	의류/언더웨어
욕실용품	서재/사무용가구	냉장고	화방용품	e쿠폰/상품권	패션잡화
청소용품	유아동가구	세탁기	꽃배달	홈&카서비스	뷰티
세탁용품	리모델링가구	영상가전	악기		식품/영양제
세제/방향/살충	수납가구	주방가전	취미		스포츠/레저
화장지	주방가구	음향가전	꽃/원예		리빙/생활

오픈마켓의 대분류와 중분류 카테고리 화면

닌 검색을 통해 상품을 찾아가기 때문이다.

아마존의 FBA는 모든 상품에 대한 관리를 아마존이 담당한다. 즉 아마존이 책임을 지는 상품이기에 각각의 상품에 대한 데이터 관리를 아마존이 진행한다는 의미이다. 물론 상품 공급자, 판매자가 정보에 대한 입력을 진행하지만 이의 승인과정을 아마존이 책임진다. 이렇게 관리된 데이터는 신뢰할 수 있는 데이터이고 이 데이터는 소비자가 언제 어떤 브랜드의 커피를 얼마나 샀는지 정확히 관리할 수 있게 되는 것이다. 물론 오픈마켓도 이러한 관리를 현재의 데이터로 운영할 수 있다. 하지만 데이터의 한계를 감안할 때 이를 위한 투자가 버거운 것은 사실이다. 현실적으로 완전한 개방을 택한 오픈마켓은 어쩔 수 없이 부정확한 데이터의 한계를 가질 수밖에 없다는 것이다.

반면에 아마존은 전체 상품 중 25%인 1억 개에 해당하는 상품들의 데이터에 신뢰를 갖고 있다. 물론 이 상품군에 대해 필요 시간주기, 날씨, 계절 등 일반적인 상품정보 이외에 분류를 통한 상품관리도 가능하다. 이는 알렉사와 같은 향후 '소통의 인터페이스'가 진화함에 따라 고객과의 소통을 통해 만들어낼 수 있는 가치도 어마어마함을 의미한다.

아마존은 거래 플랫폼의 특성상 완전한 개방을 선택하지는 않았다. 어마어마한 금액을 투자해 물류센터와 배송, 고객 인터페이스 그리고 다양한 서비스들을 만들어냈지만 그 핵심자산의 혜택을 아마존 프라임이라는 프로그램으로 제한된 공급자와 소비자에 한정하였다. 그 결과는 소비자들을 아마존이라는 플랫폼에 Lock-in하는 효과를 보이고, 거래 플랫폼의 품질을 떨어뜨릴 수 있는 공급자 플랫폼에서의 활동을 제한함으로써 플랫폼의 신뢰 수준을 높일 수 있었다. 아울러 플랫폼에서 발생하는 거래 데이터의 품질을 높임으로써 플랫폼의 예측력을 높이는 결과를 낳았다.

플랫폼이 거대화되기 위해서는 핵심자산의 공유를 통한 동반자의 확보가 가장 빠르고 정확한 방법이다. 하지만 전략은 시장에 따라 변형이 이뤄진다. 아마존의 거래 플랫폼에서는 제한적 개방이라는 선택이 이뤄진 것이다. 이 제한적 개방의 사고는 플랫폼 운영자의 권력이 증대됨을 의미하고 이러한 중앙집중적 플랫폼 운영방식은 이후 분산화된 거래방식 탄생의 이유가 될 것이다.

이 책에서 블록체인과 같은 분산운영에 대한 이야기를 자세하게 다루지는 않을 것이다. 하지만 분산이라는 이슈가 왜 제기되는가에 대한 이유는 이후 모바일 플랫폼에서 애플이 설명해줄 것이다. 규모를 갖춘 플랫폼은 개방보다는 제한된 개방, 나아가 폐쇄라는 중앙집중적인 운영방식을 선호하기 때문이다. 이러한 권력의 집중은 변증법처럼 언젠가 분산에 대한 니즈를 만어낼 것이고 우리는 그러한 역사의 변화를 바라보고 있는 것이다.

고객집착이라는 아마존의 가치

아마존의 조직운영 원칙을 살펴보면 고객집착이란 단어가 유독 눈에 띈다. 물론 많은 기업들이 고객중심 경영을 이야기하기에 아마존의 고객집착이란 단어가 엄청나게 차별화된 모습으로 보이지는 않는다. 그러나 1994년 창업해 20년이 넘는 기간 동안 시대와 환경에 따라 조직운영 원칙은 끊임없이 변화하면서도 그중 제1원칙인 고객집착만은 한결같았다는 사실을 생각해보면, 실행력이라는 측면에서 아마존은 무엇보다 플랫폼 운영의 목적을 고객으로 두고 있다는 사실을 쉽게 이해할 수 있다.

아마존의 14가지 리더십 원칙 (The amazon way, 14 leadership principle)

1. 고객에 집착하라 (Customer Obsession)

2. 결과에 주인의식을 가져라 (Ownership)

3. 발명하고 단순화하라 (Invent and Simplify)

4. 리더는 대부분 옳다 (Are Right, A Lot)

5. 자기계발: 배우고 호기심을 가져라 (Learn and Be Curious)

6. 최고 인재만을 채용하고 육성하라 (Hire and Develop the Best)

7. 최고의 기준을 고집하라 (Insist on the Highest Standards)

8. 크게 생각하라 (Think Big)

9. 신속하게 판단하고 행동하라 (Bias for Action)

10. 근검절약을 실천하라 (Frugality)

11. 다른 사람의 신뢰를 얻어라 (Earn Trust)

12. 깊게 파고들어라 (Dive Deep)

13. 기개를 가져라: 반대하되 받아들여라 (Have Backbone; Disagree and Commit)

같은 맥락에서 아마존은 스스로를 'unStore'라고 칭한다. 'unStore'는 상점이란 의미를 가지는 영어단어 'Store'에 부정 접두어 'un'을 붙여 만든 파생어로, 한국어로는 '비(非)가게'로 번역되었다. 현존하는 세계 최고의 온라인 상점이라 할 수 있을 아마존이 스스로 '가게'라 불리는 것을 거부한 것이다. 그렇다면 아마존은 어떤 측면에서 기존 질서체계 내의 '가게'와는 다른 것일까? 그리고 '가게'라는 단어가 부여하는 틀에서 벗어났다면, 아마존은 이를 통해 어떤 가치를 추구하고 있으며, 또 어떤 전략으로 시장에 접근하고 있는 것일까?

먼저 '가게'라 불리는 곳들이 어떤 일을 하는지 생각해보자. 아마존과 같은 소매업자들은 공급자로부터 물건을 싼값에 사들여서 적당한 수준의 마진을 붙여 수요자에게 이를 공급하는 역할을 수행한다. 이때의 마진은 기업의 입장에서 이윤을 만들어내는 주요 수단이기 때문에 마진을 늘리는 것은 곧 이윤을 극대화한다는 기업의 목적에 부응한다. 때문에 모든 가게는 이윤을 추구하기 위해 두 가지 측면의 노력을 할 수 있다.

한 가지는 공급자로부터 물건을 더욱 더 싸게 들여오는 것이고, 또 한 가지는 수요자에게 더 많은 마진을 붙여 물건을 비싸게 파는 것이다. 즉, 적은 비용으로 많은 매출을 기록하기 위해 대다수의 가게들은 애를 쓰고 있다. 그것이 '가게'라는 명칭이 갖는 본질이다.

하지만 아마존의 행보를 살펴보면 이와 같은 전통적인 가게의 모습과는 사뭇 다른 전략을 펼치고 있음을 알 수 있다. 아마존은 개업 이래로 점점 더

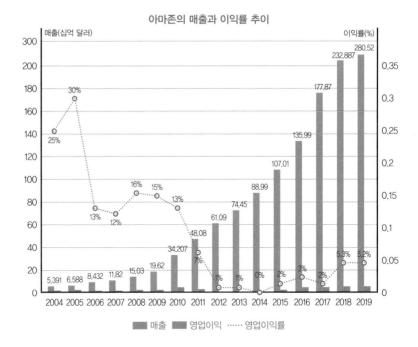

아마존의 매출과 이익률 추이

큰 매출을 기록하고 있기는 하지만 이익 실현에는 소극적인 모습이다. 플랫폼이 규모를 갖춘 2012년 이후에도 줄곧 1%* 수준의 이익을 유지함으로써 자본시장의 기대에 부응하지 않는 모습을 보여왔다. 다른 지식이나 미디어 플랫폼이 20% 이상의 고수익을 보이고 있는 것과는 상반된 모습이다.

그럼에도 불구하고 아마존의 기업가치는 계속되는 성장세를 보이고 있으며, 이런 아마존이 수년 내에 사라지리라고 예상하는 사람들은 거의 없다. 아마존은 일반적인 가게와는 다른 방식으로 시장에 접근한다. 당장에 얻을 수 있는 눈앞의 이익을 확대하려 애쓰기보다는 더욱 장기적인 안목을

---

* 아마존의 전체 이익률은 2.3%를 보이고 있지만 내면을 살펴보면 2017년 AWS의 이익률이 24%, 커머스의 이익률이 0.1%인 것을 알 수 있다.

바탕으로 시장을 장악하려는 것이다. 아마존은 현재의 이익보다도 소비자와의 장기적인 관계 형성에 더욱 큰 비중을 둔다. 반복되는 구매를 통해 고객들로부터 신뢰를 얻어내고, 이를 바탕으로 소매업계에서의 아마존의 영향력, 즉 독점력을 키우고자 하는 것이다. 그래서 우리는 아마존이 일반적인 가게가 아니며, 무엇보다도 '소비자의 편'에 있는 기업이라고 주장한다.

아마존의 이익률 분석

		2017	2018	2019
전자상거래	매출	160,407	207,232	245,496
	영업비용	160,632	202,107	240,156
	영업이익	−225	5125	5340
	영업이익율	−0.1%	2.5%	2.2%
AWS	매출	17,459	25,655	35,026
	영업비용	13,128	18,359	25,825
	영업이익	4,331	7,296	9,201
	영업이익율	24.8%	28.4%	26.3%
총계	매출	177,866	232,887	280,522
	영업비용	173,760	220,466	265,981
	영업이익	4,106	12,421	14,541
	영업이익율	2.3%	5.3%	5.2%
	순이익	3,033	10,073	11,588
	순이익율	1.7%	4.3%	4.1%

(단위 : 백만 달러)

아마존은 다른 가게들과는 다르다는 점을 드러내기 위해 다음과 같은 다양한 방식을 통해 소비자의 편익을 증대시키고자 노력하고 있다.

첫째로 아마존은 유통 마진을 정함에 있어 고객을 기준으로 스스로의 위치를 설정하는 모습을 보인다. 가장 극명한 예로, 보석 유통시장에 진입하던 때를 들 수 있다. 보석 유통시장에서 기존 산업의 평균 마진율은 100~200%에 달할 정도로 높았다. 많지 않은 수의 공급자가 비슷한 수준에서 가격을 설정하기 때문에 소비자는 선택의 여지없이 높은 가격에 물건을 구입해야 했다. 하지만 아마존은 마진율을 적정 수준으로 하향 조정하는 결단을 내린다. 이와 같이 산업 전체의 마진을 깎아 내리는 행동은 산업 전체 가치 사슬의 마진율을 낮추는 것이기에, 유통업체뿐 아니라 제조업체들 역시 원하지 않는 행동이다. 그러나 아마존은 이미 유통시장 내에서 일정 수준 이상의 영향력을 확보한 상태였기에 비교적 성공적으로 이 시장에 진입할 수 있었다. 또한 아마존에 의해 시장 전체의 파이가 늘어나 다른 보석 생산자들 역시 보다 많은 매출을 올릴 수 있게 되었다.

그렇다고 해서 아마존이 보석 시장을 독점하게 된 것은 결코 아니다. 단지 이런 이미지 메이킹을 통해 아마존은 사람들이 그게 무엇이 되었든 물건을 구입하는 과정에 있어 아마존을 선택지에 포함시키도록 만들었을 뿐이다. 하지만 만약 아마존과 비슷한 수준의 시장 지배력을 지닌 업체가 신규 시장에 진입했더라면 과연 그 기업도 아마존과 같이 자신의 마진을 포기했

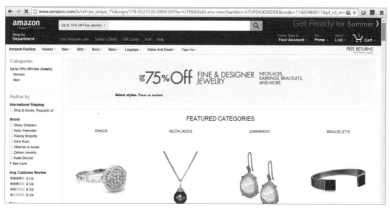

아마존의 보석 관련 코너. 할인율이 무척 높은 편이다.

을까? 아마존의 '비가게'적 속성은 이런 모습에서 여실히 드러난다.

아마존의 '비가게'적 속성이 드러나는 두 번째 예로는 아마존이 공급자와의 관계보다도 소비자와의 관계에 집중한다는 점을 들 수 있겠다. 일반적으로 소매업자들은 공급자와 소비자를 연결하는 브로커의 역할을 수행함으로써, 양쪽 방향으로 두 개의 관계를 유지하게 된다. 이때에 주로 마진을 만들어내는 데에 희생되는 쪽은 소비자이다. 상대적으로 고정적인 공급 원가를 더 낮추기는 쉽지 않은 반면에, 공급가에 대한 정보를 얻을 수 없는 소비자들에게는 높은 마진을 붙여 물건을 비싸게 팔아넘기기가 쉽기 때문이다. 하지만 아마존은 이와 같은 관계 형성에 있어서도 소비자와의 관계를 더욱 중시하는 모습을 보인다. 아마존은 소비자에게 최저가로 상품을 제공하기 위해 공급 원가를 낮추는 선택을 한다. 이 때문에 아마존은 다양한 논쟁에 휘말리기도 했다.

프랑스의 최대 규모 출판사인 아셰트와는 가격 협상 과정에서 아셰트가 자신들이 원하는 대로 출판사의 마진율을 낮추는 데에 동의하지 않자 자사 사이트에서 아셰트가 출판 계획에 있는 책들의 사전 주문기능을 삭제했다. 또한 비슷한 이유로 월트 디즈니의 영화 DVD 몇 편 역시 아마존에서 판매하지 않겠다는 결정을 내리기도 했다. 이런 식의 행보는 공급자들에게는 이해할 수 없는 고객지상주의로 여겨지지만, 같은 상품을 더 낮은 가격에 공급받을 수 있는 소비자의 입장에서는 반가운 유통채널의 등장이라 할 수 있다. 공급자는 아마존이 많은 물량을 소화해주는 한 아마존이라는 거대한 유통망을 포기할 수 없을 것이다. 하지만 고객은 언제든지 아마존이 아닌 선택할 수 있는 다양한 대안들을 가지고 있다. 때문에 아마존은 고객의 편에 서는 모습을 보이는 것인지도 모른다.

이와 같이 이익을 증대시키는 것이 우선시되던 일반적인 '가게'들과는 달리, 아마존은 고객의 편에 서는 '비가게'로서 소비자들의 인식 속에 자리 잡는다. 하지만 그렇다고 해서 아마존이 실패한 가게가 되는 것은 결코 아니다. 아마존은 고객들로부터 '신뢰'라는, 고객으로부터 얻을 수 있는 최고의 가치를 얻어낸다. 이 신뢰는 고객과의 관계를 더욱 끈끈하고 지속적으로 만드는 재료가 된다. 이렇게 형성된 관계를 바탕으로 아마존은 적은 이윤을 바탕으로도 1,000조 원*이 넘는 기업가치를 만들어냈다.

이 숫자는 시장을 더욱 확대해 나가겠다는 아마존의 지향점에 동의하는 사람들이 내린 평가라 할 수 있다. 아마존은 소매업자로서 마진을 축소해가며 시장에 대한 영향력을 확대해나가는 중이다. 영향력을 이용해 마진의 폭을 확대하려 하는 일반적인 기업들과는 사뭇 다른 모습이다. 이윤을 높이려고 안달하기보다는, 아직은 수확할 시기가 아니라는 판단하에 서서히 소비자들에게 아마존이라는 존재를 각인시킨다. 그 무엇을 사더라도 아마존에서는 쉽고 저렴하게 상품을 구할 수 있고, 아마존은 언제든 소비자의 편에 서는 '좋은' 가게라는 이미지를 확보하고자 하는 것이다.

앞으로 나아갈 공간이 많을 때 전략적 자유도는 커지기 마련이다. 아마존이 현재 갖고자 하는 '비가게'라는 개념은 하나의 전략이자 이미지로 아마존의 영속성을 보장해주는 핵심 요소가 될 것이다.

아마존이 펼치고 있는 비가게와 고객편의 추구라는 가치 완결의 전략은 유통이라는 영역에서는 어떻게 보면 너무도 당연한 전략으로 보인다. 저렴한 가격과 편리한 구매를 싫어할 소비자는 없을 것이기 때문이다. 하지만

---

* 2018년 9월 4일 아마존의 시가총액은 애플에 이어 2번째로 1조 달러에 도달했다.

기업 입장에서 이를 실제로 실행하는 것은 전혀 다른 차원의 어려움이다. 스스로의 이윤을 끝까지 줄이고, 끊임없는 투자를 지속하기 위해서는 분명한 하나의 목적이 필요하다. 아마존에게 그 목적은 아마존의 모든 서비스를 엮은 전방위 플랫폼을 고객의 일상에 정착시키기 위함일 것이다. 1,000조 원이라는 기업가치는 단지 그 노력의 결과일 뿐이다.

가난한 플랫폼, 아마존

아마존이 가진 구글, 페이스북과의 가장 큰 다른 점은 아마존이 플랫폼을 통해 만들어내는 가치의 일부를 공유한다는 점이다. 즉 플랫폼 사용 대가를 참여자에게 요구한다는 것이다. 거래 플랫폼이기에 거래를 통해 판매자가 만들어낸 수익의 일부를 수수료로 가져가는 것은 아주 상식적이다. 아무리 고객가치와 비가게를 부르짖어도 아마존은 플랫폼을 통해 수익을 창출한다.

일반적인 오픈마켓의 플랫폼 수익은 명확하다. 판매가 이뤄진 대금의 일부를 플랫폼에게 제공하는 것이다. 판매자 입장에서는 이 수수료가 낮은 것은 절대선이고 이 수수료가 0%인 플랫폼*도 여전히 존재한다. 판매자는 플랫폼 간의 경쟁이 이뤄진다면 당연히 낮은 수수료를 요구하는 플랫폼을 선호할 것이다. 하지만 아마존은 약간은 다른 이해를 요구한다.

아마존은 플랫폼을 설계하면서 단순히 판매자와 소비자를 연결하는 플랫폼으로 자리 잡은 것이 아니라 온라인을 통한 유통이 오프라인 유통 대비 경쟁력을 갖출 수 있도록 다양한 요소들을 갖추었다. 이미 언급한 풀필먼트

---

* 중국 알리바바의 C2C 서비스인 타오바오의 경우 별도의 판매 수수료는 없으며 엄청난 규모의 거래량을 바탕으로 한 광고모델로 수익을 낸다.

센터를 포함한 다양한 인프라와 알렉사를 필두로 한 고객 인터페이스들이
그것이다. 판매자는 더 이상 아마존이라는 플랫폼이 제공하는 가치를 단순
한 중개로 생각하지 않는다. 1.5억 명이라는 멤버십 고객과 가장 진화된 방
법으로 상품을 판매할 수 있도록 도와주는 플랫폼으로 생각하는 것이다. 그
들이 FBA 프로그램의 참여 대가로 지불하는 판매대금의 일정 비율은 판매
에 따른 수수료가 아니라 아마존이라는 플랫폼에 참여하기 위한 참가비 정
도로 생각하는 것이다.

아마존 운영원칙의 중간쯤을 보면 'Frugality'가 보인다. 번역하면 근검
절약이 될 것이다. 플랫폼의 운영비용이 올라가면 이 비용은 자연스레 참여
자들에게 전가된다. 아마존은 그렇게 되기를 원치 않는다. 그래서 아마존
은 'Frugality'를 강조하는 가난한 플랫폼인 것이다.

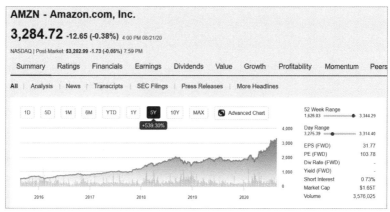

아마존은 기업가치 측면에서 과거 5년간 가장 큰 폭의 성장을 이뤄낸 플랫폼이다. 무려 539%라는 성장을
보였다.

02

Thinking of Platform 2.0

공유는 아름답다, 하지만:
우버·에어비앤비·디디추싱의 생각법

공유경제의 의미

한동안 공유경제라는 개념이 시대를 풍미했던 적이 있다. 공유라는 사상이 세상을 완전히 바꿔버릴 것 같은 기세로 말이다. 그렇게 뜨거웠던 공유경제에 대한 열기는 이미 많이 식어버린 듯하지만 공유경제라는 개념은 플랫폼을 이해하는 데 있어 반드시 짚고 넘어가야 할 요소이다. 공유경제가 모두 플랫폼은 아니지만 플랫폼 경제에서 공유의 개념은 매우 중요하기 때문이다.

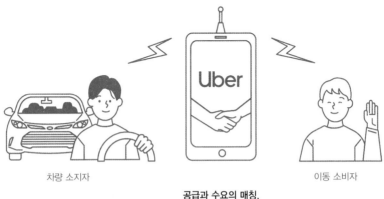

차량 소지자   이동 소비자

공급과 수요의 매칭,
지도, 내비게이션

대부분의 사람들이 공유경제가 가진 가장 근본적인 의미를 제대로 이해하지 못하고 있다. 공유라는 단어가 쓰이기 위해서는 경제행위를 통해 가치가 만들어져야 하고 창출된 가치를 참여자들이 함께 향유할 수 있어야 한다. 기존의 소유하던 것을 단순히 빌려 쓴다고 가치가 만들어지는 것이 아니라 이 과정에서 사회 전체적으로 자원의 절감이 이뤄져야 한다. 가장 뜨거운 논쟁대상인 차량공유의 경우, 과거 10명이 차량을 소유했다면 이제는 5명이 소유하고 나머지 5명은 5명의 소유자의 차량을 빌려 쓸 때 공유가치를 창출하는 것이다.

경제가 충분히 성장하지 못했을 때 우리는 대중교통에 상당부분 우리의 이동을 의지했다. 많은 사람들의 공유(공공투자)를 통해 만들어지고 운영되는 것이 대중교통이며 대중교통도 일종의 공유경제인 것이다. 하지만 이제는 모두가 차량이라는 이동수단을 소유하려 하기에 비효율과 자원의 낭비가 만들어지고 있다. 이런 비효율과 낭비를 줄여보자는 것이 공유경제의 기본적인 개념인 것이다.

공유소비 플랫폼들

이 책에서 공유경제 플랫폼으로 다루고자 하는 대표 기업은 우버나 에어비앤비, 디디추싱 등이다. 그러나 이런 종류의 기업을 공유경제 기업으로 설명하기에는 공유경제의 범위가 너무나 넓고 이들 기업들이 공유적이지 못한 부분도 많다. 하지만 현재의 공유경제는 이미 개개인이 재화나 서비스를 소유가 아닌 공유 또는 임대하는 소비중심의 경제활동에 초점이 맞춰져 있기 때문에 이들을 공유경제의 사례로 가져가고자 한다. 물론 정확히 이야기하면 이들은 공유경제라는 표현보다는 '공유소비 플랫폼'이라 칭하는 것이 보다 적절할 것이다.

공유경제가 아닌 공유소비라는 개념으로 우버와 같은 기업이 다시 정의된다면 이야기는 보다 명료해진다. 플랫폼이라는 개념은 분명 양면시장을 지향해야 하는데 어떻게 공유소비 플랫폼이 가능할까? '소비의 주체인 소비자가 타인의 소비를 위한 공급자로서의 역할을 수행'하는 순간 공유소비 플랫폼이 형성된다. 내가 소비자이고 나에게 남은 자원을 다른 소비자에게 공급하는 순간 우리는 이를 공유라 부를 수 있다. 내가 소비하지 않는 차량이나 공간을 남에게 사용할 수 있게 제공하는 것은 소비가 아닌 공급의 영역이기 때문이다.

이런 이유로 소비라는 영역에 플랫폼의 개념을 적용하는 순간 공유라는 개념은 필수적이 된다. 그래야 기존의 호텔이나 렌터카가 제공하는 서비스와 우버의 서비스가 구분되고 우버를 공유소비 플랫폼이라 인정할 수 있게 된다. 이후 예를 들겠지만 이런 의미에서 중국의 공유자전거나 한국의 타다와 같이 사업자가 공급자의 역할을 하는 모델은 공유소비 플랫폼이라 칭할 수 없고 플랫폼으로 성립되기도 힘들다. 물론 플랫폼이라는 개념이 기존의 서비스 개념보다 절대적으로 우월한 사업모델은 아니다. 단지 기존의 사업모델이 갖지 못했던 구조이기에 혁신적이고 그 혁신이 새로운 시장을 만들고 있는 점은 분명하다.

대표적인 공유소비 플랫폼 우버와 에어비앤비는 공유를 통해 자동차와 방의 활용도를 극대화한다.

우버는 차량을 소유하고 있는 사람이 자신의 차량이 필요하지 않을 때 이를 타인이 사용할 수 있게 만든다는 맥락에서 차량의 공유소비 플랫폼이다. 이 과정 중 놀고 있는 차량의 임대라는 개념에서 차량의 주인이 운전 서비스를 함께 제공한다는 개념으로 확장되었을 뿐이다. 차량을 빌려주는 과정에서 발생하는 많은 법적, 사회적 문제점을 차주가 스스로 운전함으로써 해결한 것이다. 평균적으로 하루에 1~2시간 정도 활용되는 자동차라는 자원이 우버라는 플랫폼을 통해 공유소비되어 자원의 효율적인 활용을 만들어낸다는 측면에서 분명한 공유가치의 창출이다.

동일한 맥락에서 에어비앤비 역시 자신이 쓰지 않는 공간을 여행객을 위한 공간으로 제공하는 공간의 공유소비 플랫폼이다. 이 두 모델이 가진 가장 큰 특징은 잉여자원의 활용이다. 즉 잘 활용되지 못하는 자원을 활용하여 가치를 창출하는 모델을 만든 것이다. 상당히 매력적인 모델이고 이런 이유로 두 기업 모두 높은 기업가치를 인정받고 있다.* 잉여자원의 활용이

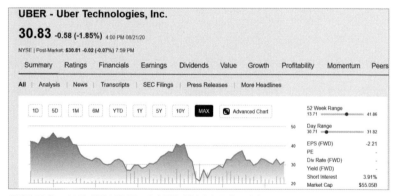

우버의 주가는 나스닥 상장 이후 공모가 수준을 회복하지 못하고 있다.

---

* 우버는 상장 이후 지속적인 주가하락을 경험하고 있다. 여기서 높은 기업가치라는 의미는 여전히 절대적으로 높은 기업가치를 의미한다. 에어비앤비는 2021년 상장을 준비하고 있었으나 코로나19 사태로 그 꿈은 조금 멀어졌다.

라는 맥락을 강조하는 것은 공유소비 플랫폼의 등장을 통해 잉여자원이 새로운 가치를 만들어냈기 때문이다.

공유소비 플랫폼과 공유소비 서비스

공유소비 모델이 나타나기 이전에도 우리는 이미 공유 서비스를 갖고 있었다. 차량을 임대해주는 렌터카 사업이 있었고 숙박공간을 임대해주는 호텔과 같은 숙박업이 있었다. 하지만 이들은 자신 스스로가 플랫폼의 한 축인 공급자가 되어 자신의 차량과 공간을 임대하는 사업형태를 갖고 있기에 플랫폼이라 칭하지 않는다. 단지 다양한 서비스업의 하나일 뿐이다. 문제는 공유라는 단어가 이러한 서비스에 적용되면서 공유경제 개념에 혼선을 가져오고 있다는 점이다. 따라서 우리에겐 공유소비 플랫폼과 기존 서비스에 대한 구분이 필요하다.

플랫폼과 서비스를 구분하는 가장 중요한 특징은 서비스라는 모델은 성공한 플랫폼이 갖는 독점의 혜택을 영원히 갖지 못한다는 점이다. 물론 성립되지 못한 혹은 시장을 완전히 장악하지 못한 여전히 경쟁상태인 플랫폼들도 그 혜택을 누리지 못하고 있는 것은 마찬가지다.

중국에는 '공유자전거(共享单车)'라는 서비스가 존재한다. 모바이크와 오포 등 현재도 약 30여 개에 가까운 공유자전거 브랜드들이 치열하게 경쟁하고 있다. 이 공유자전거는 중국에서 유학을 하고 있는 유학생들이 뽑은 중국의 신(新) 4대 발명*으로 선정될 정도로 현재 중국에서 일상화된 모델이다. 하지만 공유자전거는 사업자가 자전거를 제공하고 소비자가 공유하는, 사업자가 공급자인 서비스모델이다. 그런 이유로 시장은 플랫폼으로 구조화되지 못하고 경쟁으로 인한 비용은 공유경제가 만들어내는 가치를 초과한다. 비록 두 개의 사업자가 시장의 대부분을 차지하고 있지만 아직도 신규 경쟁자의 진입은 계속되고 있다.

한국에서 2020년에 가장 큰 이슈를 만들었던 '타다'는 국회의 소위 '타다 금지법'으로 사업이 좌절되었다. 타다가 과연 혁신인가 꼼수인가의 논란은 제쳐두고 타다는 차량공유라는 의미에서는 기존의 렌터카와 아무런 차이를 갖지 못한다. 타다를 운영하는 기업인 VCNC가 차량을 소유하고 여기에 시간제 기사를 고용하여 서비스를 제공하는 것이기 때문이다. 즉 공유소비라는 맥락에서 어떠한 새로운 가치도 창출하지 못하고 기존에 존재했던 법인택시의 서비스 품질을 향상시켜 놓은 사업모델일 뿐이다. 여기서 군이 공유자전거와 타다에 대한 이야기를 하는 것은 공유소비 플랫폼이 갖는 가치를 이야기하기 위함이다. 공유소비를 통해 가치를 창출하는 것은 사회적인 가치증대를 의미하기 때문이다.

중국의 공유자전거

중국의 공유자전거 시장은 2014년 오포의 설립으로부터 시작되었다. 이후 현재 복점(複占) 구조를 함께 형성하고 있는 모바이크가 설립되면서 공유자전거 열풍이 시작되었다. 광풍은 2017년에 정점을 찍어, 약 80여 개 업체가 난립하며 갖가지 사회문제까지 발생시

---

* 중국에서 유학 중인 유학생들을 대상으로 중국에서 경험한 신문물 중 자국으로 가져가고 싶은 아이템의 설문조사 결과 고속전철, 전자상거래, 알리페이 그리고 공유자전거가 꼽혔다.

켰다. 플랫폼을 추구하는 사업모델이 갖는 특징으로 대부분의 업체들이 초기 시장에서 점유율을 확보하기 위해 가능한 많은 물량을 저렴한 가격으로 제공하였기에 경쟁에서 밀린 업체들의 자전거는 길거리에 방치된 쓰레기가 되었고 이용자들은 보증금도 제대로 돌려받지 못하는 상황들이 빈번하게 발생했다.

중국은 공유자전거의 천국이 되었지만 수많은 자전거가 불법으로 버려지는 등의 부작용도 드러나고 있다.

공유소비 서비스들은 우리 주위에 아주 많이 존재한다. 그리고 이들은 플랫폼을 지향한다. 우버의 경우도 처음에는 리무진 서비스로 시작했듯이 공유 서비스가 공유 플랫폼으로 진화하는 것은 가능하다. 이 진화가 성공적으로 이뤄지고 양면구조가 성립되면 공유 서비스는 비로소 플랫폼의 지위를 얻게 된다.

우버와 같은 성공적인 공유소비 플랫폼은 플랫폼이 가져야 할 첫 번째 요소인 양면시장 지향을 통해 자발적으로 참여하는 공급자를 만들어냈다. 그리고 이들의 경우 공급자들이 제공하는 가치를 기다리는 소비자 시장은 이미 존재하고 있었다.

양면구조의 설계

우버와 에어비앤비는 서비스 형태로 양면구조를 아주 간명하게 설계했다. 이동과 숙박을 위한 설비와 서비스를 제공할 공급자들이 있었고 이를 사용하려는 소비자가 있었다. 양면시장은 잘 설계되었고 누구나 쉽게 이해할 수 있는 시장가치를 만들어냈다. 무엇보다 중요한 것은 이 플랫폼을 통해서 놀고 있던 차량과 공간이 새로운 가치를 창출하는 대상으로 변화되었다는 것이다. 공유소비를 통해 추가적인 가치가 창출되어 공급자와 소비자 모두에게 제공되었다. 구글의 검색처럼 어려운 기술이나 아마존의 전자상거래 플랫폼처럼 엄청난 자본이 필요했던 것이 아니라, 시장에 이미 존재하지만 제대로 활용되지 못하는 자원과 해소되지 못한 시장의 니즈를 적절히 결합한 것이다. 즉 양면구조의 구조화에 성공한 것이다.

공유소비 플랫폼 사업자들은 양면시장 구조를 설계함에 있어 명시적인 플랫폼의 수익을 표방하고 있다. 우버가 서비스 요금의 20%를, 에어비앤비는 약 10%를 수수료로 징수한다. 어떻게 이것이 가능했을까? 플랫폼이 공급자의 잉여자원을 가치자원으로 변화시킴으로써 잉여가치가 창출되었기 때문이다. 공유소비 플랫폼이 등장하지 않았다면 만들어지지 못했을 가치가 이 플랫폼으로 인해 만들어졌기에 잉여가치의 공유가 가능해진 것이다. 이들에게 부여된 호칭인 '공유경제' 플랫폼이 갖는 의미처럼 새로운 가치를 창출하여 이를 공유했기 때문이다.

자신의 승용차로 우버 서비스에 뛰어든 기사들의 차량과 시간은 우버 이전에는 가치를 창출할 수 없었기에 우버를 통해 벌어들이는 수익은 모두 새로이 창출되는 가치인 것이다. 에어비앤비에서 자신의 빈방을 빌려주고 있는 호스트의 경우도 마찬가지다. 이들은 잉여가 존재하는 곳에서 그 잉여를 활용한 플랫폼을 제시했기에 플랫폼의 수익이 허용된 것이다. 물론 공급자 영역에서의 성공만으로 플랫폼이 구조화되지는 않는다. 이에 더하여 소비자 영역에서의 공급부족과 기존 시장의 높은 가격이 이들의 성립을 가능케 했다.

우버의 공유소비 플랫폼은 미국의 서부도시에는 가장 완벽한 솔루션이다. 샌프란시스코에서 기존의 이동 솔루션인 택시는 1,500대로 턱없이 부족하고 자가용 이용을 위한 주차장 찾기도 매우 어렵다. 우버의 등장으로 기존 택시 서비스 시장이 위협을 받기는 하지만 그 부정적 영향보다는 긍정적 영향이 크다.

우버의 성공은 중국, 동남아, 인도에서 디디추싱, 그랩, 올라와 같은 카피캣을 만들어냈다. 아직 충분한 대중교통 인프라가 만들어지지 못한 도시, 즉 대중교통을 위한 인프라가 충분히 만들어지지 못한 도시에서 우버와 같은 차량공유소비 플랫폼은 훌륭한 대안으로 부상하고 있다. 반면 택시의 도시라 할 수 있는 서울과 같은 곳에서 우버는 환영받지 못하고 있다. 즉 우버의 차량공유소비 플랫폼은 시장에 따라 다른 모습을 보이게 된다. 이것이

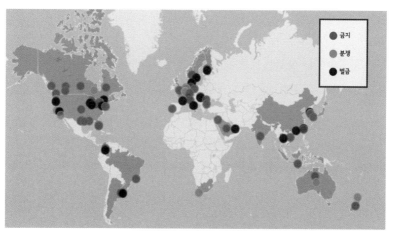

우버는 국가별로 소송과 벌금 등 다양한 문제에 직면해왔고 이를 해결하려 노력하고 있다.

우버가 초기 미국에서는 빠른 성장을 보였지만 유럽이나 한국과 같은 나라들에서는 더딘 성장을 보이고 있는 이유이다.

창출되는 가치 vs 파괴되는 가치

이러한 우버의 잉여공유경제 플랫폼이 한국에서 먹히지 않는 이유는 무엇일까? 이야기되고 있는 것처럼 서울시 정부가 규제를 풀어주지 않는 것이 가장 큰 이유인 것은 사실이다. 하지만 가장 큰 이유는 새로운 플랫폼이 만들어내는 가치보다 플랫폼의 등장으로 파괴되는 가치가 더 크기 때문이다.

다시 말해 샌프란시스코와 서울이라는 도시가 가진 완벽하게 다른 환경 때문이다. 서울은 버스, 지하철 등 대중교통이 충분히 발달되어 있고 여기에 추가로 준(準)대중교통이라 할 수 있는 택시가 전국적으로 25만 대, 서울에만 7만여 대가 존재한다. 택시는 중요한 하나의 대중교통 수단이고 서울에서만 매일 수백만 번의 탑승이 이루어진다. 택시는 서울이라는 도시의 이동에 있어 중요한 수단이자 편리한 수단이다. 즉 공급과 소비의 양 측면에서 우버가 샌프란시스코에서 맞닥뜨렸던 환경과는 많이 다르다. 자신의 차량으로 이동하는 사람의 비율은 샌프란시스코의 반의 반도 되지 않고 이동을 위한 공급도 거의 충분한 상태이다. 즉 플랫폼의 등장이 추가적인 경제적 가치를 만들어내기도 하지만 파괴할 가치가 그 가치를 압도할 가능성이 높기 때문이다.

카카오택시의 성공은 이렇듯 상이한 환경에 대한 반증이자 차량공유 플랫폼의 등장을 보다 어렵게 만든 사건이다. 카카오택시 서비스가 성공했다는 것은 서울에서 택시라는 서비스가 가치를 창출하는 서비스였다는 의미이고, 카카오택시는 그 가치창출 과정을 보다 효율적으로 만들었기 때문에 성공할 수 있었던 것이다.

IT 기술의 도입을 통한 사회적 효율의 증가는 택시 기사나 승객들에게도 분명한 편익을 가져다주었다. 조사 결과를 보면 카카오택시 출시 이후 택시 기사들의 수입이 약 37% 증가한 것으로 나타났고, 이를 금액으로 환산하면 기사들의 수입이 연 997만 원 정도 증가한 셈이다. 또한 택시기사들은 승객을 찾아 도로를 배회하는 일이 줄어 연료의 낭비가 적어지고, 이용자는 편리하면서도 안심하며 택시를 이용할 수 있게 되었다. 승객들의 높은 재사용 비율은 승객들의 만족도를 간접적으로 웅변하고 있다.

카카오택시의 성공으로 택시기사들의 수입이 1,000만 원 정도 증가했고 전체 택시 숫자가 대략 23만 대이니 모든 택시가 카카오에 가입했다 가정하면 연간 235조 원의 경제적 효용이 증가했다고 생각할 수 있다. 물론 이 과정에서 택시기사들은 자신의 수익증가의 일부를 카카오에게 흔쾌히 제공할 것으로 예상된다. 카카오가 스마트 호출이라는 수수료 모델을 통해 수익

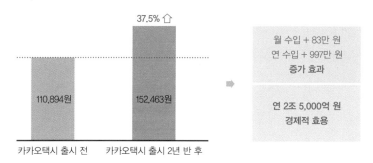

카카오T택시 사용 전후 택시기사의 일평균 소득 변화

카카오T 택시기사 설문결과임.
① 2016년 3월 22일~23일. 카카오택시 기사용 애플리케이션을 통해 총 9,730명에 대해 조사
② 2018년 9월 21일~22일. 카카오T택시 기사용 애플리케이션을 통해 총 1만 3,783명에 대해 조사

을 창출하기 시작하는 것은 이런 맥락이다. 이러한 카카오택시의 성공은 역설적으로 카풀 서비스의 도입을 어렵게 만들 것으로 보인다. 미국의 경우처럼 카풀 서비스의 도입이 기존의 택시시장을 파괴할 가능성이 높기 때문이기도 하지만 카카오택시와 같은 솔루션의 도입을 통해 기존 택시가 창출하는 가치를 올릴 수 있는 방법이 존재한다는 점도 입증되었기 때문이다.

공유소비 플랫폼의 또 다른 문제, 플랫폼 노동

플랫폼 노동이 자주 언급되기 시작했다.

배달의민족과 같은 배달 플랫폼에서 일하는 라이더들의 노동환경에 대한 이야기뿐만 아니라 쿠팡 물류센터 직원의 코로나 감염과, 그에 대한 쿠팡의 미온적인 대처를 두고 플랫폼 노동자들의 노동환경에 대한 이야기도 나오고 있다. 하지만 한국에서는 아직 플랫폼 노동에 대한 본격적인 논의가 이뤄지고 있지 않다. 본격적인 논의는 플랫폼 노동자들이 정당한 대가를 받고 있는가에서부터 출발해야 할 것이다. 이를 위해서는 플랫폼 노동에 대한 사회적 합의가 필요하다. 즉 문제점들을 탓하기에 앞서 그 답을 찾기 위해서는 플랫폼 노동이 무엇인지 정확한 정의가 필요하다.

먼저 플랫폼은 양면시장을 기반으로 한다. 공급자와 수요자를 연결하는 새로운 사업형태인 플랫폼에서 노동자라는 개념을 둘러싼 논의가 가장 먼저 나타난 것은 미국의 차량공유 플랫폼인 우버에서부터이다. 우버는 기사를 근로자 혹은 피고용자Employee가 아닌 계약자Independent Contractor로 간주한다. 따라서 모든 보상은 단순한 계약에 의해 진행된다. 승객이 지불한 운임에서 20~25%라는 우버의 플랫폼 수수료를 제외한 금액이 기사의 몫인 아주 단순한 계약관계가 전부이다.

문제는 우버의 등장이 만들어낸 새로운 산업지형이다. 먼저 우버의 등장으로 택시라는 기존의 이동 서비스를 제공하던 산업은 쇠락의 길을 걸었다. 많은 택시기사들의 수입이 급락했고 심지어 자살로 이어지기도 했다. 그 반대급부로 기존의 택시보다 훨씬 많은 우버 기사라는 새로운 직업이 탄생했고 이는 새로운 직업 혹은 노동의 탄생으로 이해됐다. 문제는 이들이 벌어들이는 소득 수준이 기존의 택시기사의 소득보다 낮다는 데 있었다.[*]

기존 택시를 통해 벌어들일 수 있었던 평균 임금이 16.81달러였던 것에 비해 우버 기사의 평균소득은 9.71달러에 불과하다는 주장이 나오고 있다. 이런 이유로 시애틀시 정부는 뉴욕시에 이어서 우버와 리프트에게 2021년 1월부터 시애틀 최저임금인 16.39달러를 지급하라는 행정명령을 내린다. 여기서 문제는 우버와 같은 플랫폼 노동에서의 시간당 임금을 어떻게 계산할 것인가에 있다.

시간당 소득을 계산하는 데 있어서 가장 복잡한 문제는 운전자가 승객을 태우고 이동하는 시간(실제 운행시간) 이외의 시간(오더를 기다리는 시간)을 어떻게 계산할 것인가에 있다. 플랫폼 노동자는 노동시간을 결정할 수 있는 자율권을 갖고 있기에 우버의 입장에서는 운행이 이뤄지고 있는 시간만을 시간당 임금의 기준으로 삼는 것이 적절할 것이다. 하지만 일부 기사들이 풀

---

[*] 우버 기사의 소득에 관련된 모든 통계지표는 미국의 주별이나 시별로 다르다. 심지어 택시기사의 소득, 최저임금, 가구별 차량보유율도 지역에 따라 다르기에 미국 전체 혹은 캘리포니아 평균 숫자는 의미를 갖기 어렵다. 이 글에서는 최근 상세한 연구가 이루어진 시애틀이라는 도시의 통계를 중심으로 이야기하고자 한다. 이 숫자는 뉴욕과 같은 동부의 수치와는 많이 다르고 캘리포니아의 다른 도시와는 유사한 패턴을 보일 것으로 생각된다.

타임으로 일을 하고 있고 어디든지 운행하겠다는 의지를 갖고 있다면 기사의 입장에서는 우버 앱을 켜는 순간부터 끄는 순간까지 모두 노동시간인 것이다. 이 차이 즉 다양한 플랫폼 노동의 형태에 따른 차이를 감안한 시간당 임금을 계산하려면 개별 플랫폼별 노동에 대한 상세한 데이터 분석을 통해 사회적 합의를 갖는 것이 중요하다.

코넬대학의 조사에서 우버 기사의 시간당 소득을 23.25달러라고 발표한 반면 비슷한 시기에 이루어진 Parrot과 Reich의 조사에서는 9.37달러에 불과하다는 결과를 제시하고 있다. 두 배가 넘는 이러한 차이는 어디까지 기사의 근무시간으로 인정할 것인가와 운행을 위해 소요되는 비용을 어떻게 가정하는가에 따라 발생한다.

코넬대학의 조사는 우버의 요청으로 이뤄졌고 우버가 데이터를 제공했다. 가장 정확한 데이터가 제공된 것이고 이를 바탕으로 시간당 임금이 계산된 것이다. 하지만 문제는 기사들이 승객을 기다리는 시간, 즉 앱을 켜고

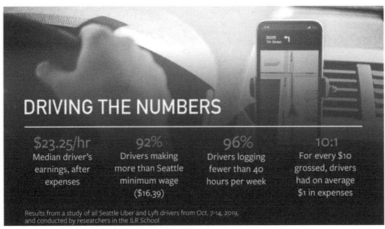

우버의 시간당 임금 연구결과(코넬대학교 분석 자료)

운행주문을 받을 때까지의 시간은 노동시간으로 계산하지 않았다는 점이다. 또 한 가지 코넬대학의 조사에서는 차량 그 자체의 감가상각은 기사의 운행비용에 포함시키지 않았다. 이미 차량을 갖고 있고 이 차량을 이용하여 임시노동Gig work을 했기에 비용에 산입하는 것은 타당하지 않다는 주장이다.

이와 달리 9.37달러를 주장하는 Parrot과 Reich 연구의 경우 운행대기시간은 근무시간으로 보아야 하고, 차량의 감가상각이 운행비용에 포함되어야 할 뿐만 아니라 노동자였다면 당연히 받아야 했던 휴식시간, 의료보험, 병가 등의 비용도 계산해야 한다는 주장이다. 이 조사는 우버가 데이터를 제공하지 않았기에 약 3,000명 정도의 우버 기사의 설문조사와 실제 운행 기록을 바탕으로 진행되었다. 여기서 우리가 주목해야 할 것은 이 모든 논쟁의 기저에는 우버라는 플랫폼에 참여하는 기사를 노동자로 인정할 것인가라는 질문이 존재한다는 것이다. 높은 소득이 계산된 연구는 우버 기사를 노동자로 고려하지 않았고 낮은 소득이 계산된 연구는 이들을 노동자라는 가정하에 진행되었기 때문이다.

플랫폼의 양면시장이라는 관점에서 보면 우버의 기사들은 시장의 공급자들이다. 물론 차량공유 플랫폼에 참여하는 의사결정은 본인의 몫이고 이 플랫폼의 운영이 공정하지 못하다고 생각되면 참여를 거부하면 된다. 그러기에 이들의 플랫폼 참여를 통한 경제활동을 노동이라 정의하기는 간단하지 않다. 하지만 우버 기사들은 스스로를 이미 우버의 노동자라 정의하기 시작했고 우버가 가져가는 20~25%라는 높은 수수료율과 배차 알고리즘에 대한 공개 등 기존 노동자들과 유사한 요구를 하기 시작했다. 여기에 캘리포니아 법정은 우버와 우버 기사들 간의 관계를 계약이 아닌 고용을 통해 해결해야 한다는 결론을 제시하고 있다. 플랫폼의 참여자가 법적으로 플랫폼의 노동자가 되는 순간이다.

캘리포니아 법원의 결정은 플랫폼이라는 새로운 방식의 사업형태를 인정하지 않는 결론이다. 물론 이는 플랫폼 옹호자로서의 판단이지만 플랫폼이라는 사업형태는 그에 맞는 해답이 필요하기 때문이다. 양면시장 참여자를 대상으로 한 플랫폼 운영은 참여자들과의 합의를 통해 발전해야 한다. 우버의 경우처럼 공급자의 소득이 충분치 않다면 탑승 금액을 올리거나 수수료율을 낮춰서 문제를 해결해야 하는 것이지 우버 기사를 고용하는 것은 플랫폼이라는 기본 개념을 파괴하는 선택이다. 플랫폼 노동은 분명 인간의 노동이 투입되는 행위이지만 기존의 노동과는 다른 몇 가지 특징을 갖는다.

첫째, 선택의 자유가 명확하다. 미국의 우버나 중국의 디디추싱과 같은

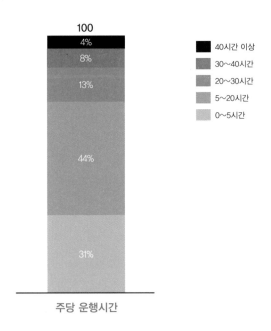

우버 기사들의 일주일 운행시간 분포(코넬대학교 분석 자료)

차량공유 플랫폼에서 50%에 달하는 사람들은 하루 4시간 이하를 일한다고 한다. 우버와 리프트의 시애틀 데이터를 보면 75%가 일주일에 20시간 이하(평균으로 보면 하루에 4시간과 주말 휴식)의 플랫폼 참여시간을 보이고 있다. 즉 일주일에 20시간 이하의 참여자가 대부분을 차지한다. 또한 언제 어디서 일할 것인가의 선택도 온전히 참여자의 몫이다. 보다 높은 수입을 위해 자신의 거주지에서 멀리 이동하는 것도 선택이고 주말에 일하는 것 역시 선택이다.

둘째, 참여자 즉 노동자와 플랫폼과의 관계가 수평적이다. 플랫폼 참여자는 누구에게 보고할 필요도 없고 일정 시간 이상을 일할 필요도 없다. 유일한 보스는 자신이고 자신의 선택에 의해 노동을 시작한다. 우버는 노동자에게 지시하는 존재가 아니라 참여자의 노동을 도와주는 동반자의 느낌이 강하다. 즉 우버 앱을 켜는 순간 스스로 노동자가 되는 것을 선택하는 것이다. 아마도 우버에 전화를 하는 경우는 문제가 발생하거나 참여자(플랫폼 사용자)로서 불만이 있는 경우일 것이다.

이러한 플랫폼 노동을 정규직으로 전환하라는 캘리포니아 법정의 판결은 우버 노동자들의 항의에 기인했다. 우버를 통해 얻는 시간당 9.37달러(Parrot과 Reich의 주장이 옳다면)에 불과한 수입은 우버라는 플랫폼에 대한 불만으로 드러났고, 우버를 풀타임 직업으로 하거나 우버를 위해 차량을 구입한 참여자들의 불만은 법정을 통한 분쟁으로 비화됐다. 그러나 결론은 쪽박을 깨는 방향으로 이뤄지고 있다. 우버는 항소를 했고 그 결과 AB5로 불리는 캘리포니아 노동법안은 10월까지 유예라는 타협안으로 마무리되었다. 하지만 법정의 판결이 유지된다면 우버는 당분간 문을 닫아야 하는 상황에 직면할 것이고 플랫폼 노동자들은 직업을 잃게 될 것이다. 우버의 2019년 매출이 141억 달러인데 수수료율 20%를 감안하면 700억 달러 정도의 시장이 사라지는 것이고 이중 80%인 약 560억 달러의 기사 소득이 증발하는 것이다. 한화로 무려 67조 원에 달하는 금액이다.

공유경제는 내가 가진 남아 있는 자원의 활용을 통해 가치를 창출하는 경제활동이다. 대부분의 우버 기사들이 자신의 남는 시간과 사용되지 않는 자동차를 활용해 도시의 이동에 참여하는 것은 분명한 교통수단의 공급 증가이고 이를 통해 승객들의 편리는 증가하며 기사들에게는 추가적인 소득이 발생한다. 유휴 자원이 활용되어 가치가 창출되는 현장이다. 이러한 현장이, 67조 원이라는 가치가 법원의 결정으로 사라져 가는 것이다.

그러나 이 67조 원이라는 새로이 창출된 새로운 가치는 개개의 기사들이 벌어가는 낮은 소득을 숨기고 있는 것이다. 시애틀 조사에서만 보아도 우버의 등장이 기존 1,200대에 불과했던 택시 숫자(우버와 리프트 포함)를 3만 대까지 증가시킨 점을 보면 공급의 증가로 시장은 늘었지만 참여자들의 평균소득은 감소하는 결과를 쉽게 예측할 수 있다.

플랫폼 노동은 완전한 선택의 자유를 기반으로 한다. 따라서 플랫폼의 평화로운 운영을 위해서는 플랫폼 운영자에게서 플랫폼 참여자들로의 권력 이양이 필요하다. 플랫폼의 참여자인 공급자와 수요자에게 일정 수준의 권력 이양이 이뤄지면 운영자들은 상대적으로 책임이 줄어든다. 이처럼 권력의 감소는 책임의 감소로 이어지고 이에 따라 플랫폼은 참여자들과 운영자에 의해 보다 공정하게 운영될 것이다. 우버의 시소는 사용자인 승객에게 너무 많이 기울어져 있다. 승객에게는 너무 편하고 저렴한 서비스이지만 반대로 기사에게는 불만인 현재의 상황은 정보의 공유를 통해 시장이 해결하게 해야 한다. 그래야 공유소비 플랫폼이 주는 가치가 진정으로 발현되는 것이다.

쿠팡의 물류센터에서 일하는 노동자들은 아무런 선택권이 없다. 물론 이른 아침 출근버스에 탑승하는 선택과 도중에 근무를 중단하고 퇴근버스를 기다리는 선택은 존재한다. 하지만 근무 중에는 관리자의 감독을 받아야 하고 어떤 형태로든 관리의 압력 하에서 일을 해야 한다. 이를 플랫폼 노동이라 이야기하는 것은 모든 노동을 플랫폼 노동으로 확대 해석하는 것이다.

노동의 본질이 다르기에 다른 해결책이 필요한 것이다. 우버가 운임의 인상과 플랫폼 수수료의 조정을 통해 노동의 문제를 해결한다면 쿠팡은 노동환경의 개선을 통해 그 문제를 해결해야 할 것이다.

작은 네트워크를 가진 플랫폼의 문제

우버는 2019년 5월 나스닥에 상장한 이후 처음으로 대중에게 실적을 발표하기 시작했다. 그리고 2019년 연간 141억 달러 매출에 85억 달러 손실을 보고했다. 한 해 동안 무려 85억 달러의 손실을 기록한 것이다. 상장에 따른 충성도 높은 기사들에 대한 보상과 종업원의 스톡옵션 비용이라는 이유가 있었지만 이 비용 역시 우버의 영업비용임은 분명했다. 시장은 우버의 성공에 대해 회의적인 시각을 보이기 시작했다. 기업가치 측면에서 우버는 나스닥에서 여전히 389억 달러의 기업가치(2020년 3월 16일 기준)를 보이고 있으나 이 주가(22.6달러)는 우버가 상장했을 때의 가격(42달러) 대비 50% 남짓 하락한 수준이다. 과연 우버는 적자의 늪에서 빠져나올 수 있을까? 현재의 상황이 계속된다면 그 답은 부정적이다. 그 까닭은 네트워크의 크기와 중복선택의 가능성에 있다. 작은 네트워크를 가진 플랫폼 그리고 이탈이 용이한 특징을 가진 사업영역이 지속적으로 경쟁자를 만들어내고 있기 때문이다.

첫째, 우버가 가진 가장 근본적인 문제는 단위 네트워크의 크기이다. 구글은 규제상의 이슈로 중국 시장에 진입하지 못하고 있다. 하지만 중국을 제외한 거의 모든 국가에서 다양한 언어로 검색 서비스를 제공하고 있다. 구글의 플랫폼은 글로벌 시장을 대상으로 성립되고 나면 플랫폼 운영비용은 급격하게 떨어진다. 이 원칙은 페이스북, 아마존과 같은 성공한 플랫폼에서도, 심지어는 언제나 우버와 함께 공유경제의 상징으로 언급되는 에어비앤비에도 적용된다. 공급되는 숙소는 글로벌 시장이고 소비자는 글로벌 여행자이기 때문이다. 즉 규모의 경제가 가능하고 시장에서 지배자적 위치에 오르면 많은 혜택을 누리게 된다. 단위 시장의 크기가 크기 때문이다. 네트워크 단위가 큰 경우와 작은 경우를 비교해 보면 어느 쪽의 네트워크가 힘이 세고 경쟁에서 방어가 쉬울지 쉽게 상상할 수 있다.

먼저 우버의 플랫폼은 기사와 승객이 모두 지역적인 한계를 지니고 있다. 이동은 일정 수준의 범위를 갖는다. 우리는 어딘가로 이동하지만 매일 집으로 돌아가야 하는 주거 습관을 갖고 있기 때문이다. 즉 우리의 이동반경은 제한되어 있다.

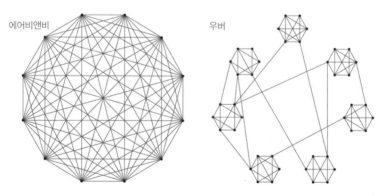

에어비앤비와 우버의 네트워크 크기

그러기에 대부분의 택시 사업은 지역적 범위를 갖는다. 서울택시, 부산택시와 같은 구분이 있는 것도 이 때문이다. 그런 이유로 우버가 63개국 700개의 도시에서 사업을 한다는 것은 700개라는 도시에서 우버를 쓸 수 있다는 의미로 해석될 수 있지만 바꿔 말하면 우버는 700개의 도시에서 제각기 다른 사업자와 경쟁하고 있음을 의미한다. 한 도시에서의 성공이 다른 도시에서의 성공에 긍정적 영향을 주기는 하지만 그 강도가 그다지 크지 않기에 경쟁비용은 계속 요구된다. 또한 개개의 도시마다 다른 규제와 로컬 사업자(토호)가 갖는 홈구장의 이점을 글로벌 사업자가 이겨 내기 쉽지 않다. 우버가 중국, 동남아, 러시아에서 매각 후 철수를 결정한 것은 단순히 운이 나빠서가 아니다.

둘째, 우버도 플랫폼을 지향한다. 기사와 승객을 연결해주는 플랫폼이고, 공급자 시장과 소비자 시장이 서로 긍정적인 영향을 미치며 규모의 경제를 누리는 것이 플랫폼의 기본 원칙이다. 하지만 이 원칙이 우버에게는 정확하게 적용되지 않는다. 앞서 이야기한 작은 네트워크로 인해 지속적으

기사들이 우버에게 수수료 인하를 요구하고 있다.

로 경쟁이 등장한다는 문제만이 아니라 플랫폼 참여자들이 다양한 플랫폼을 동시에 사용하는 경우가 빈번히 존재한다. 즉 교차 네트워크 효과가 독점으로 이뤄지는 플랫폼의 기본원칙이 동작하지 않는 것이다. 미국의 차량공유 시장을 보면 우버가 70%, 리프트가 30% 정도의 시장을 나눠 갖고 있다. 일반적인 플랫폼 경쟁이라면 우버로의 쏠림이 이미 시작되었을 시장이 여전히 7:3이라는 균형을 유지하고 있다.

그 까닭은 공급자나 소비자 모두 특정 플랫폼 하나만 사용해야 할 이유가 없기 때문이다. 특히 기사들에게는 시장에 존재하는 모든 플랫폼 혹은 애플리케이션을 이용하는 것이 자신의 시간 효율을 극대화시키는 방법이다. 2020년 시애틀에서 이루어진 조사에 따르면 우버로 풀타임 근무할 경우 중복선택 비율이 높게 나타났다.

고객도 마찬가지이다. 치열한 플랫폼 간의 경쟁으로 승객에 대한 평가가 그다지 중요하지 않기에 급할 경우 복수의 플랫폼으로 차량을 호출하는 것이 큰 문제가 되지 않는다. 즉 플랫폼에 대한 충성도가 존재하지 않기에 기사와 승객이 함께 만드는 규모의 경제가 다른 플랫폼만큼 크게 작용하지 않는다. 그렇기에 언제든 대규모 프로모션을 통해 어제 만들어 놓은 규모가 하루 만에 무너질 수 있다. 기사나 승객이나 모두 어제의 프로모션은 잊고 오늘의 혜택을 즐기기 때문이다.

이 두 가지 이유로 플랫폼 간의 경쟁은 지속되고 시장은 쉽게 누군가의 손을 들어주지 않는다. 우버와 리프트 간의 끊임없는 출혈경쟁이 이를 그대로 보여준다. 중국의 경우에도 동일한 손실 경쟁이 존재했었다. 하지만 그 결과는 디디추싱의 독점으로 정리되었다. 중국의 사업가들은 싸우지 않고 이기는 방법을 선택한 것이다.

중국에서의 차량공유 플랫폼

디디추싱은 2018년 말 기준 중국 전체 승차공유 시장의 92.5%를 차지하면서 하루에 3,000만 명을 실어 나르고 있는 진정한 의미에서의 시장 지배자이다.

디디추싱의 주주 구성을 보면 중국의 대형 플랫폼 기업인 알리바바, 텐센트, 바이두를 포함해서 소프트뱅크 비전펀드, 애플, 우버 등이 보인다. 다른 곳에서는 치열하게 경쟁하는 기업들이 중국의 승차공유 시장에서는 한 배를 타고 있는 것이다. 플랫폼 경쟁은 소모적이며 그 결과가 독점에 이른다는 플랫폼의 원칙을 잘 이해하고 있는 투자자들의 선택이다. 시장의 구성을 보면 디디추싱의 압도적 우위에 몇몇 업체가 여전히 시장에 존재한다. 하지만 디디추싱이 90%가 넘는 시장지배력을 갖고 있으니 남아 있는 경쟁자들을 신경 쓸 필요는 없어 보인다. 실제로 중국에서 차량호출 어플을 사용해보면 경쟁자들의 서비스는 적은 기사와 차량으로 인해 배차가 잘 안 되거나 시간이 오래 걸리는 현상이 나타난다. 디디추싱이 이 자리에 오기까지의 역사를 보면 중국의 플랫폼이 미국의 플랫폼과 어떻게 다른지 쉽게 이해할 수 있다.

중국 승차공유 플랫폼의 까닭들

중국에서 승차공유 시장의 시작은 2012년이다. 택시호출 앱을 바탕으로 설립된 디디다처(嘀嘀打车)는 텐센트의 투자를 유치했고, 알리바바는 독자적인 택시호출 서비스인 콰이디다처(快递打车)를 출시했다. 각각 6억 달러, 7억 달러라는 자금을 유치하고 격렬한 시장경쟁을 벌였다. 승차공유의 양면시장인 기사와 승객을 모집하는 과정에서 '과도한' 프로모션이 지속됐고 두 사업자 모두 큰 적자를 감수해야 했다. 두 사업자가 보기에 이 경쟁은 쉽게 끝나지 않을 것으로 보였고 중국의 IT업계를 이끄는 텐센트와 알리바바는 2015년 2월 디디다처와 콰이디다처의 합병을 결정했다. 앞서 말한 것과 같이 싸우지 않고 이기는 법을 선택한 것이다.

이후 합병을 통해 만들어진 디디콰이(滴滴快的)는 택시호출 서비스에 차량공유 형태의 서비스를 추가한다. 즉 카풀이라 말할 수 있는 서비스가 도입된 것이다. 아울러 플랫폼 간의 경쟁을 종식시키기 위해 막대한 자금을 시장에 쏟아 부어 2015년 8월 기준 승차공유 시장의 80%, 택시호출 시장의 99%를 장악하게 된다. 하지만 여전히 새로운 경쟁자인 이다오용처(易到用车), 우버 차이나 등이 존재했기에 플랫폼 경쟁이 완전히 끝난 것은 아니었다. 특히 우버는 글로벌 확장전략의 핵심 지역으로 중국을 공략하고 있었다. 하지만 우버와의 경쟁도 이미 학습이 끝난 중국 사업자들에게는 쉬운 결정이었다.

앞에서 말한 바 있듯이 2014년 북경과 상해에서 서비스를 시작했던 우버 차이나는 2016년 20억 달러에 육박하는 손실을 기록한 채 디디추싱에 합병된다. 우버는 우버 차이나를 디디추싱에게 매각한 후 디디추싱의 지분 17.7%를 소유하는 것으로 만족해야 했다. 역시 싸우지 않고 이기는 방법이 적용된 것이다.

여기서 우리가 반드시 알아야 하는 또 하나의 사실은 중국 정부의 역할이다.

먼저 디디추싱과 같은 플랫폼에서 공급자의 역할을 담당하는 기사들에 대한 관리방식이 미국과 다르다. 중국에서 차량공유에 참여하는 모든 기사들은 중국 정부에 등록해야 하고 자신이 어떤 플랫폼에서 일할 것인지를 결정해야 한다. 즉 모든 기사들은 하나의 플랫폼에서만 일을 할 수 있다. 우버와 리프트 간의 경쟁에서 보았던 플랫폼의 중복사용이 불가능하고 이 정책은 차량공유 시장에서 교차 네트워크 효과가 작용될 수 있게 만들어주고 있다. 즉 디디추싱의 규모가 성장하면서 경쟁자의 추격은 어려워졌다.

또 하나 중국 정부는 차량공유 플랫폼의 국가정책과 각 성별 정책 간의 일관성을 유지해준다. 우버가 미국에서조차 각 주에서의 정책에 따라 다른 운영이 필요한 것과 달리 디디추싱은 국가단위의 사업운영이 가능했던 것이다.

중국에서 디디추싱은 이미 독점적 플랫폼으로 자리 잡았다. 그리고 그 이유는 합병이라는 싸우지 않고 이기는 방법을 적용한 것과 동시에, 독점 플랫폼의 가치를 이해하고 있는 중국 정부의 적극적인 협조에 기인한다.

플랫폼 경쟁의 본질

플랫폼 간의 경쟁은 도구와 원칙의 경쟁이다. 누가 더 양면시장의 참여자들에게 보다 매력적인 도구와 공평한 원칙을 제공하는가에 따라 참가자들이 이동하고 규모가 충분히 커지면 시장을 장악하는 방식으로 이뤄진다. 하지만 디디추싱은 다른 플랫폼 사업자들과는 달리 이러한 경쟁의 끝을 보지 않았다. 보다 매력적인 도구를 만들어서 시장에 내놓지도 않았고, 보다 공평한 원칙으로 참여자들의 동의를 끌어내지도 못했다. 단지 다른 플랫폼들과의 협상을 통해서 시장을 나눠 먹는 합의를 이끌어낸 것뿐이다.

조금이라도 우월한 하나의 플랫폼만이 살아남는 플랫폼 경쟁의 본질을 이해한 사업자들은 경쟁으로 인한 과도한 출혈과 불확실한 승리의 가능성을 바라기보다는 합의를 통한 시장 나누기에 만족했다. 이렇듯 시장을 두고 치열하게 싸워서 얻어낸 것이 아니기에 새로운 경쟁자의 등장을 탓할 수는 없을 것이다.

경쟁은 플랫폼의 소비자인 기사와 승객 모두에게 언제나 달콤함을 제공한다. 물론 디디추싱이 만들어 놓은 규모의 경제, 즉 양면시장에 이미 구축된 규모의 네트워크가 만들어내는 교차 네트워크 효과를 무시할 수는 없을 것이고, 그렇기 때문에 아무나 이 플랫폼 경쟁에 뛰어들 수는 없을 것이다. 하지만 나름의 무기 혹은 매력적인 도구를 가졌거나 충분히 깊은 호주머니를 가진 사업자라면 이 시장에 진입하는 것 혹은 진입의 시그널링만으로 큰 노력 없이 시장을 나눠 가질 수 있다는 상상을 할지도 모를 일이다.

03

Thinking of Platform 2.0

먹고사는 문제를 재고하다:
배달의민족

시장 플랫폼에서 마지막으로 주목해야 하는 대상은 배달 플랫폼이다. 전 세계적으로 거의 모든 나라에서 만들어진 배달 플랫폼들은 다양한 측면에서 플랫폼의 새로운 그리고 진화된 모습을 보여준다. 특히 작은 네트워크라는 특징으로 인해 글로벌 플랫폼이 아닌 국가별 플랫폼이 각각 존재하는 특징을 보인다.

미국에서는 도어대쉬Doordash, 유럽은 우버이츠Uber eats, 중국은 메이투안 디엔핑(이하 '메이투안'), 일본은 다마에칸, 인도는 스위기Swiggy, 캐나다는 스킵디쉬즈Skip Dishes, 베트남은 그랩푸드Grab Food, 태국은 라인맨Line Man, 호주는 메뉴로그MenuLog, 인도네시아는 고푸드Go Good 등 로컬 사업자와 일부 글로벌 차량공유 사업자의 사업 확장의 모습이 보인다.

한국에서는 배달의민족, 요기요, 배달통이 경쟁을 했었고 현재 배달의민족과 딜리버리히어로의 합병에 대해 공정거래위의 승인을 기다리고 있는 중이다. 배달의민족이라는 배달 플랫폼에 대해서는 앞에서 이미 많이 언급

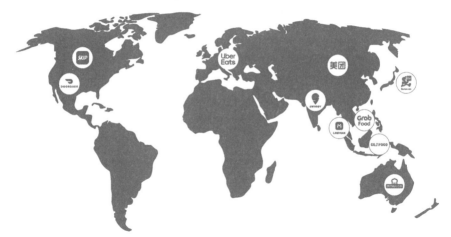

주요 국가별 배달 플랫폼

했었고 애플리케이션을 통해 음식을 배달하는 플랫폼이라는 것을 모두 알고 있다는 전제하에 그 배달 플랫폼이 만들어낸 새로운 시각만을 살펴보도록 하겠다.

　배달 플랫폼은 세 가지 측면에서 새로운 시사점을 보이고 있다. 첫째, 기존의 양면시장을 중심으로 만들어졌던 플랫폼에 하나의 축이 더 생겨서 입체시장으로 형성되고 성립되는 모습을 볼 수 있고, 둘째, 이로 인해 공유경제에서 촉발되었던 플랫폼 노동의 문제가 본격적으로 대두되었다. 마지막으로 최근 배달의민족의 사건에 나타난 것처럼 플랫폼 독점으로 인한 횡포라는 이슈가 처음으로 나타나고 있다. 한국에서 배달의민족과 요기요가 합병승인을 기다리고 있는 상황에서 배달의민족과 요기요가 보여줬던 수수료체계 변경, 배달 인센티브 공급중단, 식당의 타 어플 사용 금지 등의 폭압적 독점 플랫폼의 모습은 성공한 플랫폼이 갖춰야할 덕목을 다시금 떠올리게 하고 있다.

양면시장에서 입체시장으로

배달 플랫폼은 한국의 배달의민족, 미국의 도어대쉬, 중국의 메이투안 등 각 나라마다 독점 혹은 준독점적인 플랫폼이 이미 성립되어 있다. 네트워크 크기가 작은 시장에서 공유소비 플랫폼과 달리 독점 플랫폼의 성립이 가능했던 이유는 시장이 양면이 아닌 보다 입체적으로 구성된 것에 기인한다. 보다 복잡해진 플랫폼 구조로 인해 교차 네트워크 효과의 발현이 좀 더 강하게 이뤄지고 신규 참여자의 진입유인이 떨어지기 때문일 것이다.

배달 플랫폼이 성립되기 위해서는 식당과 손님이라는 양면시장 참여자에 라이더라는 배달기능을 가진 노동시장이 추가된다. 추가된 배달노동 시장은 기존의 양면시장에서 배달기능을 갖지 못했던 식당의 플랫폼 참여를 가능하게 함으로써 시장을 확대시켰고 배달노동 시장이라는 또 하나의 새로운 시장을 만들어냈다. 즉 기존에 배달인력을 보유했던 식당이 배달기능을 새로운 축에 의존하기 시작하면서 배달기능은 오롯이 라이더 시장에 의해 제공되는 새로운 형태의 플랫폼이 성립된 것이다.

배달 플랫폼은 이렇게 성립된 3개의 시장참여자를 모두 만족시키는 플랫폼 운영이 필요했고 이를 성공적으로 만들어낸 플랫폼이 시장의 승자로 자리 잡게 되었다. 식당과 라이더 이 두 개의 시장이 원하는 것은 보다 많은 주문이 만들어지는 것으로 플랫폼은 전통적인 홍보 마케팅을 통해 보다 많은 소비자들을 시장에 끌어들이기 위해 노력했다. 소비자 시장이 커지고 주문이 많아지면 식당은 플랫폼에 의존하게 되고 라이더 역시 오더를 많이 생성해내는 플랫폼을 선호하게 된다. 이 과정에서 다양한 인센티브 구조가 제시되고 플랫폼은 규모의 확보를 통해 시장지배적 위치를 갖기 위해 노력했다.

배달의민족에서 보이는 현상이지만 배달이라는 기능을 플랫폼의 기능으로 내재화하려는 시도도 보이고 있고, 이 목적은 중복선택을 불가능하게 하여 시장에서의 독점력을 만들어내는 데 있다. 중복선택이 가능하게 되면 네트워크 효과가 약해지고 결국 경쟁비용이 지속해서 발생하기 때문이다. 한국에서 배달의민족이 배민라이더라는 조직을 운영하는 이유는, 라이더라는 기능이 별도의 시장에 의해 공급되는 것이 아니라 배달의민족이라는 플랫폼의 기능으로 만들기 위함이다. 이 모습은 아마존이 오더의 완성을 위해 풀필먼트 센터를 운영하는 모습과 같다. 아마존 셀러만을 위한 풀필먼트 센터는 아마존의 경쟁요소이고 아마존 플랫폼의 품질을 올려주는 도구이기 때문이다.

반면에 알리바바가 중국에서 커머스 플랫폼을 운영하면서 '차이냐오'라는 배송 플랫폼을 운영하는 모습은 요기요가 외부의 배달 플랫폼 기업들과 협력하는 것과 유사하다. 판매자와 구매자를 연결하는 또 하나의 기능을 플랫폼을 이용해 해결한 모습 말이다. 음식의 주문과 제공을 연결하는 배달이라는 기능을 알리바바처럼 플랫폼으로 제공할 것인가 아니면 아마존처럼 자체 배송 시스템을 통해 제공할 것인가의 차이가 배달 플랫폼에서도 나타나고 있다.

하지만 라이더의 기능은 본질적으로 내재화되기 힘든 특징을 갖고 있다. 먼저 음식 배송이라는 플랫폼의 경쟁력은 얼마나 빠르게 음식을 주문자에게 배송하는가에 있다. 즉 배송이라는 기능을 플랫폼 자체의 서비스로 만들게 되면 품질은 올라가겠지만 운영을 위한 비용은 상승하게 된다. 즉 아마존이 자체 물류 시스템을 갖추는 것과 마찬가지로 고비용 고품질의 옵션이기에 이는 플랫폼에 있어 선택의 문제이다. 하지만 라이더라는 직업이 갖는 특징이 누구나 지속적으로 유지하고 싶은 특징보다는 임시직Gig Job으로서의 특징이 강하기 때문에 이를 내부화하기는 매우 어렵다. 더욱이 속도가 경쟁력이고 성과급으로 운영되는 배달이라는 영역에서 정규직이라는 선택은 그다지 매력적이지 않다. 단순히 플랫폼의 선택이라기보다는 라이더의 입장에서도 낮은 수준의 고정급보다 실적으로 보다 많은 돈을 벌어가는 것을 선호한다. 배달의민족의 라이더 모집 사이트에서도 볼 수 있듯이 라이더의 소득은 예상소득이지 고정급은 아니다. 또한 6개월 근속 후 정규직 전환이 가능함에도 실적급을 선호하는 현재 상황이 배달이라는 직업의 특징을 웅변한다.

www.baeminriders.kr ▾ Translate this page

함께 일해요! 배민라이더스 모집

일한 만큼 받는 인센티브, 안전한 보험케어까지! **배민라이더스** 라이더 모집.

배민라이더 모집광고

또 하나 라이더들에게는 배민라이더가 되는 것과 바로고와 같은 별도의 라이더 기업을 택하는 선택지가 존재한다. 바로고, 부릉 등의 라이더들을 위한 플랫폼이 존재한다는 것으로 즉 바로고가 플랫폼의 한 축인 배달 노동시장이라면 배민라이더는 배달의민족이라는 플랫폼의 노동자가 되는 것이다. 따라서 배달의민족은 배민라이더라는 자기만의 배달 조직을 바로고 대비 경쟁력 있게(보다 많은 보수를 지불하면서) 운영하는 것이 유리한지를 계속해서 고민해야 한다. 플랫폼의 또 하나의 축인 배달 기능을 외부 기업에게 의존하고 이 때 발생하는 비용을 모두 소비자에게 전달할 수 있다면 3개의 시장이 어우러지는 플랫폼으로 성립될 것이다.

대한민국 대표 브랜드들이 바로고와 함께 합니다

바로고는 배달어플인 요기요, 배달의민족뿐만 아니라 배달앱의 고객인 식당들을 고객사로 두고 있다.

플랫폼 노동자의 본격적 등장

라이더 입장에서 배달의민족이 운영하는 배민라이더가 되는 것과 바로고에 계약하여 배달요청 오더를 전달받는 것은 노동이라는 관점에서는 큰 차이가 존재한다. 전자는 배달의민족의 노동자가 된다는 의미이고 후자는 계약을 통해 바로고의 파트너가 되는 것을 의미한다. 공유소비 플랫폼에서 우버의 기사들이 스스로를 플랫폼 노동자로 주장한다고 이야기했다. 하지만 우버라는 플랫폼에서 기사들은 자신의 선택으로 우버라는 플랫폼에 접속하는 파트너이지 우버의 노동자로 인식되기에는 어려운 점이 있다. 비록 풀타임으로 우버에서 일하는 기사들이 50% 가까이 차지하고 있는 것은 사실이지만 이들은 자신의 선택으로 우버 기사를 하고 있는 것이다. 노동의 유연성도 존재하고 쉬고 싶을 때 쉴 수 있는 자유로운 직업이다. 이러한 맥락에서 살펴보면 배민라이더도 동일한 계약직 노동자라고 인식될 수 있다.

다음 그림을 보면 배민라이더의 '건당제'나 '주말풀타임'은 명확하게 건당으로 지급하는 실적급 계약이고 마지막 '시급제+인센티브'는 일반적인 시간

배민라이더 모집광고 중 계약제도 소개 화면

단위 아르바이트 계약직이다. 즉 배민라이더도 역시 실적에 따른 계약직 노동자로 인식하는 것이 맞다. 하지만 그 계약의 대상이 플랫폼 기업이기에 이들을 플랫폼 노동자라 부르는 것이다. 배달의민족이 스스로 플랫폼의 일정 기능을 자신의 기능으로 편입시키면서 만들어낸 개념이 진정한 의미에서의 '플랫폼 노동자'이다. 보다 명확히 정리한다면 바로고의 라이더들이나 우버 기사가 플랫폼의 참여자라면 배민라이더는 플랫폼 노동자라 이야기하는 것이 맞다.

플랫폼 노동자의 개념은 플랫폼 경제의 등장과 함께 새로이 만들어진 개념이다. 그러기에 아직은 명확한 정의가 이뤄지지 않고 있다. 좀 더 들어가 살펴보면 우버 기사, 바로고 라이더와 같이 플랫폼의 한 축을 형성하고 있는 노동자가 있고, 배민라이더처럼 플랫폼에 소속된 노동자들도 있다. 물론 쿠팡이나 아마존의 물류센터에서 일하고 있는 임시직 노동자들도 있다. 이들 모두를 플랫폼 노동자라 칭하는 것은 노동자 권익이나 보호차원에서 보면 적절하지 않다. 물류센터 직원들이 기존의 일용직 노동자들과 다름이 없고, 우버 기사들 중에 50%는 진정한 공유소비 참여자기에 노동자라는 호칭이 적절하지 않다. 또한 직업의 선택에 있어서 선택권이 보장된 상태임을 감안하면 노동자라기보다는 참여자라는 의미가 더 적당하다. 그런 맥락에서 배달의민족이 운영하고 있는 배민라이더는 플랫폼 노동자의 관점에서는 가장 적절한 예로 보인다. 플랫폼이 운영하는 노동플랫폼이기에 플랫폼 노동자의 개념이 적절하다.

독점 플랫폼이 가져야 할 자세

배달의민족은 음식 배달이라는 영역에서 어플을 통해 전형적인 양면시장(식당과 손님)을 개척하기 시작했고 시장의 60%를 장악하면서 준독점적인 위치까지 성장했다. 플랫폼 시장에서 배달의민족과 요기요 간의 경쟁이 본격화되고 보다 나은 플랫폼이 되기 위한 노력으로 다양한 솔루션(도구)들이 나타나기 시작했다. 배민라이더의 출현과 배민커넥트 도입이 바로 그것이다.

양면시장의 참여자인 식당 그리고 소비자들에게 플랫폼 도구라 할 수 있는 라이더가 나타나면서 경쟁의 양상은 누가 보다 많은 라이더를 보유할 수 있느냐가 경쟁의 중심이 되는 듯했다. 배달의민족은 100여 명에 이르는 개발자를 통해 라이더들을 효율적으로 활용하는 방안을 개발해내고 있었지만, 플랫폼 간의 경쟁은 매력적인 도구를 만들어내는 경쟁에서 라이더 인센티브를 통한 규모의 경쟁으로 확산되었고 배달의민족의 수익성은 다시 곤두박질치게 된다. 2018년 525억 원이라는 이익은 2019년 364억 원이라는 적자로 돌아섰고 배달의민족이 경쟁에서 이기기 위해서는 보다 많은 자원이 필요하게 되었다.

이 모든 상황이 배달의민족으로 하여금 합병이라는 선택을 하게 만들었고 한국의 배달 시장은 드디어 하나의 플랫폼 기업에 의해 독점되는 상황이 만들어졌다. 비록 정상적인 경쟁을 통해 하나의 플랫폼이 시장을 장악한 것은 아니지만 하나의 플랫폼이 시장을 지배하는 상황은 만들어진 것이다. 여기까지 양면시장과 독점이라는 플랫폼의 원칙이 정확히 맞아떨어졌다. 문제는 배달의민족이 합병 이후에 기존의 광고방식의 수익모델을 수수료 방식으로 전환하고자 하는 시도에서 발생한다.

플랫폼의 수익모델을 보면 광장형과 시장형으로 나뉜다. 광장형은 많은 트래픽을 바탕으로 광고라는 수익모델이 가능하다. 구글의 일 검색건수 60억 회, 페이스북의 일사용자 16억 명은 광고라는 수익모델을 가능하게 한다. 하지만 시장형은 트래픽이 제한되기에 수수료라는 모델이 필수적이다. 즉 방문보다는 거래에 초점을 맞춰야 하기에 아마존과 같은 커머스 플랫폼, 우버 에어비앤비 같은 공유 플랫폼들은 수수료에 의존하게 된다. 광장 플랫폼에 비하면 턱없이 적은 트래픽으로 광고라는 수익모델은 쉽게 성장 한계에 도달하게 된다. 배달의민족이 이 함정에 빠진 것이다.

배달의민족의 시작은 수수료였다. 12.5%(카드 수수료 포함)라는 배달의민족의 플랫폼 수수료는 사업이 초기에 성공하면서 많은 반발을 가져왔고 이에 배달의민족은 수수료 무료를 선언하면서 플랫폼으로 성립될 수 있었다. 무료 수수료는 플랫폼을 개방시켰고 그 결과 양면시장의 참여자, 특히 공급자 시장의 성장은 눈부시게 이뤄졌다.

그 이유가 무엇이든 배달의민족은 수수료체계로의 전환을 고민하고 있다. 성장의 한계도 문제일 수도 있고 합병 시 계약조건일 수도 있다. 하지만 배달의민족이 간과한 것은 자신이 이미 독점이라는 플랫폼의 마지막 단계에 와 있다는 점이다. 즉 독점의 단계에서는 성공한 플랫폼으로 돈이 아닌 무언가 다른 가치를 추구하는 것이 필요하다는 점을 잊고 있는 것이다. 아니 역으로 배달의민족은 독점을 달성하자마자 돈 이야기부터 꺼낸 것이다. 플랫폼 참여자들의 질타를 받는 것은 당연하고 독점을 규제하는 정부로부터 주목을 받는 것도 당연하다.

왜 구글이 풍선을 띄워 인터넷이 안 되는 지역으로 보내는지, 왜 페이스북이 지역 저널리즘을 살리려 노력하는지, 아마존이 왜 수익을 희생하며 당일배송을 실현하려 하는지를 배달의민족은 이해해야 한다. 독점에 이른 플랫폼의 행동은 달라야 하기 때문이다. 혹자는 이번 사건을 '배민사화'라 부른다. 어쩌면 배달의민족이라는 기업에 있어서는 돌이킬 수 없는 실수일지도 모르기 때문이다.

배달 플랫폼은 상거래 플랫폼에 배달이라는 제3의 요소가 결합된 새로운 플랫폼 모델이다. 물론 플랫폼은 양면시장이라는 처음의 모습에서 다면시장으로 변화되어 나갈 것이다. 보다 많은 영역에 플랫폼의 개념이 적용되면서 말이다. 시장 플랫폼의 마지막 형태가 배달 플랫폼은 아닐 것이라는 뜻이다.

Chapter 4

인프라
플랫폼

광장과 시장은 사람이 모인다는 맥락에서 플랫폼으로 이해하는 것이 쉽다. 하지만 인프라 플랫폼은 비슷한 방식으로 이해하기에 조금 어려운 점이 있다. 특히 마이크로소프트나 아마존이 운영하고 있는 클라우드 플랫폼과 같은 형태까지 확장해서 고민해보면 플랫폼의 개념이 약간 모호하게 느껴진다. 하지만 그 내용을 한 꺼풀만 들여다보면 플랫폼의 기본원칙이 모두 잘 적용되고 있다.

먼저 모바일 플랫폼부터 살펴보자. 모바일 혁명이 일어나기 전, PC영역에서는 마이크로소프트가 Windows라는 OS를 유료로 판매하고 핵심 소프트웨어를 자신이 직접 개발해왔다. 매킨토시를 만드는 애플 같은 사업자는 Mac용 OS를 무료로 제공하지만 전혀 개방하지 않음으로써 자체 서비스의 완성도를 높이고자 했다. 이와 비교해보면 모바일 플랫폼은 매우 개방적이

인프라 플랫폼

다. 누구라도 이 플랫폼에 참여할 수 있고 또 그 참여방식 역시 매우 쉽다. 물론 이렇듯 편리한 개방이 가능한 이유는 모바일 플랫폼을 운영하는 애플과 구글이 개방적 사고를 갖고 있기 때문이다. 즉 개방을 통해 모바일 세상을 만들어 나가는 과정이 바로 모바일 플랫폼이라는 인프라 플랫폼이 형성되는 과정이었다.

일단 모바일 OS는 스마트폰이라는 기기가 판매될 때 무료로 제공된다. 심지어 일정 기간 동안 업그레이드를 위한 데이터통신 비용도 기기제조사가 부담한다. 그리고 앱스토어와 플레이스토어를 통해 다양한 애플리케이션들이 유통될 수 있도록 환경을 제공한다. 앱스토어가 존재한다는 사실은 개발자 생태계에 iOS상에서 애플리케이션을 판매하려면 어떤 원칙에 의거해 애플리케이션을 개발해야 한다는 가이드라인이 이미 시장에 배포되었음을 의미한다. 즉 애플과 구글은 자신의 모바일 OS를 통해 보다 많은 개발자들이 애플리케이션을 제작할 수 있도록 최선의 노력을 다하고 있다. 이는 보다 많은 셀러들이 아마존이라는 플랫폼에서 상품을 판매할 수 있도록 아마존이 풀필먼트 센터^{Fulfillment Center}를 지속적으로 만들고 있는 행위와 정확히 동일하다.

보다 많은 애플리케이션이 사용되어야 스마트폰의 사용가치는 상승하고 그를 통해 플랫폼 운영자인 애플과 구글은 스토어를 통한 수익을 얻을 수 있게 되는 것이다. 때문에 애플리케이션이라는 상품을 중심에 둔 개발자와 사용자라는 양면시장을 만들어내고 그 규모를 키우는 것이 이 플랫폼 운영자들에게는 무엇보다 중요하다.

한걸음 더 나아가 마이크로소프트와 아마존의 클라우드는 모바일이 제공하는 기반 소프트웨어와 스토어뿐만 아니라 그 소프트웨어가 동작하는 하드웨어 환경과 개발환경까지 제공하는 보다 확대된 플랫폼으로 생각할 수 있다. 퍼블릭 클라우드 사업자는 쉽게 거대한 인프라를 건설하고 이를 대여하는 렌탈 사업자라는 오해를 살 수 있지만, 이 플랫폼이 가진 가능성은 그 이상이다. 클라우드가 단순한 렌탈 사업자와 가장 차별되는 점은 개발자들을 위한 기본 서버부터 DB 엔진, 스토리지 등을 넘어서 개발에 활용할 수 있는 환경 그 자체를 제공한다는 데에 있다. 더 나아가 이 사업자들은 서드 파티Third Party*에서 제공하는 다양한 소프트웨어를 활용할 수 있게끔 일종의 마켓을 개설해 모바일 환경에서의 앱스토어와 유사한 플랫폼을 또 하나 구축해낸다.

이렇게 점차 개발자 친화적인 인프라 환경이 갖춰짐에 따라 이제 클라우드라는 거대한 인프라 플랫폼은 기존의 로컬 서버 운영방식에 비해 부족할 것이 없어진다. 오히려 교차 네트워크 효과에 기반하여 더 큰 강점들을 가질 수 있게 된다. 이 추세에 따라 향후 IT의 개발과 운영 중 많은 부분은 클

---

* 서드 파티는 하드웨어나 소프트웨어 등의 제품을 제조하고 있는 주요 기업이나 그 계열 회사 혹은 기술 제휴를 하고 있는 기업이 아닌 제3자 기업을 지칭하는 말이다. 간단하게 제3자 또는 3차 협력사라고도 한다.

라우드 방식으로 옮겨갈 수 있을 것이며, 클라우드는 장비의 렌탈을 넘어서 환경을 제공하는 새로운 인프라 플랫폼으로 성립될 것이다. 즉 마이크로소프트나 아마존은 보다 많은 서비스가 제공될 수 있도록 개발과 운영환경을 제공하는 플랫폼이지 직접 서비스를 제공하는 사업자 혹은 장비를 빌려주는 렌탈 사업자에 머물지 않는다.

물론 수익모델이라는 측면에서 보면 대부분의 수익은 개발사들로부터 사용료의 개념으로 창출한다. 사용료는 언제든지 매출의 일부를 공유하는 수수료방식으로의 변경이 가능하지만 개별 개발사들이 제공하는 서비스의 형태와 부하가 모두 다르기에 사용료의 개념이 보다 편리한 것이 사실이다. 아마존이 AWS에서 개발되고 운영되는 게임사들과 매출의 10%를 받는 무료 호스팅 상품을 내 놓아도 크게 이상할 것이 없다는 점을 생각해보면 이 역시 이해할 수 있다.

인프라 플랫폼은 일반적으로 B2B적인 특징이 강하다. 때문에 소비자들은 이 인프라 플랫폼의 존재를 잘 알지 못하고, 개발사들이 고객의 역할을 한다. 하지만 코로나 시대를 맞아 화상회의가 많아지면서 클라우드 서비스 사업자들은 엄청난 속도로 시스템 용량을 증설했다. 인프라 플랫폼들의 품질을 결정하는 주체는 공급자들이 아닌 실제로 서비스 사용하는 소비자들이기 때문이다. 잘 보이지는 않지만 인프라 플랫폼에도 양면시장이 존재하고 이를 바탕으로 성장하고 있는 것이다.

소비자에게 보이지 않는다는 측면에서 보면 ARM*이나 엔비디아^{NVIDIA**} 혹은 수많은 보안 솔루션 등도 플랫폼적 관점에서 볼 수 있다. 보이지 않지만 전체 생태계를 만드는 데 핵심적인 역할을 하면서 양면시장이 원활하게 운영될 수 있게 만든다는 맥락에서 말이다. 이번 장에서는 애플의 모바일 플랫폼, 그리고 마이크로소프트의 클라우드 플랫폼에 대해서 이야기해 보도록 하겠다.

---

* ARM은 모바일 CPU에 들어가는 애플리케이션 프로세서를 설계하는 시스템 반도체 기업이다. 현재 글로벌 반도체 업계에서 ARM의 위치는, 특히 전자기기의 '두뇌'에 해당하는 애플리케이션 프로세서AP의 설계자산 IP 분야에선 '대체 불가능'한 수준이다. 애플과 퀄컴, 삼성전자, 화웨이, 텍사스 인스트루먼트TI 등 굴지의 회사가 만드는 AP 설계를 이 회사가 맡고 있다. 이 분야 글로벌 시장 점유율은 90%에 달한다.
** 엔비디아는 비주얼 컴퓨팅 기술 분야의 세계적인 선도기업이자 GPU의 창안자로서, 데스크톱 컴퓨터, 워크스테이션, 게임 콘솔 등에 사용되는 인터랙티브 그래픽을 제작하고 있다.

01

Thinking of Platform 2.0

쓸만한 모바일 세상을 창조하다:
애플과 안드로이드의 생각법

모바일 플랫폼의 탄생

애플은 가장 대표적인 플랫폼 기업이다. 하지만 많은 사람들은 애플을 플랫폼이 아닌 디바이스 제조사로 생각한다. 아이폰이라는 걸출한 스마트폰을 제조하기에 애플은 가장 대표적인 제조기업으로 인식되는 것이다. 하지만 애플은 모바일 플랫폼을 창조해 낸 플랫폼 기업이다. 아이폰이라는 스마트폰은 애플이 만든 iOS라는 모바일-플랫폼을 기반으로 구현된다. 이 모바일 플랫폼은 음성통화와 문자 등 무선전화기가 가졌던 기본적인 통신기능

개발자
콘텐츠 공급자

앱스토어, SDK
하드웨어(아이폰, 아이패드)

애플 고객

을 제공함은 물론 PC에서만 가능했던 모든 기능들이 모바일 환경에서 구현될 수 있게 만들었다.

지금은 모두 당연히 받아들이는 사실이지만 아이폰이 세상에 처음 나올 때의 상황은 이렇지 않았다. 무선전화기는 단말기 제조사와 통신사 간의 협력을 통해 만들어  지면서 스티브 잡스의 표현처럼 모든 영역에서 'Baby' 수준에 머물러 있었다. 모바일 환경에서 가능한 인터넷 서비스는 지극히 제한되어 있었고 PC 운영체제의 지배자인 마이크로소프트도 모바일 영역에서는 이렇다 할 답을 내놓지 못하고 있었다. 이러한 세상에서 애플은 iOS라는 모바일 플랫폼을 탄생시킨 것이다. 물론 iOS라는 모바일 플랫폼과 아이폰을 하나의 상품으로 이야기할 수도 있지만 이 두 가지는 분명하게 따로 떼어서 생각해야한다. 아이폰 탄생의 과정에서 애플은 '쓸 만한' 수준의 고객경험을 목표로 했기에 하드웨어인 아이폰과 모바일 플랫폼인 iOS를 함께 만들어낸 것이다. 아이폰이 등장했고 iOS는 모바일 혁명을 만들어냈다.

모바일 플랫폼의 양면시장, 스마트폰의 탄생

애플이 아이폰을 시장에 내보내고 1년이 지난 시점인 2008년에 앱스토어라는 개념을 세상에 던진다. 누구든지 애플이 정한 일정 수준의 원칙과 품질

관리를 통과하면 앱스토어를 통해 아이폰 사용자에게 소프트웨어를 만들어 판매할 수 있도록 한 것이다. 이로써 구글, 페이스북을 포함해 게임, 교육, 건강 등 모든 영역에서의 서비스들이 그 어떤 때보다 편리하게 시장에 나올 수 있는 통로가 만들어졌다. 모바일 환경에서 서비스 기획자와 개발자들이 자신이 생각하는 무언가를 세상에 내놓을 수 있는 기회가 제공된 것이다.

수많은 애플리케이션이 개발되어 앱스토어를 통해 아이폰 사용자에게 제공되었고 아이폰은 드디어 스마트폰이 되어버렸다. 모바일 플랫폼의 등장은 모바일 환경이 PC라는 환경을 대체하는 시작점이 되었고 PC의 모든 기능이 모바일로 넘어오기 시작했다. 사용자들의 모바일에 대한 의존도는 커져갔고 모바일이라는 영역에서 양면시장이 형성된 것이다. 물론 iOS 이후 세상에 나온 구글의 안드로이드라는 또 하나의 모바일 플랫폼은 이 속도를 가속화시켰고 이제 우리는 모바일이 중심이 되는 세상에서 살고 있다.

필자가 SK텔레콤의 인터넷 전략본부장으로 근무했던 2007년 애플이 첫 번째 아이폰을 출시했다. 모바일 인터넷이라는 세상에서 일을 했던 사람의 입장에서 그 해 여름은 혁명이 일어난 때였다. 아이폰이 출시되자마자 부랴부랴 미국에서 아이폰을 구매해 직접 써봤을 때의 경험은 '경이' 그 자체였다. 모바일에서 구현됐으면 하던 모든 것들이 손안에서 이루어지고 있었기 때문이다. 그만큼 아이폰의 등장은 모바일이라는 영역에서 큰 변화였고 그것은 더 큰 변화의 시작이었다.

아이폰은 하드웨어이고 비싼 돈을 지불해야 살 수 있는 기계였지만 동시에 누구나 기다려왔던 플랫폼이었다. 지금은 당연하게 여길 수많은 모바일 인터넷 서비스들을 최초로 구현하게 해준 그런 플랫폼이었던 것이다. 애플은 현재도 약 7억 명*의 사용자들을 대상으로 한 플랫폼이다. 아이폰이라는 기기를 사야 한다는 제약이 있지만 애플이 제공하는 사용자 경험을 지지하는 7억 명의 소비자들은 이 플랫폼을 사랑하고 이 플랫폼에서 모바일 경험을 지속하고 싶어 한다. 애플은 이런 맥락에서 가장 강력하고 가장 사랑받는 플랫폼인 것이다.

세상의 첫 번째 모바일 운영체제, iOS

사람들이 잘 인식하지 못하고 있지만 모바일에도 운영체제가 존재한다. 개인용 컴퓨터를 사용할 때 우리가 흔히 마이크로소프트의 윈도우를 사용하고 있는 것처럼 대부분의 모바일에서는 두 가지 중 하나의 운영체제를 사용하고 있다. 그 첫 번째는 애플의 iOS이고 또 하나는 구글의 안드로이드이다. 중국의 샤오미처럼 안드로이드 혹은 기반이 되는 리눅스를 변형한 커스텀 OS를 사용하는 기업**도 있지만 모바일 운영체제를 이야기할 때는 대부분이 이 두 가지를 떠올린다.

개인용 컴퓨터를 위한 운영체제인 마이크로소프트의 윈도우는 컴퓨터를 한 번이라도 써본 사람이라면 누구나 알고 있는 현대 생활의 필수품이다. 하지만 모바일의 경우 소비자는 운영체제의 존재를 좀처럼 체감하지 못

---

* 2018년 1월 기준 전 세계 스마트폰 사용자 수는 약 30억 명이며, 그중 약 24% 정도가 아이폰을 사용하고 있다.

** 샤오미는 AOSP(Android Open Source Project)를 통해 자체 개발한 커스텀 OS인 MiOS를 자사 단말에 탑재하고 있다. 2017년 총 9,140만 대를 판매하였으며, 현재 글로벌 판매순위 4위로 약 7%의 점유율을 가지고 있다.

한다. 모바일 운영체제는 스마트폰을 구매하는 순간 우리에게 이미 주어지기 때문이다. 스마트폰을 샀다는 것은 이미 그 안에 설치된 운영체제를 같이 구매했다는 것을 의미하고 이미 하드웨어와 운영체제는 하나의 상품으로 취급된다. 즉 모바일 운영체제는 소비자에게는 별도의 상품이 아니다. 그리고 그 모바일 환경에서 다양한 애플리케이션을 쓸 수 있다는 것을 당연하게 생각한다. 그렇다면 왜 이런 인식이 만들어졌을까? 그 이유를 파고들다 보면 모바일 운영체제가 플랫폼적 생각을 하고 있다는 점을 이해하게 된다. 사실 우리는 기존의 PC에서 애플리케이션을 사용하는 것보다 훨씬 더 많은 애플리케이션을 모바일에서 사용하고 있다. 마이크로소프트 오피스, 아래한글, 그리고 몇 개의 게임을 제외하면 변변한 애플리케이션이 없는 PC 환경에 비해 모바일에는 수백만 개의 애플리케이케이션이 존재한다. 잘 눈치 채지 못하고 있지만 이러한 변화가 모바일 혁명의 가장 중요한 요소이다.

또 다른 모바일 플랫폼, 안드로이드

애플의 iOS 이야기를 하기 전에 iOS와 대척점에 서 있는 안드로이드에 대해 먼저 이야기해 보자. 안드로이드는 구글에 의해 만들어져서 모든 스마트폰 제조사에게 무료로 제공되는 모바일 운영체제다. 2008년 안드로이드 1.0이 처음 공개된 후에 지속적인 업그레이드를 통해 현재의 버전인 9.0*에 이르게 되었다. 안드로이드는 iOS와 마찬가지로 스마트폰의 윈도우로 이해하면 되고 스마트폰의 사용을 위한 모든 기본 기능(음성통신, 인터넷 데이터통신, 애플

---

* 2018년 8월 6일 Pie라는 코드네임으로 출시되었다.

리케이션 구동 등)은 안드로이드로 이미 만들어져 있다. 비유를 하자면 집의 기본적인 요소인 전기, 수도, 조명 등은 안드로이드를 통해 제공됨을 의미하고 나아가 새로운 애플리케이션의 설치를 위한 방법도 세세하게 규정돼 있다. 안드로이드로 집을 만든다면 전기, 수도, 조명 등은 모두 동일한 상태에서 변형을 추구해야 하는 것이다. 현재 안드로이드 운영체제가 설치된 스마트폰 숫자가 23억 개에 달하는 점을 감안하면 실로 엄청난 플랫폼이다. 스마트폰 없이 살 수 없는 세상이 만들어졌는데 그 스마트폰에서 누군가가 서비스를 제공하려면 구글이 만들어 놓은 원칙에 의해 움직여야 하기 때문이다. 물론 그 운영체제가 무료이고 구글은 안드로이드의 기능 개선을 위해 수많은 노력을 투입하고 있다.

하지만 23억 명이 갖고 있는 모바일 운영체제를 어느 한 기업이 소유하고 있다는 사실은 놀랍기 그지없었다. 조금 더 심각하게 생각하면 영화《킹스

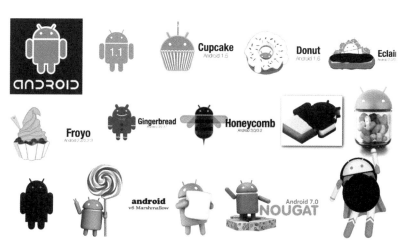

안드로이드는 출시 후 꾸준하게 업그레이드되어 왔다.

맨: 시크릿 에이전트Kingsman: The Secret Service》에서 악당의 음모*가 떠오르기도 한다. 이러한 우려는 구글의 CEO인 순다 피차이의 인터뷰를 보면 더 명확해진다. 유럽연합이 구글의 안드로이드 독점에 대해 약 6조 원에 가까운 벌금을 부과하자 피차이는 다음과 같은 내용을 트위터에 남겼다.

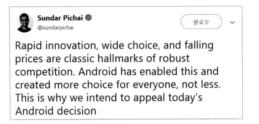

"신속한 혁신, 다양한 선택 및 가격 하락은 견고한 경쟁의 전형적인 특징입니다. 안드로이드는 이것을 가능하게 하여 모든 사람들에게 더 많은 선택권을 부여했습니다. 이것이 우리가 오늘날의 안드로이드 결정에 재심을 청구하려는 이유입니다."

안드로이드가 가진 선량한 의도를 의심하지 말아달라는 일종의 협박으로 들리는 것은 필자만이 아닐 것이다. 이러한 구글의 안드로이드에는 가장 플랫폼적인 사고가 담겨 있다. 먼저 스마트폰이라는 모바일 세상의 핵심 디바이스를 두고 수많은 서비스 제공자 예를 들어 구글, 페이스북, 아마존 등 서비스 플랫폼 사업자뿐만 아니라 정부, 은행 등 세상의 거의 모든 공급자

---

* 영화 《킹스맨》의 메인 빌런은 거대 글로벌 통신회사의 대표로 음성과 데이터통신을 평생 무료로 사용할 수 있는 USIM칩을 전 세계 모든 사람들에게 공짜로 나눠준 뒤, 특정 기능을 통해 그들이 서로 싸우게 만들어 인구수를 극단적으로 줄이려는 음모를 꾸민다.

들이 이 모바일 운영체제를 기반으로 자신의 서비스를 제공하고 있다. 물론 소비자들은 이 서비스들을 매일매일 사용하고 있다. 이미 양면구조가 설계되어 있고 공급자와 소비자 사이에 보다 서비스가 잘 이뤄질 수 있도록 구글의 안드로이드와 스마트폰 제조사들은 매일매일 협력하고 있다. 물론 안드로이드는 구글의 개방정책에 따라 모든 스마트폰 제조사들에게 무료로 개방돼 있고 이 개방정책이 현재 23억 명의 안드로이드 기반의 소비자들과 수천만 명의 공급자들을 만들어낸 것이다. 이제는 모든 공급자들이 안드로이드 위에서 개발하는 것이 익숙해진 만큼 안드로이드 세상이 무너지는 일은 없을 것이다. 물론 구글이 모바일 인터넷의 발전이라는 가치하에 지금의 선량한 플랫폼으로서의 자세를 계속 유지한다면 말이다. 이런 맥락에서 안드로이드라는 운영체제는 철저하게 플랫폼이다.

안드로이드의 등장 이유

그렇다면 안드로이드는 어떻게 세상에 나오게 되었을까? 그리고 안드로이드가 만들어지지 않았다면 어떤 일이 발생했을까? 답을 예상해 본다면 지구상의 모든 인류가 PC에서의 마이크로소프트 윈도우처럼 애플의 iOS를 사용하고 있을 가능성이 높다. 물론 애플이 iOS를 개방했다는 전제하에서 말이다. 하지만 스티브 잡스는 여전히 개방이라는 선택지를 뽑지 않았다. 차원이 다른 고객경험이라는 애플의 추구가치를 지키는 방법으로 폐쇄라는 전략을 선택했고 그 결과 시장에서 다른 모바일 플랫폼이 나타날 수 있는 기회가 생겼던 것이다. 안드로이드의 등장이 가능했던 이유는 애플의 모바일 플랫폼인 iOS가 폐쇄적이었기 때문이다.

2007년 애플이 모바일 운영체제인 iOS를 세상에 내놓았을 때 세상은 한순간 iOS에 의해 점령되었다. 하지만 폐쇄적일 수밖에 없었던 애플의 철학과 애플이 가진 다양한 문제(생산품질, 생산역량, 통신사와의 합의 등)로 인해 확산이 지연될 때 구글에게 기회가 왔고 하드웨어적인 기반이 없었던 구글이 선택한 전략은 개방형 플랫폼 전략이었다. 즉 구글의 개방형 모바일 운영체제라는 플랫폼 생각법은 애플에 의해 강요되었다고 할 수 있다. 현재 마이크로소프트가 누리고 있는 엄청난 기업가치가 윈도우라는 운영체제에 상당 부분 기인함을 생각하면 구글의 개방 정책은 기업의 입장에서는 약간은 아까운 선택이었을 것이다.

구글의 현재 기업가치에서 안드로이드가 차지하는 부분을 분리해 내기는 어렵다. 하지만 안드로이드가 설치된 모든 폰에 구글의 기본 서비스인 검색, 지도, 동영상 등이 제공된다는 점을 보면 안드로이드는 구글이 지닌 기업가치의 기본 중의 기본으로 이해해야 할 것이다.

애플의 모바일 운영체제,
iOS

이제 애플로 넘어가 보자. 안드로이드가 전형적인 모바일 플랫폼이라는 것을 이해했다면 애플은 그 대표적인 모바일 플랫폼의 폐쇄적 버전으로 이해하면 된다. 구글이 소프트웨어인 안드로이드만 제공하고 나머지는 삼성과 같은 스마트폰 제조사에게 맡긴다면 애플은 소프트웨어와 하드웨어를 모두 애플이 만들기 때문이다. 개방과 공유는 오픈마켓의 사례에서 보았듯이 많은 참여자를 만들어내지만 그 품질을 향상시키고 유지하는 데는 한계가 있다. 마치 아마존이 구매자에게 아마존 프라임을 암묵적으로 강요하듯이 애플은 애플이 만든 아이폰, 아이패드의 구매를 명시적으로 요구한다. 이 하드웨어가 없이는 애플이 만드는 모바일 플랫폼을 사용할 수 없기 때문이다.

2007년 애플의 아이폰이 처음 세상에 나왔을 때 애플은 개방형 플랫폼에 대한 선택을 고민했을 것으로 보인다. 애플이 개인용 컴퓨터 시장에서 폐쇄 정책으로 IBM과 마이크로소프트에게 시장을 내줬던 경험은 스티브 잡스에게 개방에 대한 고민을 하게 했을 것이다. 하지만 이 역시 구글의 발 빠른 대응과 애플의 경쟁자적 위치에 있던 스마트폰 제조사들의 생존 의지 혹은 태생적 거부 반응으로 인해 선택될 수 없었고 애플은 하드웨어와 소프트웨어를 결합해 가는 독특한 플랫폼 전략을 선택하게 된다. 즉 애플은 폐쇄적 플랫폼이라는 유일무이한 개념을 만들어낸다.

플랫폼은 본질적으로 개방적이다. 개방적이지 않으면 규모를 가진 플랫폼으로 성장하는 것이 불가능하기에 모든 플랫폼이 개방이라는 필수적인 선택을 한다. 이 선택을 애플은 소비자와의 관계의 가장 첫 단계에서 거부한 것이다.

애플의 플랫폼 도구

그렇다면 애플의 플랫폼 도구는 무엇일까? 첫째는 iOS라는 모바일 운영체제 그 자체를 플랫폼 도구로 이해해야 한다. 공급자인 개발자 입장에서는 자신의 아이디어를 구현할 수 있는 장치들이 잘 마련된 개발환경이기에 빠르게 애플리케이션을 개발할 수 있고 그 결과는 수백만 개의 애플리케이션들의 탄생으로 이어졌다. 소비자 입장에서는 iOS가 제공하는 사용자 경험이 그 어느 스마트폰보다 훌륭했기에 아이폰이 선택된 것이다. 모바일 운영체제인 iOS는 이런 의미에서 공급자와 소비자 모두에게 적용되는 매력적인 플랫폼 도구였으며, 애플은 이 운영체제를 기반으로 다양한 디바이스를 확장하고 있다.

아이폰에 이은 아이패드의 등장은 단순히 화면이 커지고 저작기능이 강화된 애플의 새로운 디바이스의 등장이 아니라, iOS라는 애플 모바일 플랫폼의 새로운 디바이스의 등장으로 이해해야 한다. 개발자와 소비자들은 이미 아이폰에서 경험했던 것들을 아이패드에서 다시 경험하면서 아무런 부담 없이 새로운 디바이스를 받아들이고 있다. 이 경험들은 애플이 Apple Watch, Apple TV 등을 시장에 내놓을 때 동일하게 적용되었다. 애플 생태계의 중심에는 iOS라는 모바일 운영체제가 자리 잡고 있는 것이다.[*] 그리고 앞으로 애플이 차량을 포함한 어떤 디바이스를 내놓건 iOS의 역할은 계속될 것이다. 그러기에 애플은 iOS의 경쟁력을 유지하기 위해 최선을 다하고 있다. iOS의 경쟁력이 바로 애플이라는 플랫폼의 경쟁력이기 때문이다.

두 번째 플랫폼 도구를 꼽자면 애플의 브랜드를 생각해 볼 수 있다. 플랫폼의 도구로서 브랜드를 이야기하는 것은 조금 억지스러워 보이지만 애플이라는 플랫폼에서는 충분히 가능한 일이다. 애플은 거의 모든 상품을 자체 제작한다. 애플이라는 브랜드를 붙이기 위해서는 그만큼 모든 면에서 완벽해야 한다는 뜻이다. 최근에 애플이 출시한 '에어팟Air Pod'이라는 무선 이어폰은 일반적인 상식으로 이해할 수 없는 소비자들의 지지를 받았다. 상품은 판매대에 등장하는 순간 동이 나듯 팔렸고 상품에 대한 소비자의 만족도는

---

[*] 물론 이 iOS의 기반은 매킨토시라는 애플의 개인용 컴퓨터의 운영체제이다. 개발자들은 iOS에 대응하는 개발을 위해 매킨토시를 사용하고 있기에 PC와 모바일로 이어지는 연결 역시 완결성을 갖고 있다.

95%에 육박했다. 에어팟의 등장 이후 구글을 비롯한 수많은 기업들이 유사한 무선 이어폰을 만들어냈지만 모두가 에어팟의 레벨에는 오르지 못했다. 물론 기능적으로 더 훌륭한 이어폰은 있었을 것이다. 하지만 애플의 아이폰을 사용하면서 에어팟을 사용하지 않는다는 것은 뭔가 이가 맞지 않는다는 생각도 있었을 것이고, 한편으로는 애플이라는 브랜드가 주는 프리미엄 이미지가 분명히 존재했던 것으로 보인다. 이런 의미에서 애플에게 브랜드는 또 다른 하나의 플랫폼 도구인 것이다. 애플이라는 기업이 지속적인 혁신과 시장 리더십을 보일 것이라 믿기에 공급자도 소비자도 애플의 플랫폼에 남아 있는 것이다.

플랫폼 영속화 도구,
구독

아이폰의 설정에 들어가면 맨 위에 사용자의 이름과 Apple ID가 보인다. Apple ID는 애플이 제공하는 모든 서비스를 사용할 때 사용되는 일종의 애플 플랫폼에서의 신분증으로 앱스토어, 클라우드 서비스 등에 사용되었다. 여기에 새로운 기능이 하나 추가되었다. 바로 그림의 맨 마지막에 있는 '구독'이라는 서비스이다. 구독은 현재 애

플이 가장 중요하게 생각하고 있는 사업영역으로 우리가 일반적으로 생각

하는 바로 그 구독 서비스이다. 이 구독 서비스에는 애플이 제공하는 Apple TV+, Apple Music, Apple News+, Apple Arcade 등만 있는 것이 아니라 애플의 앱스토어를 통해 제공되는 Hulu, Spotify, Pandora, HBO NOW 등 모든 구독형 서비스가 포함된다.

애플은 자신의 플랫폼에서 애플의 서비스를 제공하고 있다. Apple TV+는 넷플릭스와 같이 드라마와 영화를 제공하는 월정액 4.99달러의 서비스이고 Apple Music은 멜론과 같은 음악 서비스, Apple News+는 뉴욕타임스와 같은 신문배달 서비스, 그리고 Apple Arcade는 월정액 게임 서비스이다. 애플은 구독에 있어 아마존처럼 자신의 상품을 판매한다. Apple TV+의 경우 'An Apple Original'이라는 표현을 쓰면서 넷플릭스 오리지널과 경쟁하려고 한다. 하지만 한편으로 애플은 플랫폼의 역할도 충실히 하고 있다. 아래 그림을 보면 필자의 구독 서비스에 The New York Times가 보인다. 일주일간의 무료 사용기간 중이지만 이 기간이 끝나면 월 3달러의 구독료가 자동 결제된다.* 즉 애플이 제공하

지 않는 다양한 구독 서비스들이 아이폰의 구독에 포함되어 관리된다.

애플이 제공하는 구독은 아마존의 플랫폼 도구로서의 구독은 아니다. 구독이 플랫폼의 매력을 올려주는 도구로 사용되지는 않지만 플랫폼을 지키는 도구로서의 역할을 담당한다. 만약

---

* 구독 시작 후 1년 후에는 월 8달러로 인상된다.

아이폰이나 아이패드를 사용한 구독이 점차 늘어나면 구독 서비스의 공급자가 애플이 아닐지라도 애플 플랫폼에 대한 충성도는 보다 더 올라갈 것이다. 구독이라는 행위 자체가 공급자와 소비자의 관계를 지속적으로 유지시키는 노력이라면 애플이라는 플랫폼은 그 노력이 관리되는 장소이기 때문이다.

예전에는 애플의 경쟁력을 이야기할 때 애플 내에 보관된 음악이나 사진과 같은 개인 콘텐츠를 꼽았다. 즉 그 많은 자신의 기록과 자산을 두고 안드로이드 플랫폼으로 넘어가기는 쉽지 않을 것이라는 것이 그 논지였다. 하지만 구글 포토의 등장, 스포티파이와 같은 구독형 음악 서비스의 등장은 더 이상 저장장소로의 애플의 가치를 의미 없게 만들었다. 그러기에 이제는 구독이라는 새로운 형태의 방어진이 필요한 것이다.

모바일 플랫폼에서의 경쟁

2019년 말 현재 세계인구가 약 76억 명이고, 이 중 60%인 약 45억 명 정도가 인터넷 접속이 가능하며, 글로벌 경제활동 인구비율 65%까지* 감안하면 전체 시장은 약 30억 명 정도 된다. 애플은 이중에서 25% 정도인 7억 명을 자신의 고객으로 갖고 있고 나머지 23억 정도는 안드로이드 고객이다(물론 아주 단순한 가정에 의한 계산이다). 규모라는 면에서 보면 애플은 이미 안드로이드에 시장을 내어준 것으로 보이고 이 규모의 차이는 플랫폼 간의 경쟁에 있어서 애플에게 어두운 미래를 보여준다. 앞으로 시장은 애플이 지향하는

---

* 15세에서 64세 사이를 의미한다. 2015년 통계청에서 발표한 〈세계와 한국의 인구현황 및 전망〉 참조.

것처럼 고가 스마트폰보다는 저가폰 중심으로 성장할 가능성이 높기에 iOS
와 안드로이드 간의 격차는 점점 더 커질 것으로 예상된다.

플랫폼 경쟁이 규모의 경쟁이고 승자가 모든 것을 가져가는 시장임에는
분명하지만 모바일 플랫폼에서는 그 이론이 정확히 들어맞지 않는다. 애플
이 충분한 크기의 애플만의 시장이자 고객을 유지하는 한 애플의 모바일 플
랫폼은 작지만 성공적인 플랫폼으로 존재할 수 있을 것으로 보인다. 즉 별
도의 양면시장을 영속적으로 유지할 수 있다는 뜻이다.

조사에 의하면 애플의 고객은 안드로이드 사용자보다 고학력에 수입이
많고, 앱에 많은 돈을 쓰고, 보다 자주 인터넷 검색을 하며 보다 많은 시간
을 스마트폰 세상에서 생활한다. 즉 애플의 충성 고객들은 모바일 월드에서
프리미엄 고객인 것이다. 비록 시간이 좀 지난 조사이지만 미국 아이폰 사
용자의 평균 연봉은 안드로이드 사용자에 비해 약 40% 정도 높고 스마트폰
을 사용하는 시간도 아이폰 사용자가 한 달에 약 9시간 정도 더 많다. 특정
앱을 사용하는 빈도 역시 안드로이드에 비해 2배 가까이 많다. 모바일 내에
서의 지출 역시 안드로이드 사용자에 비해 높아서 유료앱 다운로드 수익도,
광고수익도, 앱 내의 인-앱 구매도, 그리고 결제도 모두 아이폰 사용자가 압
도적으로 높다.

이 조사들이 맞고 또 이 추세가 지속된다면 양면시장의 한 축인 소비자
시장에서 애플은 소위 프리미엄이라는 고객군을 장악하고 있다는 뜻이 된
다. 인터넷을 많이 쓰고 구매력이 높은 고객을 갖고 있다는 것은 공급자들
에게도 매력적인 시장을 갖고 있다는 의미이기에 애플의 플랫폼은 성립되
었고 앞으로도 지속될 것이라 예상할 수 있다.

현재 애플에는 약 1,600만 명의 등록 개발자들이 존재하며 이들이 생태

계 내의 공급자이다. 2017년 기준 240만 개의 애플리케이션은 이 공급자들이 제공하는 상품이다. 애플은 애플리케이션 판매수익의 70%를 이들 개발자 몫으로 지급한다. 특히 구독방식의 유료 서비스 애플리케이션의 경우에는 수익의 85%를 지급한다. 2017년 말까지 약 100조 원의 이익이 개발자들에게 지급되었다. 그리고 반대편에는 7억 명이라는 아이폰 사용자, 즉 안드로이드 사용자보다 훨씬 소비 의사가 강한 프리미엄 소비자들이 존재한다. 이것이 애플이 아이폰이라는 폐쇄적 플랫폼 위에 만들어 놓은 플랫폼의 힘이다.

그리고 여기에 애플의 플랫폼이 영속성을 지닐 것이라는 가장 중요한 근거가 하나 더 있다. 그것은 거의 모든 애플리케이션 개발사들이 애플 플랫폼을 대상으로 먼저 개발한다는 점이다. 그 이유는 애플리케이션 개발사 입장에서 1명의 아이폰 유저는 4명의 안드로이드 유저와 비슷한 가치를 갖기 때문이다. 2018년 1분기 애플과 구글의 스토어 분석 결과를 보면 안드로이드의 앱 다운로드 비율은 애플에 비해 135%가 더 많다. 하지만 그 안에서 발생하는 매출은 정반대이다. 애플의 앱스토어 내에서 발생하는 매출이 안드로이드에 비해 85% 정도가 더 높다. 애플의 사용자는 절반도 되지 않는 앱에서 2배에 가까운 소비를 하고 있다. 즉 애플의 앱 ARPU*는 안드로이드의 4배가 된다. 물론 삼성의 본진이라 할 수 있는 한국에서는 다르지만** 영어권 시장에서 애플리케이션을 개발한다면 그 대상은 아이폰이 우선이다. 전체 시장의 25%에 불과하지만 나머지 75%에 비해서 매력적인 시장이기 때문이다.

---

* 'Average Revenue Per User'의 약자로 가입자당 평균매출을 의미한다.
** 한국의 경우는 2018년 9월 기준, 애플의 점유율은 28%이며 안드로이드의 점유율은 약 71%이다. 안드로이드 점유율 중 삼성의 점유율은 약 80% 수준으로 스마트폰 전체에서는 56%이다.

이상적인 플랫폼 애플의 미래

애플의 스티브 잡스가 아이폰을 시장에 내놓은 순간을 우리는 '모바일 혁명일'이라 칭한다. 2007년 6월 29일은 단순히 아이폰이 미국의 AT&T를 통해 세상에 나온 날이 아니라 모바일 환경에서 소비자가 환영할 만한 수준의 스마트폰이 처음으로 세상에 나온 날이다. 물론 이후 아이폰과 견줄 만한 스마트폰이 나오는 데는 조금의 시간이 걸렸고, 지금은 iOS와 안드로이드 간의 차이가 거의 없음에도 불구하고 아이폰과 안드로이드폰 사이의 사용성의 격차는 여전히 존재한다.[*]

스티브 잡스는 이 차이를 하드웨어와 소프트웨어를 함께 만들어냄에 기인한다고 말했다. 즉 세상을 놀라게 할 만한 제품을 만들어내기 위해서는 두 가지를 동시에 고민해야 한다는 의미이자 주장이다. 비록 안드로이드가 iOS에 비해 손색이 없지만 구글은 하드웨어를 본격적으로 제조하지 않기에 두 가지를 동시에 고민하는 애플과 본격적인 경쟁을 하기 어렵다는 뜻이다. 물론 안드로이드 단말기의 레퍼런스라는 목적으로 과거에는 넥서스 시리즈를, 최근에는 픽셀 시리즈를 직접 개발하기도 하지만 이는 다른 하드웨어 제조사들에게 이상적인 가이드를 제공하기 위함이므로 엄밀히 말해 구글이 하드웨어를 제조한다고 보기는 어렵다.

아마 이 이야기를 처음 들어보는 독자들도 쉽게 수긍이 갈 것으로 보인다. 무언가 기기를 만드는데 두뇌와 몸체를 별도의 회사에서 만드는 것과 한 회사에서 만드는 방법 중에 어느 것이 더 나은 방법인가는 누가 생각해도 쉬운 선택일 것이다. 애플의 선택이 상식적임에도 불구하고 어려운 선택

---

[*]　물론 아이폰을 사용하는 필자의 개인적인 견해일 수 있지만 많은 이들의 평가 역시 그러하다.

인 것은 구글과 같은 경쟁자가 존재하기 때문이다. 구글처럼 누군가가 애플이 아닌 다른 모든 경쟁자(단말기 제조사)를 위해 모바일 플랫폼을 무료로 개발, 제공한다면 애플은 규모의 경쟁에서 살아남지 못할 것이기 때문이다.

애플은 이런 시장에서 홀로 규모의 경제를 이뤄낸 거의 유일무이한 제조사이자 플랫폼 운영자인 것이다. 앞서 말했듯이 현재 전 세계 아이폰 사용자의 수는 약 7억 명 정도이다. 그리고 이들 중 약 2억 명 이상의 사용자들이 매년 새로운 아이폰을 구매한다. 이들은 현재 아이폰을 포함해 맥북, 아이패드, 애플워치 등 약 10억 개의 다양한 애플 제품을 보유하고 있고, 애플의 모바일 플랫폼 내에서 애플의 UX와 UI에 길들여져 있다. 여기서 가장 중요한 점은 이 7억 명이라는 숫자가 폐쇄적인 플랫폼을 운영하기에 충분한 규모인가라는 점이다.

가장 이상적인 서비스를 제공하는 방법은 내가 모든 것을 책임지고 제공하는 것이다. 그러나 이것은 그 영역이 아주 좁을 때 가능한 일이다. 커피숍을 운영할 경우 나의 취향과 정확히 일치하는 커피를 만드는 방법은 내가 직접 원두를 선택하고 원하는 굵기로 그라인딩을 한 뒤 선호하는 방식으로 추출하는 이 모든 과정을 내가 직접 수행하는 것이다. 결과가 예상대로라면 나는 프리미엄 커피를 제공할 수 있겠지만 단가나 효율, 취향의 다양성 등의 이유로 그 시장이 충분히 커지기는 어렵다. 하지만 퀄리티 체크와 같은 일정수준의 역할은 내가 담당하면서 나머지를 외부와 협력한다면 그러한 단점들은 어느 정도 보완하면서 프리미엄이라는 이미지 역시 유지할 수 있을 것이다. 물론 외부와의 협력을 위해 나의 몫을 그들과 보다 공평하게 나누겠다는 철학 역시 필요하다. 이러한 틀과 규칙이 만들어질 경우 전체 시장을 대상으로 하기는 힘들겠지만 만약 충분히 규모 있는 시장을 장악할 수 있다면 가장 이상적인 사업이 될 수 있다. 애플이 만들어낸 시장은 그런 시장인 것이다.

모바일 플랫폼으로서 애플을 경쟁사인 구글과 비교하면 충분한 시장우위를 갖고 있다. 하지만 구글은 검색이라는 걸출한 지식 플랫폼을 갖고 있고 안드로이드를 통한 추가적인 수익화의 가능성을 갖고 있다는 점이 애플의 모바일 플랫폼으로서의 현재의 우위를 의미 없게 만든다. 개방형 플랫폼과 폐쇄형 플랫폼이 갖는 장거리 마라톤에서의 결론은 언제나 개방형이 옳았다는 과거의 경험이 애플의 현재 성공을 여전히 위태롭게 만들고 있다.

아이폰 사용자의 재구매율(2011~2019)

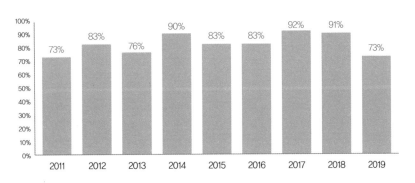

문제는 애플의 폐쇄전략이 만들어내는 시장이 얼마나 유지될 것인가에 달려 있다. 최근 애플에 대한 충성도의 하락은 애플이 갖고 있는 단말기라는 플랫폼의 기본 요소가 가진 경쟁력이 떨어짐에 기인한다. 시장이 기존에 아이폰이 가졌던 경쟁력의 많은 부분이 이미 사라졌다고 판단하기 때문이다. 물론 이는 아이폰이 추구하는 고가격정책으로 인해 가격대비 성능을 의미하는 것이지만, 여하튼 아이폰이 더 이상 안드로이드폰 대비 절대적인 품질, 서비스 우위를 가졌다고 말할 수는 없어 보인다.

하지만 애플은 단기적으로 단말기를 플랫폼의 핵심요소에서 배제하지 않을 것이다. 애플의 월드가든Walled Garden*은 지속될 것이기에 애플의 플랫폼은 여전히 애플 단말기를 가진 고객을 위한 플랫폼일 가능성이 높다. 7억 명이라는 숫자는 분명히 큰 숫자이긴 하지만 구글, 페이스북, 아마존이 바라보고 있는 시장에 비해서는 많이 작은 시장이다. 글로벌 플랫폼 사업자들의 성장이 과거 충분히 큰 시장이었던 애플의 시장을 점차 작은 시장으로 바꿔 나가기 때문이다.

모바일 플랫폼으로서 애플이 단기적으로 iOS를 개방하거나 클론을 허용하는 전략을 선택할 것으로 보이지 않기에 애플의 미래는 현재 열심히 추진 중인 서비스의 성공 여부에 달려 있는 것으로 보인다. 물론 현재 애플의 주가를 바라보면 이 모든 걱정은 기우로 느껴진다.

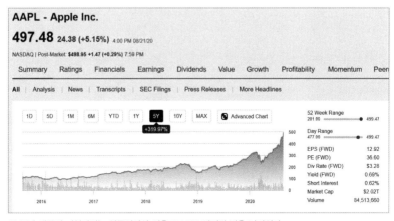

2020년 애플의 기업가치는 인류역사상 처음으로 2조 달러의 벽을 넘어섰다.

---

* 　인터넷 등의 공적이고 개방된 환경이 아니라 사적이고 통제된 환경 내에 존재하는 콘텐츠와 서비스

모바일 플랫폼과 미중분쟁

모바일 플랫폼이라는 영역은 애플과 구글에 의해서 양분되어 있다. 그리고 두 회사는 모두 미국 기업이다. 물론 전 세계 모든 스마트폰 회사는 애플의 폐쇄정책으로 인해 구글의 안드로이드를 모바일 운영체제로 채택하고 있고, 이 과점이 새로운 문제를 만들어내고 있다.

화웨이는 글로벌 안드로이드 스마트폰 판매에 있어 삼성에 이어 2위를 차지하는 기업이다. 2018년 2억 대의 스마트폰을 판매했는데, 그 중 1억 개는 중국 밖 해외 시장에서 판매하며 선전했다. 그러나 2019년 5월 미국이 화웨이를 미국 안보를 위협하는 불법기업으로 지정하면서, 반도체와 소프트웨어가 포함된 거래를 제한했다. 미국 정부는 화웨이가 만들어 공급한 무선통신 장비에 도청이 가능한 기능이 탑재됐다고 판단한 것이다. 이 결과 화웨이가 미국 기업으로부터 부품과 서비스를 구매할 때 미국 정부의 엄격한 승인을 거치도록 명령했으며, 결국 미국 정부는 구글이 화웨이와 협력하는 것을 불허했다. 2019년 연말을 기점으로 화웨이에게 엄청난 도전이 시작되고 있다. 2020년 하반기부터 화웨이의 스마트폰은 플레이스토어뿐만 아니라 구글의 핵심 서비스인 G메일, 검색, 지도, 유튜브 등 모든 구글 서비스를 탑재할 수 없기 때문이다.

두 국가 간의 분쟁은 구글과 화웨이 모두에게 사업적으로 부정적인 영향을 미친다. 문제는 이러한 국가 간의 기술 분쟁이 모바일 플랫폼이라는 영역에서는 보다 큰 문제로 확산된다는 데 있다. 플랫폼의 나라인 중국이 모든 플랫폼을 미국에 전적으로 의존하고 있다는 것이 가장 큰 문제다.

스마트폰 제조사들과 구글 간의 연맹으로 만들어지는 안드로이드는 대표적인 개방형 플랫폼이어서 안드로이드를 공개 OS에서 비공개 OS로 전환하는 것은 쉽지 않다. 하지만 구글이 더 이상의 지원(예를 들어 보안패치, 업그레이드 등)을 중단하는 것은 가능하다.

미·중 무역분쟁의 여파로 화웨이가 제재 기업이 되고 구글이 화웨이와의 라이선스 계약을 중단한 것은 중국 입장에서는 엄청난 사건이다. 단순히 ZTE에 벌금을 부과하는 것과는 다른 차원의 문제인 것이다. 스마트폰이라는 도구는 플랫폼의 나라, 중국에서 무엇보다 중요하고 그 도구의 핵심, 두뇌가 미국 기업에 의해 좌우된다는 것을 이제야 깨달았기 때문이다.

중국의 대응 방안, 훙멍

중국에게 모바일 OS라는 플랫폼은 어떤 의미일까? 잠깐 PC 세상으로 돌아가 보자. 노트북을 사면 OS, 즉 윈도우가 포함되지 않은 경우가 있다. MS 윈도우를 구하는 방법이 다양해지면서, 불법복제에 대한 통제를 강화하기 위함이다. 대부분의 소프트웨어 개발자들은 윈도우를 당연한 환경으로 생각하며 개발하기 때문에, 이미 독점의 단계에 올라선 플랫폼이다. 그런데 만약 미국 기업인 마이크로소프트가 중국 기업에 윈도우 공급을 중단한다면 어떻게 될까? MS 윈도우를 사용하는 중국의 모든 시스템이 마비될 것이다. 윈도우 없는 PC는 상상할 수 없고 그런 일은 일어나지도 않을 것 같지만, 모바일 OS에서 이와 유사한 일이 일어났다.

만약 안드로이드가 오픈소스가 아니고 구글이 유료 라이선싱을 하고 있었다면 화웨이는 안드로이드를 사용하지 못했을 것이고 Mate30은 시장에 출시되지 못했을 것이다. 화웨이는 이런 상황에 대비하여 자체 OS인 '훙멍鴻蒙, Harmony OS'을 개발해왔다. 삼성전자가 '바다'나 '타이젠'을 준비해

온 것과 같은 맥락이다. 화웨이는 홍멍이 안드로이드나 iOS와는 완전히 다르다고 주장한다. 아직은 안드로이드를 대체하기 위해 홍멍을 개발하고 있기보다는 다른 목적으로 연구하고 있다는 표현을 쓰고 있다. 단기적으로 안드로이드를 떠나는 것이 불가능하기에 유화적인 제스처를 택하고 있는 것으로 보인다.

홍멍은 가볍고 간단하게 설계되어 보안에 강하고 다양한 디바이스 간 소통이 가능하다고 한다. 스마트폰과 TV, IoT 장비들 간의 사용이 편리할 수 있도록 IoT 시대를 준비하기 위해 개발된 특수목적형 OS지만 모바일 플랫폼인 것은 분명하다. 역시 안드로이드처럼 오픈소스이기에 모든 제조사들이 사용할 수 있다. 우군의 참여를 기다린다는 의미다. 리눅스를 기반으로 한 홍멍은 단기적으로는 중국 시장에 시범적으로 적용될 것이고 이후 글로벌 시장 진입을 노릴 것이다. 문제는 화웨이라는 하나의 스마트폰 회사의 힘으로는 글로벌 OS 플랫폼으로 자리 잡기 어렵다는 데 있다. 수많은 개발자들이 이 모바일 플랫폼을 인정하고 이 플랫폼을 위해 개발해야 하기 때문이다. 하지만 중국이기에 가능한 시나리오가 하나 있다.

그 시나리오는 '메이드 인 차이나 모바일 플랫폼'의 등장이다. 중국 정부의 주도로 화웨이의 홍멍을 중국 공식 모바일 OS로 만드는 것이다. 물론 그 OS는 글로벌 오픈소스 개방형 플랫폼이 될 것이고, 중국의 모든 스마트폰 제조사와 주요 플랫폼 사업자들이 참여해야 할 것이다. 중국 정부라면 능히 선택할 수 있는 옵션이다.

우리는 인공지능이라는 영역에서 중국 정부의 개입(예를 들어 바이두의 자율주행차 플랫폼 아폴로)을 이미 경험했기에 '중국 정부 공식 지정'이 어떤 의미인지 알고 있다. 안드로이드라는 모바일 플랫폼이 주는 변동성을 해결하고 iOS, 안드로이드에 이어서 세 번째 OS로 등장할 가능성을 예고하는 것이다. 과거 한국의 WIPI 정책* 처럼 중국 시장에 유통되는 모든 스마트폰에 중국산 OS를 장착할 수는 없겠지만 묵시적으로 중국 시장에서의 표준으로 중국산 OS를 만들어 갈 수 있을 것이다. 물론 이 플랫폼의 시장점유율 증대를 위해 동남아, 인도 등 시장으로의 확장도 필요할 것이다. 머지않아 삼성전자가 안드로이드가 아닌 중국산 OS로 스마트폰을 만드는 모습을 볼 수 있게 될지도 모른다.

---

* 한국 정부는 한때 한국에서 사용되는 모든 무선 단말기에 'WIPI'라는 표준을 강제한 적이 있다. 이런 이유로 노키아와 모토로라 같은 외산 단말기의 한국 진출이 힘들었고 이로 인해 삼성과 LG와 같은 국내 단말기 회사의 성장이 용이했다.

아직 끝나지 않은
모바일 플랫폼 경쟁

모바일 플랫폼의 세상은 애플과 구글에 의해 과점되었고 이제 중국에 의해 또 하나의 플랫폼이 나타날 것이다. 아니 위챗의 미니 프로그램Mini Program까지 고려하면 그 숫자는 더 늘어날 수도 있다. 모바일 OS 플랫폼은 현재 기준으로 가장 영향력 있는 영역이기에 어느 누구도 쉽게 포기하지 않을 것이다. 유럽연합이 구글을 대상으로 10조 원에 달하는 벌금을 부과하면서 요구하는 것은 모바일 플랫폼과 검색, 그리고 광고 플랫폼의 분리이다. 안드로이드가 가진 시장 장악력이 자연스레 구글 검색으로 연결되고 그 결과 모바일 광고시장도 구글이 독식하고 있다. 다시 말해 유럽의 광고시장이 미국 기업에 의해 모두 장악되어 있는 것이다. 우리가 PC 시장에서 보지 못했던 플랫폼의 영향력이 타 비즈니스로 전이되고 있기 때문이다.

플랫폼이 가진 독점성은 그 독점적인 지위를 가지지 못한 기업 혹은 국가에게는 엄청난 위협으로 다가온다. 화웨이의 사례나 구글의 반독점 제재는 이 위협을 명시적으로 보여준다. 그러기에 모바일 플랫폼을 둘러싼 경쟁과 분쟁은 앞으로도 지속될 것이다. 폐쇄를 주장하는 애플은 그 갈등에서 비켜나가 있어 보이기에 더욱 역설적이다.

02

Thinking of Platform 2.0

모두의 환경이 되어주리라:
마이크로소프트의 생각법

클라우드 시장에서 아마존과 마이크로소프트 그리고 구글이 경쟁 중에 있다. 현재의 순위를 보면 아마존이 제일 앞서고 있고 그 뒤를 MS가 따르고 있으며 구글이 약간 뒤쳐져 있다. 아마존의 시작이 가장 빨랐으니 앞서가는 것이 당연하다 말할 수 있지만 클라우드 서비스라는 것이 무엇인지를 명확히 이해하고 있다면 MS가 뒤처져 있다는 것이 이상하게 느껴져야 한다.

아마존은 아무리 기술기업이라 주장하고 있지만 전자상거래의 대표기업이다. 그 기반이 기술에 의존하는 것은 이해하지만 그 역사와 기반을 보

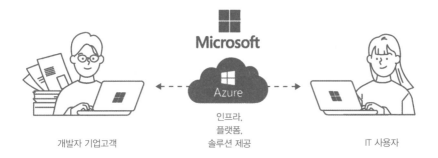

개발자 기업고객   인프라, 플랫폼, 솔루션 제공   IT 사용자

면 MS에 비교할 수는 없을 것이다. 컴퓨터라는 기계와 그들이 연결된 세상에서 클라우드라는 새로운 솔루션은 아무리 보아도 MS가 가장 잘할 것 같은 영역이기 때문이다. 하지만 MS는 자신의 본진이라 할 수 있는 영역에서 선두의 자리를 아마존에게 내어주고 있다. 왜 이런 일이 벌어진 것일까? 그리고 이 상황은 과연 뒤바뀔 것인가? 현재 MS가 보여주는 모습은 머지않아 그런 일이 벌어지리라는 상상을 하게 된다.

IT의 새로운 환경, 클라우드 서비스

현재 우리가 IT 세상에서 몰라서는 안 되는 용어가 한 개 있다면 바로 클라우드이다. 오래전부터 우리의 주변에 존재했고 많은 기업들이 이미 사용하고 있지만 이에 대해 정확히 이해하고 있는 사람은 많지 않다. 클라우드라는 개념은 나의 IT 시스템을 구름 위에 둔다는 개념이다. 개인들은 이 개념을 이미 구글 클라우드나 네이버 클라우드 혹은 마이크로소프트의 원드라이브를 통해 체험하고 있다. 나의 데이터 파일을 구름 너머 구글, 네이버, 마이크로소프트가 만들어 놓은 공용 보관소에 보관하는 개념으로 말이다. 한 달에 일정액을 내고 공간을 임대하여 쓴다는 개념은 그다지 이해하기 어려운 개념은 아니다. 하지만 한 단계 더 나아가 내가 모바일 애플리케이션을 만들어서 판매한다고 가정하면 클라우드의 개념은 조금 복잡해진다.

애플리케이션을 개발해서 판매한다면 단순히 저장공간만이 아니라 컴퓨팅 자원이 필요하다. 우리가 일반적으로 아는 서버가 필요한데 여기에는 애플리케이션이 동작하기 위한 CPU 파워도 필요하고 데이터베이스도 필요하다. 그리고 인터넷 접속량에 따라 네트워크 자원도 필요하다. 이를 모두 내가 구입하고 설계해서 사무실에서 서비스를 하는 방법이 하나의 선택지이고 클라우드에 맡기는 것이 또 다른 옵션이다. 클라우드에 맡기는 장점은 초기투자가 필요 없다는 점과 사업의 성공과 실패에 따른 변동성을 없앨 수 있다는 점이다. 즉 나의 애플리케이션이 성공하면 필요한 컴퓨팅 자원은 클라우드 사업자가 갖고 있는 자원에서 빌려서 사용하면 되기에 별도의 고민이 필요가 없다. 즉 내가 사용한 CPU 용량, 데이터베이스 용량, 그리고 네트워크 비용만을 지불하면 된다. 사업 초기의 불확실성 속에서 대규모 투자를 하지 않는 것은 분명한 장점이기에 클라우드 서비스는 급속도로 성장했다. 아마존 클라우드 서비스인 AWS의 성장은 아주 명확한 시장의 니즈에 의해서 성장했다.

그런데 클라우드 서비스는 여기에 머무르지 않았다. 클라우드가 개발환경 자체를 제공하는 방향으로 진화한 것이다. 즉 개발한 애플리케이션을 운영하기 위한 컴퓨팅 자산을 임대하는 수준에서 개발단계부터 클라우드에

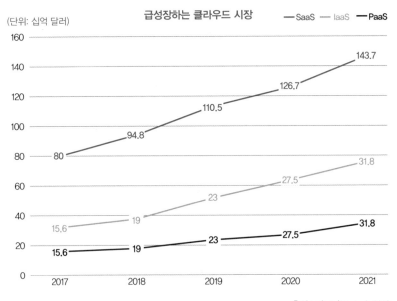

출처 : 가트너(Gartner), 2019

의존하는 방식으로 진화한 것이다.*

MS의 본진이라 이야기할 수 있는 영역은 바로 여기서 시작된다. MS는 윈도우라는 PC 운영체계를 만들면서 단순히 윈도우와 오피스만을 개발하지 않았다. 윈도우 위에서 동작하는 소프트웨어 개발을 위한 비주얼 스튜디오 같은 개발도구들도 동시에 개발했으며 이 소프트웨어가 적절히 동작할 수 있는 서버도 함께 개발해 온 것이다. MS는 소프트웨어 개발이라는 영역에서 종합적인 솔루션을 이미 오래전부터 만들어 온 기업이다. 즉 클라우드라는 개념이 개발이라는 영역으로 확장되는 순간 MS는 다시 자신감을 회복하기 시작한다. 여기에 또 하나의 요소가 있다. 바로 윈도우라는 PC 세상을 지배하고 있는 운영체계의 존재이다. 웹이라는 새로운 세상이 열리면서 수많은 서버영역의 운영체계는 리눅스와 같은 오픈소스로 변경되었지만 사용자들의 눈앞에 존재하는 운영체계는 여전히 윈도우라는 점이다. 이런 이유로 대부분의 기업들이 클라우드를 선택할 때 MS는 보다 쉬운 선택지이다.

클라우드 개념을 도입하면서 마이크로소프트는 'Mobile First, Cloud First'라는 슬로건을 채택한다. 이는 모바일이라는 영역에 재진입을 통해 애플, 구글과 경쟁하겠다는 의미가 아니라 모바일이라는 새로운 세상에 걸맞은 개방적인 플랫폼으로 변화하겠다는 것을 의미한다.

마이크로소프트의 과거 10년간의 주가 추이를 보면 클라우드가 마이크로소프트에 어떤 역할을 했는지 잘 알 수 있다. 마이크로소프트의 애저^{Azure}의 첫 버전인 윈도우 애저가 세상에 처음 나온 해는 2010년이고 여기서 윈도

---

* 개발 개념에 대해 익숙하지 않은 독자들은 이 차이를 이해하기 힘들겠지만 일반적으로 개발 즉 코딩이 이뤄지는 서버와 운영이 이뤄지는 서버는 별도로 존재한다. 즉 개발사들은 신규개발이나 업그레이드를 위한 개발서버를 별도로 운영하고 개발이 완료되면 완성된 프로그램을 클라우드 운영서버에 올리는 방식으로 클라우드를 사용해왔다.

우를 떼고 마이크로소프트 애저로 이름을 바꾼 해가 2014년이다. 클라우드 서비스의 등장과 더불어 마이크로소프트의 새로운 성장이 시작된 것이다.

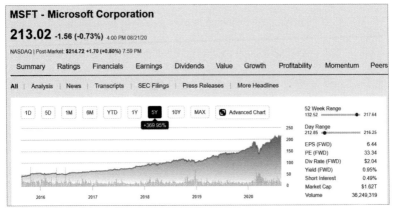

플랫폼으로 변신한 마이크로소프트는 5년간 370%라는 경이적인 가치성장을 만들어냈다.

MS의 변신, 서비스에서 플랫폼으로

플랫폼 관점에서 마이크로소프트에 대한 이야기를 한다면 우리는 당연히 윈도우^{Window}를 떠올릴 것이다. 이미 앞에서 모바일 플랫폼에 대해 충분히 이야기했기에 동일한 이야기를 PC로 가져오게 되면 모바일 플랫폼에서의 안드로이드와 iOS에 해당하는 운영체계가 윈도우이기 때문이다.

모바일과 달리 PC 세상에서는 모두가 인정하듯이 윈도우가 실질적인 독점적 위치를 갖고 있다. 플랫폼 경쟁의 결론이 독점에 이른다는 이론에 아주 잘 부합되는 사례라 할 수 있다. * 하지만 플랫폼적 관점에서 보면 마이크로소프트에 있어서 윈도우는 성공적인 사례라 할 수는 없다. MS는 윈도우

<small>* 이런 면에서 보면 모바일 플랫폼 시장에서 애플이 25%의 시장을 갖고 있는 것을 플랫폼 경쟁의 예외라 이야기하는 것이 적절할 것이다.</small>

기반에 가장 중요한 생산성 도구인 오피스^Office를 직접 개발함으로써 플랫폼의 개방성 원칙을 어겼다. PC 위에서 생산성 도구를 만드는 경쟁에 있어서 MS에 대항할 만한 개발자는 존재할 수 없었기 때문이다. 그 결과 PC 플랫폼을 위한 공급자 생태계는 충분히 발전하지 못했고, MS는 플랫폼 사업자라기보다는 컴퓨터가 만들어져 판매되어 나갈 때마다 윈도우와 오피스를 파는 소프트웨어 제조업자가 된다.

윈도우라는 완벽한 독점을 만들어낸 플랫폼을 MS는 모든 사람과 나눠서 가질 생각이 없었던 것이다. 물론 모바일이 진화를 통해 새로이 갖게 되었던 개인인증과 지불 시스템을 PC는 가지지 못했기 때문이기도 하지만 마이크로소프트 내에 플랫폼의 DNA가 상대적으로 적었다는 평가는 여전히 유효할 것이다. 그 대표적인 예가 오피스이다. 현재도 가장 중요한 애플리케이션인 오피스는 MS가 독점하고 있기 때문이다. 그러한 MS가 플랫폼으로 변신을 시도하고 성공하면서 세상에서 가장 가치 있는 기업의 자리를 차지하게 된다.* MS의 플랫폼 이야기는 다른 플랫폼 기업들처럼 창조의 이야기가 아니라 변신의 이야기이다.

윈도우의 저주

마이크로소프트의 윈도우라는 운영체계가 시장을 완벽하게 독점한 상태에서 우리는 모바일 혁명을 맞이하게 된다. 2007년 애플의 아이폰이 세상에 나오면서 모든 사람들은 기존에 PC에서 수행하던 많은 일들을 스마트폰으

---

* 2019년 말 기업가치 기준으로 마이크로소프트는 애플을 누르고 1위 자리를 차지했다.

로 가져오기 시작한다. 모든 관심이 모바일로 몰렸고 스마트폰은 점점 높은 성능을 갖기 시작한다. 모바일이 PC를 대체하기 시작한 것이다.

이윽고 PC의 출하량은 떨어졌고 마이크로소프트의 매출은 감소하기 시작했다. 모바일에게 PC는 구시대의 산물이었고 흡사 가까운 미래에 모든 PC가 사라지고 스마트폰의 확장판(예를 들어 아이패드)이 그 자리를 대신할 것으로 보였다. 마이크로소프트는 조급해졌고 모바일이라는 세상에 뛰어든다. 이후부터 마이크로소프트는 자신이 가진 PC 세상에서의 독점 사업자라는 영광을 잊고 모바일 3위 사업자라는 불명예를 스스로 얻게 된다. 노키아를 인수했고 PC 운영체계의 자산을 모바일로 옮겨오려는 모든 시도는 실패하게 된다. 윈도우는 이제 마이크로소프트에게 영광이 아닌 저주였던 것이다. 저주라는 표현이 과하다 할 수 있겠지만 마이크로소프트에게 윈도우라는 존재는 모바일이라는 세상을 윈도우와 떨어뜨려 상상할 수 없게 만들었다. 그렇게 윈도우 모바일^{Window Mobile}은 실패로 돌아갔고 마이크로소프트는 더 이상 이 세상의 변화를 리드라는 기업이 아니었다.

물론 윈도우 시장에서의 위치는 변하지 않았다. 사람들은 여전히 PC를 기존처럼 사용하고 구글이나 애플이 만들어낸 패드 시장은 PC를 일부 대체하기는 했지만 대부분의 경우 새로운 시장을 만들어냈다. 그리고 구글이 시도했던 모바일 운영체계를 바탕으로 한 가벼운 PC(구글의 크롬북)의 시도들 역시 실패하였다. 모두가 호들갑을 떨기는 했지만 마이크로소프트의 PC 시장에서의 위치는 여전히 공고했던 것이다. 단지 변화에 대응하는 과정에서 마이크로소프트의 멘탈이 붕괴된 것이 가장 큰 이유라 볼 수 있을 것이다.

플랫폼 사고의 도입

마이크로소프트의 변화는 다양한 각도에서 해석할 수 있지만 필자의 해석은 마이크로소프트가 다시 플랫폼이라는 자신의 위치를 재인식했다고 생각한다. 윈도우라는 걸출한 플랫폼 도구를 소유하고 있었지만 이를 통해 플랫폼 구조를 완성하지 못한 것이 과거의 실패라면 이번에는 클라우드라는 새로운 플랫폼 도구를 도입함으로써 윈도우가 갖고 있는 독점적 시장에서 플랫폼 운영자의 역할을 시작한 것이다. 모바일 플랫폼과 대비해보면 윈도우는 누가 사용자인지를 구분할 수 없었고 그리기에 소프트웨어 사용에 대한 대가를 혹은 불법 사용을 제어할 수 없었다. 그리기에 플랫폼으로의 역할이 제한적이었던 것이 사실이다. 하지만 여기에 클라우드라는 새로운 플랫폼 도구가 접목되면서 모바일과 유사한 환경으로 변화되었다. 이제는 사용자가 누구인지 알 수 있게 되었고 이를 통한 결제과금도 가능해졌다. PC가 가족용 컴퓨터에서 진정한 개인용 컴퓨터로 진화된 것이다.

마이크로소프트 플랫폼의 양면시장을 그려보면 파트너와 사용자로 나뉜다. 파트너는 일종의 공급자이고 사용자는 우리가 알고 있는 사용자이다. 이를 자세히 살펴보면 아마존의 FBA와 유사한 구조이다. 마이크로소프트는 자신이 이미 만들어 놓은 윈도우라는 환경에서 서비스를 제공하는 파트너들을 위해 다양한 클라우드 서비스를 제공한다. 단순한 공간이나 CPU 연산능력만을 제공하는 것이 아니라 마이크로소프트가 가진 수많은 차별적 기술을 클라우드를 통해 제공하는 것이다. 마이크로소프트의 클라우드 서비스인 애저 Asure에 대한 자세한 설명을 하지는 않겠지만 클라우드 서비스는 개발자라는 파트너들을 위한 인프라와 같다. 여기서 중요한 점은 이 클라우드를 이용하는 파트너들이 모두 윈도우만을 사용하는 것은 아니라는 점이다.

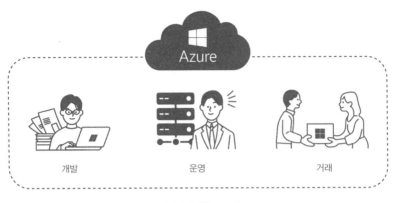

애저의 플랫폼 도구들

마이크로소프트의 입장에서 수많은 PC 기반의 애플리케이션들은 윈도우를 기반으로 개발된다. 그러므로 윈도우 기반의 클라우드 서비스를 제공하는 것은 아주 쉬운 선택이다. 그런 이유로 마이크로소프트 클라우드의 이름은 윈도우 클라우드^{Window Cloud} 서비스였다. 이 클라우드가 개방성을 가지면서 마이크로소프트 클라우드^{Microsoft Cloud} 서비스로 이름이 바뀐다. 단순히 PC 기반의 플랫폼이 아니라 모바일이라는 마이크로소프트가 지배하고 있지 않는 세상의 가장 큰 영역에 집중하겠다는 의지의 표현이다. 이런 이유로 마이크로소프트는 자신이 가진 수많은 개발도구를 안드로이드, 애플, 리눅스 개발자를 위해 개방하기 시작했다. 진정한 플랫폼으로의 변신이 시작된 것이다.

플랫폼을 위한 플랫폼 마이크로소프트

마이크로소프트의 클라우드 서비스를 아마존에 비유하자면 아마존이 직접 판매 상품만이 아닌 제3자 셀러에게 FBA를 제공하는 것과 같다고 할 수 있다. 마이크로소프트의 클라우드 서비스가 충분히 훌륭하다면 개발되는 운영체계가 안드로이드이건 iOS이건 리눅스이건 마이크로소프트의 파트너가 되는 것을 의미한다. 그런데 여기에 또 하나의 도구가 존재한다. 바로 오피스라는 또 다른 핵심 상품이다.

물론 오피스는 상품이기에 이전에도 공급자적 관점에서 제공되었다. 하지만 이제 그 오피스도 플랫폼의 도구로 활용되고 있는 것으로 보인다. 오피스는 전 세계 모두가 인정하는 가장 많이 쓰이는 생산성 도구이다. 오피스를 생산성 도구라 칭하는 이유는 아마도 소프트웨어를 구분할 때 오피스를 생산성 도구로 구분하기 때문일 것이다. 하지만 우리에게 오피스는 사무용 소프트웨어의 상징이다. 그리고 오피스의 시장 지배력은 너무도 공고하고 수십 년을 이어온 진화과정으로 경쟁자가 그 완성도를 따라잡기는 쉽지 않다. 구글이 다양한 카피캣을 무료로 내놓았지만 아직 큰 시장을 갖지 못하는 것을 보면 잘 알 수 있다. 그러기에 하나의 상품이라 생각할 수 있는 오피스가 다양한 운영체계의 경쟁력 제고를 위한 도구로 활용되고 있다.

아이폰을 쓰던 안드로이폰을 쓰던 무언가 문서를 열어 보기 위해서는 오피스의 사용이 필수적이다. 따라서 아이폰에서도 안드로이드폰에서도 오피스의 최적화가 매우 중요하다. 이메일로 받는 문서를 열었을 때 그 내용을 제대로 볼 수 없다면 이는 운영체계의 문제일 뿐만 아니라 오피스 그 자체의 문제이기도 하기 때문이다. 그런 이유로 마이크로소프트는 오피스를 플랫폼의 도구로 제공한다. 모든 운영체계와 협업하면서 어떤 운영체계에서도 오피스가 완벽하게 작동할 수 있도록 제공하고 있다.

이러한 변화를 어떻게 해석해야 할까? 마이크로소프트는 스스로를 더 이상 다른 모바일 플랫폼과 경쟁하는 또 하나의 모바일 플랫폼으로 정의하고 싶지 않은 것이다. 이들을 아우르는 플랫폼들을 위한 플랫폼이 되고 싶은 것으로 보인다. 그러기 위해서 자신이 가진 최고의 자산인 오피스를 모든 플랫폼들에게 적극적으로 제공하기 시작한 것이다. 이 시도는 마이크로소프트가 경쟁자가 아닌 파트너임을 인식시키는 노력으로 보인다. 앞으로도 우리는 윈도우 모바일을 보기는 쉽지 않을 것이다. 하지만 마이크로소프트 위에서도 동작하는 수많은 모바일, IoT, 인공지능 애플리케이션들을 보게 될 것이다.

깃허브의 인수가 갖는 의미

깃허브^{Github}는 개발자들을 위한 분산버전 관리기능을 제공하는 회사이다. 분산버전 관리라는 개념은 개발자가 아니라면 이해하기 쉽

GitHub

지 않다. 하지만 아주 쉽게 설명해보면 개발자들이 자신이 개발하고 있는 결과물을 공유할 수 있게 환경을 제공하는 서비스라 이해하면 된다. 개발 중인 코드를 공유함으로써 전문가의 피드백을 받을 수도 있고 보다 효과적인 협업이 가능하기도 하다. 깃허브는 이러한 오픈소스 개발자들에게는 가장 사랑받던 공유 장소였고 거의 모든 개발자들이 모이는 그런 장소였다.

마이크로소프트는 2018년 깃허브를 75억 달러에 인수한다. 깃허브는 오픈소스의 성지로 일컬어지던 만큼 이 인수는 개발자 커뮤니티에 큰 반향을 일으켰다. 어쩌면 마이크로소프트는 깃허브의 가장 반대편에 서 있던 기업이었고 이 인수로 깃허브는 오픈소스의 성지라는 명예로운 지위를 상실할 것이라고 예측되었다. 하지만 아직도 깃허브는 그 자리를 잘 지키고 있다. 이 이야기는 거꾸로 마이크로소프트가 오픈소스라는 개방의 영역에 안착했다는 증거가 될 수 있다. 이 인수를 마이크로소프트 입장에서 보면 폐쇄적인 소프트웨어 강자가 스스로를 개방하려는 의지의 표현으로 만성적자를 안고 있는 오픈마켓의 성지를 인수함으로써 오픈마켓 진영에 성의를 표현했다고 해석할 수 있다. 그리고 그 결과는 성공이었다. 마이크로소프트는 깃허브 인수 후에 기존에 공개 프로젝트에만 적용하던 무료정책을 비공개 프로젝트에도 적용함으로써 진정한 오픈소스의 후원자라는 인식을 만들게 된다.

Chapter 5

중국
플랫폼

미국 플랫폼과 중국 플랫폼의 차이

플랫폼의 원류인 미국의 플랫폼과 중국의 플랫폼을 큰 그림에서 비교하면 다음의 세 가지 차이를 찾을 수 있다. 이 세 가지를 이해하고 중국의 플랫폼에 접근하면 우리가 중국 플랫폼들을 주목해야 하는 이유들이 보인다.

먼저 중국은 플랫폼의 후발주자고 개발도상에 있기에 플랫폼 발전의 중심은 상거래와 소통, 이동 그리고 즐기는 콘텐츠에 집중되어 있다. 즉 보다 대중들의 현실적인 삶과 연관된 영역에서의 발전이 두드러진다. 검색으로 대표되는 지식이나 미디어를 통한 정보의 공유는 아직은 상대적으로 약하고 삶에 있어서 기본이 되는 영역에 먼저 관심을 보이고 있다. 그 이유는 이미 이야기한 대로 경제성장의 단계가 다르기 때문이기도 하지만 중국 정부의 적극적인 개입에서 또 하나의 이유를 찾을 수 있다.

중국에는 개방된 지식 플랫폼으로의 구글이나 공유된 미디어로서의 페이스북과 유튜브가 존재하지 않는다. 반면에 하루에 수십억 개의 오더를 처리하는 타오바오가 존재하고 10억 명의 생활과 커뮤니케이션을 책임지는 위챗이 존재한다. 바이두라는 검색포털이 미약하고 이제서야 토우티아오라는 개방형 뉴스포털이 떠오르는 것은 정부의 의도라기보다는 시장의 니즈가 그랬다고 이해하는 것이 타당해 보인다. 음식배달 플랫폼인 메이투안이나 차량공유 플랫폼인 디디추싱이 어디보다 빠르게 자리를 잡은 것도 같은 맥락이다.

두 번째는 미국과 달리 플랫폼이라는 영역이 소수의 사업자에 의해 독점되는 모습을 보인다. 미국의 경우도 구글이 유튜브를 소유하고 페이스북이 다양한 영역에 진입하는 모습을 볼 수 있지만 플랫폼은 여전히 스타트업들의 천국이다. 하지만 중국에서는 알리바바와 텐센트 중심으로 모든 플랫폼 사업들이 집중되어 있다. 즉 중국의 플랫폼은 두 명의 마 씨 CEO들에 의해 좌우되고 있다고 해도 과언이 아니다. 마윈과 마화텅은 플랫폼의 모든 영역에 진출해 있으며 이러한 현상은 창업계에 중의적인 의미를 준다. 즉 지속적인 영역확장의 의지를 가진 거대기업이 있기에 스타트업들에게는 매각이라는 'Exit'이 존재한다는 것이고 또 하나는 이들의 존재감으로 인해 창업의지가 약해질 수 있다는 점이다. 이 점에서 최근 두각을 나타내고 있는 바이트댄스에 대한 연구도 필요해 보인다. 물론 이런 집중은 언제라도 중국 정부가 개입할 수 있다는 개연성도 갖고 있다.

마지막으로 중국의 플랫폼을 이해할 때 중국 정부의 의지를 고려해야 한다는 점이다. 중국의 국부가 페이스북의 리브라^{Libra*}를 통해 유출되는 것을 두려워하는 중국 정부의 의지는 알리페이나 위챗페이의 사업의 명운을 좌우할 것이다. 또한 디디추싱의 사업성을 크게 좌우하는 차량공유에 대한 교통정책(강력한 규제)은 2016년에 이미 만들어졌지만 디디추싱의 성장을 위해

---

* 페이스북이 2020년 발행할 계획인 암호화폐로 페이스북 코인이라고도 불린다.

정부가 눈감아주고 있었을 뿐이다. 검색이라는 지식의 영역을 선택함으로써 성장의 한계를 느낀 바이두에게 정부는 '인공지능'이라는 선물을 주려 한다. 아폴로라는 자율주행차 플랫폼이 바이두를 살려낸다면 이 역시 중국 정부의 의지일 가능성이 높다.

정부가 운영하는 플랫폼 팀

중국 플랫폼을 이해하려면 중국이라는 국가의 특수 상황을 먼저 이해해야 한다. 중국은 공산당이라는 정치단체가 권력의 최고 정점을 차지하고 있는 국가이다. 공산당 아래 정부가 있고 그 정부가 경제정책을 집행한다. 그런 이유로 중국 정부라는 존재의 역할이 플랫폼을 이해하는 데 있어 매우 중요하다.

중국 정부는 7%라는 고도성장이 좌절되면서 내수를 통한 성장이 필수적이 되었다. 하지만 1선 도시를 제외한 2, 3선 도시에서의 소비를 진작하기에 중국의 모든 인프라는 초급수준에 머물러 있었다. 중앙정부나 지방정부 예산으로 모든 인프라를 만들어내는 것은 속도나 규모면에서 쉽지 않은 선택이었다. 여기에 플랫폼의 개념들이 등장한다. 가장 대표적인 것이 전자상거래이다. 소비를 진작함에 있어서 필수적인 존재인 시장의 역할을 알리바바가 담당한 것이다. 물론 알리바바 혼자가 아니라 수많은 중국 생산자들의 상품이 알리바바가 만들어 놓은 시장과 물류 인프라를 통해 인민들의 손으로 전달된 것이다. 타오바오가 독점적인 지위를 차지하자 시장은 안정되었고 전자상거래를 통한 소비는 중국의 인민들에게는 일상적인 소비 패턴이 되었다.

마찬가지 현상이 차량공유에서도 나타났다. 초기에는 알리바바와 텐센트 간의 경쟁으로 보였지만 이제는 디디추싱이라는 독점적인 시장 지배 플랫폼이 자리를 잡고 있다. 어디서 호출해도 5분이면 차량이 도착하는 그런 수준의 서비스가 중국에는 존재한다. 이 플랫폼을 통해 수천만 개의 일자리가 창출되었고 인민들의 이동은 그 어느 나라보다 편리해졌다.

음식 배달이라는 영역에서도 상황은 비슷하다. 비록 아직은 알리바바의 어러마와 메이투안의 경쟁이 존재하지만 소비자 입장에서는 상상할 수 있는 모든 음식을 집안에서 손가락 터치만으로 배달해 먹을 수 있는 그런 나라가 된 것이다. 디디추싱이나 메이투안이 이렇게 빨리 시장에 자리 잡기 위해서는 정부의 정책적 지원이 필요했다. 그리고 정부는 이러한 인프라를 원했기에 시장 친화적인 정책을 누구보다 빨리 내놓았던 것이다.

중국 플랫폼의 모양새를 보면 일종의 축구팀으로 보인다. 먼저 중국 정부는 중국 플랫폼 팀의 골키퍼이자 감독이다. 전체적인 정책을 조율하면서 해외 플랫폼들이 중국시장에 들어오는 것을 막으며 자국 플랫폼을 성장시키고 있다. 수비수에는 인민들의 일상생활을 책임지는 3가지 요소가 포진한다. 먹고 마시는 메이투안과 같은 배달앱, 이동을 위한 디디추싱, 그리고 즐거움을 위한 아이치이와 같은 콘텐츠 서비스*들이다. 미드필더에는 알리바바와 텐센트가 존재한다. 상거래와 커뮤니케이션이라는 양대 축을 바탕으로 수비와 공격을 모두 조율한다. 여기에 이 두 기업을 견제하면서 돕는 진동(京东)이나 진르토우티아오(今日头条)가 존재하다. 공격진영에는 요즘 가장 핫한 어플인 틱톡을 만들어낸 바이트댄스가 존재하고 중국의 정부기업이라는 오해를 받고 있는 화웨이, 그리고 아폴로라는 인공지능 차량 플랫폼을 개발하고 있는 바이두가 있다. 물론 후보 선수로 센스타임과 같은 안면인식 기술을 가진 기술 플랫폼 기업들도 있기는 하다.

중국의 대표 플랫폼들

중국의 대표적인 플랫폼을 축구에 비유한 모습

---

* 아이치이는 넷플릭스의 중국 모델로 정확한 의미에서 플랫폼은 아니다.

중국 플랫폼을 축구에 비유해보면 아직은 중국 안에서만 경쟁력을 가진, 아직은 글로벌 리그에 뛰기 힘든 그런 팀으로 보인다. 하지만 중국이라는 큰 시장, 그리고 축구 경기의 룰을 언제든지 바꿔버릴 수 있는 중국 정부의 존재로 인해 언제 실력 있는 공격수가 탄생할지 모른다. 이미 알리바바와 텐센트라는 두 개의 출중한 미드필더를 보유했기에 실력 있는 공격수의 등장은 이 팀의 수준을 순식간에 올려버릴 수 있기 때문이다.

폐쇄적이면서 데이터 활용이 자유로운 중국이기 때문에 빅데이터 기반의 인공지능 플랫폼이 그 역할을 할 것이라 생각했는데 의외로 첫 번째 공격수는 '틱톡'이라는 미디어 플랫폼이 차지했다. 중국에서는 나오지 않을 것만 같았던 미디어라는 영역에서 비록 뉴스 미디어와 같은 정론을 주장하는 미디어는 아니지만 많은 사람들이 열광하는 미디어 플랫폼이 탄생한 것이다. 틱톡의 등장은 앞으로 중국에서 어떤 플랫폼 혹은 서비스가 나타날지 알 수 없음을 웅변한다.

이 책에서 중국 플랫폼은 알리바바와 텐센트를 소개하는 데 한정했다. 그리고 그 내용의 대부분은 필자의 또 다른 책《중국 플랫폼의 행동방식》(와이즈베리, 2020)이라는 책에서 가져왔다. 메이투안, 디디추싱, 바이두, 아이치이, 샤홍슈, 그리고 틱톡이 궁금하다면《중국 플랫폼의 행동방식》의 일독을 권한다.

Thinking of Platform 2.0

중국의 새로운 상거래를 설계하다: 알리바바의 생각법

미국 시장에서 전자상거래의 승자는 아마존이다. 물론 아직 게임이 완전히 끝났다고 볼 수는 없지만 아마존의 성장세는 이제 그 어느 누구도 막을 수 없어 보인다. 그런데 아마존 성공의 비결은 개방이 아닌 일정수준의 폐쇄적 운영을 기반으로 하고 있다. 아마존은 완전한 폐쇄에서 점진적으로 공급자 시장을 개방하는 방식으로 시장을 장악했다. FBA라는 공급자를 대응하는 도구가 어느 정도 준비되고 상거래의 품질이 관리될 수 있다는 확신을 가지고 난 후 시장을 개방했다. 즉 구매자인 고객이 보기에 아마존의 전자

상품 판매자   **물류, 금융, 거래**   상품 구매자

상거래 플랫폼은 아마존이 제공하는 서비스라는 인식을 가지게 만든 것이고 이를 통해 신뢰의 상거래라는 아마존이 원했던 바를 이룬 것이다.

아마존의 시작은 자신이 상품을 구매해서 직접 소비자에게 판매하는 것이었다. 이후 오픈마켓의 개념을 추가하면서, 이베이와 동일하게 오픈마켓 플랫폼을 운영하였다. 오픈마켓의 품질을 올리기 위해 FBA를 시작한 것을 플랫폼 사업자의 시장 개입이라 생각할 수도 있고 새로운 플랫폼 도구의 도입이라 이야기할 수도 있을 것이다.

아마존은 2018년을 자체 평가하며 제3자 셀러3rd Party Seller의 판매 비중이 58%에 도달했다고 발표했다.*

그렇다면 얼마나 많은 제3자 셀러들이 FBA를 통해서 관리되고 있을까? 현재 이에 대한 정확한 비율은 보고되고 있지 않지만 외부기관의 조사에 따르면 FBA만을 이용하는 셀러가 66%까지 증가했고 자체배송과 FBA를 동시에 사용하는 비율이 97%까지 상승했다고 한다. 겨우 3%의 셀러만이 FBA를 사용하지 않고 있다는 뜻이다. 이 비중의 변화가 보여주는 것은 아마존은 자신이 직접 판매하는 비중을 줄이면서 프리미엄 오픈마켓으로 변화하고 있다는 사실이다.

문제는 서비스가 너무 우월하면 플랫폼의 개방성이 자리를 잃는다는 것이다. 아마존의 거래량 중 100%가 FBA와 아마존 프라임을 통해 이뤄진다 생각해보자. 판매자가 누구이던 간에 플랫폼 운영자가 모든 형태의 거래에 관여하게 되고 결국 판매자들에 대한 아마존의 권력은 어마어마하게 상승할 것이다. 플랫폼 운영자에서 서비스 운영자로 아마존의 역할이 변하는 것이다.

거래라는 영역에서 아마존은 단순히 이베이만이 아닌 오프라인 유통사인 월마트도 상대해야 했기에 개방과 공유라는 이상적인 플랫폼만으로는 원하는 수준의 거래 품질을 만들어낼 수 없었다. 그 결과 제한적 개방이라는 합의를 통해 이상적인 플랫폼의 모습과는 약간은 동떨어진 서비스와 플랫폼이 결합된 새로운 모습이 탄생한 것이다. 그리고 '서비스의 내재화를 통한 품질제고'라는 아마존의 공식은 미국을 넘어서 한국에서도 쿠팡을 통해 맞아 떨어지는 모습을 보이는 듯하다. 알리바바가 만들어 놓은 중국의 유통 플랫폼을 자세히 살펴보기 전에는 말이다.

플랫폼의 원칙을 다시 열어보다, 타오바오

중국의 유명한 맥주 브랜드 칭다오맥주(靑島啤酒)에는 위엔장(原浆)이라는 상품이 있다. 일반적인 맥주 생산의 마지막 공정에서 효모를 죽이는데 위엔장은 그 효모를 죽이지 않기에 또 다른 수준의 맥주 맛을 느낄 수 있다. 문제는 상미기간 혹은 유효기간이 7일로, 쉽게 상한다는 단점이 있다는 것이다. 이런 이유로 일반 오프라인 마켓에서는 쉽게 찾기 힘들다. 마치 신선식품처럼 7일이 지나면 팔 수 없는 상품이 되어 버리기 때문이다. 이런 위엔장을 타오바오에서는 손쉽게 구할 수 있으며, 청두(중국 사천성의 성도) 시내 어느 곳으로도(三环内) 즉시배송이 가능하다.

타오바오에서 주문을 하면 판매자는 소비자가 요구하는 시간에 맞춰 당일 생산된 상품을 배송 직전 냉장고에서 꺼내 구매자에게 30분 내에 배송한다. 가장 완벽한 상태로 가장 손쉽게 칭다오 위엔장을 살 수 있는 플랫폼이 타오바오인 것이다. 기존의 오픈마켓에서 부정적으로 생각했던 서비스 품질이 타오바오에서는 긍정적으로 작용하고 있는 셈이다. 타오바오가 직접 위엔장을 판매하려 했다면 이토록 효율적인 프로세스는 불가능했을 것이다.

미국 아마존의 경우를 보면 상거래 플랫폼에서 시장 승리를 가능하게 했던 경쟁요소는 품질이자 신뢰였다. 아마존은 스스로 FBA라는 도구를 제공함으로써 소비자에게 구매의 모든 과정을 아마존이 책임진다는 인식을 만들었고 이를 통해 시장에서 승리했다. 플랫폼에 아마존의 서비스가 도입된 것이다. 하지만 상식적으로 접근하면 아마존의 이러한 접근은 분명 고비용 구조이다. 판매자와 구매자 간에 신뢰가 있고 커뮤니케이션이 원활하다면 아마존의 이런 역할이 필요하지 않을 수도 있을 것이다.

그리고 아마존만을 위해 전국적인 물류망을 구축한다는 것은 독점을 가정해도 비효율적이다. 아무리 효율적이라 해도 인구가 적거나 거래가 적은 지역에서 독점적인 물류망은 비효율적일 수밖에 없다. 그리고 그 결과는 전체적인 비용 상승을 의미한다. 물론 중국에도 징둥이라는 아마존과 유사한 모델을 가져가고 있는 사업자는 존재한다. 하지만 여전히 중국 전자상거래에서의 강자는 C2C 형태를 기본으로 하는 타오바오이다. 플랫폼 개방의 원칙이 가장 잘 지켜지는 형태인 타오바오가 가격도 가장 낮고 상품 구색도 가장 많기 때문이다. 여기에 알리바바는 물류에 대해서도 일반적인 오픈마켓과는 달리 차이냐오라는 물류 시스템을 통해 중국 내에 24시간, 글로벌 72시간 내의 배송을 목표로 하고 있다. 아마존에서 아마존 프라임 상품에 한정되어 제공하는 서비스 목표가 72시간(2일 후 배송이므로 최대 3일이 소요된다)이라면 알리바바의 목표는 중국 내는 24시간, 글로벌은 72시간인 것이다.

질문의 시작점이긴 하지만 플랫폼의 경쟁전략 중 양면시장에서 제한적 개방이라는 단어를 꺼내게 만들었던 곳이 상거래 영역이었다. 플랫폼의 개념상 완전한 개방이 분명 최고의 선(善)이겠지만 금전이 오고 가는 상거래 영역에서는 양쪽 시장을 일부 제한한 아마존의 선택이 옳다고 시장이 판단했기 때문이다. 그러한 소비자의 선택이 중국에서는 다시 완전한 개방이 옳다는 쪽으로 방향을 바꾼 것이다. 알리바바는 아마존의 제한적 개방을 통한 품질관리가 아닌 완전한 개방을 통한 플랫폼의 이론적 이상향을 구현하려는 것으로 보이기 때문이다.

2019년 3월 말 기준 타오바오와 티엔마오(天猫, Tmall, 이하 티몰)를 합한 월간 사용자 수가 3.2억 명에 달했고, 그 전해보다 각각 0.3억 명 상승하면서 아직도 성장하고 있음을 보여줬다. 2018년 11월 기준 사용자 점유율을 보면 두 플랫폼을 합해 전체 시장의 53% 수준을 차지하고 있다. 2위인 핀둬둬(拼多多)가 저소득층을 목표로 한 공동구매 사이트라는 점을 감안하면 진정한 의미에서 경쟁자인 징둥의 8.9%와는 큰 차이를 보이고 있다. 중국 상거래 플랫폼의 지배자는 타오바오를 가진 알리바바인 것이다.

타오바오의 플랫폼 성립

타오바오가 중국에서 상거래 플랫폼으로 자리 잡은 시기는 2005년이다. 2003년 창업한 후 2년 만에 중국 전자상거래 시장의 67%를 점유하게 된다. 이때 타오바오와 플랫폼 경쟁을 펼친 대상은 바로 미국의 이베이였다. 이두 사업자 간의 경쟁은 정확히 오픈마켓 간의 경쟁으로 누가 더 많은 공급자와 소비자 네트워크를 확보하는가의 게임이었다. 2년의 시간이 흐른 뒤그 싸움의 승자는 타오바오였다. 알리바바에 관련된 대부분의 책에서 타오바오의 승리 요인을 마윈의 뛰어난 비전과 조직관리로 꼽는다. 물론 이베이의 중국 시장 경영에서의 몇 가지 중대한 실수도 타오바오의 승리를 손쉽게 만들었던 것은 사실이다. 이런 이유로 이베이는 단 2년 만에 중국 시장에서 퇴각하게 되었지만 플랫폼적으로 사고하면 다른 이유들을 발견할 수 있다.

그 첫 번째 이유는 타오바오 이전에 알리바바닷컴이 있었다는 점이다. 타오바오를 론칭하는 시점에 알리바바닷컴은 이미 100만 개의 공급자를 보유하고 있었고 이 사업자들은 알리바바를 통해 세계와 소통하고 있었다. 이베이 차이나의 사업 시작이 타오바오보다 몇 년 앞섰지만 타오바오가 그 차이를 극복할 수 있었던 것은 알리바바닷컴이 갖고 있던 공급자 네트워크의 역할이 컸을 것으로 보인다. 전자상거래에 있어서 고객 못지않게 중요한 것은 다수의 양질의 공급자를 갖는 것이기 때문이다.

알리바바닷컴은 알리바바가 가장 먼저 시작한 인터넷 상거래이다. 기업 간의 거래를 도와주는 플랫폼으로 1999년 중국이 세계적인 공장으로 자리매김하기 시작하는 시점에 중국 기업들의 해외진출과 해외기업들의 중국 파트너 검색을 도와주는 플랫폼으로 성공하였다. 지금은 비록 알리바바그룹의 일원(핵심사업이 아닌)으로 남아 있지만 알리바바그룹의 시작점과 플랫폼에 대한 사고의 시작은 알리바바닷컴이었다. 중국 내의 생산능력을 갖춘 공급자와 중국 밖의 수요를 가진 기업을 연결시켜주는 전형적인 플랫폼의 양면시장을 만든 것이 바로 알리바바닷컴이었기 때문이다.

두 번째 이유는 알리페이라는 매력적인 플랫폼 도구의 등장이었다. 타오바오의 경쟁전략은 아마존처럼 프리미엄 전략은 아니었다. 중국의 소비자들은 아직은 신뢰나 품질보다는 가격과 상품 구색에 관심이 더 많았기 때문에 고급화를 지향할 필요가 없었다. 게다가 인터넷상에서 상거래를 할 수 있는 인프라, 특히 신뢰의 기본이 되는 결제 인프라도 제대로 구성되지 않았었다.

그런 이유로 타오바오가 이베이를 무찌르기 위해 시장에 제시했던 가장 핵심적인 도구는 바로 알리페이라는 결제도구였다. 타오바오와 알리바바닷컴의 결제수단으로 알리바바가 만들어낸 알리페이는 신용카드가 일반적이지 않았던 중국의 사업환경에서 전자상거래 그 자체를 가능하게 했던 아주 매력적인 솔루션이었다. 물론 경쟁자인 이베이는 알리페이를 사용할 수 없고, 외국 기업인 이베이가 자신의 결제 도구인 페이팔을 중국판으로 변형시키는 것도 쉽지 않았다. 결국 알리페이는 타오바오가 2년 만에 이베이를 누르고 시장의 67%를 차지하는 데 결정적인 역할을 한다.

알리페이는 아주 단순한 에스크로^{Escrow} 서비스다. 타오바오에서 거래가 이루어질 때 구매자의 대금지급은 타오바오로 이루어진다. 이후 상품이 배송되고 문제가 없음이 확인되면 타오바오가 보관하고 있던 대금을 판매자에게 지급하는 방식이다. 타오바오에 대한 신뢰만 있다면 구매하는 데 아무런 문제가 없다. 이 방식은 현재 한국의 모든 오픈마켓에도 적용되고 있는 '구매확정'이라는 과정으로, 구매자가 '구매확정'을 하면 일정 시간 후 대금이 자동으로 판매자에게 지급된다. 또한 알리페이는 구매자가 알리페이에 충전한 후 충전된 금액으로 대금을 지급하는 방식도 제공한다. 구매자에게 알리페이는 일종의 은행이자 체크카드의 역할을 담당하는 것이다.

역설적으로 이러한 에스크로 방식의 원조는 타오바오의 경쟁자였던 이베이의 페이팔이었다. 하지만 중국 정부는 외국사업자가 알리페이와 같은 금융기관으로서의 역할을 할 수 있게 허용하지 않았기에 결국 이베이는 제대로 시작도 못해본 채 중국 사업을 접어야 했다. 반대로 이야기하면 중국 정부는 알리바바에게 은행과 같은 사업을 할 수 있게 규제를 완화해준 것이다. 초기 투자를 해외투자자로부터 받은 알리바바도 이후 알리페이의 정상적인 운영을 위해 알리페이를 위한 별도의 국내법인을 세우게 된다. 바로 앤트파이낸셜의 탄생이다.

알리페이는 중국 초기 전자상거래 시장에서 그 무엇보다도 매력적인 플랫폼 도구였다. 중국인들이 배송 서비스에서의 차별점을 느끼지 못하는 상황에서 타오바오는 알리바바닷컴을 통한 공급자의 확보와 알리페이를 통한 신뢰 제공을 통해 플랫폼을 성립해낸 것이다. 알리페이에 대한 보다 구체적인 이야기는 이후에 앤트파이낸셜의 이야기에서 본격적으로 다루도록 하겠다. 알리페이가 단순한 에스크로 서비스에서 멈추지 않았기 때문이다.

무료 수수료 정책

알리바바닷컴과 알리페이와 같은 플랫폼 도구들이 이베이 차이나와의 경쟁에서 중요한 역할을 한 것은 사실이지만 타오바오가 이베이 차이나를 꺾을 수 있었던 가장 큰 이유는 '무료 수수료 정책'에 있다.

경쟁 상황에서 이베이 차이나가 유료 수수료 정책을 고집한 것은 글로벌 회사라는 한계도 있었지만 중국 시장에 대한 이해가 부족했다 볼 수 있다. 당시 중국은 결제 인프라도 충분히 형성되지 못했지만 배송 인프라도 충분한 수준에 이르지 못했다. 결국 오픈마켓의 기능이 판매자와 구매자를 연결시키는 데 한정되기에 판매자가 구매자와 인터넷상에서 접촉이 이뤄지고 난 이후에 플랫폼은 쓸모없는 존재가 되어버리는 것이다. 거래를 위해 배송도 결제도 판매자가 해결해야 했기에 '쓸모없는' 중간자 이베이는 배제되기 시작했다.

즉 이베이가 요구했던 플랫폼의 수수료는 판매자와 구매자 모두에게 불필요한 추가 비용이기에 플랫폼상에서 거래가 종결되는 비율이 높지 않았다. 만남은 플랫폼에서 이뤄졌지만 거래의 종결은 전화나 오프라인에서 이뤄지는 경우가 많았던 것이다. 결국 본질적으로 수수료를 청구하기가 어려운 시장이었고 이 수익화가 불가능한 상황을 타오바오는 당연한 것으로 받아들이며 무료 수수료 정책을 고집하게 되었다. 타오바오는 사업 초기부터 거의 최근까지 판매자나 구매자의 등록 비용부터 거래에 따른 수수료를 한 푼도 받지 않았다. 플랫폼의 규모를 늘리기 위해 문을 활짝 열어 둔 것이다. 타오바오의 무료 수수료 정책은 판매자가 거래를 위해 굳이 플랫폼을 떠날 이유를 찾을 수 없게 했고, 그 결과 양면시장의 고객들과 그들 간의 거래를 모두 플랫폼 안으로 끌어들이는 데 성공했다.

타오바오는 '무료'라는 어쩔 수 없는 선택을 통해 플랫폼의 성장을 위한 기본 중의 기본인 개방원칙을 철저히 지켜냈다. 물론 타오바오의 무료정책에 따른 수익모델의 부재는 투자자들에게 큰 고민을 안겨주었지만 이후 시장의 장악과 점진적 광고모델의 도입으로 해소된다. 결국 2005년 타오바오는 이베이 차이나를 추월하고 2007년에 시장의 80%를 장악하는 지배적 플랫폼으로 자리 잡게 된다.

새로운 경쟁자, 징둥의 등장

타오바오가 이베이 차이나를 꺾고 중국의 지배적 상거래 플랫폼으로 자리 잡은 후 타오바오의 성장은 본격화된다. 플랫폼이 교차 네트워크 효과를 받기 시작하면서 타오바오는 엄청난 속도로 성장한다. 모든 공급자들이 타오바오로 몰리기 시작했고 미국에서 '구글'이 '검색'이라는 단어를 대체했듯이 중국에서는 '타오^{TAO}'가 '쇼핑'이라는 단어를 대체하기 시작했다.

이 지배적 플랫폼 타오바오의 아성에 도전장을 내민 자는 바로 '징둥'이었다. 징둥은 중국 내에서는 B2C 플랫폼으로 분류되는데, 이는 초기의 아마존처럼 스스로가 상품을 매입해서 판매하는 형태를 띠기 때문이다. 타오바오가 C2C로 정의되어 수수료나 광고비만을 매출로 인식하는 반면, 징둥은 판매대금을 모두 매출로 인식한다는 차이가 있다. 이러한 이유로 타오바오, 징둥, 심지어 아마존을 비교할 때 매출이라는 수치는 큰 의미를 갖지 못한다. 사업방식이 다르기 때문에 회계기준 역시 다르기 때문이다. 이미 어느 정도 시장을 장악한 타오바오에 새로운 플랫폼으로 도전장을 내민 징둥은 아마존과 같이 한 차원 높은 신뢰의 서비스를 경쟁도구로 제시했다. 즉 미국에서의 아마존과 이베이의 사례를 그대로 적용하면, 징둥은 타오바오를 누르고 중국의 아마존이 될 수도 있었을 것이다. 이는 현재 한국에서 벌어지고 있는 쿠팡과 타 오픈마켓들 간의 경쟁과도 유사한 모습을 보인다. 객관적으로 징둥의 서비스가 타오바오 대비 우월했기 때문이다.

타오바오가 인터넷 쇼핑 시장을 지배하기 시작했던 2007년 징둥은 자체 물류 시스템을 갖추기 시작했다. 2009년 이를 위한 물류회사를 설립했고 2017년에 이르러 소화물, 대형화물, 냉동, B2B, 수출입 그리고 제3자 물류에 이르는 6대 영역을 아우르는 물류그룹을 만들어낸다. 세계에서 유일한 모든 물류 시스템을 갖춘 기업이 탄생한 것이다. 물론 이러한 물류 시스템은 징둥닷컴의 핵심경쟁력이 되면서, 중국 내 전체 판매의 90%를 24시간 내에 배송할 수 있는 역량을 갖추었다.

여기에 또 한 가지 중요한 사실은 징둥을 지원하고 있는 기업이 텐센트라는 점이다. 중국의 IT업계 지도는 BAT 혹은 BATX로 칭해지는 바이두, 알리바바, 텐센트, 샤오미로 대표된다. 하지만 바이두와 샤오미의 기업가치와 시장지배력이 나머지 두 회사와 큰 차이를 보임에 따라 중국의 IT업계 지도는 알리바바와 텐센트에 의해서 양분되는 모습을 보인다. 그 텐센트가 징둥을 통해 알리바바에 도전장을 낸 것이다.

징둥과 타오바오의 경쟁

징둥은 타오바오가 갖고 있던 다양한 '아픈 지점^{Pain Point}'을 집중적으로 공략했다. 브랜드몰이 생겨났고 모든 상품들이 징둥의 자체 물류망을 통해 배송되었다. 아마존과 유사한 플랫폼 도구들이 등장하면서 또 한 번의 플랫폼 전쟁이 촉발된 것이다. 그리고 그 경쟁은 아직도 진행 중이다. 하지만 징둥이 누적되는 적자로 고생하며 생존중인 반면, 타오바오의 입지는 계속해서 견고해지고 있다. 아직 평가하기엔 이르지만, 현재로서는 타오바오의 승리가 점쳐지고 있다.

미국과 한국, 그리고 유럽에서 좋은 반응을 얻었던 아마존식 전략이 중국에서는 정확하게 작동되지 못했다. 물론 사업모델 간의 비교라는 관점에서 아마존식 B2C 모델인 알리바바의 티몰과 징둥의 거래량을 합하면 타오바오를 넘어서는 것은 사실이다. 즉 중국 시장도 아마존식의 고품질 서비스에 대한 니즈가 나타나기 시작한 것이다. 하지만 티몰이 타오바오의 트래픽을 바탕으로 성장했다는 점과 중국 구매자들은 티몰을 상당 부분 타오바오의 일부로 생각한다는 점을 볼 때 타오바오가 여전히 시장의 지배자임은 분명하다.

그림을 보면 대부분의 메뉴에 티몰(天猫)이 보이지만 이 모바일 화면은 타오바오이다.* 타오바오는 티몰을 하나의 서비스로 포지션시키고 있는 것이다. 새로이 요구되는 소비자의 니즈를 티몰이라는 새로운 형태의 모델로 대응하면서 이를 자연스레 타오바오라는 브랜드로 통합하고 있다. 중국 소비자에게 타오바오는 티몰이라는 브랜드몰도 갖고 있는 전자상거래의 지배자인 것이다.

다시 말해 징둥의 아마존식 공격에 타오바오의 방어전략이 효과적으로 작동되고 있음을 의미한다. 징둥이 들고 나온 고품질의 전자상거래 플랫폼에 대응하기 위해 알리바바가 만든 것이 티몰 하나만은 아니다. 징둥의 자체 물류 시스템에 대응하기 위한 차이냐오라는 새로운 물류정보 시스템과 앤트파이낸셜이 만들어낸 새로운 플랫폼 도구들은 알리바바를 진정한 상거래 플랫폼으로 만들어 놓았다.

---

* 타오바오의 모바일 화면에서 보면 두 개의 메뉴가 '天猫'로 시작되는 것을 볼 수 있다.

물류정보 시스템,
차이냐오

오픈마켓과 아마존 간 물류에서의 차이점은 물류에 대한 통제권을 누가 갖고 있는가에 있다. 아마존에서 이뤄지는 대부분의 주문은 자체 유통센터와 강력한 제휴를 통한 배송망을 기반으로 아마존의 전적인 책임하에 물류 관리가 이루어진다. 반면에 오픈마켓의 물류는 판매자의 책임하에 다양한 물류기업에 의해 자유롭게 이뤄진다. 따라서 오픈마켓의 물류 품질은 아마존의 수준을 따라갈 수 없다. 징둥의 아마존식 책임물류 시스템의 등장은 타오바오에게는 명확한 위협이었다. 이미 시장의 대다수를 장악하고 많은 경우 하루에 최대 10억 개(물론 11월 11일의 경우)의 배송을 처리해야 하는 상황에서 모든 물류를 타오바오가 책임지는 방식으로 전환하는 것은 무리가 있었다.

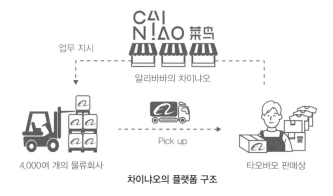

차이냐오의 플랫폼 구조

징둥에 대응하기 위해 타오바오가 만들어낸 솔루션은 차이냐오라는 플랫폼 방식의 물류 시스템이었다. 여기서 플랫폼 방식이라는 것은 물류를 자체 서비스가 아닌 중국 내에 존재하는 수많은 물류회사와 협력할 수 있는 또 하나의 플랫폼, 즉 물류 플랫폼 구조를 만들었다는 뜻이다. 차이냐오는 정보 시스템을 통해서 판매자와 물류회사를 연결해주는 또 하나의 플랫폼이다. 양면시장의 한 축은 물류회사들이고 또 한 축은 타오바오에서 활동하는 판매상들이다.

차이냐오 사업의 핵심을 살펴보면 '협동'과 '사회'라는 표현을 발견할 수 있다. 대외적으로 알리바바는 징둥의 자체물류라는 대척점에 서서 타오바오를 위한 물류 시스템을 구축할 뿐만 아니라 중국 사회 전체의 비용효율을 올리는 데 집중하고 있다. 현재 중국 정부의 인공지능 개발 프로젝트에서 알리바바가 스마트시티 부분을 책임지고 있는 것도 같은 맥락이라 할 수 있다. 협동과 사회라는 맥락에서 알리바바와 주요 물류업체들이 차이냐오를 공동소유하고 있다. 알리바바를 대표해서 티몰이 43%를 소유하고 있고 나머지는 물류에 관련된 파트너들이 나눠 소유하고 있다.

타오바오에 주문이 접수되면 차이냐오의 시스템은 누가 어떤 경로로 배송하는 것이 최적인지를 계산해서 파트너 물류사에게 업무지시를 내린다. 차이냐오는 모든 파트너사들의 물류 네트워크 정보를 갖고 있기에 가장 빠르고 효율적인 업무배정이 가능하다. 현재 차이냐오와 계약된 물류회사는 중국 전체에 4,000여 개이고 이들은 차이냐오 물류 시스템에 의해 한몸처럼 움직인다.

소형 판매상들은 주문이 들어오면 포장은 판매상이 하지만 배송을 위한 라벨은 시스템에 연결된 프린터에서 자동으로 출력된다. 라벨이 부착된 상품은 차이냐오가 지정한 배송회사에 의해 픽업되어 고객에게 배송된다. 그리하여 판매상들은 배송에 대한 고민을 차이냐오에 맡기면 된다. 이 모습은 아마존 셀러가 FBA에 물류를 의존하는 모습과 유사하다.

현재 차이냐오 물류 시스템은 128개의 물류거점과 20여 개의 지역 파트너 거점, 18만 개의 배송거점, 4만 개의 픽업센터 등으로 이루어져 있다. 타오바오는 이 차이냐오 물류 시스템을 통해 2018년 광군절에 10.42억 개의 상품을 배송했고, 2019년 광군절에는 13억 개를 실어 날랐다. 첫 1억 개 상품의 배송에 소요된 평균시간은 2018년 2.6일에서, 2019년 8시간으로 엄청나게 단축되었다. 인공지능과 사물인터넷을 적극적으로 활용한 시스템의 진화가 이러한 변화를 만들어냈다. 배송사업자의 능력을 감안한 작업배치가 이뤄지는 것은 물론 실시간 교통정보를 활용하여 최적의 배송루트를 제공함으로써 배송시간을 단축하고 있다. 차이냐오는 600만여 개의 배송루트를 4,000여 개의 파트너 배송회사와 함께 운영하고 있다는 것이다.

징둥이 모든 물류 네트워크와 정보 시스템을 자체적으로 소유하는 것과 달리 타오바오는 전국에 존재하는 모든 물류기업과 협력하는 방식으로 물류 플랫폼을 구축한다. 하루 수억 개라는 충분히 많은 일거리를 바탕으로 경쟁자인 징둥에 비견할 만한 배송 시스템을 플랫폼 방식으로 만들어낸 것이다. 알리바바의 국가사회 관점에서의 물류에 대한 플랫폼적 접근은 알리바바의 물류처리량이 중국 전체의 50%를 차지하기에 의미가 있다. 향후 알리바바가 중국 상거래에서 차지하는 비중이 얼마까지 낮아질지는 알 수 없지만 물류 시스템 측면에서 알리바바는 이미 중국의 전체 물류를 자신의 물류라는 관점에서 접근하고 있다.

물류 서비스 제공을 위해 자체 물류를 가져가지 않을 뿐만 아니라 수많은 물류회사를 파트너사로 만들어 국가 차원의 서비스를 제공하고 있다는 것은 플랫폼을 통한 물류 경쟁력이 서비스를 통한 경쟁력과 대등하게 경쟁할 수 있다는 뜻이다. 이는 전자상거래 플랫폼에서 오픈마켓이 여전히 유효한 옵션이라는 결론으로 이어진다.

상거래에 은행이 등장하다, 앤트파이낸셜

아마존, 징둥과 비교할 때 타오바오가 가진 또 하나의 장점은 공급자, 즉 판매자들에 대한 배려다. 아마존과 징둥이 판매자들로부터 상품을 구매하는 것과 달리 타오바오는 직접 구매하지 않는다. 구매과정은 현금의 이동이 있다는 뜻이고 아마존의 현금회수기간*이 16일이 넘어가는 것을 감안하면, 판매자는 상품이 고객에게 판매되고 난 후 16일 후 대금을 수령한다고 볼 수 있다. 아마존의 입장에서는 좋은 일이지만 판매자에게는 현금이 잠기는 경영상의 불이익이 존재한다.

타오바오는 전형적인 오픈마켓이므로 판매자의 대금수령은 판매가 이뤄지고 상품의 구매확정(상품의 배송완료)이 이뤄지면 바로 지급된다. 판매자 입장에서는 타오바오에서의 거래가 아마존 대비 현금회전이 빠를 수 있다. 여기에 알리바바는 앤트파이낸셜을 통해 금융 서비스를 제공한다. 일종의 은행처럼 판매자들이 금융 니즈가 존재할 때 판매자와 알리바바 간의 거래기록을 바탕으로 대출을 제공하는 것이다. 다시 말해 타오바오에서 일정 수준의 거래를 만들어내고 신뢰관계가 성립한다면 판매자는 앤트파이낸셜을 통해 규모를 키울 수 있다.

아마존이나 징둥도 동일한 맥락에서 금융상의 지원이 가능하다. 아주 단순하게 상품 매입에 대한 대금지급을 빠르게 하면 된다. 하지만 형평성의 이슈와 어마어마한 거래규모를 감안할 때 함부로 결정할 수 있는 요소는 아니다. 물론 알리바바처럼 금융을 통해 지원할 수도 있겠지만 매매라는 거래

---

* Cash Conversion Cycle, 재고가 현금으로 돌아오는 데 걸리는 시간

관계가 명시적으로 존재하는 상황에서 뭔가 어색함이 느껴진다.

앤트파이낸셜은 알리페이를 위해 만든 회사이다. 알리바바그룹이 해외 자본을 통해 성장하면서 국내 지불결제를 위한 알리페이를 해외 자본이 대주주인 알리바바에 둘 수 없었기에 별도의 국내 법인(마윈이 80%의 지분을 가진)에게 알리페이를 매각하게 된다. 금융산업에 대한 외국인의 참여제한은 일반적인 일이기에 이에 대한 개연성은 존재했지만 알리페이가 가진 엄청난 잠재력을 감안할 때 그 당시 알리바바의 대주주였던 야후와 소프트뱅크로서는 어이없는 일이었을 것이다. 이 문제로 알리페이를 가진 앤트파이낸셜의 존재는 세상에 부각되었고 그 가치는 1,500억 달러를 넘어서게 된다. 이로써 타오바오를 중심으로 한 이커머스 플랫폼의 다음 단계 도약을 위한 또 하나의 도구가 준비된 것이다.

신용카드를 대신하다,
화뻬이

알리페이의 시작은 현금거래를 중개하는 것이었다. 타오바오에서 상품을 구입하기 위해서는 은행계좌에 잔고가 있어야 하고, 매매가 성립되면 매매 금액은 은행에서 앤트파이낸셜로 송금된다. 이 기능은 이미 설명했듯이 타오바오가 이베이와 경쟁하던 시점에 중요한 경쟁우위 요소로 작동했다. 전형적인 에스크로 서비스로 시작했던 알리페이가 한 단계 진화하여 신용 서비스를 제공하기 시작했다. 바로 마이화뻬이(蚂蚁花呗)이다.

마이화뻬이는 영어로는 'Ant Check Later'로, '나중에 지불'한다는 뜻이다. 간단히 말해 신용을 제공하여 지불을 미루는 시스템이다. 이 서비스는 단순히 인터넷상에서 알리페이를 통해서만 제공되는 것이 아니라 병원과 같은 다양한 오프라인 영역에서 활용되고 있다.

구매자가 상품을 구매하는 시점에 은행에 충분한 잔고가 없을 경우 앤트파이낸셜은 구매자의 신용평가를 통해 500위안에서 5만 위안까지 여신을 제공한다. 거래가 이뤄지고 구매자는 빌린 금액을 다음 달에 상환하면 된다. 물론 상환기간이 길어질수록 이자도 늘어난다.

화뻬이의 근거가 되는 신용등급 시스템은 쯔마신용(芝麻信用)으로, 역시 앤트파이낸셜에 의해 제공된다. 정부에서 제공하는 신분정보와 신용평가, 인맥관계(어떻게 측정하는지 알 수 없지만), 지급능력과 전자상거래 거래실적을 감안하여 쯔마신용의 신용점수가 계산된다. 이 점수를 바탕으로 얼마까지 여신을 제공할지가 결정된다. 신용점수를 결정할 때 이 다섯 가지의 원칙에 대한 배분율이 어떻게 정해져 있는지 알 수 없지만 타오바오에서 거래가 많은 일반적인 대학생이 700점 이상의 고신용등급을 받고 있는 것을 보면 거래실적이 상당히 중요한 역할을 하는 것으로 보인다.

2016년 광군제 하루의 총 거래액은 1,207억 위안이었고 이 중 화뻬이를 통해 만들어진 거래는 237억 위안으로 20%에 육박했다. 알리바바 자체 연구에 따르면 구매자가 화뻬이를 활용함에 따라 소비능력은 대략 10퍼센트 증가했고, 월 소비액이 1,000위안(한화 17만 원) 이하의 중·저소득 구매자들에서는 50%가 증가했다고 한다. 화뻬이라는 플랫폼의 금융도구가 거래를 증가시키고 있음을 보여준다.

앤트파이낸셜의 역사를 보면 현재의 서비스 개념을 쉽게 이해할 수 있다. 앤트파이낸셜은 2004년 알리페이로 시작했지만, 진정한 금융 서비스로 진화하기 시작한 것은 2016년 위어바오(余额宝)를 출시하면서부터다. 위어바오는 알리페이를 통해 펀드에 투자가 가능한 서비스이다. 대부분의 중국인들에게 금융기관을 통한 투자의 개념은 뚜렷하지 않다. 하지만 타오바오에서 물건을 사듯이 펀드를 구매할 수 있게 해 주자 많은 중국인들이 이에 관심을 보이기 시작한다. 이것이 바로 위어바오이다. 모든 구매자는 자신의 은행과 알리페이가 구매과정에서 필요하므로 타오바오에 이미 연동되어 있고, 적게는 100위안으로도 펀드를 구매할 수 있었기에 누구나 접근이 가능했다. 현재 티엔홍지진(天弘基金)이라는 펀드를 통해 운영되고 있는 위어바오의 규모는 16조 위안에 달한다. 은행과 현실적인 거리가 있던 중국인들에게 위어바오는 아주 편리한 투자처 역할을 한 것이다. 알리바바가 알리페이와 타오바오를 통해 모든 중국인을 거래 영역으로 들어오게 했다면, 앤트파이낸셜은 쯔마신용의 신용점수를 바탕으로 중국인들을 상대로 수신(위어바오)과 여신(화뻬이, 지에뻬이) 업무를 하는 은행이 된 것이다.

앤트파이낸셜의 플랫폼 구조

이 과정을 잘 들여다보면 플랫폼이 보인다. 수신의 영역을 보면 모두가 알리페이의 사용자들이다. 즉 타오바오의 구매자들이다. 이들은 자신의 여유자금을 앤트파이낸셜에게 위탁한 것이다. 여신의 영역을 보면 역시 알리페이의 사용자이자 타오바오의 구매자들이다. 앤트파이낸셜은 금융이라는 영역에서 플랫폼을 구축했다. 금융의 프로슈머처럼 중국인들은 알리바바를 통해 서로 돈을 빌려주고 빌려 쓰고 있다. 타오바오의 지속적인 성장을 위해서는 중국이라는 국가의 인프라가 먼저 발전해야 한다. 알리바바는 그 인프라를 만들면서 시장을 개척하고 있는 것으로 보인다. 앤트파이낸셜은 그런 맥락에서 신용 플랫폼으로 자리 잡고 있다. 중국에서 쯔마신용의 신용등급으로 알리바바 이외의 영역에서 무언가 혜택을 받을 수 있는 곳은 아직 많지 않다. 하지만 공유자전거와 같은 소소한 영역에서 이미 쯔마신용을 통한 보증금면제가 시작되었다.

타오바오의 앤트파이낸셜 역할은 알리바바의 시장을 키우는 도구로 이해하면 될 듯하다. 알리바바 안에서 만들어진 구매력 상승은 단지 타오바오의 거래액 증가로만 나타나는 것이 아니라 앤트파이낸셜의 여신 증가로 이자라는 새로운 수익을 만들어낸다. 화뻬이와 지에뻬이(借呗)는 모두 단기금융이고, 이자도 높지 않다. 단지 수많은 참여자들을 통해 엄청난 자금 회전이 이뤄지는 것이다.

중국에서 일반인에게 금융기관의 문턱은 높다. 담보를 필요로 하고 예금을 강요하기도 한다. 하지만 쯔마신용은 데이터를 기반으로 비용 없이 평가한다. 무엇보다 중국인들의 신용이 여기에서 만들어지고 있다는 데 의미가 있다.

새로운 플랫폼 왕국

알리바바의 상거래 플랫폼을 보면 아마존처럼 소비자에 집중하지 않는다. 플랫폼을 통해서 국가경쟁력을 올리겠다고 마윈이 공공연하게 이야기하는 것처럼 공급자에 대한 고려가 상당하다. 중국에서 애플과 삼성 같은 강한 제조업 기업이 나올 수 있도록 알리바바는 국가 유통 플랫폼의 역할을 담당하겠다는 이야기를 세상에 던지고 있다. 2014년 마윈이 투자자들에게 보낸 서신을 보면 그 의지를 읽어볼 수 있다.

알리바바의 사명을 하나의 거대기업이 되어서는 안 되겠다고 결정했다. 우리가 개방, 협력, 번영하는 기업 생태계를 지속적으로 만들어야 생태계의 구성원들이 충분한 능력을 가지고 참여하게 되고 그래야 비로소 우리의 고객, 즉 중소기업과 소비자에게 진정한 도움을 줄 수 있을 것이다. 이러한 생태계의 운영자이자 서비스 제공자가 되기 위해 우리의 모든 피땀, 시간과 정력을 쏟아 부어 이 생태계와 이 생태계의 참여자들의 지속적인 발전을 보장하고 지원할 것이다. 우리가 성공할 수 있는 유일한 방법은 우리의 고객, 우리의 파트너들을 성공하게 하는 것이다.

마윈, 2014년 투자자 서신^{Shareholder letter} 중에서

균형의 관점에서 보면 그 중심이 공급자에게 많이 가 있다. 물론 이를 통해 소비자는 충분히 저렴한 쇼핑을 즐길 수 있기에 그 균형은 충분히 맞춰

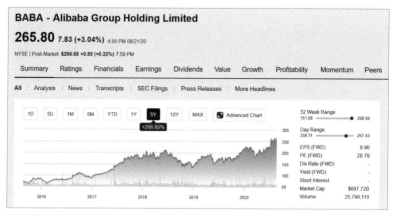

알리바바는 중국의 경제성장률과 더불어 5년간 266%의 성장을 만들어냈다.

져 있어 보인다. 운영자인 알리바바 역시 충분한 이익을 만들어내고 있다. 2019년 3월 기준으로 매출은 561억 달러, 영업이익은 119억 달러를 기록하였듯 안정적이면서 균형 잡힌 플랫폼이다.

플랫폼이라는 개념은 '메이드 인 USA'로, 구글과 페이스북이 만들었으며 미국이 플랫폼의 원조임은 사실이다. 하지만 이제는 중국이 플랫폼 왕국임을 알리바바는 선언하고 있다. 다른 어떤 나라와 비교해도 압도적인 우위를 가지며 쇼핑도, 물류도, 은행도 플랫폼에 의해서 이뤄지고 있다.

Thinking of Platform 2.0

모든 기업과 모든 인민을 연결하다:
텐센트의 생각법

싸이월드는 온 국민의 SNS였다. 누군가의 생일 축하 소식이나 누군가의 부음이 들리기도 했다. 모든 정치가들도 너나 할 것 없이 미니홈피를 만들어 변화를 수용하는 노력을 보이기도 했다. 그 싸이월드가 이제는 거의 존재감 없이 사라졌다. SK그룹의 일원이었다가 분리되어 운영된다는 소식이 있었고 암호화폐를 발행했다는 소식도 있었지만 임금이 체불되었다는 반갑지 않은 소식도 들려왔다. 싸이월드는 왜 이렇게 사라지게 된 것일까?

싸이월드는 전형적인 소셜 네트워크 서비스^{SNS, Social Network Service}였다. 미니홈피를 중심으로 한 네트워크 서비스는 회원들이 많아지면서 네트워크 효과를 받았고 그 결과 거의 모든 사람이 미니홈피를 갖게 만들었다. 미니홈피는 나의 생각을 전하는 홈페이지였고 친구가 나에게 소식을 알리는 우체통이었다. 콘텐츠를 올리고 얼마나 많은 사람들이 방문했는지를 보는 것이 하나의 즐거움이었다. 2005년 내가 싸이월드 본부장을 맡았던 시절은 싸이월드의 전성기였다. 200명이 넘는 본부 직원이 엄청난 열정으로 매일

200만 명이 접속하는 서비스를 관리하며 새로운 기능을 만들어내고 있었다.

하지만 싸이월드는 '서비스'였다. 일부 꾸미기 상품을 만드는 협력업체가 있었지만 역시 품질관리를 위해 최소한으로 제한하여 운영했다. 도토리라는 디지털 화폐를 만들었고 미니룸, 배경음악, 폰트 등을 파는 것으로 수익을 만들었다. 물론 이후 광장이라는 게시판을 도입함으로써 광고모델도 시도했었다. 문제는 이 모든 것들을 싸이월드 운영진이 문을 닫아두고 스스로 수행했다는 것이다. 싸이월드는 플랫폼이라는 용어를 사용하지 않았고 SNS라는 표현을 사랑했다. '사이좋은 사람들'이라는 캐치프레이즈가 의미하는 것처럼 건전하고 아름다운 소셜 네트워크 서비스를 지향했다.

싸이월드가 유명해지고 보다 많은 연령대의 사용자가 진입하자 악화가 양화를 구축하는 상황이 벌어지기 시작했다. 초등학생들의 진입은 네트워크를 혼란스럽게 만들었고 자체적으로 제공되는 서비스는 사용자에게 피로감을 주기 시작했다. 헤어진 연인들이 네트워크를 떠났고 대학생이던 사용자가 직장인이 되면서 실제 인간관계가 바뀌자 네트워크를 떠나기 시작했다. 이러한 오프라인의 변화가 싸이월드의 쇠락을 만든 것이다. 모든 연령대에 맞출 수 없는 미니홈피라는 포맷이 성공의 열쇠이자 쇠락의 이유가 된 것이다.

필자에게 싸이월드의 수장으로 일할 기회는 2년이 있었다. 아니 정확히는 1년 8개월이라는 시간이 있었다. 만약 타임머신이 있어 내가 그때로 돌아갈 수 있고 싸이월드를 내 마음대로 바꿀 수 있다면 나는 다시 싸이월드를 살려낼 수 있을까 하는 고민을 해본다. 플랫폼에 대해 이만큼 공부했으니 싸이월드를 플랫폼으로 만들 수도 있을지 모르겠다. 하지만 쉽지 않은 일일 것이다. 완전히 폐쇄된 서비스를 플랫폼으로 만드는 일은 말이다. 하지만 중국에서는 이런 일이 일어났다. 완전히 닫혀졌던 서비스에서 완전히 개방된 플랫폼이 탄생한 것이다. 바로 텐센트의 위챗 이야기이다.

| 기업 | 커뮤니케이션, 마케팅, 거래 | 소비자 |

폐쇄에서 개방으로, 위챗을 가진 텐센트

알리바바가 모범적인 플랫폼의 모습을 유지하며 성장했다면 텐센트는 플랫폼과는 가장 동떨어진 모습으로 성장해왔다. QQ라는 메신저 기반으로 8억 명의 고객을 모으고 그 안에서 모든 서비스를 제공함으로 수익을 창출했다. 모든 서비스는 QQ 안에서 이뤄졌고 그 누구에게도 그 시장을 개방하지 않았다. 완벽하게 폐쇄된 서비스가 바로 QQ였다.

만약 텐센트가 이러한 모습으로 모바일 플랫폼 시대를 맞았다면 모르긴 몰라도 이미 시장에 존재하지 못했을 것이다. 그 텐센트가 현재 위챗이라는 QQ와는 완전히 다른 개방형 플랫폼으로 중국을 지배하고 있다. 어떻게 완벽하게 폐쇄적이었던 기업이 완벽히 개방적으로 변신했는지 그 과정은 아직 명확하지 않다. 하지만 그 둘 간에 존재하는 생태계적 사고는 동일하기에 그 관점에 대한 이해가 필요하다. 그래야 현재의 위챗이 추진하고 있는 앱 이후의 세상Post Application Age을 이해할 수 있기 때문이다. 미니 프로그램이라는 새로운 앱 속의 세상In Application Solution은 위챗 앱 하나로 모든 것이 해결되는 세상을 준비하고 있는 것이다. 텐센트는 완벽한 개방 속에서 완벽한 폐쇄를 추구하고 있는 것이다.

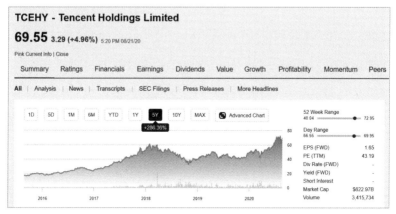

텐센트는 위챗과 게임이라는 두 가지 수익을 기반으로 고속성장하고 있다.

중국의 네이트온,
QQ

2007년 한국에는 네이트온이라는 메신저가 있었다. 700만이라는 동시 접속자를 가진 이 메신저는 거의 모든 한국인들이 PC상에서 대화하는 데 사용되었다. 친구 간이건 기업 내 업무를 위해서 건 네이트온은 필수적인 도구였다. 네이트온은 마이크로소프트라는 글로벌 거대기업이 내놓은 MSN 메신저를 누르고 한국 시장을 차지했다.

한국에 네이트온이 있었다면 중국에는 QQ가 있었다. 단지 차이라면 한국의 네이트온은 모바일 시대와 함께 나타난 카카오톡이라는 모바일 기반의 메신저에게 자리를 내어준데 반해 중국의 QQ는 자가복제(?)를 통해 위챗이라는 걸출한 모바일 메신저를 만들어냄으로써 시장을 지켜낸다. 이 QQ와 위챗을 만들어낸 기업이 바로 텐센트다.

텐센트 이야기를 폐쇄와 개방이라는 아주 추상적인 두 개의 단어로 시작하는 이유는 이 두 개의 단어가 텐센트라는 기업의 시작과 현재를 아주 잘 표현하기 때문이다. 텐센트가 QQ를 가지고 중국의 인터넷 시장을 거의 평정했을 즈음인 2010년 7월에 쉬레이(許磊)라는 기자는 다음과 같은 글을 〈컴퓨터월드(计算机世界网)〉에 발표한다. 이 글은 모두가 동의했지만 말하지 않았던 텐센트의 '혁신하지 않고 모방한다', '세상을 적으로 돌렸다', 그리고 '개방을 거부한다'라는 비판으로 이야기를 시작한다.

'개 같은 텐센트' by 쉬레이(許磊)

중국 인터넷 발전사에서 텐센트가 참석하지 않은 잔치는 거의 없었다. 처음에는 남이 하는 대로 뒤따르다 치밀하게 모방해 단호하게 초월했다. 실제로 텐센트는 인터넷계에서 '파렴치한 모방 표절'로 악명이 높아, 전 노선에서 적을 만들어 모든 화살의 과녁이 되었다. 점차 많은 인터넷 기업이 시시각각 텐센트를 경계하기 시작했으므로 텐센트도 더는 이전처럼 마음대로 거둬들이지 못할 것이다.[09]

QQ는 PC기반의 메신저이다. 메신저는 커뮤니케이션 수단으로 전형적인 네트워크 효과의 사례로 쓰인다. 네트워크 효과의 정의, 즉 '네트워크가 커짐에 따라 네트워크의 가치가 커지고 이로 인해 네트워크 안에 있는 참여자의 가치는 지속적으로 커진다는 의미'를 생각해보면 메신저라는 도구에 네트워크 효과가 어떻게 적용되는지 쉽게 이해할 수 있다. 메신저도 전화와 같이 보다 많은 사람들이 메신저를 사용해야 그 효용도 올라가기 때문이다. 그 결과 그 네트워크 효과를 누리는 메신저를 새로운 메신저가 뛰어넘는 것은 불가능에 가까운 일*이 된다. QQ는 중국에서 그런 지위를 차지했고 그 고객 규모를 바탕으로 다양한 서비스를 제공함으로 수익을 창출했다. 아바타를 꾸밀 수 있게 했고, 네트워크 게임을 제공했고, 음악을 듣는 것이 가능하게 했다. 뉴스포털을 시작했고 서구의 SNS와 같은 서비스(QQ공간)도 있었다. 이미 아주 단단한 QQ네트워크 안에 수억 명의 고객이 있었기에 텐센트는 그 어떤 서비스 영역도 마음만 먹으면 들어갈 수 있었고 진입 후에는 아주 손쉽게 시장을 점령해버렸다. 그 결과 텐센트에게는 '개 같다'는 형용사가 부여되게 된다. 모든 서비스 사업자들이 QQ의 행보를 주시했고 텐센트가 특정 서비스 영역을 지목하는 순간 대책을 강구해야 했다.

이런 이유로 텐센트의 QQ 가입자를 기반으로 한 서비스들을 살펴보면 지극히 폐쇄적인 모습을 볼 수 있다. 여기서 폐쇄적이라는 의미는 모든 서비스를 QQ라는 운영자가 직접 제공하는 것을 의미한다. 예를 들어보면 특정 게임이 인기를 끌고 있으면 텐센트는 유사한 게임을 만들어 QQ 내에서 유통한다. QQ의 프리미엄 서비스인 다이아몬드 프로그램에 가입한 고객은 한 달에 적은 금액**만 지불하면 게임 내에서 특별한 대우를 받을 수 있었고 우리가 익히 알고 있는 친구관계 속에서 얻을 수 있는 기능(카카오톡에서 친구에게 하트를 부탁하는 것과 같은)들이 QQ를 통해 제공된다.

경쟁자의 입장에서는 어렵게 개발한 게임이 이제 갓 시장에서 유명세를 얻자마자 그 자리를 텐센트에게 내어주는 경우가 빈번히 발생하는 것

---

* 네이트온과 카카오톡의 사례를 보면 불가능은 아니다.
** 보통의 경우 10위안 즉 원화로 170원 수준이다.

이다. 수억 명의 메신저 고객과 QQ라는 고객의 컴퓨터에 이미 설치되어 있는 실시간 커뮤니케이션인 메신저 프로그램을 바탕으로 텐센트는 누구보다도 우월한 서비스를 제공할 수 있었다. 이는 음악의 경우도 심지어는 뉴스포털의 경우도 마찬가지였다. 즉 미국의 페이스북이나 구글이 보였던 외부 기업들과의 자연스런 협업과 상생이 텐센트에게서는 전혀 보이지 않았다. 모든 서비스는 텐센트 소유에서 이뤄지고 모든 수익은 텐센트로 귀속되었다. 물론 기업적 관점에서는 가장 안전하면서 최고의 수익확보 방식이라 할 수 있다.

여기까지가 텐센트의 폐쇄 스토리이다. 텐센트는 폐쇄를 통해 수익을 창출했고 그 수익을 통해 중국의 다른 인터넷 기업들이 역사 속으로 사라질 때 굳건히 자리를 지킬 수 있었다. 인터넷이라는 세상에서 플랫폼이 아닌 서비스로 살아남은 것이다.

이러한 텐센트는 위챗이라는 모바일 메신저를 만들어내면서 개방이라는 기존과는 다른 전형적인 플랫폼식 접근을 택한다. 위챗에서는 모방이나 싸움보다는 좀더 많은 아군을 확보하는 개방전략이 중심에 있었고 중국에서 가장 개방적인 플랫폼으로 진화하게 된다. QQ를 통해 쌓았던 폐쇄의 경험을 개방이라는 새로운 미래로 바꿔낸 것이다. 현재 텐센트의 선발투수는 QQ라기보다는 위챗이다. 하지만 그 위챗을 만들어낸 것은 분명히 QQ 그 자체와 QQ를 통해 얻은 경험이다.

플랫폼이 아닌 서비스,
카카오톡

한국에 카카오톡이 있다면 중국에는 위챗이 있다. 위챗을 설명하는 데 가장 쉬운 방법이 카카오톡에 빗대어 이야기하는 것이다. 위챗은 카카오톡과 마찬가지로 모바일 환경에서 친구들과 커뮤니케이션을 가능하게 해주는 도구이다. 이를 플랫폼이라 이야기하기 위해서는 약간의 설명과 플랫폼에 대한 명확한 이해가 필요하다. 결론적으로 카카오톡은 아직은 메신저 서비스에 머물러 있다. 물론 카카오톡은 처음보다는 많은 진화를 했지만 아직은 플랫폼이라는 용어를 붙이기보다는 메신저 서비스로 이해하는 것이 편리하다. 하지만 최근 카카오채널을 통해 만들고 있는 변화는 상당히 플랫폼적이라 평가할 수 있다.

2016년 카카오 내부에서 청소 서비스(혹은 파출부 서비스)를 기획하고 있다는 뉴스는 '대리주부'와 같이 시장에서 청소라는 서비스로 플랫폼 사업을 준비하고 있던 스타트업들에게는 사형선고로 들려졌다. 카카오가 청소 서비스에 진출하려 한다는 뉴스는 이들 스타트업들의 투자노력을 무력화시키기에 충분했기 때문이다. 비록 이런저런 이유로 사업이 포기되고 프로젝트에 참여했던 구성원들이 퇴사 후 창업하는 결과*를 낳았지만 카카오가 개방형이 아닌 폐쇄적 서비스에 집중하고 있다는 것을 보여주는 단적인 예이다. 동일한 맥락에서 카카오(정확히는 카카오모빌리티)는 국정감사에서 주차장 사업의 진출에 대해 골목상권 진입이라는 질타를 받기도 했지만 이 사업은 여전히 확대되고 있다.

---

* 현재의 청소연구소이다.

카카오뱅크나 멜론 같이 대형자본과 정부의 승인을 필요로 하는 서비스는 제외하더라도 김기사 인수를 통한 택시호출사업, 대리기사 서비스, 럭시 인수를 통한 카풀 서비스, 주차장 예약 서비스, 그리고 시장에서 잘 보이지는 않고 있지만 메이커스, 쇼핑, 스타일, 미장원 예약, 골프 예약 등의 서비스도 개방보다는 카카오가 직접 운영하는 방식을 보이고 있다. 비록 큐레이션을 통해 선택된 사업자와 협업을 하고는 있지만 이 역시 정확한 의미에서의 개방이 아닌 카카오 서비스 내에서의 모양새이다. 카카오의 4,300만이라는 모바일 네트워크 안에서 다양한 서비스를 통해 수익을 확대하려는 노력은 텐센트가 QQ를 바탕으로 해왔던 노력과 비슷해 보인다.

플랫폼형 메신저,
위챗

카카오톡이 플랫폼이 아니고 위챗이 플랫폼이라면 둘은 어떤 점에서 차이를 갖고 있을까? 메신저라는 기능면에서 보면 둘의 차이는 거의 없다. 그리고 제공하고 있는 서비스 메뉴를 봐도 큰 차이는 보이지 않는다. 하지만 서비스 안으로 들어가 보면 큰 차이가 보이기 시작한다.

위챗의 지갑 메뉴로 들어가면 그림과 같은 메뉴가 나타난다. 기차/항공예매, 모빌리티, 스페셜, 영화티켓, 로컬 비즈니스, 호텔, 공동구매, 여성 스타일, 플래시 세일, 중고품, 부동산이 위챗의 첫 화면에서 발견할 수 있는 서비스들이다. 그런데 이 메뉴들을 하나씩 클릭하고 들어가면 모두 위챗의 서비스가 아닌 굵직한 제휴사들의 서비스로 연결된다.

기차/항공예매, 호텔은 동청이룽(同程艺龙)이 협력하고 있고 모빌리티는 디디추싱(滴滴出行)이 스페셜(쇼핑)은 진동꺼우(京东购物), 영화티켓은 디엔잉 엔추사이스(电影演出赛事), 로컬 비즈니스는 다총디엔핑(大众点评), 공동구매는 핀둬둬(拼多多)와 제휴하여 서비스를 제공하고 있다.

모두가 각자의 영역에서 시장 선도적 위치를 차지하고 있는 사업자들이다. 물론 텐센트가 일부 지분을 갖고 있는 것은 사실이지만 위챗은 핵심적인 영역에서 자신의 서비스가 아니라 실력 있는 파트너들과 협력하고 있는 것이다. 당연한 이야기지만 메뉴에서 하위 서비스로 나갔을 때도 위챗과의 연결을 유지하고 있다. 다음 그림에서 세 페이지의 우상단을 보면 표적과 같은 동그라미가 보이는데 공통적으로 위챗으로 돌아가는 버튼이다. 함께 일하는 파트너에게 고객을 보내주기도 하지만 그들 역시 위챗이라는 환경 안에서 서비스를 제공한다는 의미이다.

물론 폄하하자면 대단한 차이는 아니다. 네이버나 카카오가 대부분의 서비스를 내부적으로 소화하는 것과 비교해서 제휴를 통해서 해결한다는 정도로 해석할 수 있다. 하지만 플랫폼이 갖는 개방성이라는 지향성을 생각하면 그 조그만 차이는 결과적으로 엄청난 결과를 만들어낼 수 있고 이미 만들어지고 있다.

여기서 플랫폼은 위챗의 고객에게 최고의 서비스를 제공한다는 맥락에서의 의미를 갖는다. 위챗상에서 공동구매 서비스를 원하는 고객이 있다면 위챗이 선정해 놓은 핀둬둬(拼多多)를 이용하면 된다. 만약 핀둬둬가 고품질의 서비스를 제공하지 못한다면 위챗은 다른 서비스 제공자로 교체하면 된

여성패션쇼핑, 음식평가주문, 여행예약 서비스의 모바일 메인 화면. 위챗의 메인 페이지에서 클릭으로 접근되며 모두 시장의 리더들이다. 화면의 우측 상단을 보면 동그란 표적 같은 것이 보이는데 언제든 위챗으로 돌아갈 수 있는 아이콘이다.

다. 이 발상이 플랫폼적이라는 뜻이다. 그렇다고 선정이 안 된 서비스를 위챗상에서 사용할 수 없는 것은 아니다. 거의 모든 서비스가 위챗상에 존재한다. 이 첫 페이지는 단지 위챗상의 좋은 자리를 배려해주는 것일 뿐이다.

이러한 맥락에서 한 단계 더 나아가서 플랫폼 안에 있는 제휴 플랫폼보다는 한 단계 아래(?)에 있는 일반적인 서비스와 위챗 간의 협업 모델을 살펴보자. 즉 공간상의 제약으로 위챗의 첫 페이지에는 없지만 수많은 서비스 사이트가 인터넷상에 존재하기 때문이다. 위챗은 두 가지 방식으로 모든 서비스들이 위챗과 협업을 할 수 있도록 지원하고 있다.

위챗에서 스타벅스인 싱바커(星巴克)를 검색하면 공식계정과 미니 프로그램이라는 두 개의 결과만 나타난다. 모두 스타벅스 중국이 공식적으로 운영하는 것이다. 공식계정은 법인이 참여하는 위챗의 계정이고 미니 프로그램은 이 계정을 통해 위챗상에서 운영하는 공식 홈페이지다. 기업이 크건 작건 단 하나의 공식계정이 존재하고 단 하나의 미니 프로그램이 존재한다.

기업계정이 2,000만 개라는 의미는 위챗이 카카오와 같은 단순한 메신저가 아니라는 것을 웅변해준다. 그 안에는 11억이라는 거의 모든 중국인이 존재하고 2,000만 개라는 거의 모든 중국의 기업(상인, 가게, 식당)이 존재한다. 공급자인 기업은 중국의 인민들에게 재화와 서비스를 제공하고 인민들은 위챗을 통해 그를 누린다. 공급자는 미디어의 형태를 취하기도 하고 제조사의 모습을 갖기도 한다. 물론 상품을 판매하는 판매상도 있고 서비스를 제공하는 기업도 식당도 있다. 모두 위챗이라는 새로운 도구를 통해 고객인 인민들을 상대한다.

소비자가 아무 제한 없이 위챗을 사용할 수 있는 반면에 공급자들은 위챗의 통제를 받는다. 물론 그 통제가 아주 엄격한 것은 아니다. 위챗이 진실, 합법, 유효한 플랫폼이 되기 위해 몇 가지 제한을 가하는 것이다. 그런 이유로 도용되거나 함부로 브랜드를 사용하는 경우는 없다. 그 제한의 첫 단추가 '공식계정'이다.

공식계정

위챗이 양면시장을 지향한다는 점을 가장 쉽게 설명하는 요소는 공식계정(公众号)이다. 공식계정은 사업자가 위챗상에서 활동하기 위한 일종의 아이디이며 페이스북의 개념으로는 기업의 페이지에 해당한다. 기업이 공식계정을 만들게 되면 위챗상에서는 하나의 친구처럼 활동할 수 있게 된다. 페

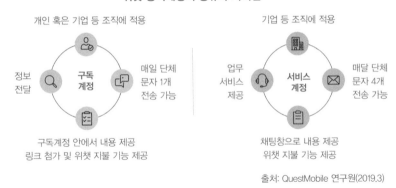

위챗 공식계정의 종류와 차이점

개인 혹은 기업 등 조직에 적용

정보 전달

구독 계정

매일 단체 문자 1개 전송 가능

구독계정 안에서 내용 제공
링크 첨가 및 위챗 지불 기능 제공

기업 등 조직에 적용

업무 서비스 제공

서비스 계정

매달 단체 문자 4개 전송 가능

채팅창으로 내용 제공
위챗 지불 기능 제공

출처: QuestMobile 연구원(2019.3)

이스북에서 기업이 활동하기 위해서는 페이지를 만들 듯이 위챗에서는 공식계정이 필요하다. 그리고 이 공식계정은 플랫폼 내에서 공급자가 소비자를 만나기 위한 경로이자 장치인 것이다. 이 공식계정에서 '공식'이라는 단어가 중요하다. 공식이라는 의미는 법적인 의미를 갖고 동시에 무게감을 갖는다. 그래서 도용이 불가능하고 그 의미를 지키는 노력이 필요하다. 위챗은 언제든지 자신이 정해 놓은 원칙을 어길 경우 공식계정을 정지시키기 때문이다.

공식계정은 크게 두 가지 종류가 있는데 하나는 미디어적 특성을 지닌 구독형 계정이고 다른 하나는 서비스적 성격을 지닌 서비스형 계정이다.[*] 먼저 구독형 계정은 매일 하루에 한 번씩 친구들에게 이야기를 전달할 수 있어서 일종의 신문과 같은 역할을 한다. 페이스북의 엣지랭크처럼 플랫폼이 당신의 취향을 반영하여 뉴스를 배달해 주는 개념이 아니라 약간은 구식(?)으로 내가 친구를 맺으면 그 미디어가 뉴스를 제공하는 전통적인 구독 방

---

[*] 이 외에도 기업이나 조직 내에서 직원들이 소통할 수 있는 인트라넷과 유사한 기업형 계정도 존재한다.

식이다. 일종의 친구 미디어가 하루에 한 번씩 이야기해주는 개념으로 이해하면 된다. 결국은 내가 읽고 싶은 미디어를 선택하는 것이고 그 미디어는 하루에 1회라는 제한 속에서 친구들에게 자신의 이야기를 할 수 있다. 물론 그 미디어의 친구신청(矢注)을 받아들이는 과정은 반드시 필요하다.

구독계정을 통해서 위챗은 통상적인 미디어 역할을 한다. 매일 하나의 단체문자 제공이 가능하기에 XX일보라고 생각하면 된다. 재미가 있던, 이슈가 되던, 공유할 만한 뉴스가 있으면 사용자는 그 뉴스를 나의 대화창이나 단체방 혹은 미니홈피(?)인 펑요우췐(朋友圈, moment)에 공유하면 뉴스는 나의 친구관계망을 통해 전파되는 방식이다. 이런 이유로 페이스북의 미디어 유통방식이 다수의 지지를 통해 단계적으로 이뤄지는데 비해 위챗의 전파속도는 매우 단순하다. 단지 가짜뉴스와 같은 미디어의 부정적 기능을 제어하는 노력 역시 극단적이다. 미디어의 뉴스가 가짜로 판명되거나 진실을 왜곡하거나 하면 그 계정은 순식간에 일방적으로 폐쇄된다.

서비스형 계정 역시 친구관계(矢注)를 맺어야 한다는 점은 동일하지만 기능면에서는 구독형 계정보다 다양하다. 기존의 서비스 홈페이지가 위챗 안에 존재한다고 생각하면 비슷하다. 위챗의 페이지 안에서 기업을 소개할 수도 있고 물건을 팔 수도 있고 서비스를 예약할 수도 있다. 위챗은 다양한 API와 SDK^{Software Development Kit}를 제공함으로써 서비스형 계정을 통해 예상할 수 있는 기본적인 기능을 제공할 수 있도록 하고 있다. 한 달에 4번까지 전체 구독자를 대상으로 마케팅 커뮤니케이션이 가능하다. 최근에는 서비스 계정의 한계를 인지하고 샤오청쉬(小程序)^{mini program}라 불리는 새로운 기능을 제공하고 있다. 바로 앞서 소개한 바 있는 미니 프로그램이다. 공식계정으로 보다 많은 기능을 구현할 수 있게 만들어 놓은

Advanced SDK라 할 수 있으며, 이는 텐센트가 원하는 진보가 무엇인지를 위챗이 조용히 보여준다 하겠다.

샤오청쉬(小程序), Mini Program

텐센트가 QQ를 통해 아주 폐쇄적인 서비스를 제공했다면 위챗에서는 아주 다른 모습을 보이고 있다. 그 다른 모습의 시작이 공식계정이었지만 이제 그 중심축은 샤오청쉬(小程序), 즉 미니 프로그램*으로 넘어가고 있고, 위챗의 마지막 지향점은 새로운 개념인 슈퍼앱Super Application으로 보인다. 슈퍼앱의 개념이 아직은 생소하기에 이해를 위해서는 모바일 플랫폼에 대한 이해가 필요하다.

모바일이라는 스마트폰 환경에서 서비스를 제공하기 위해서는 '카카오톡'과 같은 애플리케이션이 필요하다. 하지만 그 이전에 당연한 이야기일지는 모르지만 스마트폰이라는 기계가 필요하고 이 기계를 움직이는 소프트웨어인 '모바일 운영체계OS'가 필요하다. 현재는 애플의 iOS와 구글의 안드로이드가 이 영역을 지배하고 있고 중국의 샤오미와 같이 안드로이드를 기반으로 자기만의 UI를 운영하는 스마트폰 제조사도 있다. 이 모바일 OS 제공자들은 SDK라는 개발도구를 만들어 개발자 커뮤니티에 배포함으로 자신의 플랫폼 내에 보다 많은 개발자들이 들어올 수 있도록 유도하고 있다. 물론 애플리케이션의 유통을 위해 시장역할을 하는 도구를 만들어서 운영하고 있는데 그것이 바로 애플의 앱스토어App Store와 구글의 플레이스토어Play Store이다.

---

* 영어로 Mini Program이라는 표현이 이해가 쉽기에 여기서도 '샤오청쉬'보다는 미니 프로그램을 사용하기로 하겠다.

모바일 플랫폼에 공급자로 참여하는 개발자들은 애플리케이션을 만들어 시장에 공급한다. 이 과정에서 OS 혹은 모바일 플랫폼들 간의 경쟁이 나타나고 있고 이는 우리가 애플의 아이폰을 선택할 것인가 아니면 삼성의 갤럭시를 선택할 것인가에 있어 가장 중요한 요소가 된다. 즉 스마트폰의 기계적인 기능성과 더불어 OS의 사용성User Experience이 소비자들의 스마트폰이라는 기기를 구매함에 있어서 가장 핫한 선택기준이 되고 있다.

이러한 모바일 플랫폼 경쟁에 위챗이 '샤오청쉬'라는 개념을 제시한다. 미니 프로그램은 단어 그대로 작은 프로그램이다. 그리고 언뜻 보기에 스마트폰의 단말에서 볼 수 있는 애플리케이션과 다르지 않다. 하지만 스마트폰의 화면을 차지하지 않는다. 단지 위챗의 어딘가에 숨어 있다가 필요할 때 나타난다. 우리는 이미 스마트폰의 여러 페이지를 차지하고 있는 수많은 애플리케이션으로 인해 혼란을 경험하고 있다. 위챗의 미니 프로그램은 이 모든 것을 위챗 안으로 숨겨버린 것이다. 새로운 의미의 '포털'이라 칭할 수 있다. 위챗은 2018년 말 현재 230만 개의 미니 프로그램을 갖고 있다. 이 숫자는 애플과 구글의 스토어에 등록된 애플리케이션 숫자와 유사한 수준이다. 차이점이 있다면 위챗이 이 자리까지 올라오는 데 걸린 시간은 단 2년에 불과하다는 점이다.*

미니 프로그램은 기존의 공식계정에서 서비스 계정의 한계를 극복하기 위해 개발된 것으로 보인다. 많은 왕홍들이 미디어 계정을 통해 하루에 한 번 새로운 상품을 알리는 것은 가능하지만 이를 구매로 연결시키는 것이 어려웠다. 판매가 가능한 서비스 계정을 사용하면 일주일에 한 번이라는 커뮤

---

* 애플과 구글이 앱스토어를 운영한 지는 10년이 넘었다.

니케이션 횟수제한이 이를 어렵게 했다. 그래서 매일 상품을 소개하면서 위챗 외부에 별도의 사이트를 만들어 링크하는 방식으로 서비스를 제공해 왔다.* 물론 위챗 외부로 나가는 순간 내 고객과의 커뮤니케이션은 분리 단절된다. 위챗이 고객 정보를 외부로 연결시켜주지 않기 때문이다. 즉 위챗상의 사용자 정보를 가지고 외부 페이지로 가는 것이 불편했다는 뜻이다. 이것이 미니 프로그램이 탄생한 가장 큰 이유이다. 미니 프로그램은 이 모든 과정이 위챗 안에서 이뤄질 수 있게 만들어 준 것이다.

즉 미니 프로그램은 새로운 것은 아니다. 이미 진동과 같은 플레이어들(첫 페이지에 있는 제휴업체들)은 위챗상에서 별도의 어플을 만들어서 연동하고 있었다. 단지 모든 공식계정을 가진 기업들에게도 동일한 기회가 제공되었을 뿐이다. 수많은 중소규모 상인들이 스스로 하기 힘들었거나 할 수 없는 것을 위챗이 도구를 만들어 제공하는 것이다. 전형적으로 매력적인 플랫폼 도구의 출현이다.

먼저 미니 프로그램의 크기는 10메가바이트를 넘을 수 없다. 모든 호스팅과 운영을 위챗이 책임지므로 너무 거대한 어플은 사양한다는 의미이다. 즉 애플리케이션을 갖기 위해 클라우드 서비스를 사용할 필요가 없다. 그리고 몇 가지 제약이 있다. 미니 프로그램에서는 고객을 대상으로 한 푸시가 불가능하다. 기존의 공식계정의 미디어 기능을 사용하라는 뜻이다. 물론 개발은 위챗이 별도로 만들어 놓은 자바 스크립트를 사용해서 해야 하고 업그레이드할 때 위챗의 승인이 필요하다. 오직 위챗에서만 사용되는 프로그램이기에 위챗의 의사결정이 절대적이다.

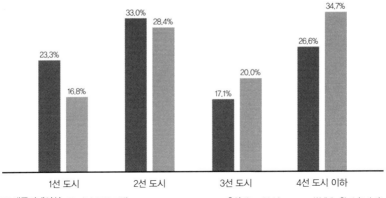

진동닷컴의 각 도시수준별 애플리케이션과 미니 프로그램 사용빈도 비교(2018.3)

■ 애플리케이션 ■ 미니 프로그램   출처: QuestMobile.com.cn, WalktheChat Analysis

그림을 보면 1, 2선 도시는 애플리케이션의 사용빈도가 높지만 3, 4선 도시로 가면 미니 프로그램의 사용 빈도가 올라간다.

약간의 제약이 있지만 미니 프로그램은 위챗에게 적극적 소비가 어려웠던 기존 소비자를 끌어들이는 역할을 한다. 중국의 3, 4선 도시들은 아직도 무선데이터 트래픽에 대한 경제적 허들이 존재한다. 즉 돈이 들어가는 애플리케이션의 다운로드가 편하지 않은 고객들이 많다. 이 고객들은 위챗상에서의 미니 프로그램의 출현을 환영하는 것으로 보인다. 이러한 제약을 허물면서 새로운 시장을 개척한 것이 핀둬둬(拼多多)이다. 핀둬둬는 3, 4선 도시의 소비자들에 특화된 공동구매 서비스를 설계함으로 시장의 주목을 받고 있다.

이는 공급자의 경우도 마찬가지다. 상상해보면 아주 당연한 일이다. 개인의 스마트폰을 열어보면 많게는 수십 개의 애플리케이션이 설치되어 있다. 기본 애플리케이션들이 있고 은행, 예약, 택시, 게임 등 자신의 선택에 따라 애플리케이션을 설치하며 그 설치의 이유는 사용빈도에 있다. 하지만 중국에는 2,000만 개의 공급자가 있고 이 모든 공급자가 애플리케이션을 만들지는 않는다. 모두가 스타벅스일 수는 없기 때문이다. 물론 사용자 입장에서도 한 달에 한 번 방문하는 식당을 위해 어플을 설치하는 것은 번거로운 일이다.

어플을 개발하기 위해서는 개발자원이 필요하고 또 그 어플을 유지하기 위한 시스템이 필요하다. 아무리 손님이 많아도 집 앞의 조그만 식당이 어플을 만들 이유는 없다. 하지만 그 식당도 스마트폰을 통해 예약을 받고 메뉴를 알리고 프로모션을 하고 결제를 하고 싶은 바람은 있다. 위챗의 미니 프로그램은 이 바람을 해결해준 것이다. 물론 그 바람의 실현을 위한 비용은 제로에 가깝다.

미니 프로그램의 가장 이상적인 사용은 수많은 팔로워를 가진 왕홍들이었다. 최근에 왕홍들의 방송과 커머스를 연결하는 샤홍슈(小红书)와 같은 플랫폼들이 출현하고 있지만 동일한 기능이 위챗에서 가능해진 것이다. 왕홍들은 기존의 커뮤니케이션 방식인 채팅이나 모멘트, 공식계정의 미디어 기능을 통해서 상품을 소개하고 구매를 미니 프로그램으로 연결시킴으로써 엄청난 매출 성장을 이루고 있다. 모든 것이 위챗 안에서 이루어지기에 정보의 흐름도 공유도 완벽하게 이루어진다.

Post App Age

2018년까지 위챗이 만들어낸 성과를 살펴보면 위챗이 단순한 메신저가 아닌 이유를 알 수 있다. 위챗의 공식발표인 〈2018 위챗데이터보고서(微信数据报告)〉에 따르면 2018년 말 위챗의 월사용자 수(用户保持活跃)Monthly Active User는 10억 8,000만 명으로 이미 10억 명을 넘어 11억 명에 접근하고 있다. 매일

발송되는 메시지 수는 450억 개로 상상하기 힘든 수준의 성과를 보이고 있다. 하지만 가장 큰 변화이자 진보는 위챗이 미니 프로그램을 통해 애플리케이션 경쟁의 다음 단계로 진화하고 있다는 것이다. 2018년 말 미니 프로그램은 하루 2.3억 명의 DAU를 기록했고 2019년의 목표는 3.5억 명이다. 위챗은 미니 프로그램으로 세상을 바꿀 계획을 갖고 있는 것이다.

2018년 7월 기준 각 영역별로 미니 프로그램과 애플리케이션을 모두 가진 상위 100개의 사업자들의 트래픽을 비교해보면 이미 미니 프로그램이 많은 영역에서 지형을 넓혀가고 있는 것으로 보인다. 특히 이미 언급한 대로 왕훙들의 주요 무대인 이커머스와 비디오 분야에서 미니 프로그램의 비율은 압도적이다. 더 이상 기존의 애플리케이션을 통한 트래픽 확보 노력이 큰 의미가 없다는 판단이 나오고 있는 것이다. 실질적으로 이미 플레이스토어의 존재가 의미 없어지고 있다는 뜻이기도 하다.

미니 프로그램의 설계는 기존의 애플리케이션의 설계와 차별된다. 미니

애플리케이션과 미니 프로그램 간의 서비스 유형별 분포(2018.3)

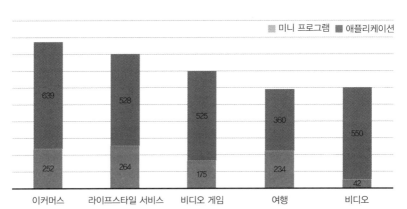

대부분의 영역에서 미니 프로그램이 우위를 보이고 있다.

프로그램은 그 자체로 고객으로부터 무언가를 얻으려는 시도를 하지 않는다. 일종의 결제도구처럼 고객이 원하는 것을 빠르고 편하게 제공하고 사라질 따름이다. 이 원칙을 'Use and Forget'이라 표현하는 이유도 그러하다. 미니 프로그램의 설계는 단순하고 목표 지향적이어야 한다. 그런 이유로 동일한 애플리케이션이 복수의 작은 미니 프로그램으로 재탄생하기도 한다.

아래 그림에서 보이는 맥도널드의 애플리케이션 구조도(?)를 보면 미니 프로그램이 어떤 역할을 하는지 알 수 있다. 먼저 맥도널드의 기존 앱은 예전처럼 존재한다. 여기에 맥도널드의 메인 미니 프로그램이 추가된다. 위챗상에서 맥도널드를 대표하는 미니 프로그램이다. 그리고 여기에 추가적으로 다양한 기능에 맞는 미니 프로그램이 별도로 존재한다. 가볍게 상황에 맞도록 개발되고 사라지는 그런 미니 프로그램의 의도를 가장 적절히 이용하고 있는 것이다. 상품권을 판매하기 위한 미니 프로그램, 생일클럽을 위한 미니 프로그램 등 다양한 작은 프로그램들이 별도로 만들어서 운영되고 있다.

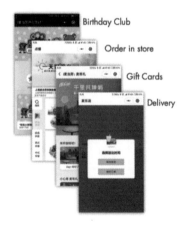

중국 맥도널드의 미니 프로그램들

위챗만으로 모든 것이 가능한 세상

모바일 세상은 2007년 애플이 iOS가 장착된 아이폰을 출시하면서 시작되었다. 구글이 뒤를 이어 안드로이드를 만들었고 이 두 기업이 만들어 놓은 모바일 세상은 새로운 룰을 만들었다. 모바일 세상에 들어오기 위해서는 'Store'라는 관문을 통과해야 한다. 물론 그 관문을 애플과 구글이 지키고 있다. 이 문을 통해 모바일 세상에 들어갈 수 있는 것은 과거 PC 세상에 비해서는 엄청난 개방이다. 하지만 모바일이 일상화된 지금 모두가 이 두 사업자의 승인을 부담스러워하고 있다. 너무 많은 권력이 이들에게 있지 않는가 하는 그런 우려이다.

Post App Age는 그런 맥락에서 애플과 구글이 지키고 있는 이 관문을 어떻게 바이패스할 것인가에 달려 있고 그 관문을 가장 먼저 피해 자기만의 세상을 만들고 있는 것이 위챗이다. 애플은 2018년 앱스토어를 통해 개발자 커뮤니티에 1,000억 달러를 지불했다고 한다. 애플이 30%의 수수료를 취하므로 역산하면 420억 달러의 수익을 얻었다는 것이다. 만약 미니 프로그램이 완벽한 성공을 거둔다면 위챗에게는 새로운 기회가, 애플과 구글에게는 위기가 올 것이다.[*]

이러한 기회가 생기는 것은 위챗 플랫폼의 시소가 애플과 구글의 시소보다 균형 잡혀 있기 때문이다. 많은 개발자들은 이제 애플과 구글이 가져가는 30%라는 수수료, 그리고 인앱결제In Application Payment에 대한 정책에 반발하기 시작했다. 앱스토어가 처음 등장했을 때의 환영과는 조금 다른 양상인 것은 어쩔 수 없는 일이지만 개발자 쪽의 시소의 균형은 조금 아래로 내려

---

[*] 중국에서는 구글의 플레이스토어는 작동하지 않는다. 애플리케이션의 다운로드를 위해서는 모바일 웹을 이용하거나 알리바바나 텐센트가 만들어 놓은 다운로드용 어플인 잉용바오(应用宝)가 사용된다.

앉은 모양새이다. 여기에 위챗이 미니 프로그램을 제시한다. 무료이고 심지어는 운영비용인 클라우드 비용도 들지 않는다. 그리고 위챗이 갖고 있는 사용자 정보도 끊김 없이 나의 서비스로 연결된다. 개발자, 공급자로서는 너무도 환영할 일이다. 위챗이 만들어 놓은 시소의 균형은 이런 맥락에서 공평하다. 물론 위챗이 향후 광고수익을 어떻게 나눌 것인가는 다른 문제이다. 이미 위챗상에서 수수료라는 개념이 사라지고 있다. 영원히 갈 줄 알았던 모바일 플랫폼에서의 수수료 개념이 사라지고 있는 것이다.

싸이월드가 한창 잘나갈 시절 싸이월드폰이 기획된 적이 있었다. 스마트폰이 없었던 세상에서 싸이월드 서비스는 그만큼 중요한 서비스였기 때문이다. 조만간 중국에서는 위챗만으로 모든 것이 가능해질 것이다. 위챗만을 탑재한 아주 단순한 스마트(?)한 폰이 출현하는 것을 우리는 곧 보게 될지도 모른다.

Chapter 6

한국의
플랫폼

한국의 플랫폼,
네이버와 쿠팡의 이야기

《플랫폼의 생각법》초판을 집필한 후 왜 모든 사례들이 미국 플랫폼에 한정되어 있느냐는 질문을 많이 받았다. 물론 그 당시에도 이 책에서 정의하는 플랫폼이라는 개념에 정확히 들어맞는 국내 기업들이 없지 않았지만, 나름 플랫폼의 이론을 정리해가던 중이라 한국 플랫폼에 대한 섣부른 규정을 하고 싶지 않았다. 물론 많은 동료들이 현재 한국의 플랫폼 기업에서 일을 하고 있기에 감히 평가하는 것도 조심스럽기는 했다. 비록 초판이 나온 후 긴 시간이 흐른 것은 아니지만, 이제는 플랫폼의 관점 특히 시장 플랫폼 관점에서 네이버와 카카오, 쿠팡을 해석하고 수많은 플랫폼의 틀을 가진 스타트업들 가운데 몇몇 사례를 소개해 보고자 한다. 어찌되었건 한국 플랫폼 기업에 관심을 갖는 분들이 많을 테니 말이다.

한국 이커머스 시장에서
독점적 플랫폼이 나오기 힘든 이유

미국에는 아마존이 있고 중국에는 알리바바의 타오바오가 있다. 이들은 준독점적인 지위를 차지하며 고속성장을 하고 있다. 물론 규모 있는 이익을 만들어내면서 말이다. 하지만 한국에서는 아직 누구도 '독점적'이라는 수식어를 가져보지 못했고 G마켓을 제외하고는 이익을 만들어내지 못하고 있다. 거래액 기준으로 쿠팡과 이베이(옥션과 G마켓) 코리아가 선두권을 형성하고 있고 그 뒤를 11번가가 뒤쫓고 있다. 한때 쿠팡과 소셜커머스의 3대장으로 일컬어졌던 티켓몬스터와 위메프가 여전히 살아 있고 오프라인의 강자인 롯데와 신세계가 온라인에서도 자리를 잡기 위해 노력하고 있다. 왜 한국에서는 아직도 이런 수준의 경쟁이 지속되고 있는 것일까? 가장 중요한

한국의 이커머스 시장 점유율 (단위 : 조 원)

이유는 독점을 만들어내는 가장 중요한 요소인 교차 네트워크 효과가 한국만이 갖는 특수한 상황에 의해 전면적으로 작동하지 못하기 때문이다.

교차 네트워크 효과가 발현되지 않는 가장 큰 이유는 한국 이커머스에는 네이버라는 독특한 참여자가 존재하기 때문이다. 네이버는 이커머스 플랫폼의 공급자도 아니고 소비자도 아닌데 현실적으로는 가장 큰 이익을 가져가는 참여자이다. 물론 네이버를 감안하여 한국의 이커머스 플랫폼을 양면시장이 아닌 입체시장으로 보는 것도 가능하다. 하지만 섣부른 일반화보다는 한국만의 독특한 구조로 설명하는 것이 더 쉬워 보인다.

구매자 네트워크가 형성되기 힘들다

먼저 네이버는 아주 많은 거래의 시작점에 서 있다. 정확히 얼마나 많은 거래가 네이버에서 시작되는지는 알 수 없지만 어떤 검색이던 네이버에서 시작하는 한국인의 습성으로 보면 그 비중이 적지 않은 것은 사실일 것이다.* 그런 이유로 한국의 이커머스 사업자들은 모두 각각 2,000만 명이 넘어가는 회원을 보유하고 있지만 이들을 자신의 고객이라 칭하기 힘들다. 정확히는 자신만의 회원들을 소유하지 못하고 있다고 하는 것이 적절하다. 한국의 소비자들은 특정 커머스 사업자에게 충성하지 않고 가장 낮은 가격에 충성하기 때문이다. 물론 그 낮은 가격을 알려주는 사업자는 네이버이다. 네이버 이외에 다양한 가격비교 사이트가 존재했고 또 여전히 존재하지만 가격비교가 검색이라는 범주에 포함되면서 네이버의 영향력은 절대적이 되었다. 이런 이유로 어떤 플랫폼 사업자도 구매자라는 플랫폼의 한 축에서

---

* 비공식이지만 네이버 검색의 30%가 상품검색이라는 보도도 있었다.

충분히 의미 있는 네트워크를 만들어내지 못하고 있다.

물론 쿠팡의 '로켓와우'나 G마켓의 '스마일클럽'과 같이 자신만의 멤버십을 통해 자신의 고객을 확보하려 노력하는 사업자도 있다.[10] 쿠팡의 경우, 비공식이지만 500만 명이라는 로켓와우 회원규모를 통해 공급자들을 불러들이는 교차 네트워크 효과가 나타나고 있다는 평가를 받기 시작했다. 즉 충분한 구매자를 보유하고 있기에 이 파워가 공급자 확보에 긍정적인 영향을 미치고 있다는 평가다. 이 맥락에서 보면 현재 시점에서 쿠팡은 이론적으로 네이버의 시장 지배력에서 벗어날 가능성을 보이고 있는 유일한 플랫폼 사업자로 보인다. 이 쿠팡에 대해서는 별도로 살펴보도록 하자.

판매자 네트워크도 형성되기 힘들다

하지만 여기서 또 하나 집중해야 할 요소가 있다. 바로 쿠팡의 구매자 네트워크가 아마존처럼 전 국민으로 확대된다 하더라도 판매자가 쿠팡으로만 집중될 가능성이 적다는 점이다. 여기서 교차 네트워크 효과를 다시 한번 짚고 가면 플랫폼의 양면시장의 두 참여자가 서로에게 영향을 미치는 바를 의미하므로 쿠팡의 충성고객이 많아지면 따라서 판매자들도 쿠팡으로 모여드는 현상을 말한다. 아마존의 경우 이제는 거의 모든 판매자들이 아마존에 의존하는 비율이 늘어나면서 실질적인 독점이 형성되고 있는 것이다. 즉 판매자들이 군이 다른 플랫폼을 운영할 이유가 매출 면에서나 비용 면에

---

*   쿠팡은 아마존의 유료회원제 '아마존 프라임'을 본떠 '로켓와우'를 선보였다. 월 2,900원을 내면 새벽배송을 공짜로 해주고, 반품도 무료로 받아줬다. 로켓와우는 서비스 출시 두 달 만에 회원 100만 명 이상을 모았을 정도로 호응이 좋았다. 현재는 500만 명 이상이 이 서비스를 이용하고 있는 것으로 추정되며, 이 경우 유료 회원들이 내는 돈만 월 150억 원이 넘는다. 연 1,800억 원의 현금이 상품 구매와 관계없이 유입되고 있는 것이다.

서나 크지 않다는 뜻이다.

한국에서 판매자의 집중이 발생하지 않는 이유 역시 네이버에서 찾을 수 있다. 판매자들은 언제나 플랫폼이 제공하는 할인을 바탕으로 가격경쟁력을 유지한다. 판매자들이 동일한 상품을 올리면 그 이후의 할인은 플랫폼 간의 경쟁으로 만들어진다. 이번 주에 11번가가 특정 상품군에 집중하여 쿠폰을 집행하면 네이버 가격비교에서의 승자는 11번가가 되고 판매자는 11번가를 통해 상품을 판다. 즉 판매자는 쿠팡에 아무리 충성고객이 많아도 굳이 11번가를 외면할 이유가 없다. 여기에 판매자 관리툴이라는 한국에만 존재하는 스마트(?) 도구는 쿠팡 이외의 플랫폼에 상품을 등록하고 관리하는 노력을 거의 제로로 수렴시킨다. SK텔레콤에서 11번가를 론칭하면서 가장 신경 썼던 요소 중의 하나가 바로 이 판매자 관리툴에 11번가를 최적화시키는 일이었다. 한 번의 클릭으로 다수의 플랫폼에 상품을 등록하고 관리할 수 있는 도구의 존재는 판매자에게는 편리함을 주지만 플랫폼에게는 판매자를 장악할 수 없게 만드는 독과 같은 존재이다.

결론적으로 한국 이커머스 시장은 네이버라는 독특한 존재와 가격에 충성하는 고객, 그리고 판매관리툴이라는 독특한 도구의 존재로 인해 교차 네트워크 효과가 발현되기 어려운 구조를 갖고 있다. 이 구조로 인해 독점적인 플랫폼 사업자의 등장이 어렵고 경쟁은 지속될 것이다. 2019년의 실적을 드라마틱하게 개선시킨 쿠팡과 매각 결정을 한 이베이코리아 그리고 이제는 성장보다 내실을 추구하고 있는 11번가, 티켓몬스터, 위메프 간의 경쟁은 단기간에 결론이 나지는 않을 것으로 보인다. 하지만 누군가 이 경쟁에서 결론을 만들어낸다면 아마도 쿠팡이 될 가능성이 커 보인다. 물론 네이버를 이커머스 플랫폼으로 보지 않는다면 말이다. 이 맥락에서 두 사업자를 살펴보자.

한국의 아마존, 쿠팡

금융감독원 전자공시에 따르면 쿠팡은 2019년 7조 1,530억 원의 매출을 거두어 전년 대비 64.2% 증가했다. 2019년 국내 이커머스 기업 중 단연 최고의 성장률이다. 쿠팡의 2019년 거래액은 10조 원을 넘어선 것으로 추정된다. 9조 원 안팎인 G마켓, 11번가를 뛰어넘어 국내 최대 온라인 쇼핑몰이 됐다. 매출, 거래액 등 외형보다 더 주목되는 것은 적자 규모다. 전년 1조 1,279억 원에 달했던 영업손실은 7,205억 원으로 줄었다. 1년 만에 적자를 4,000억 원 이상 덜어냈다. 증권업계에서 당초 예상한 적자 규모(1조 3,000억~1조 5,000억 원)의 절반 수준이다. 쿠팡의 영업손실률은 기존 25.9%에서 10.1%로 대폭 개선됐다. 7,000억 원 이상 손실을 내고도 '잘했다'고 평가받는 이유다.[11]

또 하나 쿠팡이 드디어 네트워크 효과를 누릴 만한 규모를 만들어냈는가에 대한 질문에 긍정적 답변이 이뤄지고 있다. 2014년에 27개였던 배송센터가 현재는 168개까지 늘어났고 소위 로켓배송 생활권에 있는 소비자의 규모도 3,400만 명까지 늘었다. 감사보고서상에서 매출원가율이 83%까지 낮아진 점을 주목하면 구매자와 판매자 양 시장에서 교차 네트워크 효과가 발생하고 있다는 신호가 포착되기 시작했다.

쿠팡을 한국의 아마존으로 부르는 이유는 플랫폼 운영방식이 거의 유사하기 때문이다. 쿠팡은 아마존이 미국에서 이베이와 경쟁하면서 선택했던 사업전략을 수정 없이 따라가고 있다. 따라서 쿠팡의 사업전략은 FBA라는 물류를 내재화하는 판매자 도구와 아마존 프라임이라는 충성고객을 만드는 멤버십 프로그램에 집중되어 있다. 쿠팡의 물류센터는 이미 전국망을 형성하고 있고 전체 상품 중 상당부분을 자체 물류 시스템을 통해 배송하고 있다. 물론 위에 언급한 로켓와우클럽의 멤버도 500만 명을 넘어서고 있으니 플랫폼 간의 경쟁에서 우위를 점하고 있는 것은 사실이다.

쿠팡의 접근은 아마존에서 누누이 설명했던 플랫폼 간의 경쟁에서 시장을 제한하고, 고품질의 프로세스를 만들고, 구독이라는 새로운 도구를 적용하는 시장 플랫폼의 성공 방정식이다. 그리고 현재까지는 그 공식이 맞아떨어지고 있는 것으로 보인다. 기존 이커머스 플랫폼들 간의 경쟁에서 쿠팡은 명확하게 승기를 잡았고 이제 앞으로 1~2년 후에는 경쟁자들을 압도하는 거래량을 기록할 것이 분명해 보인다. 특히 코로나 사태로 인해 신선식품의 비중이 늘어난 쿠팡의 도약은 2020년을 기점으로 폭발할 것이다. 하지만 2020년에도 다시 한 번 적자폭을 줄여낼 것인가에 대해서는 의구심이 든다. 기존의 상품들과 달리 신선식품이 쿠팡에게는 신규사업이기 때문이다. 그만큼 실수도 많을 것이고 새로운 프로세스를 만드는 데 비용도 많이 들 것이다.

네이버의 커머스 플랫폼

네이버의 사업영역 중 가장 양면시장이라는 개념하에서 플랫폼으로 설계되어 있는 영역은 커머스라 할 수 있다. 최근 경영컨설팅 회사인 보스턴컨설팅그룹BCG, Boston Consulting Group은 한국 커머스의 최종 승자는 네이버가 될 것이라고 공식석상에서 발표까지 했다. 그만큼 네이버가 택하고 있는 플랫폼 형태가 강력하다는 의미일 것이다. 다만 BCG는 발표 중에 쿠팡의 모습을 아마존으로, 네이버의 모습을 알리바바로 비교하여 설명했다. 아마존의 자체 완결형 혹은 제한적 개방형 플랫폼보다는 알리바바의 완전한 개방형 플랫폼 구조가 우월하다는 의미에서 네이버의 승리를 예상한 것이다. 하지만 이 책을 여기까지 읽었고 아마존과 알리바바의 차이를 정확히 이해하고 있는 독자라면, BCG의 주장의 근거가 그다지 강력하지 않다는 것을 알 수 있을 것이다. 두 모델이 각기 다른 장점을 갖고 있기도 하지만, 더 나아가 알리바바의 모델은 오히려 아직 덜 성숙한 시장의 구매자들을 대상으로 하고 있기 때문이다.

하지만 모두가 쿠팡, G마켓, 11번가에 주목하고 있는 사이에 네이버는 4년 만에 거래량 기준으로 전자상거래의 정상에 올라섰다. 네이버의 이커머스 플랫폼은 기존의 오픈마켓 플랫폼과는 많이 다르다. 아니 오히려 네이버를 시장 플랫폼의 하나로 보기보다는 이 책에서 새로이 정의한 인프라 플랫폼으로 정의하는 것이 타당하다. 그만큼 네이버는 시장에서 경쟁하는 것이 아니라 시장운영을 위한 인프라를 제공하고 있는 것으로 보인다.

이미 언급했듯이 네이버는 검색을 통해 구매라는 행위의 시작을 장악하고 있다. 네이버에서 여름의 핫 아이템인 '미니선풍기'를 검색해보면 '385,773'개의 상품이 나온다. 상품의 숫자만을 보면 오픈마켓의 상품숫자와 비교할 때 손색이 없다.

상단의 탭 내용을 보면 네이버의 이커머스가 조금 이해된다. 먼저 가격비교가 보이고 네이버페이로 지불가능한 상품이 별도로 보인다. 백화점과 홈쇼핑 상품, 핫딜, 그리고 쇼핑윈도우라는 네이버의 별도 쇼핑몰, 그리고 해외직구 등을 무시하고 일단 가격비교와 네이버페이에 집중해서 보자. 가격비교는 네이버가 모든 쇼핑몰을 장악하고 있는 플랫폼들을 위한 서비스이다. 이 가격비교를 통해 수많은 검색결과가 쇼핑몰로 전달된다. 이를 네이버 쇼핑이라는 단어로 표현하고 수수료는 일괄적으로 2%가 적용된다. 즉 385,773개의 상품 중에 선택된 판매자는 판매액의 2%를 네이버에게 수수료로 지불한다는 뜻이다.

전체 385,773	가격비교 565	네이버페이 139,344	백화점/홈쇼핑 4,374	핫딜 712	쇼핑윈도 159	해외직구 108,078

✓네이버 랭킹순 ·낮은 가격순 ·높은 가격순 ·등록일순 ·리뷰 많은순   쇼핑몰선택 ▾ 상품타입(전체) ▾   40개씩 보기 ▾

네이버 쇼핑의 상단 카테고리 화면

커머스의 시작점, 가격비교

가격비교를 이해하기 위해 조금 상세히 프로세스를 살펴보자. 미니선풍기를 검색한 후 대표상품인 프롬비 미니선풍기를 클릭하고 들어가면 가격비교가 나타난다. 공식판매처가 'fromb'로 나타나고 그 아래로 최저가 스토어들이 보인다. 이 경우는 11번가가 공식판매처보다 2,000원 저렴하다.

좀 더 자세히 보면 프롬비는 fromb(스마트스토어), 프롬비(쇼핑윈도), 그리고 프롬비샵이라는 별도의 자체사이트를 운영한다. 물론 11번가, 위메프, SSG, 그리고 신세계몰에도 입점되어 있다. 가격비교 결과 11번가가 19,800원으로 가장 저렴하다.

이 모든 동일한 상품들이 네이버 검색을 통해 가격경쟁을 하는 것이고 그 승자는 11번가인 것이다. 동일한 상품을 굳이 1~2,000원 더 지불하면서 프롬비 공식몰에서 살 이유는 전혀 없기 때문이다. 물론 여기서 1,000원을 할인한 주체는 프롬비라는 판매상이 아닌 11번가라는 플랫폼이다. 그리고

20S/S 프롬비 사일런트스톰 FA135
제조사 프롬비 브랜드 프롬비 등록일 2019.05. 찜하기 801 정보 수정요청
형태 : 핸디형, 접이식, 탁상겸용 전원방식 : USB충전식 바람세기 : 3단 배터리 : 리튬이온, 18650충전지, LG2600mAh 용도 : 휴대용 제품크기 : 104×214×49.5mm
바람모드 : 자연풍 색상 : 스노우화이트,에어리블루,미드나잇블루,인디핑크 날개특징 : 3엽날개
최저 19,800원
최저가 사러가기
공식판매처
fromb 공식 21,800원 무료배송 사러가기
인기순 최저가순 배송비포함 카드할인
판매처 판매가 배송비 사러가기
11번가 최저 19,800 무료배송 사러가기
프롬비 20,800 무료배송 사러가기
프롬비샵 20,800 2,500원 사러가기
fromb 공식 21,800 무료배송 사러가기
위메프 22,120 무료배송 사러가기
SSG.COM 22,800 무료배송 사러가기
신세계몰 22,800 무료배송 사러가기
판매처 9 제품정보 쇼핑몰리뷰 16,630 쇼핑컨텐츠 추천상품

네이버는 이러한 가격비교를 제공하면서 거래액의 2%를 수수료로 가져간다. 11번가는 거래액을 늘리기 위해 자신의 판매 수수료를 할인하고 있는 것이다.

좀 더 자세히 계산해보면 오픈마켓의 수수료율이 일반적으로 10%이니 공식가격인 20,800원의 10%인 2,080원이 11번가의 수입이고 11번가는 여기서 1,000원을 할인한 후 2%인 416원을 네이버에게 검색수수료로 제공한다. 그리고 일반적인 카드결제 수수료 3%, 624원을 카드사에게 제공하면 40원이 남게 된다. 즉 이 거래를 통한 11번가의 판매수익은 40원인 것이다. 온라인 플랫폼 운영을 위한 공통비를 감안하면 이 거래를 통한 수익은 없다고 보는 것이 맞다.

수많은 상품들이 이런 방식의 가격경쟁으로 오픈마켓 플랫폼들에게 거래액과 손실이라는 결과를 만들어내는 동안 네이버는 2%라는 수익을 언제나 만들어내고 있다. 검색이라는 인프라를 제공함으로써 판매자들 간의 경쟁이 만들어지고 소비자들은 그 과실을 누리고 있는 것이다. 소비자 입장에서는 네이버의 상품검색이라는 존재가 가격을 떨어뜨리는 결과를 만들기에 반드시 존재해야 하는 절대선이 된다.

그리고 네이버 쇼핑의 대상은 거의 모든 이커머스 플랫폼 사업자와 그 플랫폼에서 상품을 판매하고 있는 판매상이며, 또 오픈마켓에 입점을 하지 않고 독립적인 운영을 하는 사업자들이다. 소규모의 1인 사업자들도 있고 오픈마켓에 브랜드를 올리기 싫은 브랜드들도 있다. 네이버는 스마트스토어를 통해 이들을 자신의 우산 아래로 끌어들이고 있다.

또 다른 마켓플레이스, 스마트스토어

네이버는 한동안 가격검색에 집중하면서 커머스에는 아무런 관심이 없어 보였다. 하지만 스마트스토어와 네이버페이를 론칭하면서 커머스에 대한 야심을 드러냈다. 물론 조용한 야심이 아니라 네이버가 앞으로 커머스 플랫폼으로 성장하겠다는 공식적인 선언도 있었다.

스마트스토어의 시작은 오픈마켓에 입점하기에 충분히 작은 영세상인을 대상으로 했다. 대부분의 1인 제작자나 판매상의 경우 오픈마켓의 10%에 달하는 수수료가 부담되었기에 스마트스토어는 카드수수료와 네이버 쇼핑 수수료(2%)만을 받는 저렴한 플랫폼으로 자리 잡았다. 대부분의 판매는 네이버 검색을 통해 이뤄졌고 이를 위해 별도의 상품등록이 필요 없으니 판매상 입장에서는 오픈마켓 대비 낮은 수수료와 높은 편리성을 제공하는 스토어였다. 하지만 오픈마켓에 입점 판매하는 판매상들의 입장에서 스마트스토어에 입점하는 것은 여러 면에서 장점을 갖고 있다. 첫째는 이미 언급한 낮은 수수료이고 또 하나는 손쉽게 나의 스토어를 가질 수 있다는 점이다. 그리고 마지막은 아무런 노력 없이 네이버 상품검색에 등록이 된다는 점이다. 이런 장점은 거의 모든 판매상들을 네이버 스마트스토어로 끌어 들였고 이제는 30만 명 이상의 판매상이 등록된 대규모 스토어로 성장했다. 여기에 네이버는 2020년 말까지 200개 이상의 브랜드를 유치하고 CJ대한통운을 통한 풀필먼트를 연계함으로써 상품의 구색과 배송을 오픈마켓 수준으로 끌어 올리는 시도를 진행하고 있다. 스마트스토어를 통해 네이버는 오픈마켓과 비교하여 손색 없는 플랫폼으로 성장한 것이다.

이런 맥락에서 스마트스토어는 시장 플랫폼이라 생각할 수도 있다. 검색, 스토어, 결제 등의 도구가 제공되는 상거래 플랫폼으로 말이다. 하지만 시장 플랫폼이 갖는 가장 중요한 요소인 시장을 검색이 대체하고 있고 결제라는 요소를 핵심도구로 사용하고 있는 모습은 시장 플랫폼의 개방성과는 매우 다르다. 차라리 상거래를 하고자 하는 공급자를 대상으로 모든 환경을 제공하는 모습으로 보인다. 이 점에서 우리는 스마트스토어를 시장 플랫폼이 아닌 인프라 플랫폼으로 생각할 수 있다. 이 구분이 중요한 것은 아니지만 우리가 애플과 구글의 모바일 플랫폼을 인프라 플랫폼으로 정의한 곳으로 돌아가 네이버가 이커머스를 위해 검색과 스토어 그리고 결제라는 영역까지 도구들을 제공하는 것을 바라보면 인프라적 접근으로 해석하는 것이 더 적합해 보인다.

고객의 검색습관을 바탕으로 판매자들에게 커머스 인프라를 제공하는 플랫폼 사업자로 정의하는 것이 타당한 이유는 네이버페이라는 네이버의 마지막 커머스 도구를 살펴보면 한층 더 쉽게 이해할 수 있다.

거래의 마지막, 네이버페이

네이버페이가 무엇인지 물었을 때 제대로 대답할 수 있는 사람은 흔하지 않다. 물론 제대로 답한 내용이 정답일 가능성도 그다지 크지 않다. 간편결제, 인증, PG 등 이커머스의 결제단계에 쓰이는 전문용어들은 페이가 무엇인지를 더욱 어렵게 만든다. 하지만 네이버페이에 대해 정확히 알아야 네이버의 속내와 커머스 전략을 이해할 수 있기에 공부가 필요하기는 하다. 하지만 여기서는 네이버의 의도를 중심으로 네이버페이를 설명해 보겠다. 앞서 사용했던 가격검색 결과를 다시 살펴보자.

최저가순 판매처 중에 3군데에 'N페이'라는 꼬리표가 붙어 있다. 'fromb'라는 공식 스마트스토어가 있고 네이버 쇼핑윈도라는 O2O 쇼핑몰이 '프롬비' 그리고 별도의 자체 사이트가 '프롬비샵'이다. Fromb와 프롬비는 네이버 안에 존재하는 페이지이므로 자체 페이를 붙이는 것은 당연할 것이다. N페이를 사용하는

공식판매처

fromb 꿀찜 N Pay+	19,800원

인기순 | **최저가순**	배송비포함
판매처	**판매가**
fromb 꿀찜 N Pay+	최저 19,800
프롬비샵 N Pay+	19,800
위메프	22,260
프롬비 N Pay+	22,800
SSG.COM	22,800
신세계몰	22,800
11번가	22,800

조건으로 스마트스토어는 수수료가 낮기 때문이다. 여기서 주목해야 할 것은 외부사이트인 '프롬비샵'에 결제가 N페이 하나만 붙어 있다는 점이다. 프롬비샵에서 N페이는 단순한 결제수단으로 보이지만 좀 더 들어가 보면 그렇지 않다. 우리가 일반적으로 생각하는 지불 수단으로의 페이 서비스는 식당에서 신용카드로 식대를 지불하는 것에 불과하다. 즉 내가 그 식당에 무엇을 먹었는지 자세한 정보가 제공되지는 않는다. 그런데 이 '프롬비샵'에서 N페이를 사용하는 순간 나타나는 주문장은 스마트스토어의 주문장과 다른 점이 하나도 없다.

프롬비샵에서 N페이를 눌렀을 때 나타나는 주문서의 모습

일단 내가 누군지 자세히 알고 있다. 네이버에서 로그인을 했기에 그렇기도 하지만 N페이를 사용하면서 내가 이 달에 적립한 포인트 내역, 주소, 전화번호, 주소, 그리고 정확히 내가 구매하고자 하는 상품의 정보를 갖고 있다.[*] 간단히 말해 '주문서'를 N페이가 소유하고 있다. 주문서를 소유하고 있다는 것은 이커머스 사업자만이 소유했던 상품정보를 결제사업자가 소

---

[*] 동일한 단계에서 N페이가 아닌 구매버튼을 누르면 회원가입 단계부터 진행된다.

유하는 것을 의미한다. 긴 이야기가 되겠지만 신용카드 사업자가 그토록 원했던 정보가 바로 정확한 구매정보였고 이들은 아직도 이 정보가 아닌 거래처와 거래금액(이 경우는 프롬비샵과 20,800원) 이외의 정보는 알지 못한다. 반면에 네이버는 N페이를 통해 이 모든 정보를 알고 있는 것이다. 물론 프롬비샵이 이런 정보, 즉 주문서 제공을 거부한다면 N페이가 작동하지 못할 것이고 구매자는 N페이의 편리함과 혜택(포인트)을 누리지 못할 것이다.

N페이가 단순한 결제 서비스가 아닌 쇼핑의 인프라로 인식되어야 하는 이유는 쇼핑의 주문서를 N페이가 소유하고 있기 때문이다. 네이버는 프롬비샵의 최종 결제를 위해 사용되는 결제의 한 종류가 아니라 상거래의 일부를 담당하고 있다. 프로비샵에서 네이버는 이미 고객이 누구인지 알고 그 고객이 무엇을 주문했는지 인지한 채 결제를 시작하는 것이다. 이 맥락에서 N페이는 단순한 결제수단으로의 간편결제가 아닌 주문서를 소유한 커머스 인프라인 것이다.

커머스 인프라 플랫폼, 네이버

네이버는 검색이라는 수단을 통해 이커머스의 앞부분을 장악하고 있다. 여기서 한걸음 더 나아가 오픈마켓과는 다른 형식으로 모든 판매자들을 자신의 커머스 인프라인 스마트스토어로 끌어들이고 있다. 그리고 마지막으로 N페이라는 결제수단, 아니 또 다른 커머스 인프라를 제공하면서 외부 판매자들의 주문서 단을 장악하기 시작했다. 이런 의미에서 네이버의 커머스 플랫폼은 인프라 플랫폼으로 정의하는 것이 보다 편리하다. 단순한 상거래 플랫폼으로 묶어 두기에는 타 오픈마켓 대비 갖고 있는 데이터의 양이 너무 많고 그 품질도 뛰어나기 때문이다. 데이터의 관점에서 검색 단에 축적되어 있는 수많은 상품 데이터베이스와 주문서 단의 정보를 합하면 그 누구보다도 구매자를 잘 이해하는 커머스 사업자가 될 것이기 때문이다.

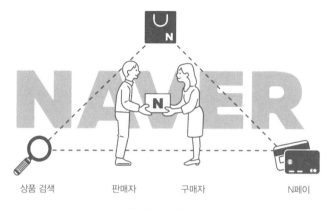

상품 검색　　　　판매자　　　　구매자　　　　　　　N페이

네이버 커머스 플랫폼

플랫폼 카카오?

카카오는 위챗의 사례에서 보듯이 가장 플랫폼으로 성공하기에 좋은 구조를 갖고 있다. 하지만 현재의 상황을 보면 플랫폼이라는 관점에서의 미래는 그다지 밝아 보이지 않는다. 위챗이 기술 플랫폼 기업이라면 카카오는 비즈니스 기업으로 보이기 때문이다. 왜 이런 평가가 가능한지를 알기 위해서는 카카오와 텐센트의 기업구조를 보면 된다. 먼저 카카오를 살펴보자.

　카카오는 카카오라는 사업지주사 아래에 60개의 계열사를 갖고 있다. 카카오는 성장을 위해 수많은 인수합병을 진행했기에 60개라는 숫자는 중요하지 않다. 문제는 카카오라는 플랫폼의 핵심이라 할 수 있는 기능들이 자

회사의 형태로 분리되어 있다는 점이다. 카카오페이, 카카오페이지, 카카오
커머스라는 일반적으로 플랫폼의 핵심기능들이 모두 자회사로 분리되어
운영된다. 기술기업으로 가장 핵심인 플랫폼 기술은 카카오엔터프라이즈
로 분리되어 있다. 플랫폼의 핵심 콘텐츠가 될 수 있는 음악, 게임, 모빌리
티도 역시 별도의 법인이다. 카카오라는 한국인 전체가 사용하는 채팅 애플
리케이션이 플랫폼이 되기 위해 필요한 모든 요소가 모두 다른 경영진에 의
해 관리되고 있는 것이다.

모두 다 그렇지는 않지만 기업은 분리되면 스스로의 이익을 위해 움직이
지 전체를 위해 기여하려는 노력을 멈춘다. 반면에 텐센트는 이런 의미에서
플랫폼의 핵심기능들을 모두 한 기업의 우산 아래 두고 있다. 예를 들어 텐센
트가 위챗의 모멘트(朋友圈)를 카카오페이지처럼 분리하고 텐페이를 별도로
분리해서 구글의 투자를 받았다고 생각해보면 그 결과를 이해할 수 있다.[*]

이미 책의 첫 부분에서 여러 차례 강조한 내용이지만 여기서도 플랫폼
의 핵심이라는 개념이 중요하다. 과연 무엇이 플랫폼의 핵심이기에 카카오
의 분리된 의사결정 구조가 플랫폼으로의 성장을 방해한다는 의미인지 명
확해야 한다. 첫째, 플랫폼으로 구조화되려면 공급자와 소비자를 연결하는
도구들이 필요하다. 즉 양면시장 간의 거래가 이뤄지기 위한 재료나 도구가
필요한데 위챗의 경우에는 지불수단인 위챗페이와 알림수단인 모멘트(朋
友圈) 그리고 더 나아가 모든 거래를 가능하게 하는 미니 프로그램(小程序)이
바로 그 도구들이다. 두 번째는 외부와 협력하고자 하는 개방성이다. 플랫
폼 운영자가 경기에 참가하기 시작하면 플랫폼의 가치는 약해진다. 카카오

---

[*] 카카오페이는 2017년 분사하면서 알리바바로부터 2억 달러의 투자유치를 받았다. 지분율이 정확히 밝혀지
지는 않았지만 모든 의사결정이 공동으로 이뤄지고 있다고 한다.

의 게임이나, 모빌리티와 같은 자체 서비스들은 플랫폼에 타 사업자들이 협력하는 것을 어렵게 만든다. 위챗이 투자를 할 뿐 직접 서비스 제공을 자제하는 것과 완전히 다른 모습이다. 위챗을 갖고 있는 텐센트는 중국에서 가장 많은 계열사를 가진 기업으로 2019년 말 기준 132개의 계열사(국내 115개, 해외 17개)를 갖고 있다. 하지만 플랫폼을 위한 기능들은 모두 본체인 텐센트 안에 아니 위챗 안에 존재한다. 위챗이 플랫폼으로서의 역할을 수행하기 위한 모든 도구들은 별도의 수익창출에 동원되지 않는다.

무언가 이유가 있겠지만 인공지능이라는 기술은 카카오가 아닌 카카오브레인에 의해서 개발되고 심지어 카카오의 모든 커머스 사업을 영위하는 느낌이 드는 카카오커머스라는 자회사도 있다. 카카오의 현재 기업구조를 보면 플랫폼이 되기보다는 제2의 삼성그룹이 되기를 원하는 것으로 보인다.

필자만의 생각일지 모르겠지만 카카오는 기술 플랫폼이 되어야 하고 카카오톡이라는 메신저를 기반으로 삶의 모든 일들을 해결하는 그런 지향점

kakaoM
(주)카카오M
카카오M은 최고의 셀러브, 콘텐츠, 미디어의 결합을 통해 새로운 K-Culture 시대를 선도하는 기업입니다.

kakaomobility
카카오모빌리티
카카오모빌리티는 택시, 대리운전, 주차, 내비게이션 등 이동 전 분야를 포괄하는 서비스를 제공하는 회사로 2017년 8월 설립되었습니다.

kakaogames
(주)카카오게임즈
카카오게임즈는 모바일, PC, VR 등 다양한 플랫폼의 게임 콘텐츠를 개발 및 서비스 하고 있습니다.

kakaoinvestment
카카오인베스트먼트
카카오인베스트먼트는 투자전문기업으로 TNK팩토리, 퀄의, 밸류보션, 뱅크림디자인연구소, 카닥, 하시스, 블루핀을 자회사로 두고 있습니다.

kakaocommerce
(주)카카오커머스
카카오커머스는 카카오톡의 선물하기, 쇼핑하기, 스타일, 장보기 그리고 Daum 쇼핑하우 등 사람과 사람을 이어주는 관계형 커머스를 통해 고객의 삶의 가치를 높이는 IT서비스 기업입니다.

kakaomakers
(주)카카오메이커스
카카오메이커스는 수요공급제를 기반으로 한 주문생산플랫폼입니다. 국내제조업과 소상공인들에게 재고의 부담없이 안정적인 판로를 만들어 드리고 있습니다.

kakao IX
카카오아이엑스
카카오콘텐츠 IP를 활용한 라이센싱 및 브랜드 스토어 사업을 위하여 2015년 5월 설립되었습니다.

kakaopay corp.
(주) 카카오페이
카카오페이는 생활에 꼭 필요한 금융만 카카오톡에 담아 혁신적이고 편리한 서비스를 제공하고 있습니다. 결제, 송금, 청구서, 멤버십 및 다양한 서비스를 만들어가는데 앞장서고 있습니다.

kakaopage
(주)카카오페이지
카카오페이지는 국내 최대 콘텐츠 플랫폼인 '카카오페이지'와 세계 최초 웹툰 플랫폼인 '다음웹툰'을 서비스하는 회사입니다.

kakaobrain
(주)카카오브레인
카카오브레인은 AI(인공지능) 전문 연구. 개발 회사로 2017년 2월 설립되었습니다.

kakaoenterprise
(주)카카오엔터프라이즈
2019년 12월 설립된 카카오엔터프라이즈는 카카오의 AI 기술과 카카오 운영 노하우를 혁신적인 비즈니스 서비스로 한층 더 진화시켜, 기업이 필요로 하는 AI 기술과 플랫폼을 제공하고 있습니다. 더 나아가 국내 대표 IT 플랫폼 사업자로서 기술 개발을 선도하고 AI 산업 생태계에 조성을 위해 지속적으로 노력하고 있습니다.

kakaoventures
카카오벤처스
스타트업 전문 투자회사인 카카오의 벤처캐피탈 자회사인 카카오벤처는 2012년 4월에 설립되었으며, 총 6개 투자소합을 통한 2,000억원 이상의 투자재원을 통해 1000여 곳 이상의 한국, 미국, 일본, 인도네시아의 스타트업에 투자를 진행했습니다.

카카오의 기업구조

을 가져야 한다. 현재 위챗은 중국 모바일 인터넷 트래픽의 34%를 점유하고 있다고 한다. 단순히 채팅만으로 중국 전체 모바일 사용의 1/3을 가져갈 수는 없다.

작은 플랫폼들

한국이라는 작은 시장에서 플랫폼 기업이 우후죽순 생겨나기는 쉽지 않다. 더 나아가 플랫폼의 개념을 양면시장이 모두 개방된 모습으로 정의한다면 좋은 사례를 찾기가 더욱 쉽지 않다. 하지만 작은 플랫폼에 대한 시도들은 여기저기서 발견되고 있다. 물론 성공적인 플랫폼으로 거듭나기까지는 가야할 길이 멀어 보이기도 한다. 하지만 플랫폼을 추구하는 시도들은 곳곳에서 많이 보인다.

마이리얼트립

여행정보 및 서비스를 공급하는 가이드와 여행자를 연결하는 중개 플랫폼이다. 과거 항공 티켓팅과 호텔 예약이라는 아주 단순한 커머스에 한정되었던 여행 서비스 업계에 정보를 중심으로 한 플랫폼이 등장했다. 기존의 주요 타깃이었던 단체여행이 아닌 자유여행객들을 타깃으로 한 관광과 액티비티, 식당에 대한 정보를 제공하여 여행의 가치를 한 단계 업그레이드시켰다는 평가를 받으며 플랫폼으로 성립되었다.

스타일쉐어

스타일쉐어는 주로 패션에 관심이 많은 젊은 세대를 타깃으로 하고 있으며, 자신의 옷 입는 방식을 공유할 수 있는 플랫폼이다. 처음에는 일종의 패션 SNS로 출발하였으나, 현재는 패션 기업들이 옷을 판매하는 플랫폼으로까지 진화했다. 많은 브랜드들이 자신의 옷을 입고 촬영한 아마추어 모델들을 지원하면서 콘텐츠와 쇼핑을 모두 갖춘 패션 플랫폼이 된 것이다. 옷을 팔아도 코디는 팔지 못했던 기존의 패션 쇼핑몰들이 미처 고려하지 못했던 새로운 세대의 문화공유 채널 플랫폼으로 성립되었다.

아이디어스

아이디어스는 음식부터 악세서리까지 모든 종류의 자체제작 상품을 판매할 수 있는 소규모 메이커들을 위한 상거래 플랫폼이다. 그냥 오픈마켓에서 팔기에는 아이디어가 돋보이고 수제작으로 물량도 적은 니치 마켓을 겨냥한 수제품 거래 플랫폼이다. 공급자의 시장을 완전히 개방하지는 않았지만 수많은 작가들이 입점하고 싶어 하는 플랫폼으로 자리 잡고 있다.

프립

프립은 액티비티라는 주제를 중심에 둔 플랫폼이다. 등산, 서핑, 수상스키 등 다양한 액티비티를 제공하는 공급자와 이를 통해 여가를 즐기려는 소비자가 연결되는 여가 플랫폼으로 이해하면 된다. 처음에는 서비스 형태로 직접 액티비티를 만들어 운영하다 회원과 액티비티 호스트가 함께 증가하며 이제는 엄연한 플랫폼으로 자리 잡았다.

당근마켓

기존의 중고마켓이 가진 문제점인 과도한 상업화를 위치기반으로 한정함으로써, 진정한 직거래를 추구하게 만든 위치 기반 중고거래 플랫폼이다. 6km라는 거리의 제한을 두고 직접 거래를 원칙으로 하는 플랫폼으로, 이미 유명세를 통해 다운로드에서는 쿠팡 다음의 자리를 잡았다. 여러 가지 운영 상의 문제가 있겠지만 슬기로운 콘셉트를 바탕으로 빠르게 성립된 플랫폼 이다.

뉴플라이트

필자가 현재 열심히 만들고 있는 플랫폼이다. 바이오 연구자들의 창업을 도와 일정수준까지 키우고 이를 벤처캐피털이나 제약사 생태계에 소개하는 바이오 컴퍼니 빌더Company Builder이다. 수많은 바이오 연구자들이 찾아오면서 공급자 시장이 만들어졌고 K-Bio의 붐과 더불어 이들에게 관심을 갖는 구매자(투자자, 제약사) 시장이 형성되기 시작했다. 멀기만 했던 두 시장을 가깝게 만들어주는 바이오 컴퍼니 빌딩 플랫폼으로 멀지 않은 미래에 자리 잡을 것으로 믿는다.

오늘의 집

인테리어 공유, 인테리어 업자 중개, 인테리어 소품 판매 등을 제공하는 버티컬 상거래 플랫폼이다. 사회적으로 머무는 시간이 증가하면서 바뀌는 주거 트렌드에 딱 맞는 플랫폼으로 보인다. 사용자들이 올린 인테리어 사진과 소품정보가 핵심이다. 인테리어라는 영역에서 프로슈머들의 참여를 통해 누적된 30만 건의 콘텐츠를 바탕으로 1,000만 다운로드라는 규모의 확보와 충분한 공급자의 확보를 통해서 플랫폼으로 성립되었다.

《플랫폼의 생각법》은 성공한 플랫폼을 연구하면서 플랫폼을 이해하려는 노력의 산물이었다. 그러기에 섣불리 한국 플랫폼에 대한 이야기를 꺼내지 않았다. 이제 개정판을 내보내고 나면 본격적으로 한국의 플랫폼을 연구해야 할 것 같다.

Chapter 7

플랫폼의
미래

플랫폼에 대한 책을 써보자는 생각을 하면서 나름 플랫폼이라는 단어에 걸맞은 기업에 대한 공부를 많이 했고 그 결과 그들 사이에 존재하는 공통점들을 알아볼 수 있게 되었다. 이를 통해 어떤 기업이 플랫폼 기업이고 어떤 기업이 그렇지 않은지, 플랫폼적 접근이나 플랫폼 전략은 어떤 것인지에 대한 나름의 감을 갖게 되었다고 말할 수 있다. 하지만 출판사로부터 플랫폼의 미래에 대해 글을 써 달라는 요구를 들었을 때는 많이 난감했다. 미래에 대해 한 번도 생각해 보지 않았기 때문이다.

과연 미래는 애플의 스마트폰에 의해 지속적으로 지배될 것인가? 아마존은 많은 이들의 예상처럼 전 지구의 물류와 유통을 지배하게 될 것인가? 구글은 이제 검색을 넘어서 자율주행차, 사물인터넷 영역으로 자신의 터전을 확대할 것인가? 그리고 페이스북은 진정한 미디어 나아가 사람들 간의 커뮤니케이션을 지배하는 빅브라더가 될 것인가 등의 질문들은 필자가 자신 있게 답하기 어려운 것들이었다. 하지만 부족하나마 존재하는 몇 가지 개연성을 바탕으로 플랫폼의 미래에 대해 생각해 보기로 하자.

결론을 먼저 이야기하자면 플랫폼 기업들은 각자의 영역에서 이미 아주 강한 지배력을 확보했고, 그들의 미래는 이 확보된 지배력과 자금 그리고 고급 인력의 흡수를 통해 희망적일 것으로 보인다. 단지 조심해야 할 새로운 변수들을 잘 극복하면 말이다.

먼저 플랫폼 기업들에게 예상되는 미래를 간략하게 정리해 보았다.

도서관을 넘어
대학과 경쟁하는 구글

구글은 지식의 영역에서 플랫폼이라는 방식으로 새로운 지평을 열었다. 아직은 완벽하지 않지만 구글을 통해 지식이 공유되기 시작한 것이다. 지식이라는 영역에서 풀리지 않았던 옳고 그름의 논쟁을 구글은 잠시나마 종식시키는 역할을 담당하고 있다. 그리고 이 역할은 점차 당연히 여겨지는 단계로 진화하고 있다.

이제 구글은 도서관의 역할을 넘겨받았고 아마도 머지않아 교육이라는 대학의 역할을 탐낼지도 모른다. 이미 미국의 초등교육에는 검색이라는 커리큘럼이 일부 도입되기 시작했고 도서관에서는 검색이 기존의 색인이라는 도서관 사서의 역할을 대신하고 있다. 지식이라는 영역에서 구글의 미래는 충분히 밝고 그 지위는 데이터가 쌓여가면서 점점 더 공고해질 것이다. 물론 정보라는 영역에서의 지배력은 말할 필요도 없이 말이다.

구글에 있어서 미래를 결정하는 가장 큰 요소는 아마도 모바일이라는,

아니 안드로이드라는 모바일 플랫폼의 성공에서 어떻게 탈출하는가에 달려 있을 것이다. 실질적으로 모바일 산업을 지배하고 있는 구글은 이 지배를 이유로 벌써 수많은 견제를 받고 있다. 독점이라는 굴레가 구글의 다음 행보를 막고 있는 것이다.

미디어들이 의존하는 페이스북

페이스북이 저널리즘 프로젝트를 시작하면서 의미 있는 영상이 하나 소개되었다. 페이스북의 마크 저커버그와 뉴스콥News Corp의 로버트 톰슨Robert Thompson간의 대화였고 그 주제는 '뉴스 생태계와 저널리즘의 미래에 있어 플랫폼의 역할The Role of Platform in the news eco system and the future of Journalism'이었다. 그리고 그 대화의 대부분은 페이스북이 미디어라는 영역에서 감당해야 할 책임Accountability에 대한 이야기로 채워졌다. 이제 페이스북은 뉴스를 만드는 기존 미디어들과 경쟁하는 것이 아니라 그들을 책임져야 하는 위치에 오른 것이다.

페이스북의 규모의 확장은 이제 어느 정도 완성되어 가는 것으로 보인다. 24억 명이라는 가입자는 머지않아 30억 명이라는 지구 전체 인터넷 인구에 근접할 것이고 전 세계 모든 언어로 서비스되는 미디어 플랫폼이 될 것이다. 문제는 페이스북이 미디어라는 영역에서 이미 지배자로서의 위치를 차지했고 남아 있는 것은 책임과 의무뿐이라는 점이다.

가짜뉴스가 연일 등장하고 개인정보 이슈는 상존하고 있다. 그 문제를 풀어가면서 새로운 미래를 그리는 것이 그다지 쉬운 일은 아닐 것이다. 암호화된 리브라로 대표되는 페이스북의 새로운 시도는 24억 명이라는 플랫폼의 규모로 인해 견제 받을 수밖에 없었다. 그리고 앞으로 페이스북이 진행하는 그 어떤 행위도 동일한 대접을 받게 될 것이다. SNS라는 아주 단단한 규모를 바탕으로 한 페이스북의 행보는 누가 봐도 무섭기 때문이다.

리테일 소비를 책임지는
아마존

아마존은 아직 성장중이다. 거래량은 지속해서 성장하고 있고 그 영역 또한 계속해서 넓어지고 있다. 물론 이 속도와 방향성은 유지될 것이고 향후 소비라는 영역에서 아마존의 존재감은 점점 더 커질 것이다. 2021년까지 아마존은 미국 전자상거래 시장의 50% 정도를 차지할 것으로 예측되고 있다. 또한 미국 쇼핑시장의 20%를 이미 넘어섰다는 예측도 나오고 있다. 아마존이 현재의 방향처럼 오프라인 매장도 적극적으로 늘려간다면 미국 상거래시장의 대부분을 아마존이 장악하는 시나리오도 생각해 볼 수 있을 것이다.

아마존의 성장을 가로막고 있는 요소는 현재로서는 거의 보이지 않는다. 비록 미국 정부가 구글, 애플, 페이스북, 아마존에 대한 독점이라는 관점에서의 통제를 시작한다 해도 가장 먼 곳에 있는 것이 아마존이기 때문이다. 상거래라는 거래의 특성상 수수료의 존재는 언제나 있어 왔고 아마존의 현재 15%라는 수수료율은 오프라인 유통에 비해 매우 낮은 수준이다. 2019년 eMarketer는 아마존의 미국 전자상거래 시장점유율이 2018년 47%에서 37.7%로 낮아졌다고 발표했다. 혹시라도 이 결과를 보면서 아마존의 시장지배력이 낮아졌다 생각하는 사람은 아무도 없을 것이다. 단지 전자상거래라는 시장의 범위가 기존보다 많이 확장되었을 뿐이다. 아마도 이 숫자를 보면서 가장 기뻐한 사람은 아마존의 제프 베조스였을 것이다. 50%를 넘어가는 시장점유율은 반가우면서도 부담스러운 숫자이기 때문이다.

글로벌 시장을 보면 물론 국가에 따라 아마존의 영향력이 상대적으로 적은 한국과 같은 곳도 있다. 하지만 충분히 커진 아마존이 한국을 자신의 영토에서 배제할 이유는 없을 것이다. 한국이 네트워크에 포함됨으로써 얻게 되는 이익이 있다면 말이다. 시장 진입의 방법은 인수를 통해서일 것이고 물론 그 대상 중에 쿠팡은 있지만 네이버는 없을 것이다. 근본적인 사업방식이 다르기 때문이다. 그러기에 한국은 아마존이 보기에도 쉽지 않은 시장임이 분명하다.

25%로 독점이라 호칭되는
애플

애플은 모바일 시장에서 겨우 25%를 장악하고 있다. 하지만 그 기업의 가치는 이제 2조 달러에 접근하고 있고 애플은 스마트폰과 같은 하드웨어에서 뉴스, 음악, 영상, 게임 등 서비스 영역으로 영향력을 확대하고 있다. 대략 7억 명이라는 충성도 높은 고객을 대상으로 추가적인 가치를 만들어내고 있는 것이다.

최근 포트나이트^{Fornite}라는 게임을 개발하는 에픽게임즈^{Epic Games}는 애플을 고소했다. 에픽게임즈가 자체 in-app 결제를 통해 포트나이트에서 사용하는 게임머니를 판매한 것에 대해 애플이 이 게임의 앱스토어 판매를 금지했기 때문이다. 애플은 앱스토어에서 판매되는 모든 콘텐츠(게임 포함)에

30%라는 수수료를 취한다. 모바일 플랫폼이 만들어지고 앱스토어를 통해 자유롭게 콘텐츠를 판매할 수 있었던 시절과는 달리 이제는 누구도 이 30%라는 수수료를 좋아하지 않는다. 에픽게임즈는 애플을 독점이라는 단어로 표현하고 있다. 비록 안드로이드에게 75%라는 시장을 내어주고 있지만 25%라는 매우 매력적인 시장에서 애플은 하드웨어와 소프트웨어 그리고 서비스를 독점적으로 통제하고 있기 때문이다. 그리고 이는 구글이 단지 소프트웨어(안드로이드)만으로 하는 통제에 비할 수 없다.

애플의 미래는 7억 명이라는 애플 팬들에게 서비스와 새로운 디바이스를 제공하면서 안정적인 성장을 이룰 것으로 보인다. 단지 독점이라는 바라지 않는 단어를 어떻게 피해갈 것인가가 가장 어려운 숙제일 듯하다.

거인의 싸움터,
인프라 플랫폼

모바일 플랫폼의 승자는 애플과 구글로 결정되었다. 그리고 이제 새로운 리그는 IT 전체 인프라 플랫폼으로 확장되고 있다. 모바일을 포함한 퍼스널컴퓨터^PC, 사물인터넷, 빅데이터 그리고 인공지능까지 미래의 IT 변화를 수용해 낼 인프라 경쟁이 진행되고 있다. 현재 보이고 있는 아마존, 마이크로소프트 그리고 구글 간의 클라우드 경쟁은 전초전에 불과할 것이다. 그리고 이 경쟁에 우리가 익히 알고 있는 플랫폼 기업들이 모두 참전할 것은 당연한 사실이다.

플랫폼의 미래

한국어로 플랫폼을 적당하게 번역한 단어는 없다. 외국어라는 인식 없이 우리는 플랫폼이라는 단어를 그냥 사용하고 있다. 반면에 중국에서는 플랫폼이라는 단어를 '平台(평대)'라는 단어로 만들어 사용하고 있다. 한자의 뜻대로 해석해보면 평평한 받침대의 의미이다. 평평한 받침대이니 누구든 와서 앉을 수 있다는 의미로 생각하면 이 책에서 의미하는 플랫폼의 의미와는 잘 맞는다. 아울러 '平台'는 안정적 혹은 영구적이라는 이미지를 갖고 있다.

기업이 안정적 가치를 창출한다는 것은 기업이 추구하는 가장 이상적인 단계이고, 이를 다른 단어로 말한다면 '지속가능성'이라 이야기할 수 있다. 플랫폼이 양면시장을 통해 구조화되고, 이 구조가 대형화되어 독점적 시장 지위를 갖게 된다면 그 결과는 아마도 기업이 영원히 존재한다는 의미로 이해될 수 있다는 뜻이다. 이런 맥락에서 보면 플랫폼의 미래는 현재의 연장선상에 있어 보인다.

플랫폼의 미래에 대해 고민하면서 가진 하나의 생각은 수많았던 변화의 동인들이 한순간 세상에 영향을 미치고 사라진 것처럼 플랫폼이라는 개념도 그러할 것인가 아니면 언급한대로 지속가능성을 가지면서 영원히 존재할 것인가이다. 결론적으로 플랫폼이라는 개념은 그렇게 쉽게 사라지기에는 이전의 변화동인들과는 다른 특성을 갖고 있다. 이 책의 전반에 걸쳐 플랫폼의 핵심 요소 혹은 플랫폼이 되기 위한 필수요소를 이야기했지만 플랫폼 그 자체가 가진 특성에 대해서는 정확히 장을 나누어 이야기를 하지 않았다. 이 책에서 언급한 플랫폼들이 모두 일관된 특성을 지니고 있지는 않았기 때문이다.

성공적인 플랫폼이 되기 위해서 양면시장을 지향하고 개방을 하면서 플랫폼의 수익은 본질가치 추구를 통해서 얻어야 한다는 성립원칙은 이야기했지만 성공한 플랫폼이 어떤 모습을 갖는지는 명확히 이야기하기 어려웠다. 하지만 이제 미래를 이야기하기 위해서는 거칠더라도 플랫폼이 영원히 살아남기 위한 필요조건에 대해 이야기해보겠다. 약간은 장황하기에 먼저 정리하면 첫째, 플랫폼은 독점이기에 선량해야만 하고 둘째, 그들에게 주어진 너무나도 큰 권력을 적절히 관리해야 한다.

선량한 플랫폼

선량한 독점

애플, 아마존, 구글, 페이스북, 알리바바, 텐센트 등의 플랫폼 기업이 갖는 가장 큰 특징은 시장을 독점하고 있다는 것이다. 플랫폼이 가진 특성, 즉 양면시장을 대상으로 한다는 플랫폼의 본질적 특성으로 인해 시장 내에 경쟁이 존재하기 어렵다. 그런 이유로 독점이라는 경제학에서 경계하는 개념이 플랫폼 기업에게는 목표가 되는 것이다.

경제학 원론을 살펴보면 독점이 아닌 완전경쟁 상황을 가정하고 이론을 이야기해 나간다. 시장에서 경쟁자의 진입이 자유롭다는 가정하에 산업이 창출하는 이익의 양이 충분히 크면 자연적으로 경쟁자의 신규진입이 발생할 것이고 그 경쟁은 가격을 낮추면서 산업 내의 수익률을 낮추고 사회적 후생은 올리게 된다. 현실에서 이러한 현상은 아주 일반적이고 특히 한국의 경우는 어느 산업이나 상시적인 경쟁이 존재한다. 시장이 작고 먹거리가 없기 때문이다. 하지만 경쟁은 낮은 수익을 강요하고 낮은 수익은 장기적 관점에서의 투자 및 변화를 추구하지 못하게 한다.

이론과는 반대로 플랫폼이 성립되고 가장 자연스레 나타나는 시장의 모습은 독점이다. 플랫폼 간의 경쟁이 끝나고 승자 플랫폼이 정해지면 승자의 네트워크는 또 다른 신규 플랫폼이 대적하기에 불가능한 수준으로 성장하게 된다. 7억 명의 애플 아이폰 사용자 수, 하루 60억 번의 구글의 검색 숫자, 24억 명의 페이스북 가입자 그리고 4,000억 달러의 아마존 연간 거래량 등이 바로 그것이다. 그리고 그 결과는 독점으로 이어진다.

일반적으로 우리는 독점이라는 상황에 대해 부정적인 인식을 갖고 있다. 독점이 발생할 경우, 독점 사업자는 가격을 올리고 낮은 품질의 상품과 서비스를 소비자에게 강요할 것이라 예상하기 때문이다. 즉 기업가는 기본적으로 이윤을 추구하는 것이 목표라는 인식이 존재하고 이런 이유로 정부는 독점을 규제하고 경쟁을 유도한다.

반면에 경제학자 중에 조지프 슘페터*는 독점이 갖는 장점으로 혁신의

---

* 오스트리아 출신의 미국 경제학자로 20세기 초 케인즈와 함께 경제학의 양대산맥으로 평가 받던 인물이며 '창조적 파괴'라는 단어로 유명하다.

가능성을 꼽았다. 독점을 통해 만들어진 자원으로 혁신이 지속적으로 이루어지고 그 혁신이 독점을 지속하게 한다는 주장이다. 플랫폼 경쟁에서 승리한 플랫폼들은 이러한 슘페터가 상상했던 독점 기업이었을 것 같다. 이익을 추구하는 것이 아니라 다른 인류에게 필요한 가치를 추구하는 독점기업은 충분히 좋은 의미에서의 변화를 만들어낼 수 있기 때문이다. 이러한 변화가 바로 플랫폼이 만들어내는 혁명이 될 것이다. 경쟁보다 독점이 더 좋은 경우도 가능하다는 의미이다. 이런 이유로 플랫폼 기업이 갖는 가장 큰 특징은 '선량한 독점'이다.

선량한 독점의 의미는 플랫폼의 비즈니스 모델에서 이미 언급했지만 플랫폼 기업들은 이익이 아닌 무언가 다른 본질가치를 추구한다. 구글이 지식의 공유를 부르짖고 페이스북은 모두의 미디어를, 아마존은 고객의 가게를 지향하듯이 말이다. 그리고 이들은 자신이 벌어들인 수익의 많은 부분을 지속적인 기술개발과 투자에 사용한다. 과거 부도덕한 자본가들이 보여주었던 꼴사나운 행태는 보이지 않는다. 예를 들어 페이스북의 CEO인 마크 저커버그는 그의 아내와 함께 자신들 재산의 99%에 달하는 페이스북의 주식*을 아이들의 잠재력 개선과 평등의 진작을 위해 자신들이 설립한 '첸 저커버그 이니셔티브' 재단에 기부했다.

조금 더 좁은 영역에서 플랫폼을 운영하고 있는 우버를 보면 선량한 독점이 필요한 이유를 명확히 알 수 있다. 우버는 2019년 기준 미국 차량공유 시장에서 70%를 차지하고 있다. 어느 정도 시장에서 독점적인 위치를 점유해가기 시작한 것이다. 이 과정에서 우버는 우버 기사들의 시간당 수익을

---

* 발표 당시 기준으로 450억 달러에 달하는 금액이다.

최저임금 수준 이하로 떨어뜨렸고* 이로 인해 매년 50% 정도의 우버 기사가 우버를 떠나고 있다. 우버에서 충분한 소득이 확보되지 않으면 모든 기사들이 가진 유일한 권리는 우버를 떠나는 것이기 때문이다. 물론 여전히 새로운 기사들이 공급되고 있지만 이들이 기대하는 것 역시 최저임금이 아닌 충분한 소득이기에 우버의 시장에서의 독점적 위치는 언제나 위협받고 있다고 볼 수 있다. 공급자인 기사들을 만족시킬 수 없는 플랫폼은 독점적이지만 안정적이라 말할 수 없기 때문이다. 아마도 우리는 곧 우버의 수수료가 현재의 25%에서 20%로 더 나아가 10%로 떨어지는 뉴스를 보게 될 것이다. 우버가 선량한 독점으로 존립하기 위해서는 말이다.

유사한 사례로 우리가 최근에 보았던 배달의민족 사건은 독점적 플랫폼이 선량하지 않을 수 있다는 가능성을 보여준다. 딜리버리히어로와의 합병을 발표하고 나서 배달의민족이 발표한 수수료체계의 변화시도는 많은 식당들의 분노를 샀고 결국 과거 광고 시스템으로의 원상복구를 강요받았다. 이는 단순히 수익모델의 변화에 따른 식당들의 비용증가라는 직접적인 불만도 있었지만 이제 독점적인 지위에 오른 배달의민족이 앞으로 보여줄 모습에 대한 부정적 기대에 기인한다고 할 수 있다. 합병의 주체인 딜리버리히어로가 운영하는 요기요가 식당들에게 타 플랫폼 사용을 불허한다거나 가격을 통제하는 모습을 보여 공정거래위로부터 벌금을 부여받은 사건들은 이러한 시장의 우려에 확신을 더해주고 있다. 경쟁이 아닌 합병을 통해 시장독점을 이룬 후에 독점적 지위를 이용하여 수익추구에 나설 것이라는 추정이다. 선하지 못한 독점적 플랫폼에 대해 한국 정부가 어떤 판단을 내

---

*   연구 시의 가정에 따라 다르지만 모든 노동비용과 시간을 고려한 연구 기준으로 보면 최저임금 이하이다.

릴지는 의문이지만 이 판단이 앞으로 다양한 플랫폼들에 대한 준거가 될 수 있기에 매우 중요한 사건이 될 것이다.

물론 이 선량하고 건강한 독점은 우리 모두가 기대하는 요소이기도 하다. 구글이 검색과정에 참여하여 진실을 호도하거나 페이스북이 자신의 미디어 파워를 특정 정치세력을 위해 사용한다거나 하는 행위는 플랫폼이 가진 특징에 의해 일정 수준 견제된다. 플랫폼의 힘이 플랫폼 운영자에 집중되긴 하지만 여전히 플랫폼의 한 축에는 플랫폼의 공급자와 사용자들이 존재하기 때문이다. 플랫폼이 자신이 추구해 온 선량하고 건강한 목표를 포기하고 자본주의적 기업의 모습을 갖게 되면 그 플랫폼이 유지되기 어려울 것이라는 것을 플랫폼 운영자들은 이미 잘 알고 있다. 자신이 가진 권력을 스스로 참여자들에게 나누는 것이 두 번째 필수조건이다.

권력분산을 통한
우군의 확보

선량해야 한다는 관점에서 플랫폼 기업이 반드시 기억해야 하는 것이 바로 권력을 적절히 분산하는 것이다. 플랫폼 기업을 바라보면 많은 권력이 플랫폼 운영자인 기업에 집중되어 있는 모습을 보인다. 특히 미래 가장 큰 자산으로 인정되는 데이터라는 자산은 플랫폼 기업에 과도하게 집중되고 있다. 물론 우리가 이미 알고 있는 '부'는 이미 그러하다. 그런 이유로 플랫폼은 자신에게 몰리는 권력을 잘 통제해야 할 뿐만 아니라 적극적으로 분산시킬 줄도 알아야 할 것이다.

권력의 집중은 이미 이야기한 대로 규제집단의 이목을 집중시키고 그 결

플랫폼으로의 데이터 권력 집중

과는 플랫폼의 고유영역이 파괴되는 결과를 낳을 수 있다. 우버는 집중된 권력을 적절히 분산하지 않았기에 기사들의 불만을 낳았고 그 결과 캘리포니아 법원에서 기사들을 정규직 직원으로 채용하라는 판결을 받게 된다. 우버라는 차량공유 플랫폼의 고유 모습인 양면시장의 한 축이 사라지고 이제는 택시와 같은 서비스로 다시 시작해야 하는 최악의 상황에 직면하고 있는 것이다.

권력을 분산한다는 것은 우군을 확보한다는 것이다. 구글이 광고비 배분 비율을 현재의 68%에서 상향조정을 고려하는 것처럼 지식 생산자들이 언젠가 구글의 현재 플랫폼을 지켜줄 수 있을 것이다. 페이스북의 저널리즘 프로젝트 역시 기존 뉴스미디어 생산자들과 공생함으로써 페이스북의 현재 위치를 공고히 만들어 줄 것이다.

플랫폼 권력분산의 의미

플랫폼이 권력을 분산해야 한다는 명제와는 역설적으로 플랫폼의 권력은 이미 상당부분 분산되어 있다.

구글은 플랫폼이기 때문에 어떤 검색결과도 생산하지 않으므로 검색결과에 참여하는 사람들이 구글에 대한 신뢰를 포기하고 검색결과에 노출되기를 포기하는 순간 구글 검색은 완결성을 잃어버리게 된다.* 즉 전체 지식이라는 세상에서 가장 정확한 지식을 결과로 제공한다는 구글의 검색은 어떤 영역에서는 반쪽짜리가 되어버릴 수 있다는 것이다. 예를 들어 미국의 NASA가 구글의 독점적 행태에 반대하여 구글에 NASA의 연구결과를 제공하기 않기로 한다면, 그리고 그 행위가 여러 신뢰받는 연구기관에 전파된다면 구글의 검색은 신뢰를 잃어버릴 것이다. 물론 이런 가능성은 매우 적다. 하지만 구글은 자신의 독점을 바탕으로 한 전횡에 대해 수많은 참여자들이 모이면 작지만 큰 힘으로 저항할 수 있다는 것을 알고 있고, 따라서 그 권력은 사용되지 못한다는 점에서 권력은 아주 작게 아주 많은 사람에게 분산되어 있다.

권력분산의 가장 좋은 예는 페이스북이다. 미디어라는 영역에서 권력은 소수의 미디어 집단에 집중되어 있었다. 그 집중이 페이스북을 통해서 수많은 작은 미디어와 페이스북에서 '좋아요'와 '공유'를 누르는 참여자로 분산되었다. 그리고 페이스북은 그 분산된 참여자들의 집단 그 자체인 것이다. 물론 페이스북이 플랫폼을 운영하면서 '뉴스피드'의 운영원칙을 정하는 권력을 갖고 있지만 그 역시 원칙이지 남용될 수 있는 권력은 아니다. 이런 관점에서 페이스북이 최근 뉴스피드 알고리즘을 변경한 것은 페이스북이 SNS와 미디어라는 두 가지 선택지에서 SNS의 역할을 지향하고 있다고 볼 수 있으며, 평가할만한 부분이기도 하다. 페이스북이 권력과 가치를 창출하는 영

---

* 모든 지식 제공자들이 구글에 반대하여 웹 페이지에 구글 크롤링 로봇의 접근을 불허할 수도 있다.

역은 미디어지만 그를 가능케 하는 것은 24억 명이 만들어주는 SNS 그 자체이기 때문이다.

얼마 전 미 대통령 트럼프의 폭력옹호 발언을 페이스북에서 제재하지 않자 수많은 광고주들이 페이스북 광고를 거부하는 움직임이 나타났었다. 이미 수많은 사람들이 플랫폼의 권력을 주목하고 있기에 광고 거부 움직임은 일파만파 번져갔고 결국 페이스북은 트럼프의 글을 제재하기로 결정했다. 이는 페이스북의 유명세가 아니라 너무도 큰 권력을 가진 권력자에 대한 다수의 저항으로 이해해야 한다. 페이스북의 디지털 화폐인 리브라의 백서를 보면 이상적인 화폐에 대한 그림으로 가득하다. 하지만 미국과 중국 정부는 그 글에서 페이스북이 꿈꾸는 화폐개혁의 미래를 보았을 것이다.

아마존의 경우 그 권력의 힘이 많은 부분 플랫폼 운영자인 아마존에 집중되어 있는 것으로 보인다. 그것은 지식이나 미디어처럼 무형의 무언가를 공급자로부터 소비자에게 전달하는 것이 아니라 일반적으로 결제라는 과정을 거쳐 유형의 상품이 전달되기 때문이다. 즉 일정 수준의 품질관리가 필요하기 때문에 상대적으로 보다 많은 권력이 집중되어 있다. 게다가 전자상거래라는 플랫폼은 지식이나 미디어와 달리 수많은 작은 플랫폼들이 지속적으로 등장하는 영역이다. 아마존은 그 중 가장 큰 시장이지, 아마존이 전체 시장을 장악하는 것은 영원히 불가능하다. 이런 이유로 아마존의 독점은 과반의 독점이지 전체의 독점일 수는 없다. 그리고 전자상거래 영역은 타 플랫폼과 달리 새로운 플랫폼이 등장하여 시장에 자리 잡는 데 소요되는 시간이 상대적으로 짧다. SNS처럼 회원의 모집이 필요한 것도, 검색처럼 검색결과의 확보가 필요한 것도 아니기 때문이다. 즉 아직도 플랫폼 간의 경쟁이 끝난 것은 아니다.

아마존은 미래에 아마존에 버금가는 거대 플랫폼과의 경쟁이 아니라 수많은 작은 플랫폼들과의 경쟁을 앞두고 있을 것이다. 앞서 말한 바와 같이 2019년 아마존은 eMarketer에 의해 발표된 아마존의 전자상거래 시장에서의 마켓쉐어 발표에 안도했다고 한다. 그만큼 이제는 50%를 넘는다는 사실이 플랫폼 사업자들에게는 부담스러운 사실이 되어가고 있는 것이기에 아마존은 어떻게 하면 자신의 영향력을 분산시킬 것인가를 고민하고 있을지도 모른다.

시장 플랫폼에서의 분산화라는 특징은 기존의 전통적인 생산자 소비자 관계에서 두 시장 중 하나로 권력이 집중되는 것과는 달리 플랫폼에 권력이 집중되기 어렵다는 것을 의미한다. 두 개 시장의 참여자들이 한 곳에 모여있기에 플랫폼의 독재가 발생하기 쉽지 않다. 무언가 플랫폼이 시장의 룰을 바꾸려 하면 시장 참여자들의 동의와 적극적인 지지가 필요하기 때문이다. 우리는 이러한 현상을 배달의민족 사례에서 이미 살펴보았다.

물론 최근에는 성공한 플랫폼 기업들의 가치가 치솟으면서 권력의 분산화 경향과는 반대로 실질적인 경제적 이익이나 가치는 더욱 기업 자체에 집중되고 있다는 불만의 목소리가 커지고 있다. 스스로 아무런 지식이나 미디어를 생산하지 않는 구글과 페이스북의 가치가 너무도 크다는 이야기다. 결국 그 안에서 유통되는 지식과 미디어는 생산자이자 소비자인 개개인들이 만드는 것인데 그들에게 돌아가는 실질적인 이익은 미비하기 때문이다. 현재의 시스템에서 권력의 분산화가 이익의 분산화까지 만들어낼 수 있을지는 아직 미지수지만 분산화라는 흐름은 분명 플랫폼 기업이 만들고 있는 하나의 특징임은 분명하다.

기업이라는
플랫폼 주체의 모습

플랫폼의 미래를 이야기하면서 반드시 주목해야 하는 것은 플랫폼의 주체가 '기업'이라는 점이다. 기업의 특징이 기업이라고 이야기하는 것은 말장난이 아니라 플랫폼이라는 개념을 만들고 발전시키는 주체가 정부도 사회도 아닌 기업이라는 점이 가진 의미를 말한다. 기업이 주체라는 말은 다양한 의미를 갖지만 가장 중요한 특징은 플랫폼이 하나의 유기체로서 지속적으로 생존하려는 속성을 갖고 있다는 것이다. 그리고 플랫폼 기업이 생존하기 위한 가장 좋은 방법은 훌륭한 플랫폼이 되는 것이다. 건강하고 선량한 독점을 유지하는 훌륭한 플랫폼만이 살아남는다는 것을 이 기업들은 이미 잘 알고 있다. 아울러 플랫폼이란 개념은 기업이라는 유기체를 통해 지속적으로 성장 발전하려 노력할 것이다.

구글은 과거 3년간^{2015~2017} 평균 150억 달러의 이익을 창출했다. 이 이익의 60~70%인 100억 달러는 매년 자본투자되었고 그 자본투자는 구글이 지향하는 다양한 변화에 사용되고 있다. 즉 구글은 자신이 지향하는 가치에 매년 100억 달러를 투자하고 있다는 의미이다. 선량한 독점이 분산된 권력에 의해 감시받으며 충분한 금액을 플랫폼의 미래를 위해 투자한다는 것은 충분히 가치 있는 일이다. 그리고 이러한 행위는 구글의 기업가치를 지속적으로 상승시키는 역할을 하고 있다. 100억 달러라는 구글의 지식 영역에서의 지속적인 투자는 구글이 갖고 있는 현재 플랫폼 지위를 공고히 하는 데 사용된다. 만들어진 모든 이익을 주주를 위해 배당할 수도 있지만 그 배당이 플랫폼의 지위를 공고히 해주지는 못하기 때문이다. 프로젝트 룬을 통한 인터넷 접속권의 확보, 안드로이드 OS와 픽셀 폰 개발을 통한 모바일 인터넷의 진화, 구글 북스 라이브러리 프로젝트를 통한 인류 지식의 디지털화 등 구글 은 자신이 구축해 놓은 지식의 플랫폼 운영자라는 자리를 하루하루 더욱 더 공고히 하고 있다.

페이스북은 기업이라는 주체를 만났을 때 가장 위험한 플랫폼이다. 경제 적 이익을 추구하는 기업과 중립적이고 객관적이어야 하는 미디어의 결합 은 이상적이지 않다. 그리고 미디어가 160억 달러의 이익을 만들어내는 것 도 적절해 보이지 않는다. 미디어는 공공의 알 권리를 채워주는 것이 목표 이지 이익 그것도 어마어마한 이익을 만들어내는 것이 목표일 수 없기 때 문이다. 하지만 페이스북이 추구하는 미디어는 새로운 미디어이다. 기존의 미디어처럼 콘텐츠를 제작하는 것이 아닌 사람들의 이야기가 잘 유통될 수 있도록 환경을 만드는 미디어이다. 단순히 방송전파를 통해 이야기를 전송 하거나 종이에 사설을 인쇄하여 뿌리는 것과는 다른 차원의 자원이 필요하 다. 이런 맥락에서 미디어 플랫폼이 기업이라는 주체를 만난 것은 생존을 위해서는 필수적인 선택이었을 것이다. 과거의 미디어에게 특정 콘텐츠의 제작이 일종의 선택의 문제였다면, 페이스북에게 대중들의 선택을 위한 인 프라의 구축은 필수였기 때문이다. 어떤 이야기도 선택될 수 있기 위해서는 누군가가 이를 위한 엄청난 인프라를 제공해야 하기 때문이다.

하지만 페이스북이 만들어내는 막대한 이익에 비해 미디어인 페이스북 이 투자해야 할 영역은 그다지 많지 않다. 문자에서 사진으로, 사진에서 영 상으로 그리고 영상에서 가상현실로 그 전달방식을 발전시켜 나가는 데 필 요한 투자는 구글만큼 크지는 않기 때문이다. 차라리 미디어인 페이스북이 현재 직면하고 있는 가짜뉴스, 개인정보보호 등의 미디어로서의 책무들이 기업인 페이스북이 해결하고 투자해야 할 영역으로 보인다. 많은 문제를 갖고 있고 앞으로도 영원히 사라지지 않을 가짜뉴스와의 싸움은 진정한 미디어 플랫폼으로서 페이스북이 많은 비용을 들여 감당해야 할 일이기 때문이다. 현재 페이스북이 집중하고 있는 페이스북 저널리즘 프로젝트는 부정적인 것과의 싸움이 아닌 저널리즘의 재창조라는 맥락에서 의미 있는 선한 독점의 행위라 볼 수 있다.

아마존은 기업의 형태를 가졌기에 현재의 위치를 가질 수 있었던 플랫폼이다. 현재에 이르기까지 집행됐던 어마어마한 투자규모를 생각하면 이는 기업이 가진 금융시장에서의 직접 조달방식이 아니고서는 불가능한 규모로 생각된다. 아마존은 현재 3개의 주요 사업영역을 갖고 있다. 우리가 이야기해 온 전자상거래가 있고 전 세계 클라우드 시장을 이끌고 있는 AWS가 또 하나이고 나머지는 알렉사로 대표되는 AI 영역이다. 전자상거래가 이익을 내기 시작하는 시점에 AWS를 시작했고 AWS가 역시 이익을 내는 시점에 알렉사에 대한 투자를 본격화하기 시작했다. 기업이라는 하나의 유기체가 하나의 목표를 갖고 사업영역을 넓혀가는 방식이다. 그리고 이 세 가지 사업은 아마존의 전자상거래 플랫폼과 유기적으로 연결되어 있다. 유통이라는 영역에서 플랫폼 혁명을 만들어낸 아마존의 다음 사업이 무엇일지는 이야기가 많지만 이러한 대규모의 투자가 요구되는 사업을 진행할 수 있었던 가장 중요한 근거는 아마존이 기업의 형태를 가졌기 때문이다.

인류역사상 가장 큰 기업가치를 가진 기업은 애플이다. 애플은 전형적인 제조업이자 제조업에 기반해 플랫폼을 운영하는 기업이다. 2020년 애플은 유사 이래 처음으로 시가총액 2조 달러를 넘어섰고 이제 3조 달러를 향해 나아가고 있다. 자본시장 기준으로 보면 가장 높은 기업가치를 가진 기업이고 이는 가장 오래 살아남을 기업이라는 반증이다. 비록 애플이 지닌 제조업의 특성상 새로운 스마트폰의 성공과 실패가 기업가치의 변동에 막대한 영향을 미치는 것은 사실이다. 하지만 막대한 인력과 자본이 집중되면서 애플은 다양한 영역으로 자신의 영향력을 확대해 나갈 것으로 보인다. 투자자를 위해 기업가치를 지키려는 노력일 수도 있지만 기업 그 자체가 선두의 자리를 지키려고 노력하기 때문일 수도 있다.

플랫폼 혁명과 미래

혁명을 이야기할 때 가장 많이 빗대어 쓰는 단어가 진화다. 영어로 'revolution'과 'evolution'을 구분하여 설명하면 그 뜻이 명확하기 때문이다. 진화가 천천히 변화하는 것이라면 혁명은 극단적인 변화를 의미한다. 사람의 힘으로 하던 일을 증기기관이 등장함으로써 만든 극단적인 변화나 왕정체제를 무너뜨린 프랑스혁명과 같은 변화를 우리는 혁명이라 부른다. 하지만 이 고전적인 정의에서 4차 산업혁명이라는 단어를 해석해보면 뭔가 이상하다. 4차 산업혁명의 상징이라 하는 인공지능이나 빅데이터는 혁명이라하기에는 컴퓨터의 진화 그리고 데이터의 진화로 보이기 때문이다. 모두가 4차 산업혁명을 이야기하고 있는데 그 실체가 뚜렷이 보이지 않는 것은 그 변화의 속도가 크지 않기 때문이다. 그러기에 4차 산업혁명의 중심테마를 '인간의 역할을 로봇이 대체한다'는 일종의 정치적 이슈로 몰고 가는 느낌이다. 인간이 할 일을 로봇이 대체해가고 그래서 인간의 역할이 사라져간다는 그런 의미에서 말이다.

그런데 우리가 잘 느끼지 못하고 있는 동안 큰 변화가 여러 곳에서 일어나고 있다. 그 변화가 기존의 산업혁명처럼 전체 경제체제를 변화시키는 형태가 아니어서 그렇지 그 변화의 진폭은 엄청나게 크다. 구글, 페이스북, 아마존, 애플, 마이크로소프트, 유튜브 등 각각의 영역에서 만들어내고 있는 변화는 가히 혁명이라 칭하기에 부족함이 없다. 하지만 우리는 이 변화를 혁명으로 받아들이지 못하고 있다. 왜 그럴까? 이 까닭을 이해하려면 우리가 느끼는 변화의 속도에 대해서 이해해야 한다.

인류는 아주 빠른 속도로 발전해 왔다. 절대적인 시간을 X축에 두고 새로운 변화가 나타나는 속도를 보면 지금의 변화 속도는 과거의 수백 배, 수천 배 빠를 것이다. 그리고 그 변화의 중심은 과거처럼 한두 가지로 집중되지 않고 여러 곳에 존재한다. 마치 하나의 큰 허리케인이 아니라 수많은 토네이도의 모습과 비슷하다.

증기기관의 등장이 세상을 바꿔버린 것 같은 변화는 이제 상상할 수 없다. 즉 무언가의 등장으로 세상이 극단적으로 바뀌는 혁명은 이제 더 이상 존재하지 않을 것이다. 영화 속의 이야기처럼 우리와 격이 다른 과학 수준을 지닌 외계와의 접촉이 있지 않는 이상 이제 더 이상 세상 전체를 바꿔버릴 수 있는 변화는 존재하지 않을 것이라는 뜻이다.

아마도 최근에 만들어진 가장 큰 혁명적 변화는 애플의 아이폰이 만들어낸 모바일 혁명일 것이다. 아이폰의 등장이 세상의 많은 것을 바꾸어 놓았지만 아무도 모바일 혁명 이상의 표현을 하지는 않는다. 기존의 컴퓨터 역할을 모바일이 모두 떠맡기 시작했지만 이는 그저 모바일 영역에서의 혁명일 뿐이다. 하지만 이 모바일 혁명은 모두가 인정하듯이 기존의 증기기관만큼이나 큰 변화를 만들었고 세상의 중심축을 모바일로 이동시켰다. 모바일 혁명을 통해 인류의 생산성은 엄청나게 발전했고 모바일 없이 살 수 없는 세상을 만들었다.

이와 같은 변화는 다른 곳에서도 나타나고 있다. 구글의 검색이 지식과 정보라는 영역에서의 변화를 만들었고, 페이스북이 미디어 생태계를 완전히 바꿔 놓았다. 아마존은 기존의 상거래 유통습관을 온라인으로 옮겨 놓았고 유튜브는 콘텐츠 생태계를 재편했다. 마이크로소프트는 클라우드라는 새로운 개념을 도입하면서 IT라는 미래의 생산지형을 완전히 바꾸어 놓고 있다. 이를 지식혁명, 미디어혁명, 유통혁명, 콘텐츠혁명, IT혁명이라 부르는 것은 너무도 당연하다. 즉 이제 혁명은 잘게 쪼개져 분산되어 나타나기 시작하는 것이다. 인류가 만들어낸 진보는 이제 한두 개의 변화만으로 전체 사회경제를 좌지우지할 수 없는 수준에 이르렀기 때문이다. 그러기에 앞으로의 혁명은 아주 잘게 나뉘어서 세세한 영역에서 발생하는 큰 변화로 이해해야 할 것이다. 융합이라는 단어, 인문이라는 단어가 산업혁명이라는 영역에 등장하는 이유는 단 하나의 단어로 다양한 변화를 명쾌하게 설명해내지 못하기 때문이다.

플랫폼 혁명은 이러한 작은 혁명들의 아주 좋은 예가 될 것이고, 우리는 앞으로 이러한 플랫폼 혁명을 자주 목도하게 될 것이다.

Chapter 8

구독경제와
플랫폼

플랫폼과 구독은 어떻게 다른가?

구독경제라는 단어가 유행이다. 이 구독이라는 개념과 플랫폼이라는 개념은 어떻게 다르고 어떻게 중첩되는지를 이야기해보도록 하겠다. 최근 플랫폼 강의를 다니면서 구독이라는 개념에 대해 묻는 경우가 자주 있었기 때문이다.

먼저 플랫폼이 일종의 사업모델이라면 구독은 일종의 사업전략이라 할 수 있다. 사업모델이 무엇이고 사업전략이 무엇인지를 길게 설명할 수는 없지만 간단히 말해 사업전략은 싸움을 함에 있어 사용하는 도구라는 개념으로 이해하는 것이 좋다. 즉 구독이라는 개념은 일종의 방법이자 도구인 것이다. 즉 플랫폼이건 서비스건 선택할 수 있는 새로운 싸움의 방식으로 이해하는 것이 편안하다.

구독은 일반적으로 서비스라는 관점에서 이해하는 것이 좋다. 즉 유튜브라는 플랫폼보다는 넷플릭스라는 서비스에서 구독을 적용하는 것이 보다 적합하다는 뜻이다. 양면시장을 대상으로 하는 유튜브는 플랫폼 운영자가 참여자를 대상으로 서비스를 제공하는 것이 자연스럽지 않다. 그런 이유로 플랫폼에서 구독을 찾기는 쉽지 않다.* 특히 광장형의 경우에는 더욱이 그러하다. 구글, 페이스북, 트위터를 보아도 구독과 같은 시도는 보이지 않는다.

이런 이유로 구독경제를 이야기할 때 넷플릭스와 같은 서비스가 대표적인 형태로 나온다. 내가 모든 공급요소를 통제할 수 있을 때 구독의 개념을 보다 매력적으로 만들 수 있기 때문이다. 구독경제의 대표주자로 일컬어지는 넷플릭스, 포르쉐, 마이크로소프트 모두 공급은 운영자인 사업자가 온전히 통제한다. 공급을 완전히 장악하지 못하면 구독이라는 새로운 형태의 전략이 적절히 수행되기 힘들기 때문이다.

하지만 시장 플랫폼의 경우에는 다른 이야기가 된다. 아마존이나 우버와 같은 시장 플랫폼들은 운영자들의 개입이 잦아지면서 그 형태가 구독으로 나타나기도 한다. 플랫폼 사업자들이 구독이라는 새로운 전략을 사용하는 방식 역시 동일하다. 단지 그 대상이 공급자와 소비자에게 분리되어 적용된다는 점이 다르다. 즉 플랫폼 사업자가 마치 서비스 사업자처럼 각각의 시장을 대상으로 구독을 제공한다. 식상할 정도로 자주 인용되지만 아마존 프라임 멤버십은 구매자를 대상으로 한 구독 서비스이고 FBA는 판매자를 위한 구독 서비스이다. 아마존은 플랫폼이라는 관점에서 상거래라는 자신의 영역이 있고 그 영역에서 플랫폼이 성공적으로 운영될 수 있도록 양측시장의 참여자들에게 구독 서비스를 제공하고 있는 것이다.

---

* 물론 유튜브도 YouTube Premium이라는 구독 서비스를 제공하고 있다. 광고 없이 유튜브를 시청할 수 있는 월정액 서비스로 이미 많은 가입자를 확보한 상태이다. 하지만 이를 유튜브의 기본적 도구로 정의하기에는 플랫폼으로서의 가치가 훨씬 크다.

또 한 가지 예를 들어보자. 한국의 대리운전 플랫폼인 카카오T는 최근 서포터즈라는 새로운 기능을 선보였다. 9시부터 새벽 1시까지 카카오대리 파트너기사로 등록하면 실적에 관계없이 4시간에 5만 6,000원(시급 1만 4,000원)을 지급하기로 한 것이다. 등록된 대리기사는 4시간 동안 카카오가 지시하는 대리기사 업무를 수행해야 하며 불가피한 경우가 아니면 지시된 업무를 거부할 수 없다. 대리기사는 보다 많은 콜을 받기 위해 손님을 재촉할 필요도 없고 친절하게 4시간의 근무를 수행하기만 하면 된다. 서포터즈는 지원자 중에 지난 4주간의 운행이력을 분석하여 오더 취소비율, 과실사고 그리고 평점을 기준으로 선발하게 된다. 아마도 프리미엄 대리와 같은 형태의 신규 서비스가 이 서포터즈를 통해 제공될 것으로 보인다. 카카오모빌리티의 설명을 보면 긴 시간대기를 원하는 경우나, 회사의 임원, VIP 손님을 모시는 경우, 그리고 보다 섬세한 배려(예를 들어 환자이동)가 필요한 경우 등 기존보다 한 차원 높은 서비스를 요구하는 고객을 대상으로 이를 준비하고 있다고 한다.

우리는 이런 프리미엄 서비스의 제공을 이미 카카오택시에서 보고 있다(블루, 스마트호출, 여성전용택시 등). 즉 카카오서포터즈는 기사들에게 새로운 방식의 구독 서비스인 것이다. 물론 아직 모두에게 매력적인 구독 서비스로 보이지는 않는다. 하지만 좋은 콜을 잡는 데 익숙하지 않거나 보다 여유로운 아르바이트

카카오의 서포터즈 모집광고 화면

로 대리를 생각하는 기사들에게는 좋은 서비스이다. 좋은 서비스가 발전하면 구독이라는 결과를 낳을 수 있다.

구독이라는 도구는 여전히 진행 중이며, 현재의 디지털 상품이나 멤버십에서 실물경제로 확장되면서 진화 발전하고 있다. 구독이라는 이야기는 정확하게는 플랫폼에 집중된 영역은 아니다. 하지만 구독이 실물과 결합되면서 어쩌면 우리가 상상하지 못했던 큰 변화를 만들어낼 것으로 보인다. 이러한 관점에서 플랫폼과의 관계를 잠시 떠나 구독에 대한 이야기를 정리해보도록 하겠다.

고객과의 영원한 관계 맺기, 구독경제

구독경제란 단어를 만들어낸 가장 대표적인 사례는 넷플릭스다. 한 달에 만원 정도의 돈을 내면 콘텐츠를 무제한으로 볼 수 있는 영상서비스인 넷플릭스는 어떤 이유로 구독경제의 모범이 되었을까?

넷플릭스는 나의 영상습관을 분석, 내가 좋아할 만한 영상을 추천하는 것으로 유명하다. 과거 콘텐츠를 하나씩 구매하던 시절보다 콘텐츠 소비량이 비약적으로 증가했기에 가능한 일이다. 고객의 소비량 증대가 데이터의 질적 양적 증대를 만들어낸 것이다. 넷플릭스는 빅데이터 기반으로 영상을 추천할 뿐만 아니라 그 데이터를 기반으로 어떤 콘텐츠를 영상 리스트에 포함할지도 결정한다. 즉 지금 회원들이 선호할 만한 콘텐츠를 조달하는 데 고객의 데이터를 사용하는 것이다.

고객은 넷플릭스의 추천을 즐기고 넷플릭스는 이를 통해 콘텐츠 조달 비용을 절감한다. 고객이 자주 콘텐츠를 이용할수록 이 행위의 정확도가 올라가고 고객과 사업자 모두 혜택을 누린다. 이 개념이 바로 '구독경제'의 핵심이다. 고객과 서비스 간의 빈도가 늘어나면서 발생하는 데이터의 질이 높아지고 이를 통해 구독경제가 탄생하는 것이다. 이를 흔히 데이터경제라는 말로도 표현하지만 데이터가 활용되는 방식이 소비자와의 잦은 접촉이라는 맥락에서 구독이라는 개념이 더 적절해 보인다.

또 다른 구독경제의 모범사례인 아마존 프라임이라는 멤버십형 구독을 살펴보자. 연 119달러만 내면 무료배송과 다양한 콘텐츠 서비스가 제공된다. 아마존 프라임의 핵심 서비스는 무료배송이고 이 배송 서비스의 핵심은 고객이 현재 구매하고 있는 상품이 무엇인가에 있다.

아마존 프라임의 가입자는 일반고객 대비 평균 구매액이 두 배가 넘는다. 즉 아마존에서 보다 자주 많은 구매를 한다. 무료배송비가 가장 큰 혜택이고 멤버십 할인과 같은 이벤트도 큰 역할을 한다. 실제 구매결과는 가장 고품질의 데이터가 되고 아마존은 이 데이터를 사용해 상품을 기획한다. 보다 매력적이고 핫한 상품이 매대의 전면을 차지하게 되고 고객들은 아마존의 센스에 감동한다. 미국에서만 1억 명이 넘는 회원들의 구매행위는 일종의 시장조사의 역할을 하고 아마존의 쇼핑몰 운영은 점점 더 정확해진다. 고객과의 잦은 접촉이 만들어내고 있는 구독경제의 모습이다.

이런 맥락에서 구독경제는 고객과의 관계가 보다 자주 그리고 밀접하게 발생하면서 만들어지는 새로운 데이터 기반의 경제를 의미한다. 과거에도 비슷한 시도가 있었지만 그 빈도가 높지 않았고 또 그 데이터를 활용하려는 시도가 없었기에 빛을 발휘하지 못했었다.

우리가 그토록 오랫동안 구독했던 신문들은 우리에게 개인화된 서비스를 제공하려 노력하지 않았다. 미국의 뉴욕타임스는 이제 구독을 통해 개인화된 뉴스 서비스를 제공하려고 한다. 이미 디지털 뉴욕타임스 구독자가 400만 명을 넘어섰기 때문이다. 이제 충분히 많은 데이터가 축적됐을 것이고 그 데이터는 어떤 탐사보도가 필요한지, 어떤 주장이 필요한지를 뉴욕타임스에게 알려줄 것이다.

구독경제의 성립에 가장 중요한 것은 고객의 규모 외에 고객과의 다양하고 잦은 접촉이다. 단순히 많은 고객은 재무상 가치만을 제공하지만, 많은 영상을 보고 많은 구매를 하고 많은 기사를 읽는 고객의 활동은 데이터라는 새로운 자산가치를 만들어내기 때문이다.

구독경제는 그동안 콘텐츠와 멤버십 영역에서 주로 활용돼 왔었다. 이제는 인터넷이라는 새로운 인프라의 발전과 함께 거의 모든 영역으로 확산되고 있다. 쿠팡의 로켓와우클럽, 아마존의 아마존 프라임 같은 멤버십은 이제는 반드시 갖춰야할 구독경제의 양식으로 발전하고 있으며 이 양식은 실물상품의 영역으로 확대되고 있다.

정수기 등의 가전제품을 만들어 판매하는 코웨이는 기업가치가 2019년 말 기준 6조 원을 넘어선다. LG전자의 기업가치가 10조 원 수준임을 감안하면 엄청난 수준이다. 이 차이를 좁혀준 것은 코웨이와 고객과의 관계이다. LG전자는 상품을 만들어서 판매한다. 고객은 그 상품을 구매해주는 고마운 대상이지만 고객과의 관계는 판매가 완료되는 순간 소원해진다. 반면에 코웨이는 구매 시점부터 관계가 시작된다. 코디가 정수기 필터를 교체하고 정수기 외에 다양한 상품의 판매가 시작된다. 한번 코웨이의 고객이 되면 고객은 관리되기 시작하는 것이다. 이러한 영업조직을 이용한 판매모델은 한국이 고유하다.

아모레퍼시픽의 아모레 아줌마나 보험판매, 빨강펜 선생님 그리고 코웨이의 코디는 우리에게만 익숙하지만 글로벌 시장에서는 일반적이지 않은 사업모델이다. 하지만 이 모델들은 이제 구독모델의 모범으로 성장하고 있고 그 가치를 코웨이가 증명하고 있다. 이제 고객과의 접촉으로 만들어지는 기회를 어떻게 활용하느냐가 기업들의 숙제가 될 것이다. 즉 구독모델은 실물상품 영역으로 확대되고 있다.

1인 가구 확대로 소유보다는 대여라는 새로운 소비방식이 떠오르고 이에 맞춰 기업들은 렌탈이란 새로운 판매방식을 제시하고 있다. 초기 구입대금의 부담을 없애고 어떤 상품이던 월 몇만 원으로 누리려는 소비자와, 높은 이자율과 판매증대라는 두 가지 혜택을 즐기는 사업자들의 니즈가 함께 만든 시장이다.

하지만 이 시장은 아직 구독시장이라고 말하기에는 부족하다. 렌탈에서 고객은 구매보다 상대적으로 높은 금액을 지불하고 있기 때문이다. 하지만 곧 이 영역에도 구독의 개념이 등장할 것으로 보인다. 즉 고객이 지불하는 금액과 향유하는 가치가 같거나 오히려 더 큰 상품이 나올 것이기 때문이다. 포르쉐의 패스포트 프로그램은 그런 구독상품의 등장을 예고한다.

명품 자동차의 상징인 포르쉐는 미국에서 포르쉐 패스포트란 서비스를 시작했다. 한 달에 2,100달러만 내면 다양한 포르쉐를 바꿔 탈 수 있는 프로그램으로, 다양한 종류와 색상의 포르쉐를 즐기고 싶은 고객의 니즈를 겨냥했다. 2,100달러란 가격은 제품의 원가와 이자율이 아닌 고객의 지불의사를 기준으로 산정된 것이다. 그리고 고객은 어떤 종류와 색상을 선호하는지 등에 대해 포르쉐와 대화를 나누기 시작할 것이다. 물론 이 정보는 2021년 포르쉐 설계에 적극적으로 반영될 것이다.

구독경제는 과거 '순간'이었던 고객관의 관계를 '영원한 접촉'으로 바꿔 나가는 새로운 사업방식이다. 콘텐츠 영역에는 이미 일반화되었듯이 제조 업에도 이 바람은 천천히 불어올 것이다. 단지 얼마나 빨리 올 것인가는 기 업들의 판단에 달려 있다. 과거에 갖고 있던 판매라는 패러다임에서 빠져나 와야 가능한 선택이기 때문이다.

서비스 구독과 상품 구독

구독은 고객과의 관계를 재정립하면서 만들어지는 새로운 사업모델이다. 이 과정에서 데이터가 축적되기도 하고 고객의 충성심이 만들어지기도 한 다. 기존의 구독이 많이 사용되었던 서비스라는 영역에서는 데이터라는 새 로운 도구가 구독을 이해하는 데 있어 중요한 요소가 되지만 구독이 제조업 혹은 실물상품에 적용될 때는 새로운 사업방식으로의 전환을 의미한다. 이 런 이유로 구독을 이해할 때는 서비스 구독과 상품 구독을 구분하여 이야기

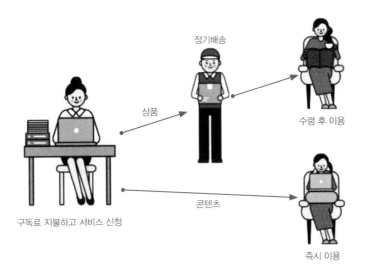

해야 한다.

먼저 서비스 구독은 우리가 이해하기 쉬운 모델이다. 구독의 개념 자체가 고객이 정기적인 서비스 사용을 약속하는 것이기에 고객은 자신이 지불한 비용을 정당화시키기 위한 소비노력을 하게 된다. 넷플릭스에 가입하고 한 달에 한두 편의 드라마만을 보고 있다면 이는 구독의 해지로 이어질 것이다. 그러기에 구독을 제공하는 서비스 사업자도 구독의 중단을 막기 위한 노력을 지속하게 된다. 하지만 이 노력은 과거 서비스를 단품으로 제공하던 시절의 고객관리와 많이 다르지 않다. 단지 이 과정에서 소비자의 소비 빈도가 증가하고 이 잦은 빈도가 데이터라는 새로운 도구를 만들어낸다는 점이 새로운 것이다. 즉 서비스 구독에서 가장 중요한 것은 데이터가 만들어지고 이 데이터가 구독유지의 핵심수단이 된다는 점이다.

서비스 구독은 우리가 아는 넷플릭스, 멜론, 밀리의 서재 등 콘텐츠 서비스 전반에 일반화되었고 한걸음 더 나아가 오프라인 서비스와 연결된 구독으로 확장되고 있다. 전자상거래의 배송 구독은 쿠팡, G마켓 등에서 이미 시작되었고 헬스클럽, 호텔, 식당 등에서는 월 회비를 기반으로 한 구독형 서비스를 지속적으로 만들어내고 있다. 물론 형태는 멤버십이라는 이름으로 이미 예전에 존재했었고 단지 달라진 것은 데이터라는 새로운 가치가 창출됨에 따라 구독으로 향유할 수 있는 가치의 절대값이 상승했다는 점이다. 이런 맥락에서 무제한이라는 새로운 시도가 일반화되기 시작했고 무제한을 뒷받침할 수 있는 가격설계가 보다 더 중요해지고 있다.

서비스에서의 구독이 일반적이었다면 실물상품에서의 구독은 전혀 일반적이 아니었다. 상품은 한번 사용하면 중고품이 되기에 구독이란 개념하에서 자유로운 사용은 다수의 중고품을 만들어내는 결과를 낳기 때문이다.

포르쉐의 구독 서비스를 시범적으로 돌려본 결과 평균 구독 유지기간은 4개월이었고 해지의 가장 큰 이유는 월 2,000마일(2,500km)이라는 주행거리 제한이 가장 큰 요소였다. 2,000마일을 초과할 경우 1마일당 1달러를 추가로 청구하는 시스템에 불만이 많았다는 것이다. 주행거리가 많아지면 차량의 노화가 빨라지기에 걸어 놓은 제한이 구독유지의 가장 큰 걸림돌이 되고 있는 것이다.

또한 실물 상품은 서비스와 달리 인간의 소유라는 본능과도 밀접한 관련을 갖고 있었다. 그러나 1인 가구의 등장, 고령화, 저성장과 공유개념의 보편화 등이 만들어낸 사회변화는 서비스가 아닌 실물상품의 영역에서도 구독의 개념을 요구하고 있다.

구독이라는 개념은 본질적으로 공유의 개념을 포함하고 있다. 과거 내가 혼자 구입하여 비효율적으로 사용하던 자동차가 공유를 통해 10명에 의해서 공유되어 보다 저렴한 가격으로 자동차를 사용할 수 있다는 개념은 이미 많은 사람들이 동의하고 있는 영역이다. 물론 그 대상은 자동차에서 가전제품, 나아가 모든 상품으로 확장 중이다. 하지만 우리가 흔히 알고 있는 공유경제의 개념과 구독은 완전히 별개로 이해해야 한다. 이에 대해서는 따로 이야기하도록 하겠다.

이러한 실물상품의 구독과 혼동되는 개념이 렌탈이라는 우리가 익히 알고 있는 판매방식이다. 렌탈은 가격이 부담되는 상품을 할부로 구매하는 방식으로 구독의 개념과 동일선상에 놓아서는 안 된다. 아니 렌탈이 이미 존재하기에 구독이라는 개념이 보다 명확해질 수 있다. 이 둘 간에는 명확한 차이가 존재하기 때문이다.

첫째는 고객에 대한 사업자의 인식이다. 구독이라는 개념은 고객과의 관계를 재규정하는 새로운 언어이다. 따라서 사업자들은 고객과 가까워진다는 것을 자신의 새로운 가치로 규정하고 고객으로부터 받는 인정을 추구해야 한다. 따라서 구독의 대상이 되는 상품의 가격, 혹은 구독의 대가는 고객의 지불의향에 수렴해야 한다. 현재 렌탈이라는 서비스는 권장소비자가격에 높은 이자를 추가하는 금융적 관점에서의 가격산출 방식을 택하고 있다. 고객은 당장 전체 금액을 지불할 수 없기에 렌탈을 선택하는 것이지 사업자와의 관계 재정립을 위해 이 상품을 선택하는 것이 아니다. 즉 가격정책, 'Pricing'의 지향점이 본질적으로 상이하다.

두 번째는 해지의 자유로움에 있다. 구독은 상품 서비스를 제공함에 있어 고객으로부터 선택됨을 목표로 한다. 만약 고객이 상품에 만족하지 못한다면 다른 상품으로 그 불만족을 채워야 하고 이를 통해 고객과의 관계는 유지돼야 한다. 고객의 상품에 만족을 하지 못해 구독을 해지한다면 이는 나의 상품이 매력적이지 못한 것이다. 즉 해지가 많은 구독은 재설계되어야 한다. 현재 우리가 알고 있는 렌탈은 해지라는 개념이 존재하지 않는다. 해지는 본래 지불해야하는 소비자 가격과 약속한 이자를 모두 지불해야 선택할 수 있는 옵션이기 때문이다.

우리 주변에는 수많은 제조업이 존재한다. 기존의 가치사슬이라는 단선적인 사업모델에서 가장 중요한 것은 좋은 상품을 만들어내는 것이었고 상품 경쟁에서 승리하는 것이었다. 하지만 이제 소비자도 경쟁자도 변화했다. 상품은 너무 많고 내 상품이 경쟁자 대비 엄청난 차이를 보이기는 쉽지 않다. 그러기에 구독이라는 모델은 제조업자들에게는 새로운 사업방식으로의 전환이다. 현대차가 차량 구독 서비스를 한다면 고객이 원하는 BMW Mini를 구독 포트폴리오에 포함시켜야 할지도 모른다. 즉 나의 상품만으로 구독을 한다는 사고는 구독의 개념을 잘못 이해한 것이다. 고객이 원하는 것은 현대자동차를 통한 나의 차량에 대한 니즈를 해결하는 것이지 현대가 만들어낸 차량으로 그 니즈를 해결하는 것이 아니기 때문이다.

서비스에서의 구독이 이미 존재했던 구독형태의 진화였다면 실물 상품에 있어서 구독은 혁명적인 변화이다. 그리고 그 변화에 대한 실험은 이미 시작되고 있다.

구독에서 고객의 의미

내 고객의 숫자는 언제나 의미를 갖는다. 과거 구독의 예로 존재했던 신문들이 발행부수를 늘리기 위해 다양한 방식으로 노력한 이유도 여기에 있다. 신문사들에게 있어 구독의 개념은 얼마나 많은 발행부수를 보고할 수 있는가와 이를 통한 광고수입이 목적이었기 때문이다. 구독의 개념을 정의함에 있어 가장 중요한 것은 고객의 정의를 어떻게 내리는가에 있다. 결론부터 말하자면 구독경제에서 고객의 개념은 기업과 정규적인 관계를 맺는 고객을 의미한다.

이미 과거 제조/판매 경제에서 고객과의 관계는 구매주기에 따라 결정되었다. 치약의 구매주기는 한 달이고 TV의 구매주기는 5년이었다. 그래서 고객과의 관계가 기업의 흥망에 결정적 역할을 하지는 않았다. 하지만 구독경제가 구체화되면서 이 새로운 고객관계의 개념은 기업의 운명을 좌우하는 가장 핵심적인 요소로 등장한다.

예를 들어 요즘 가장 핫한 사업자인 마켓컬리와 쿠팡을 새벽배송이라는 개념에서 비교해보자. 많은 고객들이 열광하면서 마켓컬리의 가입자 수는 빠른 속도로 증가했다. 공식적으로 보도된 수치는 2019년 4월에 200만 명이니 이 숫자도 코로나 사태의 영향으로 크게 증가했을 것이다. 문제는 이 회원 수가 한두 번의 경험 이후 마켓컬리 사용을 중단한 필자와 같은 고객을 포함한다는 점이다. 200만을 달성하던 시점에 하루 최대 주문건수가 3만 3,000건이었으니 마켓컬리의 그 당시 구매빈도는 60일에 한 번이 될 것이다. 신선식품을 판매하는 사이트에서 고객이 두 달에 한 번 구매를 한다는 것은 이상한 일이기에 200만이라는 회원 수는 마켓컬리가 추구하는 사업의 개념을 제대로 설명하지 못한다.

그렇다면 쿠팡은 어떠한가? 쿠팡의 회원 수는 2019년 말 기준으로 1,400만 명이다. 이 회원 수는 마켓컬리의 200만과 동일한 의미에서의 회원이기에 큰 의미가 없다. 과거 네이버, 다음과 같은 포털 서비스 사업자들의 회원 수가 모두 2,000만이었던 것과 같다. 하지만 쿠팡은 여기에 한 차원 다른 회원 수를 갖고 있다. 바로 로켓와우라는 유료회원제 멤버십이다. 매달 2,900원을 내면 쿠팡의 로켓배송 대상상품의 배송을 무료로 제공받을 수 있으며, 2020년 9월 기준 이미 500만 명을 넘어선 것으로 예측되고 있다. 2018년 10월에 시작해서 90일, 30일 무료체험으로 무료 체험기간을 줄여가면서 모은 500만 명이라는 회원은 쿠팡의 충성고객이다. 쿠팡에서 자주 쇼핑을 하다 보니 무료배송에 대한 니즈가 생겼고 그래서 로켓와우를 구독하게 된 것이다. 현재 쿠팡의 가장 큰 목표는 아마도 500만 명의 이미 확보한 고객을 유지하거나 확대시키는 일이 될 것이다. 이들이 바로 구독고객이기 때문이다.

여기에서 구독고객에 대한 정의를 다시 살펴보자. 기업과 정규적인 관계를 맺는 고객이라는 개념은 이 맥락에서 기업이 취해야 할 행위를 정해준다. 쿠팡은 커머스 사업자로서 상품을 소싱하고 배송을 관리하고 고객관리라는 맥락에서는 로켓와우 고객을 늘려가려고 노력할 것이다. 물론 이 노력에는 신규 구독을 늘리는 것도 있지만 해지를 줄이는 노력도 있다. 바로 구독이라는 개념이 성립되었기에 쿠팡은 고객을 관리할 수 있는 것이다.

그렇다면 이 구독의 개념이 갖는 의미는 무엇일까? 단지 '쿠팡에는 있고 마켓컬리에는 없다'라는 것으로 구독의 개념을 정리할 수는 없다. 이 구독이라는 개념이 갖는 것은 바로 성을 지키기 위해 '해자'를 파는 것과 같다.

적의 공격을 막기 위해 성 주변을 둘러싸고 있는 해자

해자는 과거 중세 성곽을 둘러싼 못을 의미한다. 성을 지킴에 있어서 이 해자를 크게 만들어 두면 적이 성을 공략하는 것이 불가능해진다. 성곽을 높게 쌓는 것도 중요하지만 해자는 적이 성벽 근처에도 오지 못하게 만드는 그런 요소이다. 구독고객은 이런 맥락에서 해자와 같은 역할을 한다. 쿠팡은 지속적으로 로켓와우 고객을 늘려갈 것이다. 이는 바로 쿠팡이 추구하고 있는 모델이 아마존의 아마존 프라임이기 때문이다.

구독경제에서 고객이 누군가를 정하는 것은 가장 중요하다. 나의 목표가 명확하지 않으면 그 추구 노력도 잘못될 수 있기 때문이다. 쿠팡도 아마존도 명확하게 자신을 쇼핑의 중심수단으로 선언한 고객을 모으고 관리하고 있다. 그리고 그 구독의 혜택은 점점 더 커질 것이다. 해자를 더 넓게 만드는 것은 경쟁자의 의지를 무력화시키는 가장 좋은 도구이기 때문이다.

구독에서 가격이란 어떤 의미일까?

넷플릭스에서 동시 접속이 가능한 4개의 계정을 갖기 위해서는 1만 4,500원이 필요하다. 필자는 가족 3명이 하나씩 나눠 갖고 부모님에게 한 계정을 드렸다. 물론 넷플릭스가 가진 콘텐츠에 대한 만족도에 따라 개개인의 판단이 다를 수 있지만 현재 코로나 사태로 4계정이 모두 활발히 사용되고 있는 상황에서 넷플릭스의 1만 4,500원은 터무니없이 싼 가격이다. 거의 TV를 시청하지 않던 필자도 이제는 매일 저녁 한 시간 정도 넷플릭스를 시청한다.

넷플릭스는 어떻게 이 가격을 책정했을까? 무제한이라는 개념은 이미 많이 존재했지만 그 무제한 요금제의 근거는 합리적인 계산에 근거하여 제공

Bahncard prices per year in 2020[16]		
	Second Class	First Class
BahnCard 25	€62	€125
BahnCard 50	€255	€515
BahnCard 100	€3,952	€6,685

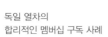

독일 열차의
합리적인 멤버십 구독 사례

되었다. 유명한 독일의 열차요금제는 차등요금제를 기본으로 한다. 1년간 내가 열차를 얼마나 탈 것인가에 근거하여 25% 할인, 50% 할인, 그리고 무제한 탑승권을 구매할 수 있다. 이는 소비자의 지불의사를 감안하여 산출된 요금수준이다. 따라서 소비자는 3가지 옵션을 잘 살펴보고 자신의 여행계획을 감안하여 요금제를 선정해야 한다. 이런 형태의 구독에 대한 요금제는 예전에도 많이 있었고 소비자는 합리적인 선택을 했어야 했다. 하지만 현재 우리가 경험하고 있는 구독의 요금 즉 가격은 이렇게 합리적이지 않다.

넷플릭스의 가격을 터무니없다고 표현한 것처럼 현재 인기를 얻고 있는 구독의 가격들은 대부분 낮게 아니 매우 낮게 형성된다. 그 이유는 구독의 개념이 과거 정기적인 서비스의 제공이라는 관점에서 고객과의 영원한 관계를 형성하고자 하는 목적으로 바뀌었기 때문이다. 무제한이라는 넷플릭스의 가격은 보다 많은 콘텐츠 소비를 만들어낸다. 고객과의 접촉이 보다 빈번해진 것이고 이는 이 고객이 어떤 콘텐츠를 선호하는지 알 수 있게 해준다. 즉 고객을 더 잘 이해하게 되고 고객이 나의 서비스에서 이탈할 가능성을 낮출 수 있게 된다. 낮은 가격은 보다 많은 고객을 확보하는 수단일 뿐만 아니라 고객을 유지함에 있어서도 가장 중요한 요소인 것이다. 여기에 또 하나의 보너스가 있다. 고객의 취향을 모으면 어떤 콘텐츠를 제공하는 것이 보다 많은 고객을 만족시킬 수 있을지 알게 된다. 무작정 인기 있는 콘텐츠가 아닌 저가의 효율 높은 콘텐츠 구매가 가능해지는 것이다.

마이크로소프트는 이제 오피스를 박스에 넣어 판매하지 않는다. 오피스 365라는 제품은 온라인으로 구독의 형태로 판매되는데 역시 6개의 계정을 사용할 수 있는 구독이 월 만 원이다. 여기에 각 계정마다 1테라바이트의 클라우드 공간을 보너스로 제공한다. 과거 수십만 원 하던 오피스를 이제는 공식버전으로 업그레이드와 기술 서비스를 받으면서 당당하게 사용할 수 있는 가격이 계정당으로 생각하면 월 2,000원이 안 된다. 여기에 1테라바이트의 클라우드 공간을 제공받으니 월 3,700원에 구글 드라이브 200기가바이트를 사용하고 있는 필자로서는 이 역시 어처구니없는 가격이다. 물론 현실적으로 2계정만 사용한다는 가정하에서도 월 5,000원이니 사용하지 않을 이유를 찾는 것이 더 어렵다. 마이크로소프트는 이제 이런 고객을 1.7억 명을 보유하고 있고, 어쩌면 영원히 마이크로소프트를 떠나지 않을 이 고객에게 무언가 새로운 서비스를 제공하는 것은 아주 쉬운 일이 될 것이다.

여기에서 아마존 프라임의 가격 즉 연간 119달러를 이야기하는 것은 너무도 당연하다. 차익일배송을 넘어 익일배송, 신선식품의 2시간 배송까지 이 모든 배송을 무료로 하는 가격이 월 10달러 수준이고 여기에 무료 음악, 영상, 책, 게임 등의 콘텐츠가 제공된다. 넷플릭스와 마이크로소프트, 아마존의 구독상품의 가격을 보면 이 구독을 선택하지 않는 것이 비정상으로 느껴진다. 이 느낌은 이미 각각 넷플릭스 2억 명, 마이크로소프트 1.8억 명, 아마존 1.5억 명이라는 구독회원을 모은 이유이다.

구독경제를 대표하는 서비스들에게서 가격은 내가 제공하는 서비스의 가치의 합리적인 대가가 아니다. 구독경제의 가격수준 설정에 있어 원가라는 개념은 이미 사라진 지 오래이며, 고객이 영원토록 나와 함께할 수 있는 수준이 어디인지를 알아내는 도구로 사용된다. 합리적이지 않은 구독의 가격결정은 구독이 추구하는 바가 무엇인지를 이해할 때 비로소 선택이 가능해진다. 과거의 패러다임에서 구독을 설계한다는 것은 그저 과거의 합리성에 맴돌 뿐이다. 높은 가치제공을 통해 고객과의 거리를 좁히는 것이 새로 나온 구독이라는 사업모델의 목표이기 때문이다.

구독의 모범사례,
마이크로소프트

구독경제가 인기를 끌고 있지만 구독이라는 단어로 실질적인 변화를 만들어 낸 기업은 그다지 많지 않다. 물론 넷플릭스나 스포티파이, 그리고 전자상거래 영역에서 쿠팡이나 아마존과 같은 사례는 많이 이야기되고 있다. 하지만 서비스가 아닌 실물 영역으로 들어오는 순간 성공사례를 찾는 것은 매우 어렵다. 무엇보다 그 변화라는 것이 너무 크기에 쉽게 선택하기 어렵다. 하지만 시도했고 그 결과를 즐기고 있는 기업이 있다. 바로 마이크로소프트이다.

구독은 고객과의 관계를 재정립하는 것이다. 과거 윈도우나 오피스와 같은 상품을 판매했던 시절의 마이크로소프트는 컴퓨터 운영체계의 지배자였다. 그리고 그 지배는 지금도 이어지고 있다. 마이크로소프트는 그 지배력을 바탕으로 오피스를 비롯한 다양한 소프트웨어*를 만들어왔다. 전형적인 단선적 시장에서의 공급자 역할을 선택한 것이다. 하지만 지금의 마이크로소프트는 다른 모습을 갖고 있다. 단적으로 앞서 말했듯이 이제 오피스를 월 단위로 서비스하고 있다.

마이크로소프트가 구독으로 전환을 결정한 것은 두 가지에 기인한다. 첫째는 성장의 정체를 넘어 하락이라는 기존 모델의 한계가 명확하게 보인 점이고, 둘째는 자신의 제품을 사용하는 고객과의 관계가 점점 더 멀어져가고 있다는 점을 실감했다는 점이다.

마이크로소프트는 PC라는 영역에서 윈도우를 통해 독점적인 지위를 구

---

* 가장 대표적인 것이 개발툴인 Visual Studio이다. 개발자를 위한 VS는 개발자들에게는 이제는 무엇을 개발하던 필수품이다.

축했다. 하지만 2007년 6월 애플의 아이폰이 세상에 나오면서 2류 기업으로 전락해버린다. 모든 관심은 모바일로 쏠렸고 IT 혁신의 상징은 애플과 구글에 쏠리기 시작했다. 뒤늦게 모바일의 중요성을 깨달은 마이크로소프트는 노키아를 인수하고 추격을 시도하지만 그 결과는 참담했다. 마이크로소프트의 시대가 저무는 듯했다. 그러나 이때부터 마이크로소프트의 반격이 시작된다. IT라는 영역에서 두 가지 종류의 구독 서비스를 내놓으면서 시장 전체를 장악하려고 시도했다. 하나는 클라우드라는 개발자를 대상으로 하는 인프라와 개발환경을 제공하는 서비스이고, 다른 하나는 우리가 잘 아는 오피스라는 소프트웨어 사용자를 대상으로 하는 서비스이다.

모든 소프트웨어가 개발되고 운영되기 위해서는 개발과 운영을 위한 장비와 기반 소프트웨어가 필요하다. 그리고 클라우드 이전에는 이 모든 것들을 개발자가 소유해왔다. 소유는 안정적이지만 변화에 취약했고 이제는 거의 모든 개발자들이 소유보다는 공유가 올바른 선택이라고 인정하기 시작했다. 공유는 변화에 적응하는 속도가 무척 빠르기 때문이다. 이 개발과 운영을 위한 장비와 기반 소프트웨어를 소유하지 않고 사용한 만큼 지불하는 방식으로 구독하는 것이 바로 클라우드 시스템이다. 이 플랫폼을 통해 개발자는 비용을 절감하고 변화에 빠르게 적응하고, 소비자는 그 개발자의 산출물을 누린다. 클라우드를 통해 만들어진 새로운 환경이 가치를 창조하고 있는 것이다.

마이크로소프트는 클라우드 서비스를 제공하면서 IT라는 영역에서 기반 플랫폼으로서의 역할을 주장하고 있다. 클라우드의 대상은 주로 개발을 담당하는 공급자들이기에 실제 사용자인 소비자들은 마이크로소프트와 아무런 연결점을 갖지 못한다. 삼성의 갤럭시폰을 통해 게임을 하는 사용자는 그 게임이 마이크로소프트가 제공하는 안드로이드 개발환경에서 개발되었고 역시 마이크로소프트의 클라우드에서 운영되고 있다는 것을 전혀 알지 못한다. 과거 PC 시대에 인텔이 'Intel Inside'를 외치던 모습과 유사하다. 하지만 마이크로소프트는 아직 고객과의 연결점이 남아 있다. 바로 컴퓨터에 설치된 윈도우와 오피스 그리고 개발도구들이다. 이 소프트웨어들을 통해 실제 사용자들과의 관계를 유지시켜 나가려는 선택이 구독이라는 변화를 만들고 있다.

마이크로소프트의 구독은 간단하다. 오피스라는 모두의 생산성 도구를 구입이 아닌 월 단위 구독 모델로 전환한 것이다. 가격을 보면 충분히 저렴하다. 즉 과거 높은 가격으로 자연스레 불법복제를 찾던 고객들을 정식고객으로 끌어들이기에는 가능한 가격으로 보인다. 온 가족, 최대 6명이 사용할 수 있는 가족 버전은 연간 12만 원이니 월 만 원으로 정식버전을 전 가족이 사용 가능하다. 혼자만 사용한다면 그 가격은 연간 9만 원으로 할인된다. 여기에 원드라이브의 1테라바이트의 저장공간을 추가로 제공한다. 이미 구글 드라이브나 네이버 드라이브를 사용하고 있는 사용자가 보기에 충분히 매력적인 이동 조건이다.

또 하나 매력적인 것은 윈도우라는 운영체계를 기반으로 한 파일의 공유가 매우 용이하다는 점이다. 원드라이브는 윈도우 탐색기에 자동으로 만들어지고 마치 나의 하드디스크를 사용하는 것처럼 존재한다. 그리고 어디서나 원드라이브를 호출하면 로그인 방식으로 다른 컴퓨터에서도 사용이 가능하다. 원드라이브와 구글 드라이브를 동시에 사용해보면 원드라이브는 윈도우와 한 몸인 느낌이지만 구글 드라이브는 그런 느낌을 주지 못한다.

마이크로소프트 오피스 365의 구독 결제화면

물론 구글 드라이브 클라이언트를 이용하면 유사한 느낌을 가질 수 있지만 여전히 한집안 식구가 주는 그런 편안함과는 약간 달라 보인다. 윈도우가 가진 홈그라운드의 이점이 나타나는 순간이다.

마이크로소프트는 클라우드와 오피스 구독을 통해 개발자와 사용자 영역을 별개로 장악해 나가고 있다. 그리고 이 두 개의 시장은 언젠가 마이크로소프트가 운영하는 IT기반 플랫폼으로 합쳐질 것이고, 이때가 마이크로소프트의 플랫폼이 재탄생하는 순간이 될 것이다.

실물 구독의 개척자,
포르쉐 패스포트

명품 차량의 상징인 포르쉐가 구독 서비스를 시작했다. 그런데 그 품새가 구독의 정석이다. 그 내용을 정리해보면서 상품 구독이라는 것이 어떤 모습이어야 하는지를 살펴보도록 하겠다.

포르쉐의 패스포트 서비스는 한 달에 일정액을 내면 포르쉐를 마음대로 탈 수 있는 전형적인 상품 구독 서비스이다. 상품 구독 서비스의 훌륭한 예를 찾기 힘든 상황에서 단비 같은 사례이다. 포르쉐는 자동차를 만드는 제조업체이다. 제조업체가 차를 팔지 않고 차를 빌려주는 서비스 사업자로 변신한 것이다. 먼저 간단히 내용을 살펴보면 월 2,100달러를 지불할 경우 포르쉐의 기본모델 6종류를 마음대로 탈 수 있다. Cayman, Cayman S, Boxster, Boxster S, Macan, Macan S, Cayenne, Panamera가 그 여섯 가지 차종이고 여기에 1,000달러를 추가하면 포르쉐의 모든 차량을 탈 수 있다. 대상 차종의 연식은 모두 당해 연도 모델이다. 익숙하지 않은 독자들을 위해 사진을 첨부했다. 물론 포르쉐는 우리에게 익숙한 차량은 아니다. 쉽게 예상되지만 3,100달러 모델에 포함된 차량들은 가격이 조금 더 나가는 그런 모델일 것이다.

일단 사업을 미국과 캐나다의 일부 지역에서 시작했기에 대상고객은 미국과 캐나다 국민이고 운전면허증만 소유하면 된다. 구독을 하면 두 명까지 등록이 가능하니 부부가 같이 사용할 수 있다. 여러 명이 한 대를 돌려 타보는 그런 상황은 피하려 한 것으로 보인다. 매월 2,100달러, 3,100달러 이외에 595달러(환불 불가)를 초기에 내야 하는데 이를 가입비라 부른다. 가입비는 해지 후 1년 내에 돌아오면 다시 낼 필요는 없지만 1년 후에 재가입

LAUNCH
$2,100 / month USD
plus tax
with $595 activation fee

Launch Tier vehicles include:

Cayman
Cayman S

Boxster
Boxster S

Macan
Macan S

Cayenne

Panamera

ACCELERATE
$3,100 / month USD
plus tax
with $595 activation fee

Accelerate Tier vehicles include:

911 Carrera
911 Carrera S
911 Carrera 4S

911 Carrera Cabriolet
911 Carrera S Cabriolet

Cayman
Cayman S
Cayman GTS

Boxster
Boxster S
Boxster GTS

Panamera
Panamera 4S
Panamera 4 E-hybrid

Macan
Macan S
Macan GTS

Cayenne
Cayenne S

포르쉐 패스포트가 제공하는 차량 구독 서비스의 종류

을 하려면 또 내야 한다. 이탈에 있어서 유일하게 고민되는 요소이다. 하지만 1년이라는 유예기간을 둔 것은 아량이 있어 보인다.

차량은 포르쉐에서 배송해준다. 물론 차를 바꿔서 타고 싶다고 해도 교환 배송해준다. 현재는 애틀랜타, 라스베이거스, 피닉스, 샌디에이고에서만 서비스를 제공하는데 이 외의 지역에서 신청할 경우 해당지역 반경 50km까지는 가져다준다. 원하는 인기모델을 100% 보장하지는 않지만 예약 신청하면 아마도 대응하지 않을까 생각된다. 운행거리에 대한 제한이 있는데 한 달에 2,000마일(2,500km)을 초과하면 마일당 1달러를 추가로 청구한다. 2달을 기준으로 합산하여 관리하니 장거리를 가도 큰 문제는 없어 보이지만 이 조항이 해지의 가장 큰 요인이 되고 있다.

보험도 이미 가입되어 있어 따로 걱정할 필요는 없다. 미국의 보험제도에 대해 생소하지만 유추를 해보면 책임보험으로 100만 달러가 보장되니 차량이 전파되어도 대충 보험으로 커버가 가능해 보인다. 단 본인 부담금이 2,000달러로 만만치는 않고 사건당 공제액도 1,000달러로 무시무시하다.

일단 사고는 내지 말라는 의미이고 비싼 차이니 본인이 그 사고에 대한 책임을 어느 정도는 져야 한다는 뜻이다. 한국에서 이제 국산차들도 어지간한 사고에는 수리비가 100만 원이 넘어가니 이해할 만한 수준이다.

포르쉐의 패스포트 구독 서비스를 보면 상품 구독은 어떠해야 하는지가 보인다. 먼저 상품 그 자체의 매력이 충분해야 한다. 즉 갖고 싶은데 구입하기에 금액이 너무 크다면 구독이 아주 잘 들어맞는다. 포르쉐의 차당 가격은 가장 기본 모델인 Boxster가 12만 달러 수준이니 웬만한 사람이면 살 엄두를 내기 힘들다. 설령 경제력이 충분하다 해도 포르쉐는 뭔가 그냥 사기에는 너무 비싼 스포츠카이다. 그리고 보험료도 엄청나고(한국의 지인이 갖고 있는데 1년 보험료가 700만 원이라 들었다), 혹 사고라도 나면 엄청난 수리비가 기다린다. 즉 갖고는 싶은데 여러 가지 제약들이 막아선다. 그 제약을 구독이라는 새로운 방식이 해결해 주는 것이다.

모든 것은 포르쉐가 책임지고 나는 언제든지 그만둘 수 있는 모델, 바로 구독의 정석이다. 게다가 상품이 가진 매력이 중고차를 거부감 없이 받아들일 수 있다. 즉 중고 포르쉐도 포르쉐이기 때문이다. 당해 연도 모델만을 대상으로 하며 모든 차량을 포르쉐가 책임지고 관리하기에 구독되는 차량이 언제나 최적의 상태, 신차와 거의 유사한 상태로 유지될 수 있다는 믿음이 생긴다. 물론 그 차량들을 최적의 상태로 유지하는 데 드는 비용이 가장 저렴한 주체는 바로 제조사이다. 제조업체가 관리한다는 점과 상품이 빈티지라는 일반적인 상품이 가질 수 없는 가치를 가질 수 있을 때 구독모델은 가장 잘 작동한다.

실물상품의 구독이 가지는 가장 큰 문제인 중고품의 문제는 포르쉐의 구독에서도 드러난다. 앞서 언급한 바 있지만 파일럿 테스트 결과 가장 큰 구독해지 사유는 2,000마일이라는 운행거리 제한이었다고 한다. 거리제한은 차량의 급속한 노화를 방지하기 위한 장치이지만 반대로 고객에게는 구독을 떠나는 가장 큰 이유였던 것이다. 디지털이 아닌 실물상품은 여전히 상품의 수명이 존재하고 그에 따라 가치가 급격히 떨어지기 때문이다.

앞서 말했듯이 포르쉐 패스포트는 구독모델의 정석이라 할만 하지만 모든 상품이 포르쉐가 될 수는 없다. 따라서 매력이 조금 떨어지거나 제조자가 직접 운영하지 않는 등의 상황에 맞추어 구독모델을 변형시키고 소비자가 받아들일 수 있는 매력 포인트를 만들어내는 것이 필요할 것이다. 물론 실물 상품이기에 가지는 한계를 어떻게 극복할 것인가도 풀어야 할 숙제이다.

콘텐츠 구독의 대표주자, 넷플릭스

구독형 영상 콘텐츠 서비스 간 경쟁은 전쟁이라고 해도 좋을 만큼 치열하다. 넷플릭스 외에도 아직 우리나라에는 상륙하지 않았지만 디즈니 플러스, 애플TV 플러스, 아마존 프라임 비디오 등이 미국 시장을 둘러싸고 경쟁 중이다. 2019년 11월 선보인 디즈니 플러스는 5개월 만에 5,000만 가입자를 확보하는 성과를 냈다. 하지만 같은 시기 넷플릭스도 3,000만 명에 가까운 신규 가입자를 확보, 왕의 위엄을 과시했다. 중국의 경우 아이치이, 요우쿠, 텅쉰슬핀이라는 3개의 사업자가 경쟁 중이며 월 사용자 수를 보면 9.64억 명으로 엄청난 접근성을 보이고 있다. 하지만 넷플릭스처럼 돈을 내고 유료 콘텐츠를 시청하는 사용자는 월 7,400만 명에 불과하다. 3개 사업자가

7,400만 명을 나누어 갖는데 그 비중은 어떤 영화, 어떤 드라마를 현재 서비스하고 있는가에 따라 달라진다. 즉 사용자들은 무료 사용자로 존재하다가 인기 영화나 드라마가 추가되면 한 달간 유료로 전환하는 방식으로 서비스를 이용한다. 즉 중국의 넷플릭스들은 구독이라기보다는 월 단위 구매모델로 이해하는 것이 옳다. 사업자들은 구독이라는 고객과의 영구적인 관계를 만들어내기 위해 노력하지 않는다. 심지어 경쟁자가 독점 콘텐츠를 방영하고 있는 동안에는 서로 돕기도 한다. 구독고객을 유지하기 위한 노력이 큰 의미를 갖지 못한다고 판단하기 때문이다.

반면에 넷플릭스의 고객유지율은 발표된 바 없지만 다양한 조사에 따르면 1년 기준 10% 아래로 유지되고 있다고 한다.[12] 이 수치는 다음 그래프에서 보는 것처럼 경쟁자인 아마존 프라임 비디오나 훌루Hulu와 비교하면 엄청나게 낮은 수치이다. 어찌 보면 중국의 경우처럼 경쟁자들이 새로운 오리지널 콘텐츠를 출시하면 이를 위해 이동했다가 다시 돌아오는 모습으로 이해하는 것도 가능하다. 즉 미국의 영상시장에서 오직 넷플릭스만이 구독 서비스를 하고 있다고 말할 수도 있는 상황이다. 그렇다면 넷플릭스는 무엇을 하고 있는 것일까?

바로 넷플릭스는 고객의 구독을 관리하고 있다. 즉 어떤 수준의 가치를

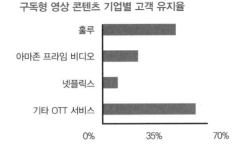

구독형 영상 콘텐츠 기업별 고객 유지율

제공해야 고객이 구독을 유지하는가를 고민하면서 서비스를 만들어가고 있다고 볼 수 있다. 또 하나 이 관리가 전체적 관점이 아니라 개개의 고객 관점에서 이뤄지고 있다는 점이 중요하다. 즉 하나하나의 고객을 대상으로 고객이 느끼기에 비용대비 가치가 높게 느껴지도록 관리되고 있다는 것이다. 이는 구독 서비스가 가져야하는 고객관리가 어떠해야 하는지를 명확하게 보여준다.

먼저 넷플릭스는 개개의 영상 에피소드에 대한 정보와 이를 시청하는 소비자의 정보를 수집한다. 얼마나 많은 고객이 보았는지, 또 끝까지 보았는지, 에피소드 간 시청에 얼마나 많은 시간이 소요됐는지, 또 언제 어디서 보았고 어떤 디바이스를 사용했는지, 그리고 더 나아가 어떤 장면에서 되감기와 정지가 이뤄졌는지까지 모든 정보를 수집한다. 이 모든 정보는 구독자에게 새로운 콘텐츠를 추천하는 데 사용되기도 하지만 어떤 콘텐츠를 제작, 소싱할 것인가의 의사결정에도 활용된다.

넷플릭스가 주목하는 고객은 모든 고객이 아니다. 넷플릭스를 하루에도 몇 시간씩 시청하는 충성고객은 관리가 필요한 고객이 아니다. 이들은 이미 넷플릭스가 제공하는 가치를 충분히 즐기고 있기에 추가적인 관리가 필요하지 않을 것이다. 문제는 간헐적으로 넷플릭스를 이용하면서 그 가치를 충분히 향유하지 못하는 고객이다. 이들은 무언가 조치가 이뤄지지 않으면 곧 서비스를 떠나가 버릴 고객들이다. 위에서 모아진 데이터들은 이러한 고객들을 계속해서 구독에 묶어두기 위해 어떤 행동을 해야 하는지 고민하는 데 쓰인다.

이러한 넷플릭스의 고민은 사전적이기에 의미가 있다. 즉 이미 해지를 결심한 고객의 마음을 돌리려 하는 것이 우리가 이미 알고 있는 사후적인 고객관리라면 넷플릭스는 매일매일의 사업운영이 고객이 떠나지 않도록 하는 것이다. 우리가 과거 이동통신사를 바꾸려 했을 때 겪었던 해지과정의 고통을 생각해보면 그 차이가 얼마나 큰지 알 수 있다. 이미 떠나려고 하는 고객을 강제로 막아서는 것과 고객이 떠날 생각을 못하게 하는 것과의 차이는 매우 크다.

즉 매달 해지라는 의사결정을 생각할 수 있는 고객의 머릿속에서 '해지'라는 단어를 지워버리려 노력하고 있는 것이다. 넷플릭스의 이 노력은 개개인 단위의 관리로 내려갔기에 비용대비 효과를 극대화시킬 수 있을 것이다. 충분한 데이터를 모으고 1.5억 명이라는 개개 구독자 단위로 그들을 지속해서 구독이라는 틀에 남겨두기 위해 노력하는 것이 바로 넷플릭스의 구독관리인 것이다.

구독에 있어서 운영의 시작은 고객에서 시작한다. 고객이 구독을 지속하기 위해 상품개발도 마케팅도 홍보도 모두 바뀔 수 있다. LG전자가 홈 구독 서비스를 하더라도 고객이 삼성 건조기를 원한다면 이를 구독 서비스에 포함시켜야 하는 것이 구독이라는 새로운 패러다임의 운영원칙이다. 이제 상품은 잊고 고객이 무엇을 원하는지에 집착해야 하는 순간이다.

애플이
구독 서비스를 만든다면?

글로벌 기업가치 기준 1조 달러를 넘어선 기업은 마이크로소프트, 아마존, 애플 세 회사이다. 이미 이야기했지만 마이크로소프트는 구독방식으로의 변화를 통해 현재의 자리에 올라섰고 아마존은 구독경제의 대표주자로 이미 자리 잡고 있다. 애플마저 구독이라는 단어를 가져간다면 구독이라는 단어는 세계 경제의 핵심으로 자리매김할 것으로 보인다. 결론부터 이야기한다면 애플은 이미 구독이라는 단어를 갖고 있었고 이를 구체화하려 준비하고 있다.

과연 애플이 구독 서비스를 만든다면 어떤 모습일까? 애플의 핵심상품이 아이폰인 만큼 아이폰을 중심으로 구독을 설계할 것으로 보인다. 매달 일정액을 내면 매년 새로운 아이폰으로 교환할 수 있는 프로그램은 현재 지구상에서 아이폰을 사용하고 있는 약 7억 명의 사용자에게는 반가운 소식일 것이다. 이러한 변화는 애플의 매출구조를 예측 불가능한 기기판매에서 예측 가능한 구독 서비스로 변화시키면서 애플이라는 초대형 기업에게 '안정적'이라는 새로운 가치를 제공하게 될 것이다.

물론 구독 서비스의 성공은 그 구독료가 얼마인가에 달려 있다. 아마존 프라임이나 넷플릭스처럼 사용자가 충분히 매력적으로 느낄 수준이라면 애플의 구독 프로그램은 분명히 성공할 것이다. 애플이 현재의 기기판매라는 불안정한 매출구조를 안정적인 구독구조로 바꾸기 위해서는 이러한 선택이 필수적이지만 애플에게 이러한 변화가 과연 필요한지가 의문이다. 애플은 이미 실질적인 구독구조를 갖고 있다는 의견도 있기 때문이다. 즉 애플은 이미 전 세계에 7억 명이라는 애플 브랜드에 충성하는 고객을 갖고 있기에 우리가 구독의 목표로 생각하는 '고객과의 영원한 관계맺기'를 위한 구독 서비스를 도입할 필요가 없다는 뜻이다.

미국에서는 새로운 아이폰이 나올 때마다 폰을 바꿀 수 있는 프로그램이 있다. 'iPhone Upgrade Program'라는 것인데 24개월 약정으로 할부납입을 하면 6개월 이후부터는 언제든 새로운 아이폰으로 갈아탈 수 있는 옵션이 있는 프로그램이다. 6개월이 지나자마자 새로운 아이폰으로 갈아타면

비용이 발생하지만 12개월이
지나면 별도의 비용 없이 기기
변경이 가능하다. 물론 이후의
월 비용은 신규 아이폰 구입가
를 24개월로 나눈 것이고 이에
'Apple Care'라는 단말기 관리
프로그램이 포함된다. 즉 현실
적으로 12개월마다 새로운 아

애플의 아이폰 업그레이드 프로그램

이폰으로 바꿀 수 있는 프로그램이 존재하는 것이다. 단지 문제는 그 가격
이 일시불로 구입하는 가격과 거의 동일하기에 구독관점에서의 매력이 크
지 않다는 점이다.

하지만 Apple Upgrade의 월비용을 매력적으로 바꾸면 애플의 구독은
어느 때라도 시작될 수 있기에 애플의 구독 서비스는 이미 존재한다고 말할
수 있다. 앞의 그림은 현재 주력 아이폰인 아이폰11 Pro 256기가바이트의
아이폰 업그레이드 프로그램의 비용이 56달러임을 보여준다. 그렇다면 애
플은 과연 이 56달러를 얼마까지 내릴 수 있을까?

2019년 기준 애플의 매출은 2,601억 달러인데 그중 아이폰의 매출은
1,423억 달러이고 전체 매출에서 차지하는 비중은 55% 수준이다. 이를 매
월 50달러라는 구독료로 전환하면 연간 600달러이고 이를 필요 가입자 수
로 나누면 2.3억 명이다. 즉 아이폰 사용의 대가로 매달 50달러씩 내는 고
객이 2.3억 명이 있다면 애플은 구독모델로 전환이 가능하다. 애플의 고객
을 7억 명이라 가정하고 대략 3년에 한 번 스마트폰을 바꾼다는 가정으로
계산하면 맞다.

애플의 2019년 매출실적

제품	2019		2018		2017	
iPhone	142,381	54.7%	164,888	62.1	139,337	60.8
Mac	25,740	9.9	25,198	9.7	25,569	11.2
iPad	21,280	8.2	18,380	7.1	18,802	8.2
Wearable	24,482	9.4	17,381	6.7	12,826	5.6
Services	46,291	17.8	39,748	15.3	32,700	14.3
Total	260,174		265,595		229,234	

애플은 9월 결산 법인으로 2018년 4분기부터 2019년 3분기까지의 실적을 의미한다.

하지만 보다 현실적인 시나리오는 애플이 아이폰 구독과 애플의 서비스를 번들로 엮어서 판매하는 것이다. 이 시나리오의 가능성을 뒷받침하는 소식은 애플이 뮤직^{Apple Music}, 영상^{Apple TV+}, 그리고 뉴스^{Apple News+}를 번들로 판매하려 한다는 점이다. 그 가격은 아직 미정이지만 애플이 아이폰과 서비스를 번들하고 이를 애플카드와 묶으려는 시도는 분명히 멀지 않은 미래에 다가올 것으로 보인다.

앞의 표를 보면 애플의 서비스 매출비중은 2017년 14.3%에서 작년에는 17.8%까지 매년 증가하고 있다. 만약 애플이 아이폰 구독비용을 기존의 절반인 월 25달러로 낮추고 가입자를 기존의 두 배인 5억 명으로 늘릴 수 있다면, 그리고 서비스를 주력 매출로 바꾼다면 애플의 기기를 통한 매출은 현재 시점에서 정체되지만 애플의 미래는 서비스 매출에 의해 안정적으로 성장할 수 있을 것이다. 하드웨어와 소프트웨어를 결합해냈던 모습에서 이제는 콘텐츠까지 결합하는 모습이 애플의 구독 모델이 될 것이다.

애플은 충성고객이라는 측면에서 가장 앞선 기업이다. 필자도 아이폰이 나온 이래 애플이라는 감옥에서 탈출하지 못하고 있다. 서비스 면에서는 한국이 아직 애플의 대상 시장이 아니기에 서비스를 제대로 활용하지는 못하고 있지만 아이폰을 쓰고 있는 입장에서 새로운 서비스는 언제나 관심을 갖고 있다. 물론 아이폰에 보관된 사진 때문에 애플의 클라우드 공간은 이미 사용하고 있다. 과연 애플이 현재의 고객과의 영원한 관계를 공고히 하기 위해 어떤 수를 둘지 모를 일이다. 제조업이라는 불확실성을 완전히 없애고 새로운 차원의 플랫폼 기업으로 스스로를 재설계해낸다면 애플은 다시금 마이크로소프트를 뛰어넘는 글로벌 1위 기업으로 자리매김할 수 있을 것이다.

아마존의 구독

아마존은 플랫폼 사업자이다. 플랫폼 사업자라고 규정하는 이유는 아마존이 판매자와 구매자를 연결하는 중간자적인 역할을 담당한다는 의미이다. 아마존의 시작은 플랫폼이 아닌 서비스 사업자였다. 즉 자신이 판매자가 되어 도서와 CD같은 상품을 판매하는 상거래 모델로 시작했다. 그 아마존이 이제는 전체 거래의 70% 정도를 제3자 판매자에게 의존하는 오픈마켓 플랫폼 사업자로 변신했다. 그리고 그 변신의 과정에는 구독이라는 도구가 존재했다.

상거래에는 신뢰라는 요소가 필요하다. 금전이 오가는 거래이기에 상대방을 믿을 수 있어야 하고 오픈마켓이라는 플랫폼에서는 보이지 않는 셀러를 믿어야 하기에 약간의 주저함이 생긴다. 아마존은 2006년부터 FBA를 제공함으로써 제3자 셀러가 판매하는 거래도 아마존이 보증 혹은 완성하는 신뢰의 도구를 만들어왔다. 이 FBA는 물류라는 판매의 최종구간을 아마존이 대행함으로써 구매자에게 신뢰를 제공할 뿐만 아니라 셀러에게 자신의 고유 사업(상품기획 및 소싱)에 집중할 수 있게 만들어 주었다. FBA는 아마존이 셀러에게 제공하는 일종의 멤버십 구독 서비스였던 것이다. 물론 월별로 일정액을 지불하는 멤버십형 구독이 아닌 사용하는 면적이나 오더의 개수에 따라 비용이 지불되는 형태이지만 아마존과 셀러 간의 관계가 결착된다는 관점에서 보면 명백한 구독 서비스이다. 셀러에게 있어 FBA를 사용한다는 것이 단지 아마존과의 관계를 새로이 설정하는 것만을 의미하지 않는다. FBA를 통해 아마존에 의해 관리되는 상품들은 아마존 프라임이라는 또 다른 멤버십 구독 서비스의 대상이 되기 때문이다.

1. FBA 등록 상품은 아마존 Prime 2일 내 무료 배송, 일반 무료배송을 비롯해 다양한 혜택이 주어집니다.

FBA 등록 상품의 경우 Prime 회원들은 2일 내 무료 배송을 통해, 일반 아마존 구매자들은 구매 조건에 따른 무료 배송을 통해 상품을 수령합니다. FBA를 적용하여 리스팅하는 상품에도 무료 배송 혜택이 적용됩니다. 배송 조건이 개선됨에 따라 바이박스(Buy Box) 확득 기회도 높아집니다.

2. 고객에게 신뢰도가 높은 아마존 고객 서비스 및 반품 서비스가 제공됩니다.

FBA에서는 Amazon.com 주문에 대한 고객 서비스와 반품을 처리합니다. 해당 리스팅에는 Prime 로고가 표시되며, 이를 바탕으로 고객들은 아마존이 포장, 배송, 고객 서비스를 제공한다는 것을 인지하게 됩니다.

3. 아마존 서비스를 활용해 사업을 신속하게 확장할 수 있습니다.

아마존의 주문 처리 센터는 셀러의 재고 관리를 돕기 위해 마련되었기 때문에 셀러가 발송해야 하는 최소 수량은 없습니다. 셀러라 시간을 절약할 수 있도록 아마존이 세부 작업을 처리하므로 셀러는 판매에만 집중할 수 있습니다.

4. 다른 채널로부터의 주문도 처리할 수 있습니다.

멀티 채널 주문 처리를 사용하는 경우 아마존 주문 처리 센터에 보관된 재고를 활용하여 다른 판매 채널에서의 주문을 처리할 수 있습니다. 이처럼 재고를 한 곳에서 관리할 수 있으므로 주문 처리 작업을 간소화할 수 있습니다. 온라인으로 재고를 관리하고, 언제든지 아마존 주문 처리 센터로부터 재고를 반출할 수 있습니다.

5. 비용 효과적이며 간편합니다.

실제로 처리되는 주문 건과 사용하는 보관 공간에 대해서만 비용이 청구됩니다. 배송 비용은 수수료에 포함되어 있으며 아마존 Prime 무료 2일 배송 및 기타 무료 배송에 대해 추가 요금은 청구되지 않습니다. 기본 판매 수수료 및 선택적 서비스에 대한 수수료는 적용될 수 있습니다.

아마존의 FBA 관련 서비스 안내 화면

아마존 프라임은 1년에 119달러 혹은 한 달에 10달러를 내면 FBA 대상 상품의 배송을 무료로 제공하는 구매자를 위한 멤버십형 구독 서비스이다. 물론 무료배송 이외에 다양한 콘텐츠 서비스를 제공하지만 아마존 프라임의 핵심 가치는 무료배송에 있다. 시작은 차익일 배송으로 시작했지만 이제는 차일배송 즉 주문 후 다음날 배송을 보장하고 있으며 특정지역을 중심으로 당일배송과 2시간 내 신선식품 배송으로 혜택을 확대해 나가고 있다.

이 글을 쓰기 시작하면서 구독이라는 개념은 서비스의 진화라는 개념으로 정의했다. 즉 구독이라는 단어를 쓰기 위해서는 내가 모든 서비스의 공급을 통제할 수 있어야 가능하다는 의미였다. 넷플릭스에서 모든 콘텐츠는 넷플릭스가 책임을 지므로 구독이 가능한 것이고, 마찬가지로 MS의 오피스나 포르쉐의 패스포트 등 모든 대표적인 구독 서비스들은 자신의 상품이나 서비스를 대상으로 하고 있다. 즉 양면시장을 대상으로 하는 구글이나 페이스북, 우버, 에어비앤비 등의 플랫폼은 구독 서비스를 제공하기 용이하지 않다. 하지만 그 플랫폼 중에서 예외적으로 구독이라는 단어를 잘 사용하는 사업자가 아마존이다. 즉 양면시장의 참여자에게 각각 FBA와 프라임이라는 개별적인 구독 서비스를 제공하면서 이를 플랫폼의 가장 핵심적인 경쟁요소로 설계한 것이다. 셀러는 FBA를 구독해야 프라임의 대상이 될 수 있고 구매자는 프라임을 구독해야 이미 80~90%를 넘어가고 있는 FBA 대상 상품을 하루 만에 받아볼 수 있기 때문이다. 양면시장의 참여자들은 구독이라는 도구를 통해 지속적으로 늘어나면서 서로의 시장을 키워주고 있다. 아마존 프라임의 구독자들은 이미 1.8억 명을 돌파했고 아마존의 셀러 중에 FBA를 사용하지 않는 셀러(자체배송과 병행하는 셀러를 포함하면)는 이제 단 3%에 불과하다.

넷플릭스가 콘텐츠 구독을 대표하고 포르쉐가 상품구독을 대표한다면

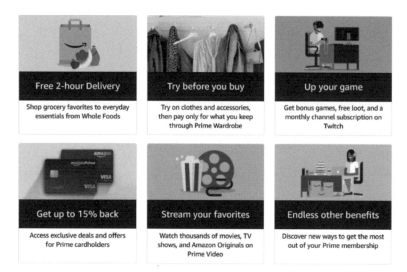

아마존 프라임 회원이 받을 수 있는 서비스들

아마존 프라임은 멤버십 구독을 대표한다. 멤버십 구독이 다른 구독과 갖는 차별점은 구독을 통해 누릴 수 있는 가치가 구독 이후의 자신의 선택에 따라 달라지기 때문이다. 멤버가 된 후에 아마존에서 구매를 전혀 하지 않으면 그 구독의 가치는 0에 수렴한다. 하지만 나의 모든 쇼핑을 아마존에 집중하면 1년에 지불한 119달러는 훌륭한 투자가 된다. 헬스클럽에 가입하고 한두 번밖에 가지 못했던 경험을 기억해보면 유사하다.

이 멤버십형 구독이 성공하기 위해서는 멤버가 됨으로써 누릴 수 있는 가치가 충분히 커야 한다. 물론 멤버가 되기 위한 비용도 고민이 필요할 정도로 높아야 한다. 즉 고객입장에서 '결속'을 위한 결심이 필요해야 한다. 이 맥락에서 쿠팡이 현재 보여주고 있는 로켓와우 멤버십은 그 결속의 강도가 약하다.

로켓와우의 월 멤버십 비용은 월 2,900원이다. 그 대가로 제공되는 혜택은 로켓배송 대상상품의 무료 배송이 핵심이고 나머지는 크게 중요하지 않다. 반품과 배송의 편리성이 조금 더 제공될 뿐이다. 필자는 로켓와우를 6개월 정도 유지하다 최근 해지를 했다. 쿠팡이 내가 지난 한 달 동안 단 한 번도 로켓와우를 이용하지 않았다는 점을 상기시

쿠팡 로켓와우 회원의 서비스 혜택

켜 주었기 때문이다. 쿠팡에서 구매를 하기는 했지만 그 상품이 로켓와우 대상이 아니었던 것이다. 왠지 월 2,900원이지만 나의 부주의로 돈이 새어나가고 있다는 생각이 해지를 만들었다. 만약 쿠팡이 제공하는 혜택이 충분히 크고 내가 지불하는 금액이 부주의라는 생각이 안들 정도로 크다면 이 해지는 이뤄지지 않았을 것이다. 즉 멤버십 구독은 결속이 매우 중요하다. 그래서 계좌가 한정된 멤버십의 가격은 높고 진입을 위해 프리미엄 거래가 이뤄진다. 그런 맥락에서 아마존의 프라임이나 FBA는 높은 결속을 만들어 준다.

FBA를 위해 셀러는 자신의 기존 물류 시스템을 포기해야 한다. 자신의 상품을 아마존의 풀필먼트 센터로 일괄배송하는 것이 이 구독의 첫 행위여야 하기 때문이다. 과거에 상품을 분류, 포장, 배송하던 모든 과정이 나의 눈앞에서 사라진다. 물론 당장 비용이 발생하는 것은 아니기에 부담이 없어 보이는 의사결정이지만 이를 다시 되돌리려면 큰 공사가 필요하다.

마찬가지로 아마존 프라임은 구매자 입장에서는 나의 구매 횟수가 충분히 많아야 의미가 있는 의사결정이다. 아마존은 FBA를 통해서 충분한

셀러를 확보했기에 거의 모든 상품이 프라임 대상 상품이다. 아마존을 나의 쇼핑몰로 생각할 경우 아마존 프라임을 선택하지 않는다면 손해인 구독인 것이다. 물론 여기에 아마존 프라임 비디오, 전자책, 음악, 게임중계 그리고 가끔 이뤄지는 아마존 프라임 회원 대상 세일은 추가적이면서 회원들이 아마존과 결속을 끊으려 할 때 막아서는 존재들이다. 지금 보고 있는 아마존 프라임 비디오의 영국 드라마가 아직 끝나지 않았다면 혹은 읽고 있는 이북^{e-book}이 재미가 있다면 이 구독은 쇼핑이 아닌 다른 이유로 유지되기 때문이다.

멤버십형 구독은 서비스 구독의 한 종류이다. 하지만 넷플릭스에서 보이는 구독의 형태와는 가격 수준의 형성에 있어서 큰 차이점을 갖고 있다. 콘텐츠 구독이 낮은 가격을 제공함으로써 보다 많은 사람들이 들어오게 만들어야 한다면, 그리고 그를 통한 데이터와 소싱 비용의 감소가 가능하다면 멤버십은 일종의 약속이라는 과정이 필요하다. 그리고 그 약속이 이뤄지고 난 이후에 유지되는 고객과의 결속이 구독의 결과를 만들어낸다. 아마존이 비록 프라임을 통해 손실을 볼지라도 이후 상품 판매를 통해 보다 큰 수익을 만들어내는 것처럼 말이다.

구독에서 성공하는 방법

2020년 6월 1일부터 네이버플러스 멤버십이 출시됐다. 네이버플러스 멤버십은 월 4,900원을 지불하면 네이버 웹툰, 쇼핑, 예약 등의 여러 가지 네이버 서비스에서 네이버페이로 결제했을 때 월간 결제금액의 20만 원까지 기본 구매 적립 외 4%의 추가혜택이 주어져 최대 5%의 포인트를 적립 받게 된다. 20만 원부터 200만 원까지의 결제금액에 대해서는 1%의 적립 혜택이 추가로 주어지며, 단골스토어 충전혜택과 쇼핑혜택을 합하면 최대 8.5%라는 포인트 적립이 가능하다.

또한 네이버플러스의 멤버십에 가입하게 되면 네이버 웹툰/네이버 시리즈를 미리 볼 수 있는 쿠키 20개, 네이버 VIBE 음원 300회 듣기 이용권, 시리즈 ON 영화/방송 감상용 캐시 3,300원, 네이버 클라우드 서비스 100기가바이트 이용권, 오디오북 대여 할인 쿠폰의 5개의 혜택 중에서 원하는 4가지의 혜택을 선택하여 지급받을 수 있다.

네이버플러스 멤버십은 성공할 수 있을까? 아직 이른 감이 있지만 네이버플러스 멤버십을 평가하면서 구독의 성공요소를 이해해 보도록 하자.

구독에서 성공하는 방법은 일단 3가지가 있다. 가장 중요한 첫 번째는 고객과 의미 있는 관계를 만들어내는 것이다. 아주 당연하게 들리지만 우리가 보고 있는 모든 구독이 그렇지 않다. 우리가 신문구독을 한다면 그 이유는 뉴스를 보기 위한 명확한 목적이 있다. 그리고 그 목적으로 관계가 만들어진다. 아마존은 쇼핑이 목적이고 넷플릭스는 여가시간을 보내기 위한 것이 목적이다. 즉 아주 명확한 목적이 있고 그 목적이 관계설정의 이유가 된다. 그 의미가 모호하면 고객은 영구적인 관계 설정의 이유를 찾지 못하게 되고 그 구독은 해지될 위험을 갖는다. 즉 구독이 성공하려면 고객의 삶에서 나의 서비스와 관계를 맺는 강력한 영역과 이유를 찾아야 한다.

네이버플러스를 보면 그 '모호함'이 보인다. 멤버십 가입 후에 갖게 되는 관계는 네이버페이 이용 시의 적립금, 음악, 웹툰, 클라우드 등 다양한 네이버가 가진 서비스들의 집합으로 만들어졌고 내가 무슨 이유로 네이버와 관계를 맺어야 하는지 명확하게 찾을 수가 없다. 유일하게 이유를 찾자면 20만 원까지 쇼핑을 네이버페이로 할 경우 포인트를 많이 받을 수 있다는 금전적인 혜택이다. 여기서 한 가지를 더 생각해보자면, 금융이라는 영역에서 구독을 이야기하기는 어렵다. 이자라는 혹은 포인트라는 개념이 고객을 잡아 두는 이유가 될 수 없는 이유는 경쟁자도 언제든지 선택할 수 있는 옵션이기 때문이다. 따라서 네이버의 포인트 정책은 고객이 네이버플러스를 구독한 이유가 될 수 없고 관계의 목적이 되기도 힘들다.

두 번째는 고객과 맺는 관계의 강도가 충분히 강해야 한다는 점이다. 이런 이유로 대부분의 성공한 구독 서비스들은 '무제한'이란 단어를 사용한다. 음악을 듣던, 영상을 보던, 쇼핑을 하던 구독에서 무제한이라는 단어를 사용하는 것은 고객과의 약속 수준을 올리기 위함이다. 구독의 건너편에 서 있는 구매는 어떠한 약속도 하지 않는다. 단지 그 순간 대가를 지불하고 상품을 인도받을 따름이다. 하지만 구독의 경우는 기업과 고객 간의 약속이 만들어진다. 그리고 그 약속의 강도가 약할 경우 그 의미 역시 쉽게 사라지게 된다. 그런 이유로 성공한 구독 서비스 사업자들은 무제한이란 강한 단어를 쓰고 그에 걸맞은 고객의 약속을 요구한다. 고객은 내가 최대한 많이 쓴다면 얼마나 활용할까를 가지고 구독의 가치를 상상한다. 코로나로 인해 집에 있는 시간이 많고 그로 인해 넷플릭스를 하루에 2~3시간씩 시청한다면 1만 4,500원은 분명히 남는 장사라는 계산이 머릿속에 있는 것이다. 이는 아마존도 MS도 마찬가지이다.

다시 네이버플러스로 돌아가 보면 네이버플러스의 가격은 4,900원이다. 그리고 그 대가로 제공되는 혜택을 보면 각각 최대로 사용하면 몇천 원 수준이다. 웹툰, 음악듣기, 영화보기 등 합하면 4,900원이 넘어가는 것은 맞지

만 개개 혜택으로 보면 뭔가 부
족하다. 내가 알 수 없는 네이버
만의 원가에 대한 고민이 반영
된 것으로 보이고 개별 서비스
에 대한 의사결정이 아닌 합산
가치를 고객이 계산해야 한다.
내가 음악도 적당히 듣고, 웹툰
도 조금 보고, 영화도 어쩌다 보
는 그런 고객이라면 모르지만
무언가 네이버와 중요한 약속을

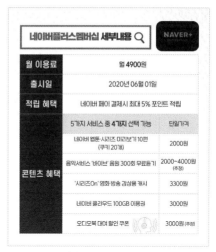

네이버플러스멤버십 세부내용 Q		NAVER+
월 이용료	월 4900원	
출시일	2020년 06월 01일	
적립 혜택	네이버 페이 결제시 최대 5% 포인트 적립	
콘텐츠 혜택	5가지 서비스 중 **4가지** 선택 가능	단일가격
	네이버 웹툰·시리즈 미리보기 10편 (쿠키 20개)	2000원
	음악서비스 '바이브' 음원 300회 무료듣기	2000~4000원 (추정)
	'시리즈On' 영화 방송 감상용 캐시	3300원
	네이버 클라우드 100GB 이용권	3000원
	오디오북 대여 할인 쿠폰	3000원 (추정)

네이버플러스 맴버십 혜택

한다는 느낌이 전혀 들지 않는다. 물론 4,900원을 내고 네이버페이로 결제
하면 보다 많은 포인트를 받을 수 있다는 구독은 약속이 아니라 그냥 계산
이다. 경영학에서 매몰비용$^{Sunken Cost}$과 몰입의 상승$^{Escalation of Commitment}$이라
는 표현이 있다. 구독이 유지되는 메커니즘은 내가 이미 한 약속이 충분히
의미 있고 강할 때 더 잘 작동된다.

　마지막으로 구독이 성공하기 위해서는 서비스 마인드가 필요하다. 이
제 더 이상 제조업을 통해 상품을 만들고 이를 고객에게 팔아 치우는 모델
이 아닌 고객에게 지속적으로 서비스를 제공하는 모델로의 변화가 바로 구
독이기 때문이다. 판매 모델에서 나의 상품을 가져가 주면 다시 보지 않아
도 되었던 고객이 이제는 내가 언제나 모셔야 하는 고객이 된 것이다. 이 서
비스 마인드를 가장 잘 표현하는 것이 바로 조직이다. 누군가가 지속적으로
고객의 불만을 들어야 하고 우리의 서비스가 무엇이 잘못되었는지를 경청

해야 한다. 그리고 그를 통해 나의 서비스를 바꾸고 고쳐야 한다. 그러기에 기업이 구독을 하겠다고 마음먹는 순간 제조업 마인드에 서비스 마인드로 완전히 변신해야 한다. 현대자동차, 삼성전자, LG전자 등 우리나라의 대표 기업들은 단 한 번도 서비스 기업이 되어본 적이 없다. 반면에 신생 대기업인 카카오와 네이버는 본질적으로 서비스 기업이다. 카카오와 네이버가 진정한 대한민국의 대표기업이 될 것인지는 얼마나 많은 고객의 소리를 듣고 있는가에 달려 있을지도 모른다.

네이버는 분명히 서비스 기업이다. 하지만 고객과의 접점이 많은 서비스 기업은 아니다. 대표적인 서비스가 검색이기에 대부분의 경우 알고리즘으로 대응하고 서비스의 제공이 무료이기에 고객의 불만을 직접적으로 경험하지 않는다. 네이버플러스는 그런 네이버의 모습을 그대로 표현하고 있다. 네이버플러스의 가입고객이 불만이 있다면 누구에게 어떻게 항의해야 할까? 나는 다른 서비스는 필요 없고 음악만 많이 듣고 싶다고 요구한다면 네이버는 어떻게 대응할까? 혹여 제공되는 콘텐츠 서비스들이 제대로 동작하지 않았다면 누가 나서 이를 해결하려 할까? 현재의 계획에서는 아무도 나설 것 같지 않다. 알고 보면 네이버가 돈을 받고 서비스를 제공하는 사업에서 성공한 경험이 없는 것도 결코 이상하지 않다.

구독 서비스가 성공하려면 고객과의 관계를 명확하게 만들어야 하고 그 관계는 서로가 헤어질 때 아쉬움이 있을 만큼 단단하고 강해야 한다. 그리고 그 결속력은 구독 사업자가 서비스 마인드를 가지고 만들어 나가야 한다. 지금은 문을 닫았지만 싸이월드 시절에 매일 찾아오는 서비스 불만자를 한 분씩 만나 한 시간씩 이야기를 들어주던 고객 서비스 팀장이 구독에는 반드시 필요하다.

01　Tushman, Michael L. and Johann Peter Murmann (1988), 'Dominant designs, technology cycles and organizational outcomes', Research in Organizational Behavior, 20, 231-266.

02　Parker & Van Alstyne (2005), 'Two-Sided Network Effects: A Theory of Information Product Design', Management Science, 1494-1504

03　Greenstein (1998), 'Industrial Economics and Strategy: Computing Platforms', IEEE Micro, 43-53

04　Cusumano (2010), 'Technology Strategy and Management: The Evolution of Platform Thinking', 32-34

05　Gawer (2009), 'Platforms, markets and innovation', Cheltenham: Edward Elgar

06　Eisenmann, Parker, Van Alstyne (2006), 'Strategies for Two-Sided Markets', Harvard Business Review, 92-101

07　The Anatomy of a Large-Scale Hypertextual Web Search Engine, 1998

08　https://www.internetworldstats.com/stats.htm

09　《텐센트, 인터넷 세계의 새로운 지배자》, 우샤오보, 처음북스, 2017.9

10　https://www.hankyung.com/economy/article/202004149501i

11　https://www.hankyung.com/economy/article/202004149501i

12　Our estimate of 9% Churn for Netflix implies that the Retention Rate is 91%. Retention rates are a reaction to the value proposition after customers have tried Netflix service. For subscription-based businesses, this is very high indicating their value proposition meets or exceeds customer expectations.

플랫폼의 생각법 2.0

1판 1쇄 인쇄 2020년 10월 5일
1판 4쇄 발행 2022년 1월 15일

지은이 이승훈
펴낸이 김기옥

경제경영팀장 모민원 기획 편집 변호이, 박지선
커뮤니케이션 플래너 박진모
경영지원 고광현, 임민진
제작 김형식

표지디자인 투에스
본문디자인 디자인허브
본문삽화 박지수, 안미르
인쇄·제본 민언프린텍

펴낸곳 한스미디어(한즈미디어(주))
주소 121-839 서울특별시 마포구 양화로 11길 13(서교동, 강원빌딩 5층)
전화 02-707-0337 팩스 02-707-0198 홈페이지 www.hansmedia.com
출판신고번호 제 313-2003-227호 신고일자 2003년 6월 25일

ISBN 979-11-6007-530-4 (13320)

이 저서는 2020년도 가천대학교 교내연구비 지원에 의한 결과입니다. (GCU-2020-202001160001)
This work was supported by the Gachon University research fund of 2020. (GCU-202001160001)